웨스트민스터 신앙고백 노트

The Westminster Confession of Faith Note

그리스도인들은 그 책의 사람들, 바로 성경의 사람들입니다. 성경에만 권위를 두고, 성경대로 살며, 성경에 자신을 계시하신 삼위 하나님만을 예배하고 사랑합니다. 이에 **그 책의 사람들**은 하나님께만 영광 돌리고, 하나님의 나라와 교회의 번영과 행복을 위해 성경에 충실한 도서들만을 독자들에게 전하겠습니다.

웨스트민스터 신앙고백 노트

웨스트민스터 총회 지음
그 책의 사람들 옮김

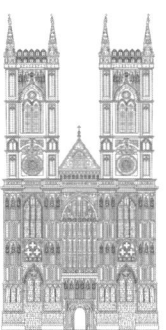

목 차

The Westminster Confession of Faith Note

일러두기 • 6

출판사 서문 • 9

웨스트민스터 신앙고백

1장 성경 Of the Holy Scripture • 15

2장 하나님과 거룩한 삼위일체 Of God, and of the Holy Trinity • 35

3장 하나님의 영원한 작정 Of God's Eternal Decree • 47

4장 창조 Of Creation • 61

5장 섭리 Of Providence • 67

6장 사람의 타락과 죄, 그리고 그 죄에 대한 형벌 Of the Fall of Man, of Sin, and the Punishment thereof • 85

7장 사람과 맺으신 하나님의 언약 Of God's Covenant with Man • 95

8장 중보자 그리스도 Of Christ the Mediator • 109

9장 자유 의지 Of Free Will • 131

10장 효과적인 부르심 Of Effectual Calling • 139

11장 칭의 (의롭다 하심) Of Justification • 151

12장 양자됨 Of Adoption • 163

13장 성화 Of Sanctification • 169

14장 구원 받는 믿음 Of Saving Faith • 177

15장 생명에 이르는 회개 Of Repentance unto Life • 185

16장 선행 Of Good Works • 197

17장 성도의 견인 Of the Perseverance Of the Saints • 213

18장 은혜와 구원의 확신 Of Assurance Of Grace and Salvation • 223

19장 하나님의 율법 Of the Law Of God • 235

20장 그리스도인의 자유와 양심의 자유 Of Christian Liberty, and Liberty Of Conscience • 253

21장 예배와 안식일 Of Religious Worship, and the Sabbath Day • 267

22장 정당한 맹세와 서원 Of Lawful Oaths and Vows • 287

23장 국가 위정자 Of the Civil Magistrate • 301

24장 결혼과 이혼 Of Marriage and Divorce • 315

25장 교회 Of the Church • 327

26장 성도의 교통 Of the Communion Of Saints • 341

27장 성례 Of the Sacraments • 351

28장 세례 Of Baptism • 359

29장 성찬 (주의 만찬) Of the Lord's Supper • 371

30장 교회의 권징 Of Church Censures • 387

31장 총회와 공의회 Of Synods and Councils • 395

32장 사람의 사후 상태와 죽은 사람의 부활 Of the State Of Men after Death, and Of the Resurrection Of the Dead • 405

33장 최후의 심판 Of the Last Judgment • 413

부록 | 웨스트민스터 대교리문답 • 421

일러두기

1. 1646년 원문을 바탕으로 번역하였습니다.

2. 이 책은 독자 여러분의 요청에 따라 기획되고 만들어졌습니다. 저희는 단순히 "웨스트민스터 신앙고백" 본문만을 소개하고 싶지 않습니다. 이 신앙고백을 읽거나 듣기만 하는 것에서 그치지 않고 저희와 여러분 모두가 더욱 적극적으로 이 신앙고백을 가까이하여 여러 유익을 누리길 원합니다. 그래서 먼저 쪽마다 필기할 수 있는 충분한 공간을 두었습니다(3, 6, 8번을 보십시오). 다음으로, 장마다 "더 깊은 공부와 나눔을 위한 질문"을 실어 능동적으로 진리를 배울 수 있도록 구성했습니다.

3. 저희의 바람은 이 책이 무엇보다 예배 시간과 교회 모임에서 사용되는 것입니다. 말씀의 사역자들이 설교 시간을 통해서든, 다른 교리 공부 시간을 통해서든 신앙고백의 내용을 충분히 가르치면 교회에 여러 유익이 있습니다. 특히 사역자들의 설교와 가르침에 힘이 생기게 됩니다. 하나님의 말씀이 바르게 선포되고 가르쳐질 때 반드시 그런 일이 일어납니다. 또한, 회중은 배운 내용을 설교를 들으면서나 또 다른 여러 모임에서 계속 확인하게 되면서 더욱 진리 위에 서 있게 됩니다.

4. "웨스트민스터 신앙고백" 내용 자체에 관한 공부는 교회에서, 또 좋은 교재로 소그룹 공부를 통해서 하시고, 이 책은 배운 것을 정리하는 용도로 사용하시기 바랍니다. 여러분께서 교회에서 선포하거나 가르쳐준 내용 중, 소그룹 모임을 통해 공부한 내용 중 가장 중요한 핵심, 주의할 것, 크게 깨달은 것, 감사하고 예배할 내용 등을 간단하게 이 책의 관련 항목 주위에 필기하시고 나서 수시로 반복해 보시면 이 책을 가장 잘 사용하시는 것이라 생각합니다.

5. "웨스트민스터 신앙고백"은 논리적으로 구성되어 있습니다. 따라서 흐름을 따라가기만 해도 기독교의 기본과 핵심이 되는 교리들을 즐겁게 배우실 수 있습니다. 그러나 꼭 1장부터 순서대로 보실 필요는 없습니다. 독자 여러분의 관심과 상황에 따라 필요한 부분만 찾아보셔도 충분합니다.

6. 영어 원문을 함께 실었습니다. 같이 보시면 이해하고 배우시는 데 훨씬 좋습니다.

7. "웨스트민스터 신앙고백"은 성경의 가르침을 요약하고 정리한 것입니다. 따라서 될 수 있는 대로 성경에 있는 말로 표현하여 성경과 교리를 서로 가깝게 느낄 수 있도록 노력했습니다.

8. 성경의 진리를 분명하고 간략하게 요약한 "웨스트민스터 신앙고백"은 그 특성상 하나의 단어, 하나의 표현, 또는 하나의 문장이나 의미 단위 전체가 많은 내용을 표현하거나 함축하고 있습니다. 또 영어, 그것도 17세기 영어와 현대 우리말의 차이가 있지요. 이런 이유들로 단어나 표현을 일대일로 정확하게 표현하기 어려운 때가 있습니다.
이러한 현실과 어려움을 마음에 두고 우리말 번역을 생각해 주시면 좋겠습니다.

될 수 있는 대로 엄밀하게 번역하여 내용을 전달해야겠지만, 소통되지 않는 단어를 지나치게 사용하여 의사소통에 어려움이 있어서는 안 되겠기에 이에 맞추려고 노력했습니다.

언어로 모든 의미를 엄밀하게 정의할 수는 없습니다. 풍성하게 표현하는 것이 항상 가능한 것도 아닙니다. 언어는 변하기도 합니다. 또 사람들의 신학적인 배경에 따라, 교회에서의 신앙 경험에 따라서도 언어의 의미에 차이가 있기도 합니다. 그래서 단어 하나에 현미경을 지나치게 가져다 대는 것보다는 단어와 표현 하나, 특정 문장이 말하는 내용이 무엇인가에 대해 공통의 이해와 배려가 필요하다고 생각합니다.

이런 이유들로 독자 여러분의 유익을 위해 말씀드립니다. 이 책으로 배운 것을 정리하실 때, 번역된 표현을 중심으로 여러분께서 교회에서 배우며 성경에서 찾으신 여러 의미, 풍부한 표현들을 해당 단어, 표현 옆에 적어보십시오. 필요한 경우 본문의 단어나 표현을 바꾸셔도 좋습니다. 이후, 이 책들의 내용이 필요해서 찾으실 때, 또 정리하실 때 훨씬 더 풍성하고 분명한 이해를 가지고 기독교 진리를 정리하고 신앙고백하실 수만 있다면 저희는 감사할 뿐입니다.

9. 부록으로 "웨스트민스터 대교리문답"(이후로는 "대교리문답"으로 일컫습니다)을 실었습니다. "신앙고백"과 서로 비교하면서 참조하시면 본문을 훨씬 수월하고 깊이 이해하시게 될 것입니다.

10. 이번 신앙고백 노트는 이전 노트 시리즈가 증거구절을 표기만 한 것과는 달리, 증거구절을 모두 찾아 넣었습니다. 신앙고백서 본문만 읽어도 충분할 수 있지만, 더 깊이, 더욱 풍성히 공부하고 싶으신 분들은 성경구절을 묵상하면서 읽어보시길 권합니다.

출판사 서문

"웨스트민스터 신앙고백"이란?

"웨스트민스터 신앙고백"은 17세기 중반 우리 믿음의 선조들이 성경의 가르침을 요약하여 선언하고 교회의 공적 가르침으로 삼은 귀중한 유산입니다. 그래서 오늘날에도 많은 교회가 "웨스트민스터 신앙고백"을 교회의 표준문서로 삼고 헌법에 실어 가르치고 있습니다.

33장으로 구성된 이 신앙고백은 각 장이 서로 유기적인 관계에 있을 뿐만 아니라 33장 전체의 흐름이 매우 논리적인 구조로 이루어져 있습니다. 특히 1장 "성경"이 아주 중요한데, 이는 성경을 어떻게 생각하고 받아들이느냐에 따라 2장부터 33장까지의 내용이 결정되기 때문입니다.

그래서 차례대로 공부하든 필요에 따라서 특정 장을 공부하든 저희는 1장 "성경"을 가장 먼저, 그리고 매우 충분히 공부하시길 권해드립니다.

왜 "웨스트민스터 신앙고백"을 공부해야 하는가?

"웨스트민스터 신앙고백"을 공부하면 우리가 하나님에 관해 믿어야 할 신앙과 하나님께서 우리에게 요구하시는 의무를 잘 배울 수 있습니다. 성경의 가르침을 요약한 이러한 신앙고백서나 교리문답서가 없다면 방대한 성경이 말하고자 하는 바가 무엇인지 아는 것은 결코 쉬운 일이 아닙니다. "웨스트민스터 신앙고백서"는 성경의 가르침을 가장 탁월하게 정리한 문서로 인정받고 있으며, 내용의 질에서, 구성에서, 분량에서 "기독교 신앙을 안다"고 말할 수 있을 정도로 충분합니다.

이 책의 목적과 활용

그 책의 사람들이 출판하고 있는 "신앙고백&교리문답 노트 시리즈"는 "노트"에 중점을 두고 있습니다. 풍부하고 뛰어난 해설서들과 안내서들이 많이 있음을 잘 알고 있습니다. 그럼에도 저희가 노트 시리즈를 기획한 것은 우리(독자 여러분과 저희)가 직접 번역도 해보고 더 정확하고 풍성한 표현도 찾아보면서 적극적으로 기독교 진리를 공부하고자 함입니다. 실제 저희는 이 책까지 세 권의 노트를 준비하면서 많은 유익을 누렸습니다. 독자 여러분께서도 직접 한글 단어와 영어 원문 단어의 뜻과 용례를 찾아보시기 바랍니다. 성경구절을 찾아 비교하고 분석하신 후, 더 정확한 뜻을 찾고, 더 풍부한 의미를 담아 표현해 보시기 바랍니다. "신앙고백" 본문을 한 번 그냥 읽고 지나가는 것보다 훨씬 풍성한 배움이, 이해가, 감동이 일어나는 것을 경험하게 되실 것입니다.

저희는 이렇게 몇 달간 이 책을 준비하면서 더할 나위 없이 행복했습니다. 빠르게 번역하지 않고, 종일 의미와 표현을 생각하게 되니 "신앙고백"의 내용이 계속해서 마음에 머물렀습니다. 하나의 예를 보여드리겠습니다.

15장 생명에 이르는 회개, 5항입니다.

"사람은 뭉뚱그려서 회개하는 것으로 만족해서는 안 된다. 모든 사람은 자신이 지은 하나하나의 죄에 대해 구체적으로 회개하려고 애써야 하는 의무를 지닌다."
Men ought not to content themselves with a general repentance, but it is every man's duty to endeavour to repent of his particular sins, particularly.

영어 원문의 general repentance를 "뭉뚱그려서 회개하다"로 번역했습니다. general은 흔히 "일반적으로", "보통", "보편[전반]적인", "대강[대충]의", "종합적인" 정도로 번역하는 단어입니다. 사전을 더 찾아보면, "개략의", "구체적이 아닌", "대부분에게 공통된", "막연한", 등 수많은 표현이 있습니다.

5항 뒷부분의 "하나하나의 죄에 대해"라는 말과도 어울려야 하고, "회개"라는 어감과도 어울려야 합니다. 물론, "대강"이나 "일반적으로", "종합적으로", 등과 같은 말도 잘 어울리는 표현입니다. 하지만 저희는 좀더 정확한 표현을 찾고 싶었고, "여러 사실을 하나로 포괄하다"라는 의미를 지닌 "뭉뚱그리다"로 결정했습니다. 저희 판단은 이렇지만, 독자 여러분께는 어떨지 모르겠습니다.

사실 크게 어색하지 않은 표현 중 어느 것을 골라도 괜찮습니다. 문맥상 "하나하나의 죄에 대해"라는 말의 반대말로 읽히고 받아들여질 테니까요. 하지만 이런 식으로 단어 하나하나의 의미를 찾아가다 보면 본문의 의미를 훨씬 더 정확하고 풍성하게 이해하고 배우게 됩니다. 이 자체만으로도 정말 "신앙고백"에 대한 이해가 깊어집니다. 무엇보다 이렇게 글을 다듬으면서 저희는 수시로 기도하고 찬양하게 되었습니다.

"하나님, 제가 참되게 회개하길 원합니다. 작은 죄 하나라도 가벼이 여기지 않고, 모두 하나님 앞에 고백하고, 그것들을 싫어하고 미워하길 원합니다."

그리고 회개 기도가 바뀌었습니다!

그렇게 저희는 모든 장, 모든 항을 옮기고 정리하면서 하나님께 감사드리고 찬양했습니다! 기독교 신앙의 빛과 뜨거움을 맛보았습니다!

저희가 독자 여러분께 권해드리는 바가 이것입니다. "일러두기"에서 말씀드린 것처럼 교회에서 말씀의 사역자들에게 배우실 때, 교회 소그룹 모임에서 공부하실 때 이 "노트"가 사용되길 원합니다. 여러분의 깨달음과 배움과 감동과 감사와 찬양과 결심과 서원과 나눔이 기록되는 공간으로 말입니다. 저희가 정성껏 일구어 놓은 "노트"밭을 여러분께서 여러분 마음에 흡족하게 가꾸어 가시면 좋겠습니다.

웨스트민스터 신앙고백

1장

성경
Of the Holy Scripture

1항

하나님의 선하심과 지혜와 권능이 우리 본성의 빛과 하나님께서 창조하시고 섭리하시는 일들에 분명하게 나타나기 때문에 아무도 하나님을 모른다고 핑계할 수 없다.[1] 그러나 본성의 빛과 창조와 섭리의 일들은 구원에 이르는 데 필요한 지식, 곧 하나님과 하나님의 뜻을 아는 지식을 충분히 주지 못한다.[2] 그래서 주님께서는 여러 시대에 여러 방법으로 자신을 계시하시고, 그분의 뜻을 그의 교회에 선포하시기를 기뻐하셨다.[3] 그리고 후에는 이 진리를 더 잘 보존하고 전파하시기 위해, 또 육신의 부패와 사탄과 세상의 악의에 대비하여 교회를 더 견고하게 세우고 든든히 위로하시기 위해, 이 진리를 모두 기록해 두는 것을 기뻐하셨다.[4] 이런 이유들로 성경이 필요하게 되었으며,[5] 하나님께서 자신의 뜻을 자신의 백성에게 알리시는 이전의 방법들은 지금은 중지되었다.[6]

1) 롬 2:14-15; 1:19-20; 시 19:1-3; 롬 1:32; 2:1 2) 고전 1:21; 2:13-14 3) 히 1:1 4) 잠 22:19-21; 눅 1:3-4; 롬 15:4; 마 4:4, 7, 10; 사 8:19-20 5) 딤후 3:15; 벧후 1:19 6) 히 1:1-2.

2항

성경, 곧 기록된 하나님의 말씀은 지금의 구약과 신

Although the light of nature, and the works of creation and providence, do so far manifest the goodness, wisdom, and power of God, as to leave men inexcusable;[1] yet are they not sufficient to give that knowledge of God, and of His will, which is necessary unto salvation.[2] Therefore it pleased the Lord, at sundry times, and in divers manners, to reveal Himself, and to declare that His will unto His Church;[3] and afterwards, for the better preserving and propagating of the truth, and for the more sure establishment and comfort of the Church against the corruption of the flesh, and the malice of Satan and of the world, to commit the same wholly unto writing:[4] which make the Holy Scripture to be most necessary;[5] those former ways of God's revealing His will unto His people now ceased.[6]

Under the name of Holy Scripture, or the word of God written, are now contained all the books of the

약의 모든 책으로 구성되어 있으며, 그 책들은 다음과 같다.

구약 : 창세기, 출애굽기, 레위기, 민수기, 신명기, 여호수아, 사사기, 룻기, 사무엘상, 사무엘하, 열왕기상, 열왕기하, 역대상, 역대하, 에스라, 느헤미야, 에스더, 욥기, 시편, 잠언, 전도서, 아가, 이사야, 예레미야, 예레미야 애가, 에스겔, 다니엘, 호세아, 요엘, 아모스, 오바댜, 요나, 미가, 나훔, 하박국, 스바냐, 학개, 스가랴, 말라기

신약 : 마태복음, 마가복음, 누가복음, 요한복음, 사도행전, 로마서, 고린도전서, 고린도후서, 갈라디아서, 에베소서, 빌립보서, 골로새서, 데살로니가전서, 데살로니가후서, 디모데전서, 디모데후서, 디도서, 빌레몬서, 히브리서, 야보고서, 베드로전서, 베드로후서, 요한일서, 요한이서, 요한삼서, 유다서, 요한계시록

하나님의 감동으로 된 이 모든 책은 신앙과 삶의 법칙이다.[7]

7) 눅 16:29-31; 엡 2:20; 계 22:18-19; 딤후 3:16.

Old and New Testaments, which are these:

OF THE OLD TESTAMENT : Genesis, Exodus, Leviticus, Numbers, Deuteronomy, Joshua, Judges, Ruth, 1 Samuel, 2 Samuel, 1 Kings, 2 Kings, 1 Chronicles, 2 Chronicles, Ezra, Nehemiah, Esther, Job, Psalms, Proverbs, Ecclesiastes, The Song of Songs, Isaiah, Jeremiah, Lamentations, Ezekiel, Daniel, Hosea, Joel, Amos, Obadiah, Jonah, Micah, Nahum, Habakkuk, Zephaniah, Haggai, Zechariah, Malachi

OF THE NEW TESTAMENT : The Gospels according to Matthew, Mark, Luke, John, The Acts of the Apostles, Paul's Epistles to the Romans, 1 Corinthians, 2 Corinthians, Galatians, Ephesians, Philippians, Colossians, 1 Thessalonians, 2 Thessalonians, 1 Timothy, 2 Timothy, Titus, Philemon, The Epistle to the Hebrews, The Epistle of James, The First and second Epistles of Peter, The first, second, and third Epistles of John, The Epistle of Jude, The Revelation of John

All which are given by inspiration of God, to be the rule of faith and life.[7]

3항

흔히 외경이라 부르는 책들은 하나님의 감동으로 된 것이 아니므로 정경에 속하지 않는다. 따라서 외경은 하나님의 교회에서 어떠한 권위도 없으며, 외경을 어떠한 방법으로든 사람의 다른 저작물보다 더 가치 있는 것으로 인정하거나 사용해서는 안 된다.[8]

8) 눅 24:27, 44; 롬 3:2; 벧후 1:21.

4항

마땅히 믿고 순종해야 할 성경의 권위는 어느 한 사람이나 교회의 증언에 달려 있지 않고 성경의 저자이시고 진리 자체이신 하나님께 전적으로 달려 있다. 그러므로 우리가 성경을 받아들여야 하는 이유는 성경이 하나님의 말씀이기 때문이다.[9]

9) 벧후 1:19, 21; 딤후 3:16; 요일 5:9; 갈 1:11-12; 살전 2:13.

5항

물론 우리는 교회의 증언에 감동하고 설득되어 성경을 높이 평가하고, 매우 숭상할 수 있다.[10] 또 내용의 신성함, 교리의 효과, 문체의 장엄함, 모든 부분의 일치, 모든 영광을 하나님께 돌리는 성경 전체의 의도, 사람이 구원 받을 수 있는 유일한 길을 완

The books commonly called Apocrypha, not being of divine inspiration, are no part of the canon of the Scripture; and therefore are of no authority in the Church of God, nor to by any otherwise approved, or made use of, than other human writings.[8]

The authority of the Holy Scriptures, for which it ought to be believed, and obeyed depend not upon the testimony of any man or Church; but wholly upon God (who is truth itself) the author thereof: and therefore it is to be received because it is the Word of God.[9]

We may be moved and induced by the testimony of the Church to a high and reverent esteem of the Holy Scripture.[10] And the heavenliness of the matter, the efficacy of the doctrine, the majesty of the style, the consent of all the parts, the scope of the whole (which is, to give all glory to God), the full discovery it makes of the only way of man's salvation, the many

전히 제시함, 이 외에 비할 데 없는 다른 많은 탁월함과 전체의 완전함은 그 자체로 성경이 하나님의 말씀이라는 차고 넘치는 증거다. 그럼에도 성경이 오류 없는 진리이며 신적 권위를 지닌다는 것을 우리가 완전히 이해하고 확신하게 되는 것은, 성령님께서 우리의 마음 안에서 말씀으로, 또 말씀과 함께 증언하시는 일로 말미암는다.[11]

10) 딤전 3:15 11) 요일 2:20, 27; 요 16:13-14; 고전 2:10-12; 사 59:21.

6항

하나님 자신의 영광과 사람의 구원, 신앙과 삶을 위해 필요한 모든 것에 대한 하나님의 모든 뜻은 성경에 분명히 나타나 있거나, 타당하고 필연적인 결론에 따라 성경에서 추론할 수 있다. 따라서 성령님의 새로운 계시든지 사람의 전통이든지 간에 어떤 것도 어느 때에라도 성경에 더할 수 없다.[12] 우리는 그럼에도 우리가 말씀 안에 계시되어 있는 그러한 것들을 깨달아 구원에 이르기 위해서는 성령님의 내적 조명이 필요함을 인정한다.[13] 또한 하나님께 드리는 예배와 교회 정치에 관한, 사람의 행위와 공동체에 공통되는 어떤 상황들에 대해서는 언제나 순종해야 할 말씀의 일반 원칙을 따라, 본성의 빛과 그리

other incomparable excellencies, and the entire perfection thereof, are arguments whereby it does abundantly evidence itself to be the Word of God: yet notwithstanding, our full persuasion and assurance of the infallible truth and divine authority thereof, is from the inward work of the Holy Spirit bearing witness by and with the Word in our hearts.[11]

The whole counsel of God concerning all things necessary for His own glory, man's salvation, faith and life, is either expressly set down in Scripture, or by good and necessary consequence may be deduced from Scripture: unto which nothing at any time is to be added, whether by new revelations of the Spirit, or traditions of men.[12] Nevertheless we acknowledge the inward illumination of the Spirit of God to be necessary for the saving understanding of such things as are revealed in the Word:[13] and that there are some circumstances concerning the worship of God, and government of the Church, common to human actions and societies, which are to be ordered by the light of nature and Christian prudence, according to

스도인의 슬기로 규정해야 한다는 것도 인정한다.[14]

12) 딤후 3:15-17; 갈 1:9-9; 살후 2:2 13) 요 6:45; 고전 2:9-12
14) 고전 11:13-14; 14:26, 40.

7항

성경에 기록된 모든 말씀은 그 자체로 똑같이 분명하지도 않고, 모든 사람이 똑같이 뚜렷하게 이해할 수 있지도 않다.[15] 그러나 구원을 받기 위하여 반드시 알고, 믿고, 따라야 할 내용은 성경 여러 곳에서 매우 뚜렷하게 보여주고, 밝히 드러내 주고 있다. 그래서 배운 사람이나 못 배운 사람 모두, 보통의 방법을 알맞게 사용하면 구원을 받기 위하여 반드시 알고, 믿고 따라야 할 내용을 충분히 이해할 수 있다.[16]

15) 벧후 3:16 16) 시 119:105, 130.

8항

저 옛날 하나님 백성의 모국어였던 히브리어로 기록된 구약과, 기록될 당시 여러 민족에게 가장 널리 알려진 헬라어로 기록된 신약은 하나님께서 친히 감동하셨고, 하나님의 특별한 보호와 섭리로 모든 시대에 순수하게 보존되었기에 진실하다.[17] 그러므로 교회는 모든 종교 논쟁에서 최종적으로 히브리

the general rules of the Word, which are always to be observed.[14]

All things in Scripture are not alike plain in themselves, nor alike clear unto all:[15] yet those things which are necessary to be known, believed, and observed for salvation, are so clearly propounded and opened in some place of Scripture or other, that not only the learned, but the unlearned, in a due use of the ordinary means, may attain unto a sufficient understanding of them.[16]

The Old Testament in Hebrew (which was the native language of the people of God of old), and the New Testament in Greek (which at the time of the writing of it was most generally known to the nations), being immediately inspired by God, and, by His singular care and providence kept pure in all ages, are therefore authentical;[17] so as, in all controversies of religion,

어와 헬라어로 기록된 성경을 의지해야 한다.[18] 그러나 성경에 대한 권리와 관심을 갖고 있는, 하나님을 경외하는 마음으로 성경을 읽고 연구하라고 명령받은 하나님의 모든 백성이 이러한 성경 원어들을 다 아는 것은 아니다.[19] 그러므로 성경은 성경이 전해진 모든 민족의 일반 대중이 사용하는 언어로 번역되어야 한다.[20] 그래서 하나님의 말씀이 하나님의 백성에게 풍성히 거하게 하여 하나님의 백성이 하나님을 합당한 방법으로 예배하게 하고,[21] 성경이 주는 인내와 위로로 소망을 가질 수 있도록 해야 한다.[22]

17) 마 5:18 18) 사 8:20; 행 15:15; 요 5:39, 46 19) 요 5:39 20) 고전 14:6, 9, 11-12, 24, 27-28 21) 골 3:16 22) 롬 15:4.

9항

오류 없이 성경을 해석하는 방법은 성경으로 성경을 해석하는 것이다. 그러므로 성경의 어떤 구절에서, 여럿이 아닌 하나의, 정확하고 완전한 뜻을 이해하는 데 어려움이 있으면, 반드시 그 뜻을 더욱 뚜렷하게 나타내는 다른 구절들을 통해 그 뜻을 연구하고 이해해야 한다.[23]

23) 벧후 1:20-21; 행 15:15-16.

the Church is finally to appeal unto them.[18] But, because these original tongues are not known to all the people of God, who have right unto, and interest in the Scriptures, and are commanded, in the fear of God, to read and search them,[19] therefore they are to be translated into the vulgar language of every nation unto which they come,[20] that the Word of God dwelling plentifully in all, they may worship Him in an acceptable manner;[21] and, through patience and comfort of the Scriptures, may have hope.[22]

The infallible rule of interpretation of Scripture is the Scripture itself: and therefore, when there is a question about the true and full sense of any Scripture (which is not manifold, but one) it must be searched and known by other places that speak more clearly.[23]

10항

모든 종교 논쟁을 확정하시고, 공의회의 모든 결정과 고대 저자들의 견해와 사람의 교리들과 사적 영들을 감정하시며, 우리가 신뢰할 만한 판결을 내리시는 최고의 재판관은 오직 성경을 통해 말씀하시는 성령님뿐이시다.[24]

24) 마 22:29, 31; 엡 2:20; 행 28:25.

The supreme judge by which all controversies of religion are to be determined, and all decrees of councils, opinions of ancient writers, doctrines of men, and private spirits, are to be examined; and in whose sentence we are to rest; can be no other but the Holy Spirit speaking in the Scripture.[24]

증거구절

1)

롬 2:14-15 율법 없는 이방인이 본성으로 율법의 일을 행할 때에는 이 사람은 율법이 없어도 자기가 자기에게 율법이 되나니 이런 이들은 그 양심이 증거가 되어 그 생각들이 서로 혹은 고발하며 혹은 변명하여 그 마음에 새긴 율법의 행위를 나타내느니라

롬 1:19-20 이는 하나님을 알 만한 것이 그들 속에 보임이라 하나님께서 이를 그들에게 보이셨느니라 창세로부터 그의 보이지 아니하는 것들 곧 그의 영원하신 능력과 신성이 그가 만드신 만물에 분명히 보여 알려졌나니 그러므로 그들이 핑계하지 못할지니라

시 19:1-3 하늘이 하나님의 영광을 선포하고 궁창이 그의 손으로 하신 일을 나타내는도다 날은 날에게 말하고 밤은 밤에게 지식을 전하니 언어도 없고 말씀도 없으며 들리는 소리도 없으나

롬 1:32 그들이 이같은 일을 행하는 자는 사형에 해당한다고 하나님께서 정하심을 알고도 자기들만 행할 뿐 아니라 또한 그런 일을 행하는 자들을 옳다 하느니라

롬 2:1 그러므로 남을 판단하는 사람아, 누구를 막론하고 네가 핑계하지 못할 것은 남을 판단하는 것으로 네가 너를 정죄함이니 판단하는 네가 같은 일을 행함이니라

2)

고전 1:21 하나님의 지혜에 있어서는 이 세상이 자기 지혜로 하나님을 알지 못하므로 하나님께서 전도의 미련한 것으로 믿는 자들을 구원하시기를 기뻐하셨도다

고전 2:13-14 우리가 이것을 말하거니와 사람의 지혜가 가르친 말로 아니하고 오직 성령께서 가르치신 것으로 하니 영적인 일은 영적인 것으로 분별하느니라 육에 속한 사람은 하나님의 성령의 일들을 받지 아니하나니 이는 그것들이 그에게는 어리석게 보임이요, 또 그는 그것들을 알 수도 없나니 그러한 일은 영적으로 분별되기 때문이라

3)

히 1:1 옛적에 선지자들을 통하여 여러 부분과 여러 모양으로 우리 조상들에게 말씀하신 하나님이

4)

잠 22:19-21 내가 네게 여호와를 의뢰하게 하려 하여 이것을 오늘 특별히 네게 알게 하였노니 내가 모략과 지식의 아름다운 것을 너를 위해 기록하여 네가 진리의 확실한 말씀을 깨닫게 하며 또 너를 보내는 자에게 진리의 말씀으로 회답하게 하려 함이 아니냐

눅 1:3-4 그 모든 일을 근원부터 자세히 미루어 살핀 나도 데오빌로 각하에게 차례대로 써 보내는 것이 좋은 줄 알았노니 이는 각하가 알고 있는 바를 더 확실하게 하려 함이로라

롬 15:4 무엇이든지 전에 기록된 바는 우리의 교훈을 위하여 기록된 것이니 우리로 하여금 인내로 또는 성경의 위로로 소망을 가지게 함이니라

마 4:4, 7, 10 [4]예수께서 대답하여 이르시되 기록되었으되 사람이 떡으로만 살 것이 아니요 하나님의 입으로부터 나오는 모든 말씀으로 살 것이라 하였느니라 하시니 [7]예수께서 이르시되 또 기록되었으되 주 너의 하나님을 시험하지 말라 하였느니라 하시니 [10]이에 예수께서 말씀하시되 사탄아 물러가라 기록되었으되 주 너의 하나님께 경배하고 다만 그를 섬기라 하였느니라

사 8:19-20 어떤 사람이 너희에게 말하기를 주절거리며 속살거리는 신접한 자와 마술사에게 물으라 하거든 백성이 자기 하나님께 구할 것이 아니냐 산 자를 위하여 죽은 자에게 구하겠느냐 하라 마땅히 율법과 증거의 말씀을 따를지니 그들이 말하는 바가 이 말씀에 맞지 아니하면 그들이 정녕 아침 빛을 보지 못하고

5)

딤후 3:15 또 어려서부터 성경을 알았나니 성경은 능히 너로 하여금 그리스도 예수 안에 있는 믿음으로 말미암아 구원에 이르는 지혜가 있게 하느니라

벧후 1:19 또 우리에게는 더 확실한 예언이 있어 어두운 데를 비추는 등불과 같으니 날이 새어 샛별이 너희 마음에 떠오르기까지 너희가 이것을 주의하는 것이 옳으니라

6)

히 1:1-2 옛적에 선지자들을 통하여 여러 부분과 여러 모양으로 우리 조상들에게 말씀하신 하나님이 이 모든 날 마지막에는 아들을 통하여 우리에게 말씀하셨으니 이 아들을 만유의 상속자로 세우시고 또 그로 말미암아 모든 세계를 지으셨느니라

7)

눅 16:29-31 아브라함이 이르되 그들에게 모세와 선지자들이 있으니 그들에게 들을지니라 이르되 그렇지 아니하니이다 아버지 아브라함이여 만일 죽은 자에게서 그들에게 가는 자가 있으면 회개하리이다 이르되 모세와 선지자들에게 듣지 아니하면 비록 죽은 자 가운데서 살아나는 자가 있을지라도 권함을 받지 아니하리라 하였다 하시니라

엡 2:20 너희는 사도들과 선지자들의 터 위에 세우심을 입은 자라 그리스도 예수께서 친히 모퉁잇돌이 되셨느니라

계 22:18-19 내가 이 두루마리의 예언의 말씀을 듣는 모든 사람에게 증언하노니 만일 누구든지 이것들 외에 더

하면 하나님이 이 두루마리에 기록된 재앙들을 그에게 더하실 것이요 만일 누구든지 이 두루마리의 예언의 말씀에서 제하여 버리면 하나님이 이 두루마리에 기록된 생명나무와 및 거룩한 성에 참여함을 제하여 버리시리라

딤후 3:16 모든 성경은 하나님의 감동으로 된 것으로 교훈과 책망과 바르게 함과 의로 교육하기에 유익하니

8)

눅 24:27, 44 [27]이에 모세와 모든 선지자의 글로 시작하여 모든 성경에 쓴 바 자기에 관한 것을 자세히 설명하시니라 [44]또 이르시되 내가 너희와 함께 있을 때에 너희에게 말한 바 곧 모세의 율법과 선지자의 글과 시편에 나를 가리켜 기록된 모든 것이 이루어져야 하리라 한 말이 이 것이라 하시고

롬 3:2 범사에 많으니 우선은 그들이 하나님의 말씀을 맡았음이니라

벧후 1:21 예언은 언제든지 사람의 뜻으로 낸 것이 아니요 오직 성령의 감동하심을 받은 사람들이 하나님께 받아 말한 것임이라

9)

벧후 1:19, 21 [19]또 우리에게는 더 확실한 예언이 있어 어두운 데를 비추는 등불과 같으니 날이 새어 샛별이 너희 마음에 떠오르기까지 너희가 이것을 주의하는 것이 옳으니라 [21]예언은 언제든지 사람의 뜻으로 낸 것이 아니요 오직 성령의 감동하심을 받은 사람들이 하나님께 받아 말한 것임이라

딤후 3:16 모든 성경은 하나님의 감동으로 된 것으로 교훈과 책망과 바르게 함과 의로 교육하기에 유익하니

요일 5:9 만일 우리가 사람들의 증언을 받을진대 하나님의 증거는 더욱 크도다 하나님의 증거는 이것이니 그의 아들에 대하여 증언하신 것이니라

갈 1:11-12 형제들아 내가 너희에게 알게 하노니 내가 전한 복음은 사람의 뜻을 따라 된 것이 아니니라 이는 내가 사람에게서 받은 것도 아니요 배운 것도 아니요 오직 예수 그리스도의 계시로 말미암은 것이라

살전 2:13 이러므로 우리가 하나님께 끊임없이 감사함은 너희가 우리에게 들은 바 하나님의 말씀을 받을 때에 사람의 말로 받지 아니하고 하나님의 말씀으로 받음이니 진실로 그러하도다 이 말씀이 또한 너희 믿는 자 가운데에서 역사하느니라

10)

딤전 3:15 만일 내가 지체하면 너로 하여금 하나님의 집에서 어떻게 행하여야 할지를 알게 하려 함이니 이 집은 살아 계신 하나님의 교회요 진리의 기둥과 터니라

11)

요일 2:20, 27 [20]너희는 거룩하신 자에게서 기름 부음을 받고 모든 것을 아느니라 [27]너희는 주께 받은 바 기름 부음이 너희 안에 거하나니 아무도 너희를 가르칠 필요가 없고 오직 그의 기름 부음이 모든 것을 너희에게 가르치며 또 참되고 거짓이 없으니 너희를 가르치신 그대로 주 안에 거하라

요 16:13-14 그러나 진리의 성령이 오시면 그가 너희를 모든 진리 가운데로 인도하시리니 그가 스스로 말하지 않고 오직 들은 것을 말하며 장래 일을 너희에게 알리시리라 그가 내 영광을 나타내리니 내 것을 가지고 너희에게 알리시겠음이라

고전 2:10-12 오직 하나님이 성령으로 이것을 우리에게 보이셨으니 성령은 모든 것 곧 하나님의 깊은 것까지도 통달하시느니라 사람의 일을 사람의 속에 있는 영 외에 누가 알리요 이와 같이 하나님의 일도 하나님의 영 외에는 아무도 알지 못하느니라 우리가 세상의 영을 받지 아니하고 오직 하나님으로부터 온 영을 받았으니 이는 우리로 하여금 하나님께서 우리에게 은혜로 주신 것들을 알게 하려 하심이라

사 59:21 여호와께서 이르시되 내가 그들과 세운 나의 언약이 이러하니 곧 네 위에 있는 나의 영과 네 입에 둔 나의 말이 이제부터 영원하도록 네 입에서와 네 후손의 입에서와 네 후손의 후손의 입에서 떠나지 아니하리라 하시니라 여호와의 말씀이니라

12)

딤후 3:15-17 또 어려서부터 성경을 알았나니 성경은 능히 너로 하여금 그리스도 예수 안에 있는 믿음으로 말미암아 구원에 이르는 지혜가 있게 하느니라 모든 성경은 하나님의 감동으로 된 것으로 교훈과 책망과 바르게 함과 의로 교육하기에 유익하니 이는 하나님의 사람으로 온전하게 하며 모든 선한 일을 행할 능력을 갖추게 하려 함이라

갈 1:8-9 그러나 우리나 혹은 하늘로부터 온 천사라도 우리가 너희에게 전한 복음 외에 다른 복음을 전하면 저주를 받을지어다 우리가 전에 말하였거니와 내가 지금 다시 말하노니 만일 누구든지 너희가 받은 것 외에 다른 복음을 전하면 저주를 받을지어다

살후 2:2 영으로나 또는 말로나 또는 우리에게서 받았다 하는 편지로나 주의 날이 이르렀다고 해서 쉽게 마음이 흔들리거나 두려워하거나 하지 말아야 한다는 것이라

13)

요 6:45 선지자의 글에 그들이 다 하나님의 가르치심을 받으리라 기록되었은즉 아버지께 듣고 배운 사람마다 내게로 오느니라

고전 2:9-12 기록된 바 하나님이 자기를 사랑하는 자들을 위하여 예비하신 모든 것은 눈으로 보지 못하고 귀로 듣지 못하고 사람의 마음으로 생각하지도 못하였다 함과

같으니라 오직 하나님이 성령으로 이것을 우리에게 보이셨으니 성령은 모든 것 곧 하나님의 깊은 것까지도 통달하시느니라 사람의 일을 사람의 속에 있는 영 외에 누가 알리요 이와 같이 하나님의 일도 하나님의 영 외에는 아무도 알지 못하느니라 우리가 세상의 영을 받지 아니하고 오직 하나님으로부터 온 영을 받았으니 이는 우리로 하여금 하나님께서 우리에게 은혜로 주신 것들을 알게 하려 하심이라

14)

고전 11:13-14 너희는 스스로 판단하라 여자가 머리를 가리지 않고 하나님께 기도하는 것이 마땅하냐 만일 남자에게 긴 머리가 있으면 자기에게 부끄러움이 되는 것을 본성이 너희에게 가르치지 아니하느냐

고전 14:26, 40 [26]그런즉 형제들아 어찌할까 너희가 모일 때에 각각 찬송시도 있으며 가르치는 말씀도 있으며 계시도 있으며 방언도 있으며 통역함도 있나니 모든 것을 덕을 세우기 위하여 하라 [40]모든 것을 품위 있게 하고 질서 있게 하라

15)

벧후 3:16 또 그 모든 편지에도 이런 일에 관하여 말하였으되 그 중에 알기 어려운 것이 더러 있으니 무식한 자들과 굳세지 못한 자들이 다른 성경과 같이 그것도 억지로 풀다가 스스로 멸망에 이르느니라

16)

시 119:105, 130 [105]주의 말씀은 내 발에 등이요 내 길에 빛이니이다 [130]주의 말씀을 열면 빛이 비치어 우둔한 사람들을 깨닫게 하나이다

17)

마 5:18 진실로 너희에게 이르노니 천지가 없어지기 전에는 율법의 일점 일획도 결코 없어지지 아니하고 다 이루리라

18)

사 8:20 마땅히 율법과 증거의 말씀을 따를지니 그들이 말하는 바가 이 말씀에 맞지 아니하면 그들이 정녕 아침 빛을 보지 못하고

행 15:15 선지자들의 말씀이 이와 일치하도다 기록된 바

요 5:39, 46 [39]너희가 성경에서 영생을 얻는 줄 생각하고 성경을 연구하거니와 이 성경이 곧 내게 대하여 증언하는 것이니라 [46]모세를 믿었더라면 또 나를 믿었으리니 이는 그가 내게 대하여 기록하였음이라

19)

요 5:39 너희가 성경에서 영생을 얻는 줄 생각하고 성경을 연구하거니와 이 성경이 곧 내게 대하여 증언하는 것이니라

20)

고전 14:6, 9, 11-12, 24, 27-28 [6]그런즉 형제들아 내가 너희에게 나아가서 방언으로 말하고 계시나 지식이나 예언이나 가르치는 것으로 말하지 아니하면 너희에게 무엇이 유익하리요 [9]이와 같이 너희도 혀로써 알아 듣기 쉬운 말을 하지 아니하면 그 말하는 것을 어찌 알리요 이는 허공에다 말하는 것이라 [11-12]그러므로 내가 그 소리의 뜻을 알지 못하면 내가 말하는 자에게 외국인이 되고 말하는 자도 내게 외국인이 되리니 그러므로 너희도 영적인 것을 사모하는 자인즉 교회의 덕을 세우기 위하여 그것이 풍성하기를 구하라 [24]그러나 다 예언을 하면 믿지 아니하는 자들이나 알지 못하는 자들이 들어와서 모든 사람에게 책망을 들으며 모든 사람에게 판단을 받고 [27-28]만일 누가 방언으로 말하거든 두 사람이나 많아야 세 사람이 차례를 따라 하고 한 사람이 통역할 것이요 만일 통역하는 자가 없으면 교회에서는 잠잠하고 자기와 하나님께 말할 것이요

21)

골 3:16 그리스도의 말씀이 너희 속에 풍성히 거하여 모든 지혜로 피차 가르치며 권면하고 시와 찬송과 신령한 노래를 부르며 감사하는 마음으로 하나님을 찬양하고

22)

롬 15:4 무엇이든지 전에 기록된 바는 우리의 교훈을 위하여 기록된 것이니 우리로 하여금 인내로 또는 성경의 위로로 소망을 가지게 함이니라

23)

벧후 1:20-21 먼저 알 것은 성경의 모든 예언은 사사로이 풀 것이 아니니 예언은 언제든지 사람의 뜻으로 낸 것이 아니요 오직 성령의 감동하심을 받은 사람들이 하나님께 받아 말한 것임이라

행 15:15-16 선지자들의 말씀이 이와 일치하도다 기록된 바 이 후에 내가 돌아와서 다윗의 무너진 장막을 다시 지으며 또 그 허물어진 것을 다시 지어 일으키리니

24)

마 22:29, 31 [29]예수께서 대답하여 이르시되 너희가 성경도, 하나님의 능력도 알지 못하는 고로 오해하였도다 [31]죽은 자의 부활을 논할진대 하나님이 너희에게 말씀하신 바

엡 2:20 너희는 사도들과 선지자들의 터 위에 세우심을 입은 자라 그리스도 예수께서 친히 모퉁잇돌이 되셨느니라

행 28:25 서로 맞지 아니하여 흩어질 때에 바울이 한 말로 이르되 성령이 선지자 이사야를 통하여 너희 조상들에게 말씀하신 것이 옳도다

더 깊은 공부와 나눔을 위한 질문

1. 하나님께서 계시다는 것을 어떻게 알 수 있습니까? (1장 1항; 대교리문답 2문답)

2. 성경이 하나님의 말씀이라는 것을 어떻게 알 수 있습니까? (1장 5항; 대교리문답 4문답)

3. 성경이 신앙과 삶의 유일한 법칙입니까? 또는 다른 법칙이 있습니까? 우리가 실제 성경의 권위를 어떻게 생각하고 있는지 나누어 봅시다(1장 2-5항, 대교리문답 3-4문답):

    설교를 듣고 성경을 읽을 때, 남들처럼 부동산 투기를 하고 싶은 유혹이 일 때, 친구들이 교수님(선생님)을 낮잡아보고 욕할 때, 전공 서적을 부정하게 제본소에서 제본하거나 PDF 파일을 구할 때, 운전하면서 쉽게 흥분하고 화를 낼 때, 교회에서 갈등이 생겼을 때, 내가 좋아하는 것에 대해 다른 사람이 옳고 그름을 운운할 때, 내가 경험한 정말 신비롭고 감동이 넘치는 일을 대할 때, 등.

4. 하나님께서 우리에게 성경을 주신 목적은 무엇입니까? (1장 1항, 6항; 대교리문답 1문답, 5문답, 154-155문답)

5. 성경은 누구나 쉽게 알 수 있습니까? 성경 해석에 어려움이 있거나 충돌이 생기면 어떻게 해야 합니까? 또, "웨스트민스터 신앙고백"을 포함하여 여러

신앙고백서와 교리문답서들, 그리고 흔히 교리서적으로 알려진 "조직신학" 서적들이 중요한 이유를 풍성히 나누어 봅시다 (1장 7항, 9-10항; 대교리문답 156문답):

믿음과 구원에 대해 서로 이해가 다를 때, 성경의 최종 권위에 대해 서로 달리 말할 때, 결코 좁혀지지 않는 논쟁이 계속 이어질 때, 등.

6. 하나님의 말씀이 누구라도 충분히 이해할 수 있게끔 계시되었다는 사실에서 우리가 취해야 할 행동은 무엇입니까? 우리는 어떤 마음으로 성경을 가까이해야 합니까? 신명기 6장 4-9절과 시편 1편, 119편을 읽어봅시다. (1장 7-8항; 대교리문답 157문답, 160문답)

7. 10항을 천천히 경외하는 마음으로 소리 내어 읽은 후, 삼위 하나님께 기도합시다.

8. 이 신앙고백이 성경에 관한 이야기부터 시작하는 이유는 무엇입니까? 그것이 왜 중요합니까?

하나님께서 깨닫게 해 주신 것과 베풀어 주신 은혜를 생각하며 감사합시다. 또 깨달아 배우고 확신한 일에 거할 수 있게 해 달라고 기도합시다.

2장

하나님과 거룩한 삼위일체
Of God, and of the Holy Trinity

1항

살아계시며 참되신 하나님은 오직 한 분이시다.[1)2)] 존재와 완전함에서 무한하시고,[3)] 지극히 순수한 영이시며,[4)] 보이지 아니하시고,[5)] 몸과 몸의 부분인 지체가 없으시며,[6)] 우리와 같은 성정도 없으시고,[7)] 불변하시고,[8)] 언제 어디에나 계시며,[9)] 영원하시고,[10)] 헤아릴 수 없는 분이시며,[11)] 전능하시고,[12)] 지극히 지혜로우시고,[13)] 지극히 거룩하시고,[14)] 지극히 자유로우시고,[15)] 절대적 주권을 갖고 계신 하나님께서는,[16)] 자신의 영광을 위해[18)] 자신의 불변하고 지극히 의로운 뜻의 계획에 따라 모든 일을 행하신다.[17)] 하나님께서는 더할 수 없을 만큼 사랑이 많으시고,[19)] 은혜로우시고, 자비로우시며, 오래 참으시고, 선하심과 진실하심이 풍부하시며, 악과 과실과 죄를 용서하시고,[20)] 자기를 부지런히 찾는 자들에게 상을 주신다.[21)] 동시에 하나님께서는 가장 공의롭고 무섭게 심판하시며,[22)] 모든 죄를 몹시 싫어하시고,[23)] 결코 벌을 면제하지 않으신다.[24)]

1) 신 6:4; 고전 8:4, 6 2) 살전 1:9; 렘 10:10 3) 욥 11:7-9; 26:14 4) 요 4:24 5) 딤전 1:17 6) 신 4:15-16; 요 4:24; 눅 24:39 7) 행 14:11, 15 8) 약 1:17; 말 3:6 9) 왕상 8:27; 렘 23:23-24 10) 시 90:2; 딤전 1:17 11) 시 145:3 12) 창 17:1; 계 4:8 13) 롬 16:27 14) 사 6:3; 계 4:8 15) 시 115:3 16) 출 3:14 17) 엡 1:11 18) 잠 16:4; 롬 11:36 19) 요일 4:8, 16 20) 출 34:6-7 21) 히 11:6 22) 느 9:32-33 23) 시 5:5-6 24) 나 1:2-3; 출 34:7.

There is but one only,[1] living, and true God:[2] who is infinite in being and perfection,[3] a most pure spirit,[4] invisible,[5] without body, parts,[6] or passions,[7] immutable,[8] immense,[9] eternal,[10] incomprehensible,[11] almighty,[12] most wise,[13] most holy,[14] most free,[15] most absolute,[16] working all things according to the counsel of His own and most righteous will,[17] for His own glory;[18] most loving,[19] gracious, merciful, long-suffering, abundant in goodness and truth, forgiving iniquity, transgression, and sin;[20] the rewarder of them that diligently seek Him;[21] and withal, most just and terrible in His judgments,[22] hating all sin,[23] and who will by no means clear the guilty.[24]

2장 하나님과 거룩한 삼위일체 Of God, and of the Holy Trinity

2항

하나님께서는 모든 생명과[25] 영광과[26] 선과[27] 복을[28] 자신 안에 스스로 가지고 계신다. 그리고 홀로 자신 안에서, 또 자신에게 완전히 충분하셔서 자신이 지으신 어떤 피조물도 필요로 하지 않으시고,[29] 피조물에게서 어떤 영광도 구하지 않으신다.[30] 다만, 하나님 자신의 영광을 피조물 안에서, 피조물로 말미암아, 피조물에게, 피조물 위에 나타내실 뿐이다. 하나님께서는 홀로 만물의 근원이시며, 만물은 그분에게서 나오고, 그분으로 말미암고, 그분에게로 돌아간다.[31] 하나님께서는 절대적 주권으로 만물을 다스리셔서, 그분이 기뻐하시는 모든 일을 만물로 말미암아, 만물을 위해, 만물 위에 행하신다.[32] 또 모든 것이 하나님 앞에서 벌거벗은 것처럼 드러나고 나타난다.[33] 하나님의 지식은 무한하고, 오류가 없으며, 피조물에게 의존하지 않으시기에,[34] 하나님께는 우연하거나 불확실한 일이 전혀 없다.[35] 하나님의 모든 계획과 모든 일하심과 모든 명령은 지극히 거룩하다.[36] 따라서 천사들과 사람들과 다른 모든 피조물은 하나님께서 그들에게 받기를 기뻐하시는 모든 예배와 섬김과 순종을 마땅히 드려야 한다.[37]

God hath all life,[25] glory,[26] goodness,[27] blessedness,[28] in and of Himself; and is alone in and unto Himself all-sufficient, not standing in need of any creatures which He hath made,[29] nor deriving any glory from them,[30] but only manifesting His own glory in, by, unto, and upon them: He is the alone fountain of all being, of whom, through whom, and to whom are all things;[31] and hath most sovereign dominion over them, to do by them, for them, or upon them whatsoever Himself please.[32] In His sight all things are open and manifest;[33] His knowledge is infinite, infallible, and independent upon the creature,[34] so as nothing is to Him contingent, or uncertain.[35] He is most holy in all His counsels, in all His works, and in all His commands.[36] To Him is due from angels and men, and every other creature, whatsoever worship, service, or obedience He is pleased to require of them.[37]

25) 요 5:26 26) 행 7:2 27) 시 119:68 28) 딤전 6:15 ; 롬 9:5
29) 행 17:24-25 30) 욥 22:2-3 31) 롬 11:36 32) 계 4:11; 딤전 6:15; 단 4:25, 35 33) 히 4:13 34) 롬 11:33-34; 시 147:5
35) 행 15:18; 겔 11:5 36) 시 145:17; 롬 7:12 37) 계 5:12-14

3항

한 신격 안에 본질이 같고 권능과 영광을 동등하게 가지시는 삼위가 계시니, 곧 성부 하나님, 성자 하나님, 성령 하나님이시다.[38] 성부 하나님께서는 아무에게도 속하지 않으시고, 누구에게서 나거나 나오지 않으시며, 성자 하나님께서는 성부 하나님에게서 영원히 나시고,[39] 성령 하나님께서는 성부 하나님과 성자 하나님으로부터 영원히 나오신다.[40]

38) 요일 5:7; 마 3:16-17; 28:19; 고후 13:14 39) 요 1:14, 18
40) 요 15:26; 갈 4:6.

In the unity of the Godhead there be three persons, of one substance, power, and eternity; God the Father, God the Son, and God the Holy Ghost.[38] The Father is of none, neither begotten, nor proceeding: the Son is eternally begotten of the Father:[39] the Holy Ghost eternally proceeding from the Father and the Son.[40]

증거구절

1)

신 6:4 이스라엘아 들으라 우리 하나님 여호와는 오직 유일한 여호와이시니

고전 8:4, 6 ⁴그러므로 우상의 제물을 먹는 일에 대하여는 우리가 우상은 세상에 아무 것도 아니며 또한 하나님은 한 분밖에 없는 줄 아노라 ⁶그러나 우리에게는 한 하나님 곧 아버지가 계시니 만물이 그에게서 났고 우리도 그를 위하여 있고 또한 한 주 예수 그리스도께서 계시니 만물이 그로 말미암고 우리도 그로 말미암아 있느니라

2)

살전 1:9 그들이 우리에 대하여 스스로 말하기를 우리가 어떻게 너희 가운데에 들어갔는지와 너희가 어떻게 우상을 버리고 하나님께로 돌아와서 살아 계시고 참되신 하나님을 섬기는지와

렘 10:10 오직 여호와는 참 하나님이시요 살아 계신 하나님이시요 영원한 왕이시라 그 진노하심에 땅이 진동하며 그 분노하심을 이방이 능히 당하지 못하느니라

3)

욥 11:7-9 네가 하나님의 오묘함을 어찌 능히 측량하며 전능자를 어찌 능히 완전히 알겠느냐 하늘보다 높으시니 네가 무엇을 하겠으며 스올보다 깊으시니 네가 어찌 알겠느냐 그 크심은 땅보다 길고 바다보다 넓으니라

욥 26:14 보라 이런 것들은 그의 행사의 단편일 뿐이요 우리가 그에게서 들은 것도 속삭이는 소리일 뿐이니 그의 큰 능력의 우렛소리를 누가 능히 헤아리랴

4)

요 4:24 하나님은 영이시니 예배하는 자가 영과 진리로 예배할지니라

5)

딤전 1:17 영원하신 왕 곧 썩지 아니하고 보이지 아니하고 홀로 하나이신 하나님께 존귀와 영광이 영원무궁하도록 있을지어다 아멘

6)

신 4:15-16 여호와께서 호렙 산 불길 중에서 너희에게 말씀하시던 날에 너희가 어떤 형상도 보지 못하였은즉 너희는 깊이 삼가라 그리하여 스스로 부패하여 자기를 위해 어떤 형상대로든지 우상을 새겨 만들지 말라 남자의 형상이든지, 여자의 형상이든지,

요 4:24 하나님은 영이시니 예배하는 자가 영과 진리로 예배할지니라

7)

눅 24:39 내 손과 발을 보고 나인 줄 알라 또 나를 만져 보라 영은 살과 뼈가 없으되 너희 보는 바와 같이 나는 있느니라

행 14:11, 15 ¹¹무리가 바울이 한 일을 보고 루가오니아 방언으로 소리 질러 이르되 신들이 사람의 형상으로 우리 가운데 내려오셨다 하여 ¹⁵이르되 여러분이여 어찌하여 이러한 일을 하느냐 우리도 여러분과 같은 성정을 가진 사람이라 여러분에게 복음을 전하는 것은 이런 헛된 일을 버리고 천지와 바다와 그 가운데 만물을 지으시고 살아 계신 하나님께로 돌아오게 함이라

8)

약 1:17 온갖 좋은 은사와 온전한 선물이 다 위로부터 빛들의 아버지께로부터 내려오나니 그는 변함도 없으시고 회전하는 그림자도 없으시니라

말 3:6 나 여호와는 변하지 아니하나니 그러므로 야곱의 자손들아 너희가 소멸되지 아니하느니라

9)

왕상 8:27 하나님이 참으로 땅에 거하시리이까 하늘과 하늘들의 하늘이라도 주를 용납하지 못하겠거든 하물며 내가 건축한 이 성전이오리이까

렘 23:23-24 여호와의 말씀이니라 나는 가까운 데에 있는 하나님이요 먼 데에 있는 하나님은 아니냐 여호와의 말씀이니라 사람이 내게 보이지 아니하려고 누가 자신을 은밀한 곳에 숨길 수 있겠느냐 여호와가 말하노라 나는 천지에 충만하지 아니하냐

10)

시 90:2 산이 생기기 전, 땅과 세계도 주께서 조성하시기 전 곧 영원부터 영원까지 주는 하나님이시니이다

딤전 1:17 영원하신 왕 곧 썩지 아니하고 보이지 아니하고 홀로 하나이신 하나님께 존귀와 영광이 영원무궁하도록 있을지어다 아멘

11)

시 145:3 여호와는 위대하시니 크게 찬양할 것이라 그의 위대하심을 측량하지 못하리로다

12)

창 17:1 아브람이 구십구 세 때에 여호와께서 아브람에게 나타나서 그에게 이르시되 나는 전능한 하나님이라 너는 내 앞에서 행하여 완전하라

계 4:8 네 생물은 각각 여섯 날개를 가졌고 그 안과 주위에는 눈들이 가득하더라 그들이 밤낮 쉬지 않고 이르기를 거룩하다 거룩하다 거룩하다 주 하나님 곧 전능하신 이여 전에도 계셨고 이제도 계시고 장차 오실 이시라 하고

13)
롬 16:27 지혜로우신 하나님께 예수 그리스도로 말미암아 영광이 세세무궁하도록 있을지어다 아멘

14)
사 6:3 서로 불러 이르되 거룩하다 거룩하다 거룩하다 만군의 여호와여 그의 영광이 온 땅에 충만하도다 하더라

계 4:8 네 생물은 각각 여섯 날개를 가졌고 그 안과 주위에는 눈들이 가득하더라 그들이 밤낮 쉬지 않고 이르기를 거룩하다 거룩하다 거룩하다 주 하나님 곧 전능하신 이여 전에도 계셨고 이제도 계시고 장차 오실 이시라 하고

15)
시 115:3 오직 우리 하나님은 하늘에 계셔서 원하시는 모든 것을 행하셨나이다

16)
출 3:14 하나님이 모세에게 이르시되 나는 스스로 있는 자이니라 또 이르시되 너는 이스라엘 자손에게 이같이 이르기를 스스로 있는 자가 나를 너희에게 보내셨다 하라

17)
엡 1:11 모든 일을 그의 뜻의 결정대로 일하시는 이의 계획을 따라 우리가 예정을 입어 그 안에서 기업이 되었으니

18)
잠 16:4 여호와께서 온갖 것을 그 쓰임에 적당하게 지으셨나니 악인도 악한 날에 적당하게 하셨느니라

롬 11:36 이는 만물이 주에게서 나오고 주로 말미암고 주에게로 돌아감이라 그에게 영광이 세세에 있을지어다 아멘

19)
요일 4:8, 16 ⁸사랑하지 아니하는 자는 하나님을 알지 못하나니 이는 하나님은 사랑이심이라 ¹⁶하나님이 우리를 사랑하시는 사랑을 우리가 알고 믿었노니 하나님은 사랑이시라 사랑 안에 거하는 자는 하나님 안에 거하고 하나님도 그의 안에 거하시느니라

20)
출 34:6-7 여호와께서 그의 앞으로 지나시며 선포하시되 여호와라 여호와라 자비롭고 은혜롭고 노하기를 더디하고 인자와 진실이 많은 하나님이라 인자를 천대까지 베풀며 악과 과실과 죄를 용서하리라 그러나 벌을 면제하지는 아니하고 아버지의 악행을 자손 삼사 대까지 보응하리라

21)
히 11:6 믿음이 없이는 하나님을 기쁘시게 하지 못하나니 하나님께 나아가는 자는 반드시 그가 계신 것과 또한 그가 자기를 찾는 자들에게 상 주시는 이심을 믿어야 할지니라

22)
느 9:32-33 우리 하나님이여 광대하시고 능하시고 두려우시며 언약과 인자하심을 지키시는 하나님이여 우리와 우리 왕들과 방백들과 제사장들과 선지자들과 조상들과 주의 모든 백성이 앗수르 왕들의 때로부터 오늘까지 당한 모든 환난을 이제 작게 여기지 마옵소서 그러나 우리가 당한 모든 일에 주는 공의로우시니 우리는 악을 행하였사오나 주께서는 진실하게 행하셨음이니이다

23)
시 5:5-6 오만한 자들이 주의 목전에 서지 못하리이다 주는 모든 행악자를 미워하시며 거짓말하는 자들을 멸망시키시리이다 여호와께서는 피 흘리기를 즐기는 자와 속이는 자를 싫어하시나이다

24)
나 1:2-3 여호와는 질투하시며 보복하시는 하나님이시니라 여호와는 보복하시며 진노하시되 자기를 거스르는 자에게 여호와는 보복하시며 자기를 대적하는 자에게 진노를 품으시며 여호와는 노하기를 더디하시며 권능이 크시며 벌 받을 자를 결코 내버려두지 아니하시느니라 여호와의 길은 회오리바람과 광풍에 있고 구름은 그의 발의 티끌로다

출 34:7 인자를 천대까지 베풀며 악과 과실과 죄를 용서하리라 그러나 벌을 면제하지는 아니하고 아버지의 악행을 자손 삼사 대까지 보응하리라

25)
요 5:26 아버지께서 자기 속에 생명이 있음 같이 아들에게도 생명을 주어 그 속에 있게 하셨고

26)
행 7:2 스데반이 이르되 여러분 부형들이여 들으소서 우리 조상 아브라함이 하란에 있기 전 메소보다미아에 있을 때에 영광의 하나님이 그에게 보여

27)
시 119:68 주는 선하사 선을 행하시오니 주의 율례들로 나를 가르치소서

28)
딤전 6:15 기약이 이르면 하나님이 그의 나타나심을 보이시리니 하나님은 복되시고 유일하신 주권자이시며 만왕의 왕이시며 만주의 주시요

롬 9:5 조상들도 그들의 것이요 육신으로 하면 그리스도가 그들에게서 나셨으니 그는 만물 위에 계서서 세세에 찬양을 받으실 하나님이시니라 아멘

29)
행 17:24-25 우주와 그 가운데 있는 만물을 지으신 하나님께서는 천지의 주재시니 손으로 지은 전에 계시지 아

니하시고 또 무엇이 부족한 것처럼 사람의 손으로 섬김을 받으시는 것이 아니니 이는 만민에게 생명과 호흡과 만물을 친히 주시는 이심이라

30)
욥 22:2-3 사람이 어찌 하나님께 유익하게 하겠느냐 지혜로운 자도 자기에게 유익할 따름이니라 네가 의로운들 전능자에게 무슨 기쁨이 있겠으며 네 행위가 온전한들 그에게 무슨 이익이 되겠느냐

31)
롬 11:36 이는 만물이 주에게서 나오고 주로 말미암고 주에게로 돌아감이라 그에게 영광이 세세에 있을지어다 아멘

32)
계 4:11 우리 주 하나님이여 영광과 존귀와 권능을 받으시는 것이 합당하오니 주께서 만물을 지으신지라 만물이 주의 뜻대로 있었고 또 지으심을 받았나이다 하더라

딤전 6:15 기약이 이르면 하나님이 그의 나타나심을 보이시리니 하나님은 복되시고 유일하신 주권자이시며 만왕의 왕이시며 만주의 주시요

단 4:25, 35 ²⁵왕이 사람에게서 쫓겨나서 들짐승과 함께 살며 소처럼 풀을 먹으며 하늘 이슬에 젖을 것이요 이와 같이 일곱 때를 지낼 것이라 그 때에 지극히 높으신 이가 사람의 나라를 다스리시며 자기의 뜻대로 그것을 누구에게든지 주시는 줄 아시리이다 ³⁵땅의 모든 사람들을 없는 것 같이 여기시며 하늘의 군대에게든지 땅의 사람에게든지 그는 자기 뜻대로 행하시나니 그의 손을 금하든지 혹시 이르기를 네가 무엇을 하느냐고 할 자가 아무도 없도다

33)
히 4:13 지으신 것이 하나도 그 앞에 나타나지 않음이 없고 우리의 결산을 받으실 이의 눈 앞에 만물이 벌거벗은 것 같이 드러나느니라

34)
롬 11:33-34 깊도다 하나님의 지혜와 지식의 풍성함이여, 그의 판단은 헤아리지 못할 것이며 그의 길은 찾지 못할 것이로다 누가 주의 마음을 알았느냐 누가 그의 모사가 되었느냐

시 147:5 우리 주는 위대하시며 능력이 많으시며 그의 지혜가 무궁하시도다

35)
행 15:18 즉 예로부터 이것을 알게 하시는 주의 말씀이라 함과 같으니라

겔 11:5 여호와의 영이 내게 임하여 이르시되 너는 말하기를 여호와의 말씀에 이스라엘 족속아 너희가 이렇게 말하였도다 너희 마음에서 일어나는 것을 내가 다 아노라

36)
시 145:17 여호와께서는 그 모든 행위에 의로우시며 그 모든 일에 은혜로우시도다

롬 7:12 이로 보건대 율법은 거룩하고 계명도 거룩하고 의로우며 선하도다

37)
계 5:12-14 큰 음성으로 이르되 죽임을 당하신 어린 양은 능력과 부와 지혜와 힘과 존귀와 영광과 찬송을 받으시기에 합당하도다 하더라 내가 또 들으니 하늘 위에와 땅 위에와 땅 아래와 바다 위에와 또 그 가운데 모든 피조물이 이르되 보좌에 앉으신 이와 어린 양에게 찬송과 존귀와 영광과 권능을 세세토록 돌릴지어다 하니 네 생물이 이르되 아멘 하고 장로들은 엎드려 경배하더라

38)
요일 5:7 (우리 개역성경과 차이가 납니다. KJV의 7절은 다음과 같습니다: For there are three that bear record in heaven, the Father, the Word, and the Holy Ghost: and these three are one.)

마 3:16-17 예수께서 세례를 받으시고 곧 물에서 올라오실새 하늘이 열리고 하나님의 성령이 비둘기 같이 내려 자기 위에 임하심을 보시더니 하늘로부터 소리가 있어 말씀하시되 이는 내 사랑하는 아들이요 내 기뻐하는 자라 하시니라

마 28:19 그러므로 너희는 가서 모든 민족을 제자로 삼아 아버지와 아들과 성령의 이름으로 세례를 베풀고

고후 13:14 (KJV의 14절이 우리 개역성경의 13절에 해당합니다) 주 예수 그리스도의 은혜와 하나님의 사랑과 성령의 교통하심이 너희 무리와 함께 있을지어다

39)
요 1:14, 18 ¹⁴말씀이 육신이 되어 우리 가운데 거하시매 우리가 그의 영광을 보니 아버지의 독생자의 영광이요 은혜와 진리가 충만하더라 ¹⁸본래 하나님을 본 사람이 없으되 아버지 품 속에 있는 독생하신 하나님이 나타내셨느니라

40)
요 15:26 내가 아버지께로부터 너희에게 보낼 보혜사 곧 아버지께로부터 나오시는 진리의 성령이 오실 때에 그가 나를 증언하실 것이요

갈 4:6 너희가 아들이므로 하나님이 그 아들의 영을 우리 마음 가운데 보내사 아빠 아버지라 부르게 하셨느니라

더 깊은 공부와 나눔을 위한 질문

1. 하나님께서는 어떤 분이십니까? 하나님께서 여러 분 계십니까? (2장 1-3항; 대교리문답 7-11문답)

2. 삼위 하나님의 사랑이 죄인에게는 은혜와 자비와 긍휼로 나타납니다. 하나님께서 삼위 하나님이 아니시라면 사랑이 (또 은혜와 자비와 긍휼이) 존재할 수 있습니까?

3. 삼위일체에 관한 잘못된 교리들을 찾아 비판해 봅시다. (삼신론, 양태론, 등)

4. 삼위일체 교리가 어떻게, 왜 어렵습니까? 우리는 이 신비를 어떻게 믿고 받아들여야 할까요?

5. 삼위일체 교리가 다른 교리들의 중심이 되는 이유는 무엇입니까?

하나님께서 깨닫게 해 주신 것과 베풀어 주신 은혜를 생각하며 감사합시다. 또 깨달아 배우고 확신한 일에 거할 수 있게 해 달라고 기도합시다.

3장

하나님의 영원한 작정
Of God's Eternal Decree

1항

하나님께서는 영원 전부터 하나님의 뜻대로 세우신 지극히 지혜롭고 거룩한 계획을 따라, 일어날 모든 일을 원하시는 대로 정하시되 불변하게 정하셨다.[1] 그렇지만 이 정하심 때문에 하나님께서 죄의 조성자가 되시는 것은 아니다.[2] 하나님께서는 피조물들의 의지를 힘으로 강압하지도 않으신다. 또한 제2원인들의 자유나 우연성이 제거되지 않고 오히려 확립된다.[3]

1) 엡 1:11; 롬 11:33; 히 6:17; 롬 9:15, 18 2) 약 1:13, 17; 요일 1:5
3) 행 2:23; 마 17:12; 행 4:27-28; 요 19:11; 잠 16:33.

2항

하나님께서는 생각할 수 있는 모든 조건에서 일어나거나 일어날 가능성이 있는 어떤 일도 다 알고 계신다.[4] 그러나 그 일들이 앞으로 일어날 수 있을 것이라고 미리 아시기 때문에, 또는 생각할 수 있는 조건들에 근거해서 일어날 것이라고 미리 아시기 때문에 작정하신 것은 아니다.[5]

4) 행 15:18; 삼상 23:11-12; 마 11:21, 23 5) 롬 9:11, 13, 16, 18.

3항

하나님의 영광을 드러내기 위한 하나님의 작정에

God from all eternity did, by the most wise and holy counsel of His own will, freely, and unchangeably ordain whatsoever comes to pass:[1] yet so, as thereby neither is God the author of sin,[2] nor is violence offered to the will of the creatures, nor is the liberty or contingency of second causes taken away, but rather established.[3]

Although God knows whatsoever may or can come to pass upon all supposed conditions,[4] yet hath He not decreed anything because He foresaw it as future, or as that which would come to pass upon such conditions.[5]

By the decree of God, for the manifestation of His

따라, 하나님께서는 어떤 사람들과 천사들은[6] 영생에 이르도록 예정하셨고, 그 외 다른 사람들과 천사들은 영원한 죽음에 이르도록 미리 정하셨다.[7]

6) 딤전 5:21; 마 25:41 7) 롬 9:22-23; 엡 1:5-6; 잠 16:4.

4항

예정되고 미리 정해진 이 천사들과 사람들은 개별적으로 그리고 불변하게 지정됐으며, 그들의 수는 매우 확실하고 확정돼 있기 때문에 그 수가 늘거나 줄 수 없다.[8]

8) 딤후 2:19; 요 13:18.

5항

하나님께서는 창세전에, 자신의 영원하고 변하지 않는 목적과, 비밀한 계획, 그리고 당신의 선하고 기쁘신 뜻대로 생명을 얻도록 예정된 사람들을 그리스도 안에서 선택하시되, 그들이 영원한 영광에 이르도록, 하나님의 순전하고 값없는 은혜와 사랑으로 선택하셨다.[9] 또한 그들의 믿음과 선행과 견인을 미리 아심 없이, 또 피조물에게 있는 어떤 것이든 하나님의 마음을 움직이게 할 조건이나 원인으로 삼지 않으시고 그들을 선택하셨다.[10] 그리고 이

glory, some men and angels[6] are predestinated unto everlasting life, and others foreordained to everlasting death.[7]

These angels and men, thus predestinated and foreordained, are particularly and unchangeably designed, and their number is so certain and definite, that it cannot be either increased or diminished.[8]

Those of mankind that are predestinated unto life, God, before the foundation of the world was laid, according to His eternal and immutable purpose, and the secret counsel and good pleasure of His will, hath chosen, in Christ, unto everlasting glory,[9] out of His mere free grace and love, without any foresight of faith or good works, or perseverance in either of them, or any other thing in the creature, as conditions, or causes moving Him thereunto:[10] and all to the praise of His glorious grace.[11]

모든 것으로 말미암아 하나님의 영광스러운 은혜를 찬양하도록 선택하셨다.[11]

9) 엡 1:4, 9, 11; 롬 8:30; 딤후 1:9; 살전 5:9 10) 롬 9:11, 13, 16; 엡 1:4, 9 11) 엡 1:6, 12.

6항

하나님께서는 택하신 자들이 영광에 이르도록 정하셨을 뿐만 아니라, 택하신 자들이 영광에 이르는 모든 수단도 하나님의 뜻의 영원하고 지극히 자유로운 목적에 따라 미리 정하셨다.[12] 따라서 하나님께 택함 받은 사람들은 아담 안에서 타락했지만 그리스도로 말미암아 구속함을 받으며,[13] 뜻하신 때에 일하시는 성령님으로 말미암아 그리스도를 믿도록 효과적으로 부르심 받으며, 의롭다 하심을 받고, 양자가 되고, 거룩해지며,[14] 성령님의 능력으로 구원에 이르기까지 보호받는다.[15] 택함 받은 사람들 외에는 그 누구도 그리스도로 말미암아 구속함을 받거나 효과적인 부르심을 받거나 의롭다 함을 받거나 양자가 되거나 거룩하게 되거나 구원을 받지 못한다.[16]

12) 벧전 1:2; 엡 1:4-5; 2:10; 살후 2:13 13) 살전 5:9-10; 딛 2:14 14) 롬 8:30; 엡 1:5; 살후 2:13 15) 벧전 1:5 16) 요 17:9; 롬 8:28-39; 요 6:64-65; 10:26; 8:47; 요일 2:19.

As God hath appointed the elect unto glory, so hath He, by the eternal and most free purpose of His will, foreordained all the means thereunto.[12] Wherefore they who are elected, being fallen in Adam, are redeemed by Christ,[13] are effectually called unto faith in Christ by His Spirit working in due season, are justified, adopted, sanctified,[14] and kept by His power through faith unto salvation.[15] Neither are any other redeemed by Christ, effectually called, justified, adopted, sanctified, and saved, but the elect only.[16]

7항

하나님께서는 만드신 만물을 다스리시는 그분의 주권적 능력의 영광을 위하여, 하나님께서 기뻐하시는 대로 자비를 베풀기도 하시고 거두기도 하시는 헤아릴 수 없는 그 뜻하신 계획을 따라, 택함 받지 않은 나머지 인류가 지나쳐 버림을 받고 자신들의 죄로 말미암아 치욕과 진노를 받도록 작정하기를 기뻐하셨다. 그래서 하나님의 공의에 대한 영광으로 말미암아 그분이 찬양받게 하셨다.[17]

17) 마 11:25-26; 롬 9:17-18, 21-22; 딤후 2:19-20; 유 1:4; 벧전 2:8.

8항

신비롭기 그지없는 이 예정 교리는 특별히 사려와 주의를 기울여 다루어야 하는데,[18] 이는 말씀에 계시하신 하나님의 뜻에 따르고 순종하는 사람들이 효과적인 부르심의 확실함을 근거로 그들의 영원한 선택을 확신할 수 있기 때문이다.[19] 그렇게 함으로써 이 교리는 하나님을 찬양하고 경외하며 감탄하게 하고,[20] 복음에 신실하게 순종하는 모든 자를 겸손하고 부지런하게 하며, 그들에게 풍성한 위로를 줄 것이다.[21]

18) 롬 9:20; 11:33; 신 29:29 19) 벧후 1:10 20) 엡 1:6; 롬 11:33
21) 롬 11:5-6, 20; 벧후 1:10; 롬 8:33; 눅 10:20.

The rest of mankind God was pleased, according to the unsearchable counsel of His own will, whereby He extend or withhold mercy, as He please, for the glory of His sovereign power over His creatures, to pass by; and to ordain them to dishonour and wrath, for their sin, to the praise of His glorious justice.[17]

The doctrine of this high mystery of predestination is to be handled with special prudence and care,[18] that men attending the will of God revealed in His Word, and yielding obedience thereunto, may, from the certainty of their effectual vocation, be assured of their eternal election.[19] So shall this doctrine afford matter of praise, reverence, and admiration of God,[20] and of humility, diligence, and abundant consolation to all that sincerely obey the gospel.[21]

증거구절

1)

엡 1:11 모든 일을 그의 뜻의 결정대로 일하시는 이의 계획을 따라 우리가 예정을 입어 그 안에서 기업이 되었으니

롬 11:33 깊도다 하나님의 지혜와 지식의 풍성함이여, 그의 판단은 헤아리지 못할 것이며 그의 길은 찾지 못할 것이로다

히 6:17 하나님은 약속을 기업으로 받는 자들에게 그 뜻이 변하지 아니함을 충분히 나타내시려고 그 일을 맹세로 보증하셨나니

롬 9:15, 18 [15]모세에게 이르시되 내가 긍휼히 여길 자를 긍휼히 여기고 불쌍히 여길 자를 불쌍히 여기리라 하셨으니 [18]그런즉 하나님께서 하고자 하시는 자를 긍휼히 여기시고 하고자 하시는 자를 완악하게 하시느니라

2)

약 1:13, 17 [13]사람이 시험을 받을 때에 내가 하나님께 시험을 받는다 하지 말지니 하나님은 악에게 시험을 받지도 아니하시고 친히 아무도 시험하지 아니하시느니라 [17]온갖 좋은 은사와 온전한 선물이 다 위로부터 빛들의 아버지께로부터 내려오나니 그는 변함도 없으시고 회전하는 그림자도 없으시니라

요일 1:5 우리가 그에게서 듣고 너희에게 전하는 소식은 이것이니 곧 하나님은 빛이시라 그에게는 어둠이 조금도 없으시다는 것이니라

3)

행 2:23 그가 하나님께서 정하신 뜻과 미리 아신 대로 내준 바 되었거늘 너희가 법 없는 자들의 손을 빌려 못 박아 죽였으나

마 17:12 내가 너희에게 말하노니 엘리야가 이미 왔으되 사람들이 알지 못하고 임의로 대우하였도다 인자도 이와 같이 그들에게 고난을 받으리라 하시니

행 4:27-28 과연 헤롯과 본디오 빌라도는 이방인과 이스라엘 백성과 합세하여 하나님께서 기름 부으신 거룩한 종 예수를 거슬러 하나님의 권능과 뜻대로 이루려고 예정하신 그것을 행하려고 이 성에 모였나이다

요 19:11 예수께서 대답하시되 위에서 주지 아니하셨더라면 나를 해할 권한이 없었으리니 그러므로 나를 네게 넘겨 준 자의 죄는 더 크다 하시니라

잠 16:33 제비는 사람이 뽑으나 모든 일을 작정하기는 여호와께 있느니라

4)

행 15:18 즉 예로부터 이것을 알게 하시는 주의 말씀이라 함과 같으니라

삼상 23:11-12 그일라 사람들이 나를 그의 손에 넘기겠나이까 주의 종이 들은 대로 사울이 내려 오겠나이까 이스라엘의 하나님 여호와여 원하건대 주의 종에게 일러주옵소서 하니 여호와께서 이르시되 그가 내려오리라 하신지라 다윗이 이르되 그일라 사람들이 나와 내 사람들을 사울의 손에 넘기겠나이까 하니 여호와께서 이르시되 그들이 너를 넘기리라 하신지라

마 11:21, 23 [21]화 있을진저 고라신아 화 있을진저 벳새다야 너희에게 행한 모든 권능을 두로와 시돈에서 행하였더라면 그들이 벌써 베옷을 입고 재에 앉아 회개하였으리라 [23]가버나움아 네가 하늘에까지 높아지겠느냐 음부에까지 낮아지리라 네게 행한 모든 권능을 소돔에서 행하였더라면 그 성이 오늘까지 있었으리라

5)

롬 9:11, 13, 16, 18 [11]그 자식들이 아직 나지도 아니하고 무슨 선이나 악을 행하지 아니한 때에 택하심을 따라 되는 하나님의 뜻이 행위로 말미암지 않고 오직 부르시는 이로 말미암아 서게 하려 하사 [13]기록된 바 내가 야곱은 사랑하고 에서는 미워하였다 하심과 같으니라 [16]그런즉 원하는 자로 말미암음도 아니요 달음박질하는 자로 말미암음도 아니요 오직 긍휼히 여기시는 하나님으로 말미암음이니라 [18]그런즉 하나님께서 하고자 하시는 자를 긍휼히 여기시고 하고자 하시는 자를 완악하게 하시느니라

6)

딤전 5:21 하나님과 그리스도 예수와 택하심을 받은 천사들 앞에서 내가 엄히 명하노니 너는 편견이 없이 이것들을 지켜 아무 일도 불공평하게 하지 말며

마 25:41 또 왼편에 있는 자들에게 이르시되 저주를 받은 자들아 나를 떠나 마귀와 그 사자들을 위하여 예비된 영원한 불에 들어가라

7)

롬 9:22-23 만일 하나님이 그의 진노를 보이시고 그의 능력을 알게 하고자 하사 멸하기로 준비된 진노의 그릇을 오래 참으심으로 관용하시고 또한 영광 받기로 예비하신 바 긍휼의 그릇에 대하여 그 영광의 풍성함을 알게 하고자 하셨을지라도 무슨 말을 하리오

엡 1:5-6 그 기쁘신 뜻대로 우리를 예정하사 예수 그리스도로 말미암아 자기의 아들들이 되게 하셨으니 이는 그가 사랑하시는 자 안에서 우리에게 거저 주시는 바 그의 은혜의 영광을 찬송하게 하려는 것이라

잠 16:4 여호와께서 온갖 것을 그 쓰임에 적당하게 지으셨나니 악인도 악한 날에 적당하게 하셨느니라

8)

딤후 2:19 그러나 하나님의 견고한 터는 섰으니 인침이

있어 일렀으되 주께서 자기 백성을 아신다 하며 또 주의 이름을 부르는 자마다 불의에서 떠날지어다 하였느니라

요 13:18 내가 너희 모두를 가리켜 말하는 것이 아니니라 나는 내가 택한 자들이 누구인지 앎이라 그러나 내 떡을 먹는 자가 내게 발꿈치를 들었다 한 성경을 응하게 하려는 것이니라

9)

엡 1:4, 9, 11 ⁴곧 창세 전에 그리스도 안에서 우리를 택하사 우리로 사랑 안에서 그 앞에 거룩하고 흠이 없게 하시려고 ⁹그 뜻의 비밀을 우리에게 알리신 것이요 그의 기뻐하심을 따라 그리스도 안에서 때가 찬 경륜을 위하여 예정하신 것이니 ¹¹모든 일을 그의 뜻의 결정대로 일하시는 이의 계획을 따라 우리가 예정을 입어 그 안에서 기업이 되었으니

롬 8:30 또 미리 정하신 그들을 또한 부르시고 부르신 그들을 또한 의롭다 하시고 의롭다 하신 그들을 또한 영화롭게 하셨느니라

딤후 1:9 하나님이 우리를 구원하사 거룩하신 소명으로 부르심은 우리의 행위대로 하심이 아니요 오직 자기의 뜻과 영원 전부터 그리스도 예수 안에서 우리에게 주신 은혜대로 하심이라

살전 5:9 하나님이 우리를 세우심은 노하심에 이르게 하심이 아니요 오직 우리 주 예수 그리스도로 말미암아 구원을 받게 하심이라

10)

롬 9:11, 13, 16 ¹¹그 자식들이 아직 나지도 아니하고 무슨 선이나 악을 행하지 아니한 때에 택하심을 따라 되는 하나님의 뜻이 행위로 말미암지 않고 오직 부르시는 이로 말미암아 서게 하려 하사 ¹³기록된 바 내가 야곱은 사랑하고 에서는 미워하였다 하심과 같으니라 ¹⁶그런즉 원하는 자로 말미암음도 아니요 달음박질하는 자로 말미암음도 아니요 오직 긍휼히 여기시는 하나님으로 말미암음이니라

엡 1:4, 9 ⁴곧 창세 전에 그리스도 안에서 우리를 택하사 우리로 사랑 안에서 그 앞에 거룩하고 흠이 없게 하시려고 ⁹그 뜻의 비밀을 우리에게 알리신 것이요 그의 기뻐하심을 따라 그리스도 안에서 때가 찬 경륜을 위하여 예정하신 것이니

11)

엡 1:6, 12 ⁶이는 그가 사랑하시는 자 안에서 우리에게 거저 주시는 바 그의 은혜의 영광을 찬송하게 하려는 것이라 ¹²이는 우리가 그리스도 안에서 전부터 바라던 그의 영광의 찬송이 되게 하려 하심이라

12)

벧전 1:2 곧 하나님 아버지의 미리 아심을 따라 성령이 거룩하게 하심으로 순종함과 예수 그리스도의 피 뿌림을 얻기 위하여 택하심을 받은 자들에게 편지하노니 은혜와 평강이 너희에게 더욱 많을지어다

엡 1:4–5 곧 창세 전에 그리스도 안에서 우리를 택하사 우리로 사랑 안에서 그 앞에 거룩하고 흠이 없게 하시려고 그 기쁘신 뜻대로 우리를 예정하사 예수 그리스도로 말미암아 자기의 아들들이 되게 하셨으니

엡 2:10 우리는 그가 만드신 바라 그리스도 예수 안에서 선한 일을 위하여 지으심을 받은 자니 이 일은 하나님이 전에 예비하사 우리로 그 가운데서 행하게 하려 하심이니라

살후 2:13 주께서 사랑하시는 형제들아 우리가 항상 너희에 관하여 마땅히 하나님께 감사할 것은 하나님이 처음부터 너희를 택하사 성령의 거룩하게 하심과 진리를 믿음으로 구원을 받게 하심이니

13)

살전 5:9–10 하나님이 우리를 세우심은 노하심에 이르게 하심이 아니요 오직 우리 주 예수 그리스도로 말미암아 구원을 받게 하심이라 예수께서 우리를 위하여 죽으사 우리로 하여금 깨어 있든지 자든지 자기와 함께 살게 하려 하셨느니라

딛 2:14 그가 우리를 대신하여 자신을 주심은 모든 불법에서 우리를 속량하시고 우리를 깨끗하게 하사 선한 일을 열심히 하는 자기 백성이 되게 하려 하심이라

14)

롬 8:30 또 미리 정하신 그들을 또한 부르시고 부르신 그들을 또한 의롭다 하시고 의롭다 하신 그들을 또한 영화롭게 하셨느니라

엡 1:5 그 기쁘신 뜻대로 우리를 예정하사 예수 그리스도로 말미암아 자기의 아들들이 되게 하셨으니

살후 2:13 주께서 사랑하시는 형제들아 우리가 항상 너희에 관하여 마땅히 하나님께 감사할 것은 하나님이 처음부터 너희를 택하사 성령의 거룩하게 하심과 진리를 믿음으로 구원을 받게 하심이니

15)

벧전 1:5 너희는 말세에 나타내기로 예비하신 구원을 얻기 위하여 믿음으로 말미암아 하나님의 능력으로 보호하심을 받았느니라

16)

요 17:9 내가 그들을 위하여 비옵나니 내가 비옵는 것은 세상을 위함이 아니요 내게 주신 자들을 위함이니이다 그들은 아버지의 것이로소이다

롬 8:28–39 우리가 알거니와 하나님을 사랑하는 자 곧 그의 뜻대로 부르심을 입은 자들에게는 모든 것이 합력

하여 선을 이루느니라 하나님이 미리 아신 자들을 또한 그 아들의 형상을 본받게 하기 위하여 미리 정하셨으니 이는 그로 많은 형제 중에서 맏아들이 되게 하려 하심이니라 또 미리 정하신 그들을 또한 부르시고 부르신 그들을 또한 의롭다 하시고 의롭다 하신 그들을 또한 영화롭게 하셨느니라 그런즉 이 일에 대하여 우리가 무슨 말 하리요 만일 하나님이 우리를 위하시면 누가 우리를 대적하리요 자기 아들을 아끼지 아니하시고 우리 모든 사람을 위하여 내주신 이가 어찌 그 아들과 함께 모든 것을 우리에게 주시지 아니하겠느냐 누가 능히 하나님께서 택하신 자들을 고발하리요 의롭다 하신 이는 하나님이시니 누가 정죄하리요 죽으실 뿐 아니라 다시 살아나신 이는 그리스도 예수시니 그는 하나님 우편에 계신 자요 우리를 위하여 간구하시는 자시니라 누가 우리를 그리스도의 사랑에서 끊으리요 환난이나 곤고나 박해나 기근이나 적신이나 위험이나 칼이랴 기록된 바 우리가 종일 주를 위하여 죽임을 당하게 되며 도살 당할 양 같이 여김을 받았나이다 함과 같으니라 그러나 이 모든 일에 우리를 사랑하시는 이로 말미암아 우리가 넉넉히 이기느니라 내가 확신하노니 사망이나 생명이나 천사들이나 권세자들이나 현재 일이나 장래 일이나 능력이나 높음이나 깊음이나 다른 어떤 피조물이라도 우리를 우리 주 그리스도 예수 안에 있는 하나님의 사랑에서 끊을 수 없으리라

요 6:64-65 그러나 너희 중에 믿지 아니하는 자들이 있느니라 하시니 이는 예수께서 믿지 아니하는 자들이 누구며 자기를 팔 자가 누구인지 처음부터 아심이러라 또 이르시되 그러므로 전에 너희에게 말하기를 내 아버지께서 오게 하여 주지 아니하시면 누구든지 내게 올 수 없다 하였노라 하시니라

요 10:26 너희가 내 양이 아니므로 믿지 아니하는도다

요 8:47 하나님께 속한 자는 하나님의 말씀을 듣나니 너희가 듣지 아니함은 하나님께 속하지 아니하였음이로다

요일 2:19 그들이 우리에게서 나갔으나 우리에게 속하지 아니하였나니 만일 우리에게 속하였더라면 우리와 함께 거하였으려니와 그들이 나간 것은 다 우리에게 속하지 아니함을 나타내려 함이니라

17)

마 11:25-26 그 때에 예수께서 대답하여 이르시되 천지의 주재이신 아버지여 이것을 지혜롭고 슬기 있는 자들에게는 숨기시고 어린 아이들에게는 나타내심을 감사하나이다 옳소이다 이렇게 된 것이 아버지의 뜻이니이다

롬 9:17-18, 21-22 17-18성경이 바로에게 이르시되 내가 이 일을 위하여 너를 세웠으니 곧 너로 말미암아 내 능력을 보이고 내 이름이 온 땅에 전파되게 하려 함이라 하셨으니 그런즉 하나님께서 하고자 하시는 자를 긍휼히 여기시고 하고자 하시는 자를 완악하게 하시느니라 21-22토기장이가 진흙 한 덩이로 하나는 귀히 쓸 그릇을, 하나는 천히 쓸 그릇을 만들 권한이 없느냐 만일 하나님이 그의 진노를 보이시고 그의 능력을 알게 하고자 하사 멸하기로 준비된 진노의 그릇을 오래 참으심으로 관용하시고

딤후 2:19-20 그러나 하나님의 견고한 터는 섰으니 인침이 있어 일렀으되 주께서 자기 백성을 아신다 하며 또 주의 이름을 부르는 자마다 불의에서 떠날지어다 하였느니라 큰 집에는 금 그릇과 은 그릇뿐 아니라 나무 그릇과 질그릇도 있어 귀하게 쓰는 것도 있고 천하게 쓰는 것도 있나니

유 1:4 이는 가만히 들어온 사람 몇이 있음이라 그들은 옛적부터 이 판결을 받기로 미리 기록된 자니 경건하지 아니하여 우리 하나님의 은혜를 도리어 방탕한 것으로 바꾸고 홀로 하나이신 주재 곧 우리 주 예수 그리스도를 부인하는 자니라

벧전 2:8 또한 부딪치는 돌과 걸려 넘어지게 하는 바위가 되었다 하였느니라 그들이 말씀을 순종하지 아니하므로 넘어지나니 이는 그들을 이렇게 정하신 것이라

18)

롬 9:20 이 사람아 네가 누구이기에 감히 하나님께 반문하느냐 지음을 받은 물건이 지은 자에게 어찌 나를 이같이 만들었느냐 말하겠느냐

롬 11:33 깊도다 하나님의 지혜와 지식의 풍성함이여, 그의 판단은 헤아리지 못할 것이며 그의 길은 찾지 못할 것이로다

신 29:29 감추어진 일은 우리 하나님 여호와께 속하였거니와 나타난 일은 영원히 우리와 우리 자손에게 속하였나니 이는 우리에게 이 율법의 모든 말씀을 행하게 하심이니라

19)

벧후 1:10 그러므로 형제들아 더욱 힘써 너희 부르심과 택하심을 굳게 하라 너희가 이것을 행한즉 언제든지 실족하지 아니하리라

20)

엡 1:6 이는 그가 사랑하시는 자 안에서 우리에게 거저 주시는 바 그의 은혜의 영광을 찬송하게 하려는 것이라

롬 11:33 깊도다 하나님의 지혜와 지식의 풍성함이여, 그의 판단은 헤아리지 못할 것이며 그의 길은 찾지 못할 것이로다

21)

롬 11:5-6, 20 5-6그런즉 이와 같이 지금도 은혜로 택하심을 따라 남은 자가 있느니라 만일 은혜로 된 것이면 행위로 말미암지 않음이니 그렇지 않으면 은혜가 은혜 되지 못하느니라 20옳도다 그들은 믿지 아니하므로 꺾이고 너는 믿으므로 섰느니라 높은 마음을 품지 말고 도리어 두려워하라

벧후 1:10 그러므로 형제들아 더욱 힘써 너희 부르심과 택하심을 굳게 하라 너희가 이것을 행한즉 언제든지 실족하지 아니하리라

롬 8:33 누가 능히 하나님께서 택하신 자들을 고발하리요 의롭다 하신 이는 하나님이시니

눅 10:20 그러나 귀신들이 너희에게 항복하는 것으로 기뻐하지 말고 너희 이름이 하늘에 기록된 것으로 기뻐하라 하시니라

더 깊은 공부와 나눔을 위한 질문

1. 하나님의 작정은 무엇입니까? 작정의 목적은 무엇입니까? (3장 1–3항, 5항, 7항; 대교리문답 12문답)

2. 작정의 근거는 무엇입니까? 사람의 믿음이나 행위가 작정에 어떤 영향을 미칩니까? 그 대답에 대한 이유는 무엇입니까? (3장 2항)

3. 작정에서 삼위 하나님의 영광이 어떻게 드러납니까? (3장 6항)

4. 작정 교리가 우리에게 주는 힘과 위로는 무엇입니까? (3장 8항)

5. "도르트 신조", 특히 "첫째 교리"와 "셋째/넷째 교리"를 읽어봅시다. 또, 작정과 선택에 관한 성경증거구절을 찾아 소리 내어 읽고 묵상해봅시다.

하나님께서 깨닫게 해 주신 것과 베풀어 주신 은혜를 생각하며 감사합시다. 또 깨달아 배우고 확신한 일에 거할 수 있게 해 달라고 기도합시다.

4장

창조

Of Creation

1항

성부, 성자, 성령 하나님께서는[1] 삼위 하나님의 영원한 권능과 지혜와 선하심의 영광을 나타내시기 위해,[2] 태초에, 무에서, 세상과 세상 안에 있는 모든 것, 곧 보이는 것과 보이지 않는 모든 것을 엿새 동안 창조하시기를 기뻐하셨다. 만드신 모든 것이 심히 좋았다.[3]

1) 히 1:2; 요 1:2-3; 창 1:2; 욥 26:13; 33:4 2) 롬 1:20; 렘 10:12; 시 104:24; 33:5-6 3) 창 1:1-31; 히 11:3; 골 1:16; 행 17:24.

2항

하나님께서는 다른 모든 피조물을 지으신 후 사람을 창조하시되 남자와 여자로 만드시고,[4] 그들에게 이성적이며 죽지 않는 영혼을 주셨고,[5] 하나님의 형상대로[6] 지식과 의와 참된 거룩함을 부여하셨으며, 그들의 마음에 하나님의 법을 기록하셨고,[7] 그 법을 이행할 수 있는 능력도 주셨다.[8] 그러나 사람의 의지를 자유롭게 하셨기 때문에 그 의지는 언제든 변할 수 있었고, 그들은 죄지을 가능성 아래 있게 되었다.[9] 사람은 하나님께서 그들의 마음에 기록하신 법 외에도 선악을 알게 하는 나무의 열매를 먹지 말라는 명령을 받았다. 이 명령을 지키는 동안 사람은 하나님과 교제하면서 행복을 누렸으며,[10] 다른 피조물들을 다스렸다.[11]

It pleased God the Father, Son, and Holy Ghost,[1] for the manifestation of the glory of his eternal power, wisdom, and goodness,[2] in the beginning, to create, or make of nothing, the world, and all things therein whether visible or invisible, in the space of six days; and all very good.[3]

After God had made all other creatures, He created man, male and female,[4] with reasonable and immortal souls,[5] endued with knowledge, righteousness, and true holiness, after His own image;[6] having the law of God written in their hearts,[7] and power to fulfil it:[8] and yet under a possibility of transgressing, being left to the liberty of their own will, which was subject unto change.[9] Beside this law written in their hearts, they received a command, not to eat of the tree of the knowledge of good and evil, which while they kept, they were happy in their communion with God,[10] and had dominion over the creatures.[11]

4) 창 1:27 5) 창 2:7; 전 12:7; 눅 23:43; 마 10:28 6) 창 1:26; 골 3:10; 엡 4:24 7) 롬 2:14-15 8) 전 7:29 9) 창 3:6; 전 7:29 10) 창 2:17; 3:8-11, 23 11) 창 1:26, 28.

증거구절

1)

히 1:2 모든 날 마지막에는 아들을 통하여 우리에게 말씀하셨으니 이 아들을 만유의 상속자로 세우시고 또 그로 말미암아 모든 세계를 지으셨느니라

요 1:2-3 그가 태초에 하나님과 함께 계셨고 만물이 그로 말미암아 지은 바 되었으니 지은 것이 하나도 그가 없이는 된 것이 없느니라

창 1:2 땅이 혼돈하고 공허하며 흑암이 깊음 위에 있고 하나님의 영은 수면 위에 운행하시니라

욥 26:13 그의 입김으로 하늘을 맑게 하시고 손으로 날렵한 뱀을 무찌르시나니

욥 33:4 하나님의 영이 나를 지으셨고 전능자의 기운이 나를 살리시느니라

2)

롬 1:20 창세로부터 그의 보이지 아니하는 것들 곧 그의 영원하신 능력과 신성이 그가 만드신 만물에 분명히 보여 알려졌나니 그러므로 그들이 핑계하지 못할지니라

렘 10:12 여호와께서 그의 권능으로 땅을 지으셨고 그의 지혜로 세계를 세우셨고 그의 명철로 하늘을 펴셨으며

시 104:24 여호와여 주께서 하신 일이 어찌 그리 많은지요 주께서 지혜로 그들을 다 지으셨으니 주께서 지으신 것들이 땅에 가득하니이다

시 33:5-6 그는 공의와 정의를 사랑하심이여 세상에는 여호와의 인자하심이 충만하도다 여호와의 말씀으로 하늘이 지음이 되었으며 그 만상을 그의 입 기운으로 이루었도다

3)

창 1:1-31 태초에 하나님이 천지를 창조하시니라 땅이 혼돈하고 공허하며 흑암이 깊음 위에 있고 하나님의 영은 수면 위에 운행하시니라 하나님이 이르시되 빛이 있으라 하시니 빛이 있었고 빛이 하나님이 보시기에 좋았더라 하나님이 빛과 어둠을 나누사 하나님이 빛을 낮이라 부르시고 어둠을 밤이라 부르시니라 저녁이 되고 아침이 되니 이는 첫째 날이니라 하나님이 이르시되 물 가운데에 궁창이 있어 물과 물로 나뉘라 하시고 하나님이 궁창을 만드사 궁창 아래의 물과 궁창 위의 물로 나뉘게 하시니 그대로 되니라 하나님이 궁창을 하늘이라 부르시니라 저녁이 되고 아침이 되니 이는 둘째 날이니라 하나님이 이르시되 천하의 물이 한 곳으로 모이고 뭍이 드러나라 하시니 그대로 되니라 하나님이 뭍을 땅이라 부르시고 모인 물을 바다라 부르시니 하나님이 보시기에 좋았더라 하나님이 이르시되 땅은 풀과 씨 맺는 채소와 각기 종류대로 씨 가진 열매 맺는 나무를 내라 하시니 그대로 되어 땅이 풀과 각기 종류대로 씨 맺는 채소와 각기 종류대로 씨 가진 열매 맺는 나무를 내니 하나님이 보시기에 좋았더라 저녁이 되고 아침이 되니 이는 셋째 날이니라 하나님이 이르시되 하늘의 궁창에 광명체들이 있어 낮과 밤을 나뉘게 하고 그것들로 징조와 계절과 날과 해를 이루게 하라 또 광명체들이 하늘의 궁창에 있어 땅을 비추라 하시니 그대로 되니라 하나님이 두 큰 광명체를 만드사 큰 광명체로 낮을 주관하게 하시고 작은 광명체로 밤을 주관하게 하시며 또 별들을 만드시고 하나님이 그것들을 하늘의 궁창에 두어 땅을 비추게 하시며 낮과 밤을 주관하게 하시고 빛과 어둠을 나뉘게 하시니 하나님이 보시기에 좋았더라 저녁이 되고 아침이 되니 이는 넷째 날이니라 하나님이 이르시되 물들은 생물을 번성하게 하라 땅 위 하늘의 궁창에는 새가 날으라 하시고 하나님이 큰 바다 짐승들과 물에서 번성하여 움직이는 모든 생물을 그 종류대로, 날개 있는 모든 새를 그 종류대로 창조하시니 하나님이 보시기에 좋았더라 하나님이 그들에게 복을 주시며 이르시되 생육하고 번성하여 여러 바닷물에 충만하라 새들도 땅에 번성하라 하시니라 저녁이 되고 아침이 되니 이는 다섯째 날이니라 하나님이 이르시되 땅은 생물을 그 종류대로 내되 가축과 기는 것과 땅의 짐승을 종류대로 내라 하시니 그대로 되니라 하나님이 땅의 짐승을 그 종류대로, 가축을 그 종류대로, 땅에 기는 모든 것을 그 종류대로 만드시니 하나님이 보시기에 좋았더라 하나님이 이르시되 우리의 형상을 따라 우리의 모양대로 우리가 사람을 만들고 그들로 바다의 물고기와 하늘의 새와 가축과 온 땅과 땅에 기는 모든 것을 다스리게 하자 하시고 하나님이 자기 형상 곧 하나님의 형상대로 사람을 창조하시되 남자와 여자를 창조하시고 하나님이 그들에게 복을 주시며 하나님이 그들에게 이르시되 생육하고 번성하여 땅에 충만하라, 땅을 정복하라, 바다의 물고기와 하늘의 새와 땅에 움직이는 모든 생물을 다스리라 하시니라 하나님이 이르시되 내가 온 지면의 씨 맺는 모든 채소와 씨 가진 열매 맺는 모든 나무를 너희에게 주노니 너희의 먹을 거리가 되리라 또 땅의 모든 짐승과 하늘의 모든 새와 생명이 있어 땅에 기는 모든 것에게는 내가 모든 푸른 풀을 먹을 거리로 주노라 하시니 그대로 되니라 하나님이 지으신 그 모든 것을 보시니 보시기에 심히 좋았더라 저녁이 되고 아침이 되니 이는 여섯째 날이니라

히 11:3 믿음으로 모든 세계가 하나님의 말씀으로 지어진 줄을 우리가 아나니 보이는 것은 나타난 것으로 말미암아 된 것이 아니니라

골 1:16 만물이 그에게서 창조되되 하늘과 땅에서 보이는 것들과 보이지 않는 것들과 혹은 왕권들이나 주권들이나 통치자들이나 권세들이나 만물이 다 그로 말미암고 그를 위하여 창조되었고

행 17:24 우주와 그 가운데 있는 만물을 지으신 하나님께서는 천지의 주재시니 손으로 지은 전에 계시지 아니하

시고

4)

창 1:27 하나님이 자기 형상 곧 하나님의 형상대로 사람을 창조하시되 남자와 여자를 창조하시고

5)

창 2:7 여호와 하나님이 땅의 흙으로 사람을 지으시고 생기를 그 코에 불어넣으시니 사람이 생령이 되니라

전 12:7 흙은 여전히 땅으로 돌아가고 영은 그것을 주신 하나님께로 돌아가기 전에 기억하라

눅 23:43 예수께서 이르시되 내가 진실로 네게 이르노니 오늘 네가 나와 함께 낙원에 있으리라 하시니라

마 10:28 몸은 죽여도 영혼은 능히 죽이지 못하는 자들을 두려워하지 말고 오직 몸과 영혼을 능히 지옥에 멸하실 수 있는 이를 두려워하라

6)

창 1:26 하나님이 이르시되 우리의 형상을 따라 우리의 모양대로 우리가 사람을 만들고 그들로 바다의 물고기와 하늘의 새와 가축과 온 땅과 땅에 기는 모든 것을 다스리게 하자 하시고

골 3:10 새 사람을 입었으니 이는 자기를 창조하신 이의 형상을 따라 지식에까지 새롭게 하심을 입은 자니라

엡 4:24 하나님을 따라 의와 진리의 거룩함으로 지으심을 받은 새 사람을 입으라

7)

롬 2:14-15 (율법 없는 이방인이 본성으로 율법의 일을 행할 때에는 이 사람은 율법이 없어도 자기가 자기에게 율법이 되나니 이런 이들은 그 양심이 증거가 되어 그 생각들이 서로 혹은 고발하며 혹은 변명하여 그 마음에 새긴 율법의 행위를 나타내느니라)

8)

전 7:29 내가 깨달은 것은 오직 이것이라 곧 하나님은 사람을 정직하게 지으셨으나 사람이 많은 꾀들을 낸 것이니라

9)

창 3:6 여자가 그 나무를 본즉 먹음직도 하고 보암직도 하고 지혜롭게 할 만큼 탐스럽기도 한 나무인지라 여자가 그 열매를 따먹고 자기와 함께 있는 남편에게도 주매 그도 먹은지라

전 7:29 내가 깨달은 것은 오직 이것이라 곧 하나님은 사람을 정직하게 지으셨으나 사람이 많은 꾀들을 낸 것이니라

10)

창 2:17 선악을 알게 하는 나무의 열매는 먹지 말라 네가 먹는 날에는 반드시 죽으리라 하시니라

창 3:8-11, 23 [8-11]그들이 그 날 바람이 불 때 동산에 거니시는 여호와 하나님의 소리를 듣고 아담과 그의 아내가 여호와 하나님의 낯을 피하여 동산 나무 사이에 숨은지라 여호와 하나님이 아담을 부르시며 그에게 이르시되 네가 어디 있느냐 이르되 내가 동산에서 하나님의 소리를 듣고 내가 벗었으므로 두려워하여 숨었나이다 이르시되 누가 너의 벗었음을 네게 알렸느냐 내가 네게 먹지 말라 명한 그 나무 열매를 네가 먹었느냐 [23]여호와 하나님이 에덴 동산에서 그를 내보내어 그의 근원이 된 땅을 갈게 하시니라

11)

창 1:26, 28 [26]하나님이 이르시되 우리의 형상을 따라 우리의 모양대로 우리가 사람을 만들고 그들로 바다의 물고기와 하늘의 새와 가축과 온 땅과 땅에 기는 모든 것을 다스리게 하자 하시고 [28]하나님이 그들에게 복을 주시며 하나님이 그들에게 이르시되 생육하고 번성하여 땅에 충만하라, 땅을 정복하라, 바다의 물고기와 하늘의 새와 땅에 움직이는 모든 생물을 다스리라 하시니라

The Westminster Confession of Faith Note 65

더 깊은 공부와 나눔을 위한 질문

1. 하나님께서는 세상을 어떻게 창조하셨습니까? (4장 1항; 대교리문답 15문답)

2. 세상을 창조하신 하나님에 대한 굳은 믿음이 여러분께 있습니까? 하나님께서 세상을 창조하셨다는 믿음이 주는 힘과 위로를 서로 나누어 봅시다.

3. 하나님께서 세상을 창조하셨다는 사실에 대한 믿음이 없거나 부족할 때 생기는 어려움과 절망은 무엇입니까?

4. 하나님께서는 사람을 어떻게 창조하셨습니까? (4장 2항; 대교리문답 17문답)
타락하기 전 사람의 온전하고 영광스러운 상태에 대해 묵상해봅시다. 특히 하나님의 선하심과 지혜로우심을 깊이 생각합시다.

하나님께서 깨닫게 해 주신 것과 베풀어 주신 은혜를 생각하며 감사합시다. 또 깨달아 배우고 확신한 일에 거할 수 있게 해 달라고 기도합시다.

5장

섭리
Of Providence

1항

만물을 창조하신 위대하신 하나님께서는[1] 하나님의 영광스러운 지혜와 권능과 공의로우심과 선하심과 자비하심으로 말미암아 하나님께서 찬양받으시도록,[7] 당신의 오류 없는 미리 아심과[5] 그분의 자유롭고 불변하는 뜻의 계획을 따라[6] 당신의 지극히 지혜롭고 거룩하신 섭리로,[4] 지극히 큰 것부터 가장 작은 것에 이르기까지[3] 모든 피조물과 행위와 일들을 보존하시고 인도하시며 처리하시고 다스리신다.[2]

1) 히 1:3 2) 단 4:34-35; 시 135:6; 행 17:25-26, 28; 욥 38-41 3) 마 10:29-31 4) 잠 15:3; 시 104:24; 시 145:17 5) 행 15:18; 시 94:8-11 6) 엡 1:11; 시 33:10-11 7) 사 63:14; 엡 3:10; 롬 9:17; 창 45:7; 시 145:7.

2항

하나님께서는 제1원인이신 하나님의 미리 아심과 작정에 따라 모든 일이 불변하고 오류 없이 일어나게 하셨다.[8] 그리고 동일한 섭리로 하나님께서는 이 모든 일이 제2원인들의 본성을 따라서도 필연적으로, 자유롭게, 우연히 일어나도록 정하셨다.[9]

8) 행 2:23 9) 창 8:22; 렘 31:35; 출 21:13; 신 19:5; 왕상 22:28, 34; 사 10:6-7.

God the great Creator of all things doth uphold,[1] direct, dispose, and govern all creatures, actions, and things,[2] from the greatest even to the least,[3] by His most wise and holy providence,[4] according to His infallible foreknowledge,[5] and the free and immutable counsel of His own will,[6] to the praise of the glory of His wisdom, power, justice, goodness, and mercy.[7]

Although, in relation to the foreknowledge and decree of God, the first Cause, all things come to pass immutably, and infallibly:[8] yet, by the same providence, He ordereth them to fall out, according to the nature of second causes, either necessarily, freely, or contingently.[9]

3항

하나님께서는 통상적인 섭리를 이루어 가실 때 여러 수단을 사용하신다.[10] 그러나 당신의 기쁘신 뜻을 따라 그러한 수단들 없이,[11] 또는 그러한 수단들을 초월하거나,[12] 그 수단들을 역행하여 자유롭게 일하신다.[13]

10) 행 27:31, 44; 사 55:10-11; 호 2:21-22 11) 호 1:7; 마 4:4; 욥 34:20 12) 롬 4:19-21 13) 왕하 6:6; 단 3:27.

4항

하나님의 전능하신 권능과 헤아릴 수 없는 지혜와 무한한 선하심이 그분의 섭리를 통해 매우 잘 나타난다. 이 섭리는 심지어 최초의 타락과 천사들과 사람들의 다른 모든 죄에까지 미치는데,[14] 하나님께서는 그러한 타락과 죄들을 단순히 허용하기만 하시는 것이 아니라,[15] 다양한 섭리를 통해, 가장 지혜롭고 매우 효과적으로 제한하기도 하시며,[16] 정하시고 다스리기도 하심으로 하나님의 거룩한 목적을 이루게 하신다.[17] 그러함에도 모든 죄악은 하나님이 아니라 오직 피조물에서 나온다. 지극히 거룩하시고 의로우신 하나님께서는 죄를 조성하시거나 승인하시는 분이 아니며, 그러실 수도 없다.[18]

God in his ordinary providence maketh use of means,[10] yet is free to work without,[11] above,[12] and against them, at His pleasure.[13]

The almighty power, unsearchable wisdom, and infinite goodness of God so far manifest themselves in His providence, that it extendeth itself even to the first fall, and all other sins of angels and men;[14] and that not by a bare permission,[15] but such as hath joined with it a most wise and powerful bounding,[16] and otherwise ordering and governing of them, in a manifold dispensation, to His own holy ends;[17] yet so, as the sinfulness thereof proceedeth only from the creature, and not from God, who, being most holy and righteous, neither is, nor can be, the author or approver of sin.[18]

14) 롬11:32-34; 삼하 24:1; 대상 21:1; 왕상 22:22-23; 대상 10:4, 13-14; 삼하 16:10; 행 2:23; 행 4:27-28 15) 행 14:16
16) 시 76:10; 왕하 19:28 17) 창 50:20; 사 10:6-7, 12
18) 약 1:13-14, 17; 요일 2:16; 시 50:21.

5항

지극히 지혜로우시고, 의로우시고, 은혜로우신 하나님께서는 때때로 그분의 자녀들을 여러 유혹에, 또 그들의 부패한 마음이 행하고자 하는 대로 잠시 내버려 두신다. 이는 그들이 이전에 지은 죄를 징계하심으로, 그들이 그들의 부패한 마음이 가진 숨은 힘과 마음의 거짓됨을 깨닫게 하셔서 그들로 하여금 겸손하게 하기 위함이다.[19] 또 그들로 하여금 하나님의 도우심을 받기 위해 더욱 가까이, 계속해서 하나님을 의지하게 하시고, 앞으로 지을 수 있는 모든 죄에 대비하여 더 깨어 있게 하시며, 여러 다른 공의롭고 거룩한 목적을 이루게 하기 위함이다.[20]

19) 대하 32:25-26, 31; 삼하 24:1 20) 고후 12:7-9; 시 73; 시 77:1-12; 막 14:66-72; 요 21:15-17

6항

의로우신 재판장이신 하나님께서는 악하고 불경건한 자들이 지은 죄로 인해 그들의 눈을 어둡게 하시고 마음을 강퍅하게 하신다.[21] 하나님께서는 그들의 지성을 밝아지게 하거나, 마음에서 일어날 은혜를 허락하지 않으실 뿐만 아니라,[22] 때로는 그들이 가지고 있던 은사들을 거두기도 하신다.[23] 그리고, 죄를 짓게 하는 그들 자신의 부패함에 그들을 내버

The most wise, righteous, and gracious God doth oftentimes leave for a season His own children to manifold temptations, and the corruption of their own hearts, to chastise them for their former sins, or to discover unto them the hidden strength of corruption, and deceitfulness of their hearts, that they may be humbled;[19] and, to raise them to a more close and constant dependence for their support upon Himself, and to make them more watchful against all future occasions of sin, and for sundry other just and holy ends.[20]

As for those wicked and ungodly men whom God, as a righteous Judge, for former sins doth blind and harden,[21] from them He not only withholdeth His grace, whereby they might have been enlightened in their understandings, and wrought upon in their hearts;[22] but sometimes also withdraweth the gifts which they had,[23] and exposeth them to such objects as their corruption makes occasions of sin;[24]

려 두시고,[24] 또, 그들을 그들 자신의 정욕과 세상의 유혹과 사탄의 권세에 넘겨주기도 하신다.[25] 이로 말미암아 그들은 하나님께서 다른 사람들의 마음을 부드럽게 하시는 데 사용하시는 수단 아래에서조차 그들 자신을 강퍅하게 만든다.[26]

21) 롬 1:24, 26, 28; 롬 11:7-8 22) 신 29:4 23) 마 13:12; 마 25:29 24) 신 2:30; 왕하 8:12-13 25) 시 81:11-12; 살후 2:10-12 26) 출 7:3; 출 8:15, 32; 고후 2:15-16; 사 8:14; 벧전 2:7-8; 사 6:9-10; 행 28:26-27.

7항

하나님의 섭리가 일반적으로 모든 피조물에게 미치듯, 하나님께서는 지극히 특별한 방법으로 그분의 교회를 돌보시며, 모든 것이 교회의 선을 이루게 하신다.[27]

27) 딤전 4:10; 암 9:8-9; 롬 8:28; 사 43:3-5, 14.

and, withal, gives them over to their own lusts, the temptations of the world, and the power of Satan:[25] whereby it comes to pass that they harden themselves, even under those means which God useth for the softening of others.[26]

As the providence of God doth in general reach to all creatures, so after a most special manner it taketh care of His Church, and disposeth all things to the good thereof.[27]

증거구절

1)
히 1:3 이는 하나님의 영광의 광채시요 그 본체의 형상이시라 그의 능력의 말씀으로 만물을 붙드시며 죄를 정결하게 하는 일을 하시고 높은 곳에 계신 지극히 크신 이의 우편에 앉으셨느니라

2)
단 4:34-35 그 기한이 차매 나 느부갓네살이 하늘을 우러러 보았더니 내 총명이 다시 내게로 돌아온지라 이에 내가 지극히 높으신 이에게 감사하며 영생하시는 이를 찬양하고 경배하였나니 그 권세는 영원한 권세요 그 나라는 대대에 이르리로다 땅의 모든 사람들을 없는 것 같이 여기시며 하늘의 군대에게든지 땅의 사람에게든지 그는 자기 뜻대로 행하시나니 그의 손을 금하든지 혹시 이르기를 네가 무엇을 하느냐고 할 자가 아무도 없도다

시 135:6 여호와께서 그가 기뻐하시는 모든 일을 천지와 바다와 모든 깊은 데서 다 행하셨도다

행 17:25-26, 28 ²⁵⁻²⁶또 무엇이 부족한 것처럼 사람의 손으로 섬김을 받으시는 것이 아니니 이는 만민에게 생명과 호흡과 만물을 친히 주시는 이심이라 인류의 모든 족속을 한 혈통으로 만드사 온 땅에 살게 하시고 그들의 연대를 정하시며 거주의 경계를 한정하셨으니 ²⁸우리가 그를 힘입어 살며 기동하며 존재하느니라 너희 시인 중 어떤 사람들의 말과 같이 우리가 그의 소생이라 하니

욥 38-41 그 때에 여호와께서 폭풍우 가운데에서 욥에게 말씀하여 이르시되 무지한 말로 생각을 어둡게 하는 자가 누구냐 너는 대장부처럼 허리를 묶고 내가 네게 묻는 것을 대답할지니라 내가 땅의 기초를 놓을 때에 네가 어디 있었느냐 네가 깨달아 알았거든 말할지니라 누가 그것의 도량법을 정하였는지, 누가 그 줄을 그것의 위에 띄웠는지 네가 아느냐 그것의 주춧는 무엇 위에 세웠으며 그 모퉁잇돌을 누가 놓았느냐 그 때에 새벽 별들이 기뻐 노래하며 하나님의 아들들이 다 기뻐 소리를 질렀느니라 바다가 그 모태에서 터져 나올 때에 문으로 그것을 가둔 자가 누구냐 그 때에 내가 구름으로 그 옷을 만들고 흑암으로 그 강보를 만들고 한계를 정하여 문빗장을 지르고 이르기를 네가 여기까지 오고 더 넘어가지 못하리니 네 높은 파도가 여기서 그칠지니라 하였노라 네가 너의 날에 아침에게 명령하였느냐 새벽에게 그 자리를 일러 주었느냐 그것으로 땅 끝을 붙잡고 악한 자들을 그 땅에서 떨쳐 버린 일이 있었느냐 땅이 변하여 진흙에 인친 것 같이 되었고 그들은 옷 같이 나타나되 악인에게는 그 빛이 차단되고 그들의 높이 든 팔이 꺾이느니라 네가 바다의 샘에 들어갔었느냐 깊은 물 밑으로 걸어 다녀 보았느냐 사망의 문이 네게 나타났느냐 사망의 그늘진 문을 네가 보았느냐 땅의 너비를 네가 측량할 수 있느냐 네가 그 모든 것들을 다 알거든 말할지니라 어느 것이 광명이 있는 곳으로 가는 길이냐 어느 것이 흑암이 있는 곳으로 가는 길이냐 너는 그의 지경으로 그를 데려갈 수 있느냐 그의 집으로 가는 길을 알고 있느냐 네가 아마도 알리라 네가 그 때에 태어났으리니 너의 햇수가 많음이니라 네가 눈 곳간에 들어갔었느냐 우박 창고를 보았느냐 내가 환난 때와 교전과 전쟁의 날을 위하여 이것을 남겨 두었노라 광명이 어느 길로 뻗치며 동풍이 어느 길로 땅에 흩어지느냐 누가 홍수를 위하여 물길을 터 주었으며 우레와 번개 길을 내어 주었느냐 누가 사람 없는 땅에, 사람 없는 광야에 비를 내리며 황무하고 황폐한 토지를 흡족하게 하여 연한 풀이 돋아나게 하였느냐 비에게 아비가 있느냐 이슬방울은 누가 낳았느냐 얼음은 누구의 태에서 났느냐 공중의 서리는 누가 낳았느냐 물은 돌 같이 굳어지고 깊은 바다의 수면은 얼어붙느니라 네가 묘성을 매어 묶을 수 있으며 삼성의 띠를 풀 수 있겠느냐 너는 별자리들을 각각 제 때에 이끌어 낼 수 있으며 북두성을 다른 별들에게로 이끌어 갈 수 있겠느냐 네가 하늘의 궤도를 아느냐 하늘로 하여금 그 법칙을 땅에 베풀게 하겠느냐 네가 목소리를 구름까지 높여 넘치는 물이 네게 덮이게 하겠느냐 네가 번개를 보내어 가게 하되 번개가 네게 우리가 여기 있나이다 하게 하겠느냐 가슴 속의 지혜는 누가 준 것이냐 수탉에게 슬기를 준 자가 누구냐 누가 지혜로 구름의 수를 세겠느냐 누가 하늘의 물주머니를 기울이겠느냐 티끌이 덩어리를 이루며 흙덩이가 서로 붙게 하겠느냐 네가 사자를 위하여 먹이를 사냥하겠느냐 젊은 사자의 식욕을 채우겠느냐 그것들이 굴에 엎드리며 숲에 앉아 숨어 기다리느니라 까마귀 새끼가 하나님을 향하여 부르짖으며 먹을 것이 없어서 허우적거릴 때에 그것을 위하여 먹이를 마련하는 이가 누구냐 산 염소가 새끼 치는 때를 네가 아느냐 암사슴이 새끼 낳는 것을 네가 본 적이 있느냐 그것이 몇 달 만에 만삭되는지 아느냐 그 낳을 때를 아느냐 그것들은 몸을 구부리고 새끼를 낳으니 그 괴로움이 지나가고 그 새끼는 강하여져서 빈 들에서 크다가 나간 후에는 다시 돌아오지 아니하느니라 누가 들나귀를 놓아 자유롭게 하였느냐 누가 빠른 나귀의 매인 것을 풀었느냐 내가 들 그것의 집으로, 소금 땅을 그것이 사는 처소로 삼았느니라 들나귀는 성읍에서 지껄이는 소리를 비웃나니 나귀 치는 사람이 지르는 소리는 그것에게 들리지 아니하며 초장 언덕으로 두루 다니며 여러 가지 푸른 풀을 찾느니라 들소가 어찌 기꺼이 너를 위하여 일하겠으며 네 외양간에 머물겠느냐 네가 능히 줄로 매어 들소가 이랑을 갈게 하겠느냐 그것이 어찌 골짜기에서 너를 따라 써레를 끌겠느냐 그것이 힘이 세다고 네가 그것을 의지하겠느냐 네 수고를 그것에게 맡기겠느냐 그것이 네 곡식을 집으로 실어 오며 네 타작 마당에 곡식 모으기를 그것에게 의탁하겠느냐 타조는 즐거이 날개를 치나 학의 깃털과 날개 같겠느냐 그것이 알을 땅에 버려두어 흙에서 더워지게 하고 발에 깨어질 것이나 들짐승에게 밟힐 것을 생각하지 아니하고 그 새끼에게 모질게 대함이 제 새끼가 아닌 것처럼 하며 그 고생한 것이 헛되게 될지라도 두려워하지 아니하나니 이는 하나님이 지혜

를 베풀지 아니하셨고 총명을 주지 아니함이라 그러나 그것이 몸을 떨쳐 뛰어갈 때에는 말과 그 위에 탄 자를 우습게 여기느니라 말의 힘을 네가 주었느냐 그 목에 흩날리는 갈기를 네가 입혔느냐 네가 그것으로 메뚜기처럼 뛰게 하였느냐 그 위엄스러운 콧소리가 두려우니라 그것이 골짜기에서 발굽질하고 힘 있음을 기뻐하며 앞으로 나아가서 군사들을 맞되 두려움을 모르고 겁내지 아니하며 칼을 대할지라도 물러나지 아니하나 그의 머리 위에서는 화살통과 빛나는 창과 투창이 번쩍이며 땅을 삼킬 듯이 맹렬히 성내며 나팔 소리에 머물러 서지 아니하고 나팔 소리가 날 때마다 힝힝 울며 멀리서 싸움 냄새를 맡고 지휘관들의 호령과 외치는 소리를 듣느니라 매가 떠올라서 날개를 펼쳐 남쪽으로 향하는 것이 어찌 네 지혜로 말미암음이냐 독수리가 공중에 떠서 높은 곳에 보금자리를 만드는 것이 어찌 네 명령을 따름이냐 그것이 낭떠러지에 집을 지으며 뾰족한 바위 끝이나 험준한 데 살며 거기서 먹이를 살피나니 그 눈이 멀리 봄이며 그 새끼들도 피를 빠나니 시체가 있는 곳에는 독수리가 있느니라

여호와께서 또 욥에게 일러 말씀하시되 트집 잡는 자가 전능자와 다투겠느냐 하나님을 탓하는 자는 대답할지니라 욥이 여호와께 대답하여 이르되 보소서 나는 비천하오니 무엇이라 주께 대답하리이까 손으로 내 입을 가릴 뿐이로소이다 내가 한 번 말하였사온즉 다시는 더 대답하지 아니하겠나이다 그 때에 여호와께서 폭풍우 가운데에서 욥에게 일러 말씀하시되 너는 대장부처럼 허리를 묶고 내가 네게 묻겠으니 내게 대답할지니라 네가 내 공의를 부인하려느냐 네 의를 세우려고 나를 악하다 하겠느냐 네가 하나님처럼 능력이 있느냐 하나님처럼 천둥소리를 내겠느냐 너는 위엄과 존귀로 단장하며 영광과 영화를 입을지니라 너의 넘치는 노를 비우고 교만한 자를 발견하여 모두 낮추되 모든 교만한 자를 발견하여 낮아지게 하며 악인을 그들의 처소에서 짓밟을지니라 그들을 함께 진토에 묻고 그들의 얼굴을 싸서 은밀한 곳에 둘지니라 그리하면 네 오른손이 너를 구원할 수 있다고 내가 인정하리라 이제 소 같이 풀을 먹는 베헤못을 볼지어다 내가 너를 지은 것 같이 그것도 지었느니라 그것의 힘은 허리에 있고 그 뚝심은 배의 힘줄에 있고 그것이 꼬리치는 것은 백향목이 흔들리는 것 같고 그 넓적다리 힘줄은 서로 얽혀 있으며 그 뼈는 놋관 같고 그 뼈대는 쇠 막대기 같으니 그것은 하나님이 만드신 것 중에 으뜸이라 그것을 지으신 이가 자기의 칼을 가져 오기를 바라노라 모든 들 짐승들이 뛰노는 산은 그것을 위하여 먹이를 내느니라 그것이 연 잎 아래에나 갈대 그늘에서나 늪 속에 엎드리니 연 잎 그늘이 덮으며 시내 버들이 그를 감싸는도다 강물이 소용돌이칠지라도 그것이 놀라지 않고 요단 강 물이 쏟아져 그 입으로 들어가도 태연하니 그것이 눈을 뜨고 있을 때 누가 능히 잡을 수 있겠으며 갈고리로 그것의 코를 꿸 수 있겠느냐

네가 낚시로 리워야단을 끌어낼 수 있겠느냐 노끈으로 그 혀를 맬 수 있겠느냐 너는 밧줄로 그 코를 꿸 수 있겠느냐 갈고리로 그 아가미를 꿸 수 있겠느냐 그것이 어찌 네게 계속하여 간청하겠느냐 부드럽게 네게 말하겠느냐 어찌 그것이 너와 계약을 맺고 너는 그를 영원히 종으로 삼겠느냐 네가 어찌 그것을 새를 가지고 놀 듯 하겠으며 네 여종들을 위하여 그것을 매어두겠느냐 어찌 장사꾼들이 그것을 놓고 거래하겠으며 상인들이 그것을 나누어 가지겠느냐 네가 능히 많은 창으로 그 가죽을 찌르거나 작살을 그 머리에 꽂을 수 있겠느냐 네 손을 그것에게 얹어 보라 다시는 싸울 생각을 못하리라 참으로 잡으려는 그의 희망은 헛된 것이니라 그것의 모습을 보기만 해도 그는 기가 꺾이리라 아무도 그것을 격동시킬 만큼 담대하지 못하거든 누가 내게 감히 대항할 수 있겠느냐 누가 먼저 내게 주고 나로 하여금 갚게 하겠느냐 온 천하에 있는 것이 다 내 것이니라 내가 그것의 지체와 그것의 큰 용맹과 늠름한 체구에 대하여 잠잠하지 아니하리라 누가 그것의 겉가죽을 벗기겠으며 그것에게 겹재갈을 물릴 수 있겠느냐 누가 그것의 턱을 벌릴 수 있겠느냐 그의 둥근 이틀은 심히 두렵구나 그의 즐비한 비늘은 그의 자랑이로다 튼튼하게 봉인하듯이 닫혀 있구나 그것들이 서로 달라붙어 있어 바람이 그 사이로 지나가지 못하는구나 서로 이어져 붙었으니 능히 나눌 수도 없구나 그것이 재채기를 한즉 빛을 발하고 그것의 눈은 새벽의 눈꺼풀 빛 같으며 그것의 입에서는 횃불이 나오고 불꽃이 튀어 나오며 그것의 콧구멍에서는 연기가 나오니 마치 갈대를 태울 때에 솥이 끓는 것과 같구나 그의 입김은 숯불을 지피며 그의 입은 불길을 뿜는구나 그것의 힘은 그의 목덜미에 있으니 그 앞에서는 절망만 감돌 뿐이구나 그것의 살껍질은 서로 밀착되어 탄탄하며 움직이지 않는구나 그것의 가슴은 돌처럼 튼튼하며 맷돌 아래짝 같이 튼튼하구나 그것이 일어나면 용사라도 두려워하며 달아나리라 칼이 그에게 꽂혀도 소용이 없고 창이나 투창이나 화살촉도 꽂히지 못하는구나 그것이 쇠를 지푸라기 같이, 놋을 썩은 나무 같이 여기니 화살이라도 그것을 물리치지 못하겠고 물맷돌도 그것에게는 겨 같이 되는구나 그것은 몽둥이도 지푸라기 같이 여기고 창이 날아오는 소리를 우습게 여기며 그것의 아래쪽에는 날카로운 토기 조각 같은 것이 달려 있고 그것이 지나갈 때는 진흙 바닥에 도리깨로 친 자국을 남기는구나 깊은 물을 솥의 물이 끓음 같게 하며 바다를 기름병 같이 다루는도다 그것의 뒤에서 빛나는 물줄기가 나오니 그는 깊은 바다를 백발로 만드는구나 세상에는 그것과 비할 것이 없으니 그것은 두려움이 없는 것으로 지음 받았구나 그것은 모든 높은 자를 내려다보며 모든 교만한 자들에게 군림하는 왕이니라

3)
마 10:29~31 참새 두 마리가 한 앗사리온에 팔리지 않느냐 그러나 너희 아버지께서 허락하지 아니하시면 그 하나도 땅에 떨어지지 아니하리라 너희에게는 머리털까지 다 세신 바 되었나니 두려워하지 말라 너희는 많은 참새보다 귀하니라

4)
잠 15:3 여호와의 눈은 어디서든지 악인과 선인을 감찰하시느니라

시 104:24 여호와여 주께서 하신 일이 어찌 그리 많은지요 주께서 지혜로 그들을 다 지으셨으니 주께서 지으신 것들이 땅에 가득하니이다

시 145:17 여호와께서는 그 모든 행위에 의로우시며 그 모든 일에 은혜로우시도다

5)

행 15:18 즉 예로부터 이것을 알게 하시는 주의 말씀이라 함과 같으니라

시 94:8-11 백성 중의 어리석은 자들아 너희는 생각하라 무지한 자들아 너희가 언제나 지혜로울까 귀를 지으신 이가 듣지 아니하시랴 눈을 만드신 이가 보지 아니하시랴 뭇 백성을 징벌하시는 이 곧 지식으로 사람을 교훈하시는 이가 징벌하지 아니하시랴 여호와께서는 사람의 생각이 허무함을 아시느니라

6)

엡 1:11 모든 일을 그의 뜻의 결정대로 일하시는 이의 계획을 따라 우리가 예정을 입어 그 안에서 기업이 되었으니

시 33:10-11 여호와께서 나라들의 계획을 폐하시며 민족들의 사상을 무효하게 하시도다 여호와의 계획은 영원히 서고 그의 생각은 대대에 이르리로다

7)

사 63:14 여호와의 영이 그들을 골짜기로 내려가는 가축 같이 편히 쉬게 하셨도다 주께서 이와 같이 주의 백성을 인도하사 이름을 영화롭게 하셨나이다 하였느니라

엡 3:10 이는 이제 교회로 말미암아 하늘에 있는 통치자들과 권세들에게 하나님의 각종 지혜를 알게 하려 하심이니

롬 9:17 성경이 바로에게 이르시되 내가 이 일을 위하여 너를 세웠으니 곧 너로 말미암아 내 능력을 보이고 내 이름이 온 땅에 전파되게 하려 함이라 하셨으니

창 45:7 하나님이 큰 구원으로 당신들의 생명을 보존하고 당신들의 후손을 세상에 두시려고 나를 당신들보다 먼저 보내셨나니

시 145:7 그들이 주의 크신 은혜를 기념하여 말하며 주의 의를 노래하리이다

8)

행 2:23 그가 하나님께서 정하신 뜻과 미리 아신 대로 내준 바 되었거늘 너희가 법 없는 자들의 손을 빌려 못 박아 죽였으나

9)

창 8:22 땅이 있을 동안에는 심음과 거둠과 추위와 더위와 여름과 겨울과 낮과 밤이 쉬지 아니하리라

렘 31:35 여호와께서 이와 같이 말씀하셨느니라 그는 해를 낮의 빛으로 주셨고 달과 별들을 밤의 빛으로 정하였고 바다를 뒤흔들어 그 파도로 소리치게 하나니 그의 이름은 만군의 여호와니라

출 21:13 만일 사람이 고의적으로 한 것이 아니라 나 하나님이 사람을 그의 손에 넘긴 것이면 내가 그를 위하여 한 곳을 정하리니 그 사람이 그리로 도망할 것이며

신 19:5 가령 사람이 그 이웃과 함께 벌목하러 삼림에 들어가서 손에 도끼를 들고 벌목하려고 찍을 때에 도끼가 자루에서 빠져 그의 이웃을 맞춰 그를 죽게 함과 같은 것이라 이런 사람은 그 성읍 중 하나로 도피하여 생명을 보존할 것이니라

왕상 22:28, 34 ²⁸미가야가 이르되 왕이 참으로 평안히 돌아오시게 될진대 여호와께서 나를 통하여 말씀하지 아니하셨으리이다 또 이르되 너희 백성들아 다 들을지어다 하니라 ³⁴한 사람이 무심코 활을 당겨 이스라엘 왕의 갑옷 솔기를 맞힌지라 왕이 그 병거 모는 자에게 이르되 내가 부상하였으니 네 손을 돌려 내가 전쟁터에서 나가게 하라 하였으나

사 10:6-7 내가 그를 보내어 경건하지 아니한 나라를 치게 하며 내가 그에게 명령하여 나를 노하게 한 백성을 쳐서 탈취하며 노략하게 하며 또 그들을 길거리의 진흙 같이 짓밟게 하려 하거니와 그의 뜻은 이같지 아니하며 그의 마음의 생각도 이같지 아니하고 다만 그의 마음은 허다한 나라를 파괴하며 멸절하려 하는도다

10)

행 27:31, 44 ³¹바울이 백부장과 군인들에게 이르되 이 사람들이 배에 있지 아니하면 너희가 구원을 얻지 못하리라 하니 ⁴⁴그 남은 사람들은 널조각 혹은 배 물건에 의지하여 나가게 하니 마침내 사람들이 다 상륙하여 구조되니라

사 55:10-11 이는 비와 눈이 하늘로부터 내려서 그리로 되돌아가지 아니하고 땅을 적셔서 소출이 나게 하며 싹이 나게 하여 파종하는 자에게는 종자를 주며 먹는 자에게는 양식을 줌과 같이 내 입에서 나가는 말도 이와 같이 헛되이 내게로 되돌아오지 아니하고 나의 기뻐하는 뜻을 이루며 내가 보낸 일에 형통함이니라

호 2:21-22 여호와께서 이르시되 그 날에 내가 응답하리라 나는 하늘에 응답하고 하늘은 땅에 응답하고 땅은 곡식과 포도주와 기름에 응답하고 또 이것들은 이스르엘에 응답하리라

11)

호 1:7 그러나 내가 유다 족속을 긍휼히 여겨 그들의 하나님 여호와로 구원하겠고 활과 칼이나 전쟁이나 말과 마병으로 구원하지 아니하리라 하시니라

마 4:4 예수께서 대답하여 이르시되 기록되었으되 사람이 떡으로만 살 것이 아니요 하나님의 입으로부터 나오

는 모든 말씀으로 살 것이라 하였느니라 하시니

욥 34:20 그들은 한밤중에 순식간에 죽나니 백성은 떨며 사라지고 세력 있는 자도 사람의 손을 빌리지 않고 제거함을 당하느니라

12)

롬 4:19-21 그가 백 세나 되어 자기 몸이 죽은 것 같고 사라의 태가 죽은 것 같음을 알고도 믿음이 약하여지지 아니하고 믿음이 없어 하나님의 약속을 의심하지 않고 믿음으로 견고하여져서 하나님께 영광을 돌리며 약속하신 그것을 또한 능히 이루실 줄을 확신하였으니

13)

왕하 6:6 하나님의 사람이 이르되 어디 빠졌느냐 하매 그 곳을 보이는지라 엘리사가 나뭇가지를 베어 물에 던져 쇠도끼를 떠오르게 하고

단 3:27 총독과 지사와 행정관과 왕의 모사들이 모여 이 사람들을 본즉 불이 능히 그들의 몸을 해하지 못하였고 머리털도 그을리지 아니하였고 겉옷 빛도 변하지 아니하였고 불 탄 냄새도 없었더라

14)

롬 11:32-34 하나님이 모든 사람을 순종하지 아니하는 가운데 가두어 두심은 모든 사람에게 긍휼을 베풀려 하심이로다 깊도다 하나님의 지혜와 지식의 풍성함이여, 그의 판단은 헤아리지 못할 것이며 그의 길은 찾지 못할 것이로다 누가 주의 마음을 알았느냐 누가 그의 모사가 되었느냐

삼하 24:1 여호와께서 다시 이스라엘을 향하여 진노하사 그들을 치시려고 다윗을 격동시키사 가서 이스라엘과 유다의 인구를 조사하라 하신지라

대상 21:1 사탄이 일어나 이스라엘을 대적하고 다윗을 충동하여 이스라엘을 계수하게 하니라

왕상 22:22-23 여호와께서 그에게 이르시되 어떻게 하겠느냐 이르되 내가 나가서 거짓말하는 영이 되어 그의 모든 선지자들의 입에 있겠나이다 여호와께서 이르시되 너는 꾀겠고 또 이루리라 나가서 그리하라 하셨은즉 이제 여호와께서 거짓말하는 영을 왕의 이 모든 선지자의 입에 넣으셨고 또 여호와께서 왕에 대하여 화를 말씀하셨나이다

대상 10:4, 13-14 ⁴사울이 자기의 무기를 가진 자에게 이르되 너는 칼을 빼어 그것으로 나를 찌르라 할례 받지 못한 자들이 와서 나를 욕되게 할까 두려워하노라 그러나 그의 무기를 가진 자가 심히 두려워하여 행하기를 원하지 아니하매 사울이 자기 칼을 뽑아서 그 위에 엎드러지니 ¹³⁻¹⁴사울이 죽은 것은 여호와께 범죄하였기 때문이라 그가 여호와의 말씀을 지키지 아니하고 또 신접한 자에게 가르치기를 청하고 여호와께 묻지 아니하였으므로 여호와께서 그를 죽이시고 그 나라를 이새의 아들 다윗에

게 넘겨 주셨더라

삼하 16:10 왕이 이르되 스루야의 아들들아 내가 너희와 무슨 상관이 있느냐 그가 저주하는 것은 여호와께서 그에게 다윗을 저주하라 하심이니 네가 어찌 그리하였느냐 할 자가 누구겠느냐 하고

행 2:23 그가 하나님께서 정하신 뜻과 미리 아신 대로 내준 바 되었거늘 너희가 법 없는 자들의 손을 빌려 못 박아 죽였으나

행 4:27-28 과연 헤롯과 본디오 빌라도는 이방인과 이스라엘 백성과 합세하여 하나님께서 기름 부으신 거룩한 종 예수를 거슬러 하나님의 권능과 뜻대로 이루려고 예정하신 그것을 행하려고 이 성에 모였나이다

15)

행 14:16 하나님이 지나간 세대에는 모든 민족으로 자기들의 길들을 가게 방임하셨으나

16)

시 76:10 진실로 사람의 노여움은 주를 찬송하게 될 것이요 그 남은 노여움은 주께서 금하시리이다

왕하 19:28 네가 내게 향한 분노와 네 교만한 말이 내 귀에 들렸도다 그러므로 내가 갈고리를 네 코에 꿰고 재갈을 네 입에 물려 너를 오던 길로 끌어 돌이키리라 하셨나이다

17)

창 50:20 당신들은 나를 해하려 하였으나 하나님은 그것을 선으로 바꾸사 오늘과 같이 많은 백성의 생명을 구원하게 하시려 하셨나니

사 10:6-7, 12 ⁶⁻⁷내가 그를 보내어 경건하지 아니한 나라를 치게 하며 내가 그에게 명령하여 나를 노하게 한 백성을 쳐서 탈취하며 노략하게 하며 또 그들을 길거리의 진흙 같이 짓밟게 하려 하거니와 그의 뜻은 이같지 아니하며 그의 마음의 생각도 이같지 아니하고 다만 그의 마음은 허다한 나라를 파괴하며 멸절하려 하는도다 ¹²그러므로 주께서 주의 일을 시온 산과 예루살렘에 다 행하신 후에 앗수르 왕의 완악한 마음의 열매와 높은 눈의 자랑을 벌하시리라

18)

약 1:13-14, 17 ¹³⁻¹⁴사람이 시험을 받을 때에 내가 하나님께 시험을 받는다 하지 말지니 하나님은 악에게 시험을 받지도 아니하시고 친히 아무도 시험하지 아니하시느니라 오직 각 사람이 시험을 받는 것은 자기 욕심에 끌려 미혹됨이니 ¹⁷온갖 좋은 은사와 온전한 선물이 다 위로부터 빛들의 아버지께로부터 내려오나니 그는 변함도 없으시고 회전하는 그림자도 없으시니라

요일 2:16 이는 세상에 있는 모든 것이 육신의 정욕과 안목의 정욕과 이생의 자랑이니 다 아버지께로부터 온 것

이 아니요 세상으로부터 온 것이라

시 50:21 네가 이 일을 행하여도 내가 잠잠하였더니 네가 나를 너와 같은 줄로 생각하였도다 그러나 내가 너를 책망하여 네 죄를 네 눈 앞에 낱낱이 드러내리라 하시는도다

19)

대하 32:25-26, 31 ²⁵⁻²⁶히스기야가 마음이 교만하여 그 받은 은혜를 보답하지 아니하므로 진노가 그와 유다와 예루살렘에 내리게 되었더니 히스기야가 마음의 교만함을 뉘우치고 예루살렘 주민들도 그와 같이 하였으므로 여호와의 진노가 히스기야의 생전에는 그들에게 내리지 아니하니라 ³¹그러나 바벨론 방백들이 히스기야에게 사신을 보내어 그 땅에서 나타난 이적을 물을 때에 하나님이 히스기야를 떠나시고 그의 심중에 있는 것을 다 알고자 하사 시험하셨더라

삼하 24:1 여호와께서 다시 이스라엘을 향하여 진노하사 그들을 치시려고 다윗을 격동시키사 가서 이스라엘과 유다의 인구를 조사하라 하신지라

20)

고후 12:7-9 여러 계시를 받은 것이 지극히 크므로 너무 자만하지 않게 하시려고 내 육체에 가시 곧 사탄의 사자를 주셨으니 이는 나를 쳐서 너무 자만하지 않게 하려 하심이라 이것이 내게서 떠나가게 하기 위하여 내가 세 번 주께 간구하였더니 나에게 이르시기를 내 은혜가 네게 족하도다 이는 내 능력이 약한 데서 온전하여짐이라 하신지라 그러므로 도리어 크게 기뻐함으로 나의 여러 약한 것들에 대하여 자랑하리니 이는 그리스도의 능력이 내게 머물게 하려 함이라

시 73 하나님이 참으로 이스라엘 중 마음이 정결한 자에게 선을 행하시나 나는 거의 넘어질 뻔하였고 나의 걸음이 미끄러질 뻔하였으니 이는 내가 악인의 형통함을 보고 오만한 자를 질투하였음이로다 그들은 죽을 때에도 고통이 없고 그 힘이 강건하며 사람들이 당하는 고난이 그들에게는 없고 사람들이 당하는 재앙도 그들에게는 없나니 그러므로 교만이 그들의 목걸이요 강포가 그들의 옷이며 살찜으로 그들의 눈이 솟아나며 그들의 소득은 마음의 소원보다 많으며 그들은 능욕하며 악하게 말하며 높은 데서 거만하게 말하며 그들의 입은 하늘에 두고 그들의 혀는 땅에 두루 다니도다 그러므로 그의 백성이 이리로 돌아와서 잔에 가득한 물을 다 마시며 말하기를 하나님이 어찌 알랴 지존자에게 지식이 있으랴 하는도다 볼지어다 이들은 악인들이라도 항상 평안하고 재물은 더욱 불어나도다 내가 내 마음을 깨끗하게 하며 내 손을 씻어 무죄하다 한 것이 실로 헛되도다 나는 종일 재난을 당하며 아침마다 징벌을 받았도다 내가 만일 스스로 이르기를 내가 그들처럼 말하리라 하였더라면 나는 주의 아들들의 세대에 대하여 악행을 행하였으리이다 내가 어찌하면 이를 알까 하여 생각한즉 그것이 내게 심한 고통이 되었더니 하나님의 성소에 들어갈 때에야 그들

의 종말을 내가 깨달았나이다 주께서 참으로 그들을 미끄러운 곳에 두시며 파멸에 던지시니 그들이 어찌하여 그리 갑자기 황폐되었는가 놀랄 정도로 그들은 전멸하였나이다 주여 사람이 깬 후에는 꿈을 무시함 같이 주께서 깨신 후에는 그들의 형상을 멸시하시리이다 내 마음이 산란하며 내 양심이 찔렸나이다 내가 이같이 우매 무지함으로 주 앞에 짐승이오나 내가 항상 주와 함께 하니 주께서 내 오른손을 붙드셨나이다 주의 교훈으로 나를 인도하시고 후에는 영광으로 나를 영접하시리니 하늘에서는 주 외에 누가 내게 있으리요 땅에서는 주 밖에 내가 사모할 이 없나이다 내 육체와 마음은 쇠약하나 하나님은 내 마음의 반석이시요 영원한 분깃이시라 무릇 주를 멀리하는 자는 망하리니 음녀 같이 주를 떠난 자를 주께서 다 멸하셨나이다 하나님께 가까이 함이 내게 복이라 내가 주 여호와를 나의 피난처로 삼아 주의 모든 행적을 전파하리이다

시 77:1-12 내가 내 음성으로 하나님께 부르짖으리니 내 음성으로 하나님께 부르짖으면 내게 귀를 기울이시리로다 나의 환난 날에 내가 주를 찾았으며 밤에는 내 손을 들고 거두지 아니하였나니 내 영혼이 위로 받기를 거절하였도다 내가 하나님을 기억하고 불안하여 근심하니 내 심령이 상하도다 (셀라) 주께서 내가 눈을 붙이지 못하게 하시니 내가 괴로워 말할 수 없나이다 내가 옛날 곧 지나간 세월을 생각하였사오며 밤에 부른 노래를 내가 기억하여 내 심령으로, 내가 내 마음으로 간구하기를 주께서 영원히 버리실까, 다시는 은혜를 베풀지 아니하실까, 그의 인자하심은 영원히 끝났는가, 그의 약속하심도 영구히 폐하였는가, 하나님이 그가 베푸실 은혜를 잊으셨는가, 노하심으로 그가 베푸실 긍휼을 그치셨는가 하였나이다 (셀라) 또 내가 말하기를 이는 나의 잘못이라 지존자의 오른손의 해 곧 여호와의 일들을 기억하며 주께서 옛적에 행하신 기이한 일을 기억하리이다 또 주의 모든 일을 작은 소리로 읊조리며 주의 행사를 낮은 소리로 되뇌이리라

막 14:66-72 베드로는 아랫뜰에 있더니 대제사장의 여종 하나가 와서 베드로가 불 쬐고 있는 것을 보고 주목하여 이르되 너도 나사렛 예수와 함께 있었도다 하거늘 베드로가 부인하여 이르되 나는 네가 말하는 것이 무엇인지 알지도 못하고 깨닫지도 못하겠노라 하며 앞뜰로 나갈새 여종이 그를 보고 곁에 서 있는 자들에게 다시 이르되 이 사람은 그 도당이라 하되 또 부인하더라 조금 후에 곁에 서 있는 사람들이 다시 베드로에게 말하되 너도 갈릴리 사람이니 참으로 그 도당이니라 그러나 베드로가 저주하며 맹세하되 나는 너희가 말하는 이 사람을 알지 못하노라 하니 닭이 곧 두 번째 울더라 이에 베드로가 예수께서 자기에게 하신 말씀 곧 닭이 두 번 울기 전에 네가 세 번 나를 부인하리라 하심이 기억되어 그 일을 생각하고 울었더라

요 21:15-17 그들이 조반 먹은 후에 예수께서 시몬 베드로에게 이르시되 요한의 아들 시몬아 네가 이 사람들보

다 나를 더 사랑하느냐 하시니 이르되 주님 그러하나이다 내가 주님을 사랑하는 줄 주님께서 아시나이다 이르시되 내 어린 양을 먹이라 하시고 또 두 번째 이르시되 요한의 아들 시몬아 네가 나를 사랑하느냐 하시니 이르되 주님 그러하나이다 내가 주님을 사랑하는 줄 주님께서 아시나이다 이르시되 내 양을 치라 하시고 세 번째 이르시되 요한의 아들 시몬아 네가 나를 사랑하느냐 하시니 주께서 세 번째 네가 나를 사랑하느냐 하시므로 베드로가 근심하여 이르되 주님 모든 것을 아시오매 내가 주님을 사랑하는 줄 주님께서 아시나이다 예수께서 이르시되 내 양을 먹이라

21)

롬 1:24, 26, 28 ²⁴그러므로 하나님께서 그들을 마음의 정욕대로 더러움에 내버려 두사 그들의 몸을 서로 욕되게 하게 하셨으니 ²⁶이 때문에 하나님께서 그들을 부끄러운 욕심에 내버려 두셨으니 곧 그들의 여자들도 순리대로 쓸 것을 바꾸어 역리로 쓰며 ²⁸또한 그들이 마음에 하나님 두기를 싫어하매 하나님께서 그들을 그 상실한 마음대로 내버려 두사 합당하지 못한 일을 하게 하셨으니

롬 11:7-8 그런즉 어떠하냐 이스라엘이 구하는 그것을 얻지 못하고 오직 택하심을 입은 자가 얻었고 그 남은 자들은 우둔하여졌느니라 기록된 바 하나님이 오늘까지 그들에게 혼미한 심령과 보지 못할 눈과 듣지 못할 귀를 주셨다 함과 같으니라

22)

신 29:4 그러나 깨닫는 마음과 보는 눈과 듣는 귀는 오늘 여호와께서 너희에게 주지 아니하셨느니라

23)

마 13:12 무릇 있는 자는 받아 넉넉하게 되되 없는 자는 그 있는 것도 빼앗기리라

마 25:29 무릇 있는 자는 받아 풍족하게 되고 없는 자는 그 있는 것까지 빼앗기리라

24)

신 2:30 헤스본 왕 시혼이 우리가 통과하기를 허락하지 아니하였으니 이는 네 하나님 여호와께서 그를 네 손에 넘기시려고 그의 성품을 완강하게 하셨고 그의 마음을 완고하게 하셨음이 오늘날과 같으니라

왕하 8:12-13 하사엘이 이르되 내 주여 어찌하여 우시나이까 하는지라 대답하되 네가 이스라엘 자손에게 행할 모든 악을 내가 앎이라 네가 그들의 성에 불을 지르며 장정을 칼로 죽이며 어린 아이를 메치며 아이 밴 부녀를 가르리라 하니 하사엘이 이르되 당신의 개 같은 종이 무엇이기에 이런 큰일을 행하오리이까 하더냐 엘리사가 대답하되 여호와께서 네가 아람 왕이 될 것을 내게 알게 하셨느니라 하더라

25)

시 81:11-12 내 백성이 내 소리를 듣지 아니하며 이스라엘이 나를 원하지 아니하였도다 그러므로 내가 그의 마음을 완악한 대로 버려 두어 그의 임의대로 행하게 하였도다

살후 2:10-12 불의의 모든 속임으로 멸망하는 자들에게 있으리니 이는 그들이 진리의 사랑을 받지 아니하여 구원함을 받지 못함이라 이러므로 하나님이 미혹의 역사를 그들에게 보내사 거짓 것을 믿게 하심은 진리를 믿지 않고 불의를 좋아하는 모든 자들로 하여금 심판을 받게 하려 하심이라

26)

출 7:3 내가 바로의 마음을 완악하게 하고 내 표징과 내 이적을 애굽 땅에서 많이 행할 것이나

출 8:15, 32 ¹⁵그러나 바로가 숨을 쉴 수 있게 됨을 보았을 때에 그의 마음을 완강하게 하여 그들의 말을 듣지 아니하였으니 여호와께서 말씀하신 것과 같더라 ³²그러나 바로가 이 때에도 그의 마음을 완강하게 하여 그 백성을 보내지 아니하였더라

고후 2:15-16 우리는 구원 받는 자들에게나 망하는 자들에게나 하나님 앞에서 그리스도의 향기니 이 사람에게는 사망으로부터 사망에 이르는 냄새요 저 사람에게는 생명으로부터 생명에 이르는 냄새라 누가 이 일을 감당하리요

사 8:14 그가 성소가 되시리라 그러나 이스라엘의 두 집에는 걸림돌과 걸려 넘어지는 반석이 되실 것이며 예루살렘 주민에게는 함정과 올무가 되시리니

벧전 2:7-8 그러므로 믿는 너희에게는 보배이나 믿지 아니하는 자에게는 건축자들이 버린 그 돌이 모퉁이의 머릿돌이 되고 또한 부딪치는 돌과 걸려 넘어지게 하는 바위가 되었다 하였느니라 그들이 말씀을 순종하지 아니하므로 넘어지나니 이는 그들을 이렇게 정하신 것이라

사 6:9-10 여호와께서 이르시되 가서 이 백성에게 이르기를 너희가 듣기는 들어도 깨닫지 못할 것이요 보기는 보아도 알지 못하리라 하여 이 백성의 마음을 둔하게 하며 그들의 귀가 막히고 그들의 눈이 감기게 하라 염려하건대 그들이 눈으로 보고 귀로 듣고 마음으로 깨닫고 다시 돌아와 고침을 받을까 하노라 하시기로

행 28:26-27 일렀으되 이 백성에게 가서 말하기를 너희가 듣기는 들어도 도무지 깨닫지 못하며 보기는 보아도 도무지 알지 못하는도다 이 백성들의 마음이 우둔하여져서 그 귀로는 둔하게 듣고 그 눈은 감았으니 이는 눈으로 보고 귀로 듣고 마음으로 깨달아 돌아오면 내가 고쳐 줄까 함이라 하였으니

27)

딤전 4:10 이를 위하여 우리가 수고하고 힘쓰는 것은 우리 소망을 살아 계신 하나님께 둠이니 곧 모든 사람 특히

믿는 자들의 구주시라

암 9:8-9 보라 주 여호와의 눈이 범죄한 나라를 주목하노니 내가 그것을 지면에서 멸하리라 그러나 야곱의 집은 온전히 멸하지는 아니하리라 여호와의 말씀이니라 보라 내가 명령하여 이스라엘 족속을 만국 중에서 체질하기를 체로 체질함 같이 하려니와 그 한 알갱이도 땅에 떨어지지 아니하리라

롬 8:28 우리가 알거니와 하나님을 사랑하는 자 곧 그의 뜻대로 부르심을 입은 자들에게는 모든 것이 합력하여 선을 이루느니라

사 43:3-5, 14 ³⁻⁵대저 나는 여호와 네 하나님이요 이스라엘의 거룩한 이요 네 구원자임이라 내가 애굽을 너의 속량물로, 구스와 스바를 너를 대신하여 주었노라 네가 내 눈에 보배롭고 존귀하며 내가 너를 사랑하였은즉 내가 네 대신 사람들을 내어 주며 백성들이 네 생명을 대신하리니 두려워하지 말라 내가 너와 함께 하여 네 자손을 동쪽에서부터 오게 하며 서쪽에서부터 너를 모을 것이며 ¹⁴너희의 구속자요 이스라엘의 거룩한 이 여호와가 말하노라 너희를 위하여 내가 바벨론에 사람을 보내어 모든 갈대아 사람에게 자기들이 연락하던 배를 타고 도망하여 내려가게 하리라

더 깊은 공부와 나눔을 위한 질문

1. 섭리는 무엇입니까? (5장 1항, 3항; 대교리문답 18문답)

2. "하나님께서는 ~ 그분의 자유롭고 불변하는 뜻의 계획을 따라 당신의 지극히 지혜롭고 거룩하신 섭리로, 지극히 큰 것부터 가장 작은 것에 이르기까지 모든 피조물과 행위와 일들을 보존하시고 인도하시며 처리하시고 다스리신다."라는 내용이 우리에게 어떤 힘과 위로를 줍니까?

3. 하나님의 섭리가 자연법칙, 그리고 우리의 자유와 어떻게 연결되어 있습니까? (5장 2항, 4항)

4. 하나님께서 때때로 그분의 자녀들을 여러 유혹에, 또 그들의 부패한 마음이 행하고자 하는 대로 잠시 내버려 두시는 이유는 무엇입니까? (5장 5항)

하나님께서 깨닫게 해 주신 것과 베풀어 주신 은혜를 생각하며 감사합시다. 또 깨달아 배우고 확신한 일에 거할 수 있게 해 달라고 기도합시다.

6장

사람의 타락과 죄, 그리고 그 죄에 대한 형벌
Of the Fall of Man, of Sin, and of the Punishment thereof

1항

우리의 첫 부모는 사탄의 간계와 유혹에 빠져 먹지 말라 하신 열매를 따 먹음으로 죄를 지었다.[1] 하나님께서는 그분의 지혜롭고 거룩한 작정에 따라 그들이 그 죄짓는 것을 허용하셨는데, 이는 하나님의 영광을 나타내고자 하시는 뜻이 있으셨기 때문이다.[2]

1) 창 3:13; 고후 11:3 2) 롬 11:32.

2항

이 죄로 우리의 첫 부모는 창조되었을 때 받은 의를 상실했고, 하나님과의 교제가 끊어졌다.[3] 죄 가운데 죽었으며,[4] 영혼과 육체의 모든 기능과 부분이 전적으로 더러워졌다.[5]

3) 창 3:6-8; 전 7:29; 롬 3:23 4) 창 2:17; 엡 2:1 5) 딛 1:15; 창 6:5; 렘 17:9; 롬 3:10-18.

3항

그들이 온 인류의 뿌리이기 때문에 보통의 출생으로 첫 부모에게서 나오는 모든 후손에게, 이 죄의 죄책이 전가되었으며, 죄로 인한 사망과 부패한 본성 또한 전해졌다.[6][7]

6) 창 1:27-28; 창 2:16-17; 행 17:26; 롬 5:12, 15-19; 고전 15:21-22, 49 7) 시 51:5; 창 5:3; 욥 14:4; 욥 15:14.

Our first parents, being seduced by the subtilty and temptation of Satan, sinned in eating the forbidden fruit.[1] This their sin God was pleased, according to His wise and holy counsel, to permit, having purposed to order it to His own glory.[2]

By this sin they fell from their original righteousness and communion with God,[3] and so became dead in sin,[4] and wholly defiled in all the faculties and parts of soul and body.[5]

They being the root of all mankind, the guilt of this sin was imputed,[6] and the same death in sin and corrupted nature conveyed, to all their posterity descending from them by ordinary generation.[7]

4항

이 본래의 부패로 말미암아 사람은 선을 행하고자 하는 마음이 전혀 없으며, 행할 수도 없고, 반대하며,[8] 오로지 악을 행하려는 성향을 지니게 되었다.[9] 이 본래의 부패에서 모든 본죄(자범죄)가 나온다.[10]

8) 롬 5:6; 롬 8:7; 롬 7:18; 골 1:21 9) 창 6:5; 창 8:21; 롬 3:10-12 10) 약 1:14-15; 엡 2:2-3; 마 15:19.

5항

이러한 본성의 부패는 이 세상에 사는 동안에는 중생한 사람들에게도 여전히 남아 있다.[11] 그리스도로 말미암아 이 부패가 용서받고 억제된다 하더라도 그 부패한 본성 자체와 그 부패한 본성으로 말미암아 행하는 모든 행동은 참으로 그리고 당연히 죄다.[12]

11) 요일 1:8, 10; 롬 7:14, 17-18, 23; 약 3:2; 잠 20:9; 전 7:20
12) 롬 7:5, 7-8, 25; 갈 5:17.

6항

원죄든 본죄든 모든 죄는 하나님의 의로운 율법을 범하고 거스르는 것이기에,[13] 본질상 죄인에게 죄책을 부여한다.[14] 이로 말미암아 죄인은 하나님의 진노와[15] 율법의 저주 아래 놓여[16] 모든 영적 비참함을 겪고,[18] 이 세상에서 죽음을 맛보며,[19] 영원한 죽음도 당하게 된다.[17][20]

13) 요일 3:4 14) 롬 2:15; 롬 3:9, 19 15) 엡 2:3 16) 갈 3:10 17) 롬 6:23
18) 엡 4:18 19) 롬 8:20; 애 3:39 20) 마 25:41; 살후 1:9.

From this original corruption, whereby we are utterly indisposed, disabled, and made opposite to all good,[8] and wholly inclined to all evil,[9] do proceed all actual transgressions.[10]

This corruption of nature, during this life, doth remain in those that are regenerated;[11] and although it be, through Christ, pardoned and mortified, yet both itself and all the motions thereof are truly and properly sin.[12]

Every sin, both original and actual, being a transgression of the righteous law of God, and contrary thereunto,[13] doth, in its own nature, bring guilt upon the sinner;[14] whereby he is bound over to the wrath of God,[15] and curse of the law,[16] and so made subject to death,[17] with all miseries spiritual,[18] temporal,[19] and eternal.[20]

증거구절

1)

창 3:13 여호와 하나님이 여자에게 이르시되 네가 어찌하여 이렇게 하였느냐 여자가 이르되 뱀이 나를 꾀므로 내가 먹었나이다

고후 11:3 뱀이 그 간계로 하와를 미혹한 것 같이 너희 마음이 그리스도를 향하는 진실함과 깨끗함에서 떠나 부패할까 두려워하노라

2)

롬 11:32 하나님이 모든 사람을 순종하지 아니하는 가운데 가두어 두심은 모든 사람에게 긍휼을 베풀려 하심이로다

3)

창 3:6-8 여자가 그 나무를 본즉 먹음직도 하고 보암직도 하고 지혜롭게 할 만큼 탐스럽기도 한 나무인지라 여자가 그 열매를 따먹고 자기와 함께 있는 남편에게도 주매 그도 먹은지라 이에 그들의 눈이 밝아져 자기들이 벗은 줄을 알고 무화과나무 잎을 엮어 치마로 삼았더라 그들이 그 날 바람이 불 때 동산에 거니시는 여호와 하나님의 소리를 듣고 아담과 그의 아내가 여호와 하나님의 낯을 피하여 동산 나무 사이에 숨은지라

전 7:29 내가 깨달은 것은 오직 이것이라 곧 하나님은 사람을 정직하게 지으셨으나 사람이 많은 꾀들을 낸 것이니라

롬 3:23 모든 사람이 죄를 범하였으매 하나님의 영광에 이르지 못하더니

4)

창 2:17 선악을 알게 하는 나무의 열매는 먹지 말라 네가 먹는 날에는 반드시 죽으리라 하시니라

엡 2:1 그는 허물과 죄로 죽었던 너희를 살리셨도다

5)

딛 1:15 깨끗한 자들에게는 모든 것이 깨끗하나 더럽고 믿지 아니하는 자들에게는 아무 것도 깨끗한 것이 없고 오직 그들의 마음과 양심이 더러운지라

창 6:5 여호와께서 사람의 죄악이 세상에 가득함과 그의 마음으로 생각하는 모든 계획이 항상 악할 뿐임을 보시고

렘 17:9 만물보다 거짓되고 심히 부패한 것은 마음이라 누가 능히 이를 알리요마는

롬 3:10-18 기록된 바 의인은 없나니 하나도 없으며 깨닫는 자도 없고 하나님을 찾는 자도 없고 다 치우쳐 함께 무익하게 되고 선을 행하는 자는 없나니 하나도 없도다 그들의 목구멍은 열린 무덤이요 그 혀로는 속임을 일삼으며 그 입술에는 독사의 독이 있고 그 입에는 저주와 악독이 가득하고 그 발은 피 흘리는 데 빠른지라 파멸과 고생이 그 길에 있어 평강의 길을 알지 못하였고 그들의 눈 앞에 하나님을 두려워함이 없느니라 함과 같으니라

6)

창 1:27-28 하나님이 자기 형상 곧 하나님의 형상대로 사람을 창조하시되 남자와 여자를 창조하시고 하나님이 그들에게 복을 주시며 하나님이 그들에게 이르시되 생육하고 번성하여 땅에 충만하라, 땅을 정복하라, 바다의 물고기와 하늘의 새와 땅에 움직이는 모든 생물을 다스리라 하시니라

창 2:16-17 여호와 하나님이 그 사람에게 명하여 이르시되 동산 각종 나무의 열매는 네가 임의로 먹되 선악을 알게 하는 나무의 열매는 먹지 말라 네가 먹는 날에는 반드시 죽으리라 하시니라

행 17:26 인류의 모든 족속을 한 혈통으로 만드사 온 땅에 살게 하시고 그들의 연대를 정하시며 거주의 경계를 한정하셨으니

롬 5:12, 15-19 [12]그러므로 한 사람으로 말미암아 죄가 세상에 들어오고 죄로 말미암아 사망이 들어왔나니 이와 같이 모든 사람이 죄를 지었으므로 사망이 모든 사람에게 이르렀느니라 [15-19]그러나 이 은사는 그 범죄와 같지 아니하니 곧 한 사람의 범죄를 인하여 많은 사람이 죽었은즉 더욱 하나님의 은혜와 또한 한 사람 예수 그리스도의 은혜로 말미암은 선물은 많은 사람에게 넘쳤느니라 또 이 선물은 범죄한 한 사람으로 말미암은 것과 같지 아니하니 심판은 한 사람으로 말미암아 정죄에 이르렀으나 은사는 많은 범죄로 말미암아 의롭다 하심에 이름이니라 한 사람의 범죄로 말미암아 사망이 그 한 사람을 통하여 왕 노릇 하였은즉 더욱 은혜와 의의 선물을 넘치게 받는 자들은 한 분 예수 그리스도를 통하여 생명 안에서 왕 노릇 하리로다 그런즉 한 범죄로 많은 사람이 정죄에 이른 것 같이 한 의로운 행위로 말미암아 많은 사람이 의롭다 하심을 받아 생명에 이르렀느니라 한 사람이 순종하지 아니함으로 많은 사람이 죄인 된 것 같이 한 사람이 순종하심으로 많은 사람이 의인이 되리라

고전 15:21-22, 49 [21-22]사망이 한 사람으로 말미암았으니 죽은 자의 부활도 한 사람으로 말미암는도다 아담 안에서 모든 사람이 죽은 것 같이 그리스도 안

에서 모든 사람이 삶을 얻으리라 ⁴⁹우리가 흙에 속한 자의 형상을 입은 것 같이 또한 하늘에 속한 이의 형상을 입으리라

7)

시 51:5 내가 죄악 중에서 출생하였음이여 어머니가 죄 중에서 나를 잉태하였나이다

창 5:3 아담은 백삼십 세에 자기의 모양 곧 자기의 형상과 같은 아들을 낳아 이름을 셋이라 하였고

욥 14:4 누가 깨끗한 것을 더러운 것 가운데에서 낼 수 있으리이까 하나도 없나이다

욥 15:14 사람이 어찌 깨끗하겠느냐 여인에게서 난 자가 어찌 의롭겠느냐

8)

롬 5:6 우리가 아직 연약할 때에 기약대로 그리스도께서 경건하지 않은 자를 위하여 죽으셨도다

롬 8:7 육신의 생각은 하나님과 원수가 되나니 이는 하나님의 법에 굴복하지 아니할 뿐 아니라 할 수도 없음이라

롬 7:18 내 속 곧 내 육신에 선한 것이 거하지 아니하는 줄을 아노니 원함은 내게 있으나 선을 행하는 것은 없노라

골 1:21 전에 악한 행실로 멀리 떠나 마음으로 원수가 되었던 너희를

9)

창 6:5 여호와께서 사람의 죄악이 세상에 가득함과 그의 마음으로 생각하는 모든 계획이 항상 악할 뿐임을 보시고

창 8:21 여호와께서 그 향기를 받으시고 그 중심에 이르시되 내가 다시는 사람으로 말미암아 땅을 저주하지 아니하리니 이는 사람의 마음이 계획하는 바가 어려서부터 악함이라 내가 전에 행한 것 같이 모든 생물을 다시 멸하지 아니하리니

롬 3:10–12 기록된 바 의인은 없나니 하나도 없으며 깨닫는 자도 없고 하나님을 찾는 자도 없고 다 치우쳐 함께 무익하게 되고 선을 행하는 자는 없나니 하나도 없도다

10)

약 1:14–15 오직 각 사람이 시험을 받는 것은 자기 욕심에 끌려 미혹됨이니 욕심이 잉태한즉 죄를 낳고 죄가 장성한즉 사망을 낳느니라

엡 2:2–3 그 때에 너희는 그 가운데서 행하여 이 세상 풍조를 따르고 공중의 권세 잡은 자를 따랐으니 곧 지금 불순종의 아들들 가운데서 역사하는 영이라 전에는 우리도 다 그 가운데서 우리 육체의 욕심을 따라 지내며 육체와 마음의 원하는 것을 하여 다른 이들과 같이 본질상 진노의 자녀이었더니

마 15:19 마음에서 나오는 것은 악한 생각과 살인과 간음과 음란과 도둑질과 거짓 증언과 비방이니

11)

요일 1:8, 10 ⁸만일 우리가 죄가 없다고 말하면 스스로 속이고 또 진리가 우리 속에 있지 아니할 것이요 ¹⁰만일 우리가 범죄하지 아니하였다 하면 하나님을 거짓말하는 이로 만드는 것이니 또한 그의 말씀이 우리 속에 있지 아니하니라

롬 7:14, 17–18, 23 ¹⁴우리가 율법은 신령한 줄 알거니와 나는 육신에 속하여 죄 아래에 팔렸도다 ¹⁷⁻¹⁸이제는 그것을 행하는 자가 내가 아니요 내 속에 거하는 죄니라 내 속 곧 내 육신에 선한 것이 거하지 아니하는 줄을 아노니 원함은 내게 있으나 선을 행하는 것은 없노라 ²³내 지체 속에서 한 다른 법이 내 마음의 법과 싸워 내 지체 속에 있는 죄의 법으로 나를 사로잡는 것을 보는도다

약 3:2 우리가 다 실수가 많으니 만일 말에 실수가 없는 자라면 곧 온전한 사람이라 능히 온 몸도 굴레 씌우리라

잠 20:9 내가 내 마음을 정하게 하였다 내 죄를 깨끗하게 하였다 할 자가 누구냐

전 7:20 선을 행하고 전혀 죄를 범하지 아니하는 의인은 세상에 없기 때문이로다

12)

롬 7:5, 7–8, 25 ⁵우리가 육신에 있을 때에는 율법으로 말미암는 죄의 정욕이 우리 지체 중에 역사하여 우리로 사망을 위하여 열매를 맺게 하였더니 ⁷⁻⁸그런즉 우리가 무슨 말을 하리요 율법이 죄냐 그럴 수 없느니라 율법으로 말미암지 않고는 내가 죄를 알지 못하였으니 곧 율법이 탐내지 말라 하지 아니하였더라면 내가 탐심을 알지 못하였으리라 그러나 죄가 기회를 타서 계명으로 말미암아 내 속에서 온갖 탐심을 이루었나니 이는 율법이 없으면 죄가 죽은 것임이라 ²⁵우리 주 예수 그리스도로 말미암아 하나님께 감사하리로다 그런즉 내 자신이 마음으로는 하나님의 법을 육신으로는 죄의 법을 섬기노라

갈 5:17 육체의 소욕은 성령을 거스르고 성령은 육체를 거스르나니 이 둘이 서로 대적함으로 너희가 원하는 것을 하지 못하게 하려 함이니라

13)

요일 3:4 죄를 짓는 자마다 불법을 행하나니 죄는 불법이라

14)

롬 2:15 (이런 이들은 그 양심이 증거가 되어 그 생각들이 서로 혹은 고발하며 혹은 변명하여 그 마음에 새긴 율법의 행위를 나타내느니라)

롬 3:9, 19 ⁹그러면 어떠하냐 우리는 나으냐 결코 아니라 유대인이나 헬라인이나 다 죄 아래에 있다고 우리가 이미 선언하였느니라 ¹⁹우리가 알거니와 무릇 율법이 말하

는 바는 율법 아래에 있는 자들에게 말하는 것이니 이는 모든 입을 막고 온 세상으로 하나님의 심판 아래에 있게 하려 함이라

15)
엡 2:3 전에는 우리도 다 그 가운데서 우리 육체의 욕심을 따라 지내며 육체와 마음의 원하는 것을 하여 다른 이들과 같이 본질상 진노의 자녀이었더니

16)
갈 3:10 무릇 율법 행위에 속한 자들은 저주 아래에 있나니 기록된 바 누구든지 율법 책에 기록된 대로 모든 일을 항상 행하지 아니하는 자는 저주 아래에 있는 자라 하였음이라

17)
롬 6:23 죄의 삯은 사망이요 하나님의 은사는 그리스도 예수 우리 주 안에 있는 영생이니라

18)
엡 4:18 그들의 총명이 어두워지고 그들 가운데 있는 무지함과 그들의 마음이 굳어짐으로 말미암아 하나님의 생명에서 떠나 있도다

19)
롬 8:20 피조물이 허무한 데 굴복하는 것은 자기 뜻이 아니요 오직 굴복하게 하시는 이로 말미암음이라

애 3:39 살아 있는 사람은 자기 죄들 때문에 벌을 받나니 어찌 원망하랴

20)
마 25:41 또 왼편에 있는 자들에게 이르시되 저주를 받은 자들아 나를 떠나 마귀와 그 사자들을 위하여 예비된 영원한 불에 들어가라

살후 1:9 이런 자들은 주의 얼굴과 그의 힘의 영광을 떠나 영원한 멸망의 형벌을 받으리로다

더 깊은 공부와 나눔을 위한 질문

1. 사람은 하나님께 창조 받은 처음 상태에 그대로 있었습니까? (6장 1항; 대교리문답 20-21문답)

2. 온 인류가 아담이 처음 죄를 지을 때 타락했습니까? 아담의 타락은 인류를 어떤 상태에 이르게 했습니까? (6장 2-3항, 5-6항; 대교리문답 22-23문답, 27-29문답)

3. 원죄와 본죄(자범죄)를 비교하여 설명해 봅시다. (6장 4항; 대교리문답 25문답)

4. 죄는 무엇입니까? (대교리문답 24문답)

5. 원죄를 부정할 때 생기는 어려움과 비참은 무엇입니까? "도르트 신조", 특히 "셋째/넷째 교리"를 읽고 묵상해 봅시다.

6. 죄인이 처한 끔찍하고도 비참한 상태를 생각하며 하나님께 은혜를 구합시다. 또 감사하고 찬양합시다.

하나님께서 깨닫게 해 주신 것과 베풀어 주신 은혜를 생각하며 감사합시다. 또 깨달아 배우고 확신한 일에 거할 수 있게 해 달라고 기도합시다.

7장

사람과 맺으신 하나님의 언약
Of God's Covenant with Man

1항

하나님과 피조물 사이의 거리가 너무도 크기 때문에 이성적 피조물이 자기들을 지으신 창조주 하나님께 마땅히 순종한다고 해도 하나님을 그들이 받을 복과 보상으로 누릴 수 없다. 다만 하나님께서 스스로 자신을 낮추실 때 이것이 가능한데, 하나님께서는 이를 언약으로 나타내기를 기뻐하셨다.[1]

1) 사 40:13-17; 욥 9:32-33; 삼상 2:25; 시 113:5-6; 시 100:2-3; 욥 22:2-3; 욥 35:7-8; 눅 17:10; 행 17:24-25.

2항

하나님께서 사람과 맺으신 첫 번째 언약은 행위 언약인데,[2] 완전하고 인격적인 순종을 조건으로[4] 아담과 그의 후손에게 생명을 약속하셨다.[3]

2) 갈 3:12 3) 롬 10:5; 롬 5:12-20 4) 창 2:17; 갈 3:10.

3항

사람이 타락함으로써 행위 언약을 통해 주어지는 생명을 얻을 수 없게 되자, 주께서는 흔히 은혜 언약이라고 하는 두 번째 언약 맺기를 기뻐하셨다.[5] 이 은혜 언약을 통해 하나님께서는 예수 그리스도로 말미암은 생명과 구원을 죄인들에게 값없이 베

The distance between God and the creature is so great, that although reasonable creatures do owe obedience unto Him as their Creator, yet they could never have any fruition of Him as their blessedness and reward, but by some voluntary condescension on God's part, which He hath been pleased to express by way of covenant.[1]

The first covenant made with man was a covenant of works,[2] wherein life was promised to Adam, and in him to his posterity,[3] upon condition of perfect and personal obedience.[4]

Man by his fall having made himself incapable of life by that covenant, the Lord was pleased to make a second,[5] commonly called the covenant of grace; wherein He freely offereth unto sinners life and salvation by Jesus Christ, requiring of them faith in Him that they may be saved,[6] and promising to give

푸시고, 구원을 받을 수 있도록 그리스도를 믿으라고 요구하시며,[6] 생명을 받도록 예정된 모든 사람에게 성령님을 보내셔서 그들이 간절히 믿고자 하며, 또 믿을 수 있게 하겠다고 약속하셨다.[7]

5) 갈 3:21; 롬 8:3; 롬 3:20-21; 창 3:15; 사 42:6 6) 막 16:15-16; 요 3:16; 롬 10:6, 9; 갈 3:11 7) 겔 36:26-27; 요 6:44-45.

4항

이 은혜 언약은 유언을 남기신 예수 그리스도의 죽음과, 영원한 기업과, 유언에 따라 상속받는 이 기업에 속한 모든 것과 관련하여 성경에서 유언이라는 이름으로 자주 나타난다.[8]

8) 히 9:15-17; 히 7:22; 눅 22:20; 고전 11:25.

5항

이 언약은 율법 시대와 복음 시대에 다르게 시행되었다.[9] 율법 시대에는 약속들, 예언들, 제사들, 할례, 유월절 어린 양을 비롯해 유대인들에게 주어진 다른 여러 예표와 의식들로 시행되었다. 이 모든 것은 오실 그리스도를 미리 보여주는 것으로,[10] 율법 시대의 택함 받은 사람들이 성령님의 일하심을 통해 약속된 메시아를 믿도록 가르치고 세우기에 충

unto all those that are ordained unto life His Holy Spirit, to make them willing and able to believe.[7]

This covenant of grace is frequently set forth in Scripture by the name of a Testament, in reference to the death of Jesus Christ the Testator, and to the everlasting inheritance, with all things belonging to it, therein bequeathed.[8]

This covenant was differently administered in the time of the law, and in the time of the gospel:[9] under the law, it was administered by promises, prophecies, sacrifices, circumcision, the paschal lamb, and other types and ordinances delivered to the people of the Jews, all fore-signifying Christ to come:[10] which were, for that time, sufficient and efficacious, through the operation of the Spirit, to instruct and build up the elect in faith in the promised Messiah,[11] by whom

분하고 효과적이었다.[11] 메시아로 말미암아 택함 받은 사람들은 완전한 죄 사함과 영원한 구원을 받았는데, 이것을 옛 언약이라고 일컫는다.[12]

9) 고후 3:6-9 10) 히 8-10; 롬 4:11; 골 2:11-12; 고전 5:7
11) 고전 10:1-4; 히 11:13; 요 8:56 12) 갈 3:7-9, 14.

6항

율법 시대에 시행된 언약의 의식들이, 실체이신 그리스도께서[13] 나타나신 복음 시대에는 말씀을 전파하는 일, 그리고 성례인 세례와 성찬을 집행하는 것으로 시행됐다.[14] 이 의식들은 수도 줄고, 더 단순하며, 겉보기에 화려함도 덜하지만, 유대인과 이방인을 포함한 모든 민족에게[16] 더 충만하고 분명하게, 영적으로도 효과적으로 베풀어진다.[15] 이것을 새 언약이라고 일컫는다.[17] 따라서 실체가 다른 두 은혜 언약이 있는 것이 아니라 하나의 동일한 언약이 다양하게 시행되는 것이다.[18]

13) 골 2:17 14) 마 28:19-20; 고전 11:23-25 15) 히 12:22-28; 렘 31:33-34 16) 마 28:19; 엡 2:15-19 17) 눅 22:20 18) 갈 3:14, 16; 롬 3:21-23, 30; 시 32:1; 롬 4:3, 6, 16-17, 23-24; 히 13:8; 행 15:11.

they had full remission of sins, and eternal salvation; and is called, the Old Testament.[12]

Under the gospel, when Christ, the substance,[13] was exhibited, the ordinances in which this covenant is dispensed are the preaching of the Word, and the administration of the sacraments of Baptism and the Lord's Supper:[14] which, though fewer in number, and administered with more simplicity, and less outward glory; yet, in them, it is held forth in more fulness, evidence, and spiritual efficacy,[15] to all nations, both Jews and Gentiles;[16] and is called the New Testament.[17] There are not therefore two covenants of grace, differing in substance, but one and the same, under various dispensations.[18]

증거구절

1)

사 40:13-17 누가 여호와의 영을 지도하였으며 그의 모사가 되어 그를 가르쳤으랴 그가 누구와 더불어 의논하셨으며 누가 그를 교훈하였으며 그에게 정의의 길로 가르쳤으며 지식을 가르쳤으며 통달의 도를 보여 주었느냐 보라 그에게는 열방이 통의 한 방울 물과 같고 저울의 작은 티끌 같으며 섬들은 떠오르는 먼지 같으리니 레바논은 땔감에도 부족하겠고 그 짐승들은 번제에도 부족할 것이라 그의 앞에는 모든 열방이 아무것도 아니라 그는 그들을 없는 것 같이, 빈 것 같이 여기시느니라

욥 9:32-33 하나님은 나처럼 사람이 아니신즉 내가 그에게 대답할 수 없으며 함께 들어가 재판을 할 수도 없고 우리 사이에 손을 얹을 판결자도 없구나

삼상 2:25 사람이 사람에게 범죄하면 하나님이 심판하시려니와 만일 사람이 여호와께 범죄하면 누가 그를 위하여 간구하겠느냐 하되 그들이 자기 아버지의 말을 듣지 아니하였으니 이는 여호와께서 그들을 죽이기로 뜻하셨음이더라

시 113:5-6 여호와 우리 하나님과 같은 이가 누구리요 높은 곳에 앉으셨으나 스스로 낮추사 천지를 살피시고

시 100:2-3 기쁨으로 여호와를 섬기며 노래하면서 그의 앞에 나아갈지어다 여호와가 우리 하나님이신 줄 너희는 알지어다 그는 우리를 지으신 이요 우리는 그의 것이니 그의 백성이요 그의 기르시는 양이로다

욥 22:2-3 사람이 어찌 하나님께 유익하게 하겠느냐 지혜로운 자도 자기에게 유익할 따름이니라 네가 의로운들 전능자에게 무슨 기쁨이 있겠으며 네 행위가 온전한들 그에게 무슨 이익이 되겠느냐

욥 35:7-8 그대가 의로운들 하나님께 무엇을 드리겠으며 그가 그대의 손에서 무엇을 받으시겠느냐 그대의 악은 그대와 같은 사람에게나 있는 것이요 그대의 공의는 어떤 인생에게도 있느니라

눅 17:10 이와 같이 너희도 명령 받은 것을 다 행한 후에 이르기를 우리는 무익한 종이라 우리가 하여야 할 일을 한 것뿐이라 할지니라

행 17:24-25 우주와 그 가운데 있는 만물을 지으신 하나님께서는 천지의 주재시니 손으로 지은 전에 계시지 아니하시고 또 무엇이 부족한 것처럼 사람의 손으로 섬김을 받으시는 것이 아니니 이는 만민에게 생명과 호흡과 만물을 친히 주시는 이심이라

2)

갈 3:12 율법은 믿음에서 난 것이 아니니 율법을 행하는 자는 그 가운데서 살리라 하였느니라

3)

롬 10:5 모세가 기록하되 율법으로 말미암는 의를 행하는 사람은 그 의로 살리라 하였거니와

롬 5:12-20 그러므로 한 사람으로 말미암아 죄가 세상에 들어오고 죄로 말미암아 사망이 들어왔나니 이와 같이 모든 사람이 죄를 지었으므로 사망이 모든 사람에게 이르렀느니라 죄가 율법 있기 전에도 세상에 있었으나 율법이 없었을 때에는 죄를 죄로 여기지 아니하였느니라 그러나 아담으로부터 모세까지 아담의 범죄와 같은 죄를 짓지 아니한 자들까지도 사망이 왕 노릇 하였나니 아담은 오실 자의 모형이라 그러나 이 은사는 그 범죄와 같지 아니하니 곧 한 사람의 범죄를 인하여 많은 사람이 죽었은즉 더욱 하나님의 은혜와 또한 한 사람 예수 그리스도의 은혜로 말미암은 선물은 많은 사람에게 넘쳤느니라 또 이 선물은 범죄한 한 사람으로 말미암은 것과 같지 아니하니 심판은 한 사람으로 말미암아 정죄에 이르렀으나 은사는 많은 범죄로 말미암아 의롭다 하심에 이름이라 한 사람의 범죄로 말미암아 사망이 그 한 사람을 통하여 왕 노릇 하였은즉 더욱 은혜와 의의 선물을 넘치게 받는 자들은 한 분 예수 그리스도를 통하여 생명 안에서 왕 노릇 하리로다 그런즉 한 범죄로 많은 사람이 정죄에 이른 것 같이 한 의로운 행위로 말미암아 많은 사람이 의롭다 하심을 받아 생명에 이르렀느니라 한 사람이 순종하지 아니함으로 많은 사람이 죄인 된 것 같이 한 사람이 순종하심으로 많은 사람이 의인이 되리라 율법이 들어온 것은 범죄를 더하게 하려 함이라 그러나 죄가 더한 곳에 은혜가 더욱 넘쳤나니

4)

창 2:17 선악을 알게 하는 나무의 열매는 먹지 말라 네가 먹는 날에는 반드시 죽으리라 하시니라

갈 3:10 무릇 율법 행위에 속한 자들은 저주 아래에 있나니 기록된 바 누구든지 율법 책에 기록된 대로 모든 일을 항상 행하지 아니하는 자는 저주 아래에 있는 자라 하였음이라

5)

갈 3:21 그러면 율법이 하나님의 약속들과 반대되는 것이냐 결코 그럴 수 없느니라 만일 능히 살게 하는 율법을 주셨더라면 의가 반드시 율법으로 말미암았으리라

롬 8:3 율법이 육신으로 말미암아 연약하여 할 수 없는 그것을 하나님은 하시나니 곧 죄로 말미암아 자기 아들을 죄 있는 육신의 모양으로 보내어 육신에 죄를 정하사

롬 3:20-21 그러므로 율법의 행위로 그의 앞에 의롭다 하심을 얻을 육체가 없나니 율법으로는 죄를 깨달음이니라 이제는 율법 외에 하나님의 한 의가 나타났으니 율법과 선지자들에게 증거를 받은 것이라

창 3:15 내가 너로 여자와 원수가 되게 하고 네 후손도 여자의 후손과 원수가 되게 하리니 여자의 후손은 네 머

리를 상하게 할 것이요 너는 그의 발꿈치를 상하게 할 것이니라 하시고

사 42:6 나 여호와가 의로 너를 불렀은즉 내가 네 손을 잡아 너를 보호하며 너를 세워 백성의 언약과 이방의 빛이 되게 하리니

6)

막 16:15–16 또 이르시되 너희는 온 천하에 다니며 만민에게 복음을 전파하라 믿고 세례를 받는 사람은 구원을 얻을 것이요 믿지 않는 사람은 정죄를 받으리라

요 3:16 하나님이 세상을 이처럼 사랑하사 독생자를 주셨으니 이는 그를 믿는 자마다 멸망하지 않고 영생을 얻게 하려 하심이라

롬 10:6, 9 ⁶믿음으로 말미암는 의는 이같이 말하되 네 마음에 누가 하늘에 올라가겠느냐 하지 말라 하니 올라가겠느냐 함은 그리스도를 모셔 내리려는 것이요 ⁹네가 만일 네 입으로 예수를 주로 시인하며 또 하나님께서 그를 죽은 자 가운데서 살리신 것을 네 마음에 믿으면 구원을 받으리라

갈 3:11 또 하나님 앞에서 아무도 율법으로 말미암아 의롭게 되지 못할 것이 분명하니 이는 의인은 믿음으로 살리라 하였음이라

7)

겔 36:26–27 또 새 영을 너희 속에 두고 새 마음을 너희에게 주되 너희 육신에서 굳은 마음을 제거하고 부드러운 마음을 줄 것이며 또 내 영을 너희 속에 두어 너희로 내 율례를 행하게 하리니 너희가 내 규례를 지켜 행할지라

요 6:44–45 나를 보내신 아버지께서 이끌지 아니하시면 아무도 내게 올 수 없으니 오는 그를 내가 마지막 날에 다시 살리리라 선지자의 글에 그들이 다 하나님의 가르치심을 받으리라 기록되었은즉 아버지께 듣고 배운 사람마다 내게로 오느니라

8)

히 9:15–17 이로 말미암아 그는 새 언약의 중보자시니 이는 첫 언약 때에 범한 죄에서 속량하려고 죽으사 부르심을 입은 자로 하여금 영원한 기업의 약속을 얻게 하려 하심이라 유언은 유언한 자가 죽어야 되나니 유언은 그 사람이 죽은 후에야 유효한즉 유언한 자가 살아 있는 동안에는 효력이 없느니라

히 7:22 이와 같이 예수는 더 좋은 언약의 보증이 되셨느니라

눅 22:20 저녁 먹은 후에 잔도 그와 같이 하여 이르시되 이 잔은 내 피로 세우는 새 언약이니 곧 너희를 위하여 붓는 것이라

고전 11:25 식후에 또한 그와 같이 잔을 가지시고 이르시되 이 잔은 내 피로 세운 새 언약이니 이것을 행하여 마실 때마다 나를 기념하라 하셨으니

9)

고후 3:6–9 그가 또한 우리를 새 언약의 일꾼 되기에 만족하게 하셨으니 율법 조문으로 하지 아니하고 오직 영으로 함이니 율법 조문은 죽이는 것이요 영은 살리는 것이니라 돌에 써서 새긴 죽게 하는 율법 조문의 직분도 영광이 있어 이스라엘 자손들은 모세의 얼굴의 없어질 영광 때문에도 그 얼굴을 주목하지 못하였거든 하물며 영의 직분은 더욱 영광이 있지 아니하겠느냐 정죄의 직분도 영광이 있은즉 의의 직분은 영광이 더욱 넘치리라

10)

히 8–10 지금 우리가 하는 말의 요점은 이러한 대제사장이 우리에게 있다는 것이라 그는 하늘에서 지극히 크신 이의 보좌 우편에 앉으셨으니 성소와 참 장막에서 섬기는 이시라 이 장막은 주께서 세우신 것이요 사람이 세운 것이 아니니라 대제사장마다 예물과 제사 드림을 위하여 세운 자니 그러므로 그도 무엇인가 드릴 것이 있어야 할지니라 예수께서 만일 땅에 계셨더라면 제사장이 되지 아니하셨을 것이니 이는 율법을 따라 예물을 드리는 제사장이 있음이라 그들이 섬기는 것은 하늘에 있는 것의 모형과 그림자라 모세가 장막을 지으려 할 때에 지시하심을 얻음과 같으니 이르시되 삼가 모든 것을 산에서 네게 보이던 본을 따라 지으라 하셨느니라 그러나 이제 그는 더 아름다운 직분을 얻으셨으니 그는 더 좋은 약속으로 세우신 더 좋은 언약의 중보자시라 저 첫 언약이 무흠하였더라면 둘째 것을 요구할 일이 없었으려니와 그들의 잘못을 지적하여 말씀하시되 주께서 이르시되 볼지어다 날이 이르리니 내가 이스라엘 집과 유다 집과 더불어 새 언약을 맺으리라 또 주께서 이르시기를 이 언약은 내가 그들의 열조의 손을 잡고 애굽 땅에서 인도하여 내던 날에 그들과 맺은 언약과 같지 아니하도다 그들은 내 언약 안에 머물러 있지 아니하므로 내가 그들을 돌보지 아니하였노라 또 주께서 이르시되 그 날 후에 내가 이스라엘 집과 맺을 언약은 이것이니 내 법을 그들의 생각에 두고 그들의 마음에 이것을 기록하리라 나는 그들에게 하나님이 되고 그들은 내게 백성이 되리라 또 각각 자기 나라 사람과 각각 자기 형제를 가르쳐 이르기를 주를 알라 하지 아니할 것은 그들이 작은 자로부터 큰 자까지 다 나를 앎이라 내가 그들의 불의를 긍휼히 여기고 그들의 죄를 다시 기억하지 아니하리라 하셨느니라 새 언약이라 말씀하셨으매 첫 것은 낡아지게 하신 것이니 낡아지고 쇠하는 것은 없어져 가는 것이니라

첫 언약에도 섬기는 예법과 세상에 속한 성소가 있더라 예비한 첫 장막이 있고 그 안에 등잔대와 상과 진설병이 있으니 이는 성소라 일컫고 또 둘째 휘장 뒤에 있는 장막을 지성소라 일컫나니 금 향로와 사면을 금으로 싼 언약궤가 있고 그 안에 만나를 담은 금 항아리와 아론의 싹난 지팡이와 언약의 돌판들이 있고 그 위에 속죄소를 덮는 영광의 그룹들이 있으니 이것들에 관하여

는 이제 낱낱이 말할 수 없노라 이 모든 것을 이같이 예비하였으니 제사장들이 항상 첫 장막에 들어가 섬기는 예식을 행하고 오직 둘째 장막은 대제사장이 홀로 일 년에 한 번 들어가되 자기와 백성의 허물을 위하여 드리는 피 없이는 아니하나니 성령이 이로써 보이신 것은 첫 장막이 서 있을 동안에는 성소에 들어가는 길이 아직 나타나지 아니한 것이라 이 장막은 현재까지의 비유니 이에 따라 드리는 예물과 제사는 섬기는 자를 그 양심상 온전하게 할 수 없나니 이런 것은 먹고 마시는 것과 여러 가지 씻는 것과 함께 육체의 예법일 뿐이며 개혁할 때까지 맡겨 둔 것이니라 그리스도께서는 장래 좋은 일의 대제사장으로 오사 손으로 짓지 아니한 것 곧 이 창조에 속하지 아니한 더 크고 온전한 장막으로 말미암아 염소와 송아지의 피로 하지 아니하고 오직 자기의 피로 영원한 속죄를 이루사 단번에 성소에 들어가셨느니라 염소와 황소의 피와 및 암송아지의 재를 부정한 자에게 뿌려 그 육체를 정결하게 하여 거룩하게 하거든 하물며 영원하신 성령으로 말미암아 흠 없는 자기를 하나님께 드린 그리스도의 피가 어찌 너희 양심을 죽은 행실에서 깨끗하게 하고 살아 계신 하나님을 섬기게 하지 못하겠느냐 이로 말미암아 그는 새 언약의 중보자시니 이는 첫 언약 때에 범한 죄에서 속량하려고 죽으사 부르심을 입은 자로 하여금 영원한 기업의 약속을 얻게 하려 함이라 유언은 유언한 자가 죽어야 되나니 유언은 그 사람이 죽은 후에야 유효한즉 유언한 자가 살아 있는 동안에는 효력이 없느니라 이러므로 첫 언약도 피 없이 세운 것이 아니니 모세가 율법대로 모든 계명을 온 백성에게 말한 후에 송아지와 염소의 피 및 물과 붉은 양털과 우슬초를 취하여 그 두루마리와 온 백성에게 뿌리며 이르되 이는 하나님이 너희에게 명하신 언약의 피라 하고 또한 이와 같이 피를 장막과 섬기는 일에 쓰는 모든 그릇에 뿌렸느니라 율법을 따라 거의 모든 물건이 피로써 정결하게 되나니 피흘림이 없은즉 사함이 없느니라 그러므로 하늘에 있는 것들의 모형은 이런 것들로써 정결하게 할 필요가 있었으나 하늘에 있는 그것들은 이런 것들보다 더 좋은 제물로 할지니라 그리스도께서는 참 것의 그림자인 손으로 만든 성소에 들어가지 아니하시고 바로 그 하늘에 들어가사 이제 우리를 위하여 하나님 앞에 나타나시고 대제사장이 해마다 다른 것의 피로써 성소에 들어가는 것 같이 자주 자기를 드리려고 아니하실지니 그리하면 그가 세상을 창조한 때부터 자주 고난을 받았어야 할 것이로되 이제 자기를 단번에 제물로 드려 죄를 없이 하시려고 세상 끝에 나타나셨느니라 한번 죽는 것은 사람에게 정해진 것이요 그 후에는 심판이 있으리니 이와 같이 그리스도도 많은 사람의 죄를 담당하시려고 단번에 드리신 바 되셨고 구원에 이르게 하기 위하여 죄와 상관 없이 자기를 바라는 자들에게 두 번째 나타나시리라
율법은 장차 올 좋은 일의 그림자일 뿐이요 참 형상이 아니므로 해마다 늘 드리는 같은 제사로는 나아오는 자들을 언제나 온전하게 할 수 없느니라 그렇지 아니하면 섬기는 자들이 단번에 정결하게 되어 다시 죄를 깨닫는

일이 없으리니 어찌 제사 드리는 일을 그치지 아니하였으리요 그러나 이 제사들에는 해마다 죄를 기억하게 하는 것이 있나니 이는 황소와 염소의 피가 능히 죄를 없이 하지 못함이라 그러므로 주께서 세상에 임하실 때에 이르시되 하나님이 제사와 예물을 원하지 아니하시고 오직 나를 위하여 한 몸을 예비하셨도다 번제와 속죄제는 기뻐하지 아니하시나니 이에 내가 말하기를 하나님이여 보시옵소서 두루마리 책에 나를 가리켜 기록된 것과 같이 하나님의 뜻을 행하러 왔나이다 하셨느니라 위에 말씀하시기를 주께서는 제사와 예물과 번제와 속죄제는 원하지도 아니하고 기뻐하지도 아니하신다 하셨고 (이는 다 율법을 따라 드리는 것이라) 그 후에 말씀하시기를 보시옵소서 내가 하나님의 뜻을 행하러 왔나이다 하셨으니 그 첫째 것을 폐하심은 둘째 것을 세우려 하심이라 이 뜻을 따라 예수 그리스도의 몸을 단번에 드리심으로 말미암아 우리가 거룩함을 얻었노라 제사장마다 매일 서서 섬기며 자주 같은 제사를 드리되 이 제사는 언제나 죄를 없게 하지 못하거니와 오직 그리스도는 죄를 위하여 한 영원한 제사를 드리시고 하나님 우편에 앉으사 그 후에 자기 원수들을 자기 발등상이 되게 하실 때까지 기다리시나니 그가 거룩하게 된 자들을 한 번의 제사로 영원히 온전하게 하셨느니라 또한 성령이 우리에게 증언하시되 주께서 이르시되 그 날 후로는 그들과 맺을 언약이 이것이라 하시고 내 법을 그들의 마음에 두고 그들의 생각에 기록하리라 하신 후에 또 그들의 죄와 그들의 불법을 내가 다시 기억하지 아니하리라 하셨으니 이것들을 사하셨은즉 다시 죄를 위하여 제사 드릴 것이 없느니라 그러므로 형제들아 우리가 예수의 피를 힘입어 성소에 들어갈 담력을 얻었나니 그 길은 우리를 위하여 휘장 가운데로 열어 놓으신 새로운 살 길이요 휘장은 곧 그의 육체니라 또 하나님의 집 다스리는 큰 제사장이 계시매 우리가 마음에 뿌림을 받아 악한 양심으로부터 벗어나고 몸은 맑은 물로 씻음을 받았으니 참 마음과 온전한 믿음으로 하나님께 나아가자 또 약속하신 이는 미쁘시니 우리가 믿는 도리의 소망을 움직이지 말며 굳게 잡고 서로 돌아보아 사랑과 선행을 격려하며 모이기를 폐하는 어떤 사람들의 습관과 같이 하지 말고 오직 권하여 그 날이 가까움을 볼수록 더욱 그리하자 우리가 진리를 아는 지식을 받은 후 짐짓 죄를 범한즉 다시 속죄하는 제사가 없고 오직 무서운 마음으로 심판을 기다리는 것과 대적하는 자를 태울 맹렬한 불만 있으리라 모세의 법을 폐한 자도 두세 증인으로 말미암아 불쌍히 여김을 받지 못하고 죽었거든 하물며 하나님의 아들을 짓밟고 자기를 거룩하게 한 언약의 피를 부정한 것으로 여기고 은혜의 성령을 욕되게 하는 자가 당연히 받을 형벌은 얼마나 더 무겁겠느냐 너희는 생각하라 원수 갚는 것이 내게 있으니 내가 갚으리라 하시고 또 다시 주께서 그의 백성을 심판하리라 말씀하신 것을 우리가 아노니 살아 계신 하나님의 손에 빠져 들어가는 것이 무서울진저 전날에 너희가 빛을 받은 후에 고난의 큰 싸움을 견디어 낸 것을 생각하라 혹은 비방과 환난으로써 사람에게 구경거리가

되고 혹은 이런 형편에 있는 자들과 사귀는 자가 되었으니 너희가 갇힌 자를 동정하고 너희 소유를 빼앗기는 것도 기쁘게 당한 것은 더 낫고 영구한 소유가 있는 줄 앎이라 그러므로 너희 담대함을 버리지 말라 이것이 큰 상을 얻게 하느니라 너희에게 인내가 필요함은 너희가 하나님의 뜻을 행한 후에 약속하신 것을 받기 위함이라 잠시 잠깐 후면 오실 이가 오시리니 지체하지 아니하시리라 나의 의인은 믿음으로 말미암아 살리라 또한 뒤로 물러가면 내 마음이 그를 기뻐하지 아니하리라 하셨느니라 우리는 뒤로 물러가 멸망할 자가 아니요 오직 영혼을 구원함에 이르는 믿음을 가진 자니라

롬 4:11 그가 할례의 표를 받은 것은 무할례시에 믿음으로 된 의를 인친 것이니 이는 무할례자로서 믿는 모든 자의 조상이 되어 그들도 의로 여기심을 얻게 하려 하심이라

골 2:11–12 또 그 안에서 너희가 손으로 하지 아니한 할례를 받았으니 곧 육의 몸을 벗는 것이요 그리스도의 할례니라 너희가 세례로 그리스도와 함께 장사되고 또 죽은 자들 가운데서 그를 일으키신 하나님의 역사를 믿음으로 말미암아 그 안에서 함께 일으키심을 받았느니라

고전 5:7 너희는 누룩 없는 자인데 새 덩어리가 되기 위하여 묵은 누룩을 내버리라 우리의 유월절 양 곧 그리스도께서 희생되셨느니라

11)

고전 10:1–4 형제들아 나는 너희가 알지 못하기를 원하지 아니하노니 우리 조상들이 다 구름 아래에 있고 바다 가운데로 지나며 모세에게 속하여 다 구름과 바다에서 세례를 받고 다 같은 신령한 음식을 먹으며 다 같은 신령한 음료를 마셨으니 이는 그들을 따르는 신령한 반석으로부터 마셨으매 그 반석은 곧 그리스도시라

히 11:13 이 사람들은 다 믿음을 따라 죽었으며 약속을 받지 못하였으되 그것들을 멀리서 보고 환영하며 또 땅에서는 외국인과 나그네임을 증언하였으니

요 8:56 너희 조상 아브라함은 나의 때 볼 것을 즐거워하다가 보고 기뻐하였느니라

12)

갈 3:7–9, 14 [7–9]그런즉 믿음으로 말미암은 자들은 아브라함의 자손인 줄 알지어다 또 하나님이 이방을 믿음으로 말미암아 의로 정하실 것을 성경이 미리 알고 먼저 아브라함에게 복음을 전하되 모든 이방인이 너로 말미암아 복을 받으리라 하였느니라 그러므로 믿음으로 말미암은 자는 믿음이 있는 아브라함과 함께 복을 받느니라 [14]이는 그리스도 예수 안에서 아브라함의 복이 이방인에게 미치게 하고 또 우리로 하여금 믿음으로 말미암아 성령의 약속을 받게 하려 함이라

13)

골 2:17 이것들은 장래 일의 그림자이나 몸은 그리스도의 것이니라

14)

마 28:19–20 그러므로 너희는 가서 모든 민족을 제자로 삼아 아버지와 아들과 성령의 이름으로 세례를 베풀고 내가 너희에게 분부한 모든 것을 가르쳐 지키게 하라 볼지어다 내가 세상 끝날까지 너희와 항상 함께 있으리라 하시니라

고전 11:23–25 내가 너희에게 전한 것은 주께 받은 것이니 곧 주 예수께서 잡히시던 밤에 떡을 가지사 축사하시고 떼어 이르시되 이것은 너희를 위하는 내 몸이니 이것을 행하여 나를 기념하라 하시고 식후에 또한 그와 같이 잔을 가지시고 이르시되 이 잔은 내 피로 세운 새 언약이니 이것을 행하여 마실 때마다 나를 기념하라 하셨으니

15)

히 12:22–28 그러나 너희가 이른 곳은 시온 산과 살아 계신 하나님의 도성인 하늘의 예루살렘과 천만 천사와 하늘에 기록된 장자들의 모임과 교회와 만민의 심판자이신 하나님과 및 온전하게 된 의인의 영들과 새 언약의 중보자이신 예수와 및 아벨의 피보다 더 나은 것을 말하는 뿌린 피니라 너희는 삼가 말씀하신 이를 거역하지 말라 땅에서 경고하신 이를 거역한 그들이 피하지 못하였거든 하물며 하늘로부터 경고하신 이를 배반하는 우리일까보냐 그 때에는 그 소리가 땅을 진동하였거니와 이제는 약속하여 이르시되 내가 또 한 번 땅만 아니라 하늘도 진동하리라 하셨느니라 이 또 한 번이라 하심은 진동하지 아니하는 것을 영존하게 하기 위하여 진동할 것들 곧 만드신 것들이 변동될 것을 나타내심이라 그러므로 우리가 흔들리지 않는 나라를 받았은즉 은혜를 받자 이로 말미암아 경건함과 두려움으로 하나님을 기쁘시게 섬길지니

렘 31:33–34 그러나 그 날 후에 내가 이스라엘 집과 맺을 언약은 이러하니 곧 내가 나의 법을 그들의 속에 두며 그들의 마음에 기록하여 나는 그들의 하나님이 되고 그들은 내 백성이 될 것이라 여호와의 말씀이니라 그들이 다시는 각기 이웃과 형제를 가리켜 이르기를 너는 여호와를 알라 하지 아니하리니 이는 작은 자로부터 큰 자까지 다 나를 알기 때문이라 내가 그들의 악행을 사하고 다시는 그 죄를 기억하지 아니하리라 여호와의 말씀이니라

16)

마 28:19 그러므로 너희는 가서 모든 민족을 제자로 삼아 아버지와 아들과 성령의 이름으로 세례를 베풀고

엡 2:15–19 법조문으로 된 계명의 율법을 폐하셨으니 이는 이 둘로 자기 안에서 한 새 사람을 지어 화평하게 하시고 또 십자가로 이 둘을 한 몸으로 하나님과 화목하게 하려 하심이라 원수 된 것을 십자가로 소멸하시고 또 오셔서 먼 데 있는 너희에게 평안을 전하시고 가까운 데 있

는 자들에게 평안을 전하셨으니 이는 그로 말미암아 우리 둘이 한 성령 안에서 아버지께 나아감을 얻게 하려 하심이라 그러므로 이제부터 너희는 외인도 아니요 나그네도 아니요 오직 성도들과 동일한 시민이요 하나님의 권속이라

17)

눅 22:20 저녁 먹은 후에 잔도 그와 같이 하여 이르시되 이 잔은 내 피로 세우는 새 언약이니 곧 너희를 위하여 붓는 것이라

18)

갈 3:14, 16 [14]이는 그리스도 예수 안에서 아브라함의 복이 이방인에게 미치게 하고 또 우리로 하여금 믿음으로 말미암아 성령의 약속을 받게 하려 함이라 [16]이 약속들은 아브라함과 그 자손에게 말씀하신 것인데 여럿을 가리켜 그 자손들이라 하지 아니하시고 오직 한 사람을 가리켜 네 자손이라 하셨으니 곧 그리스도라

롬 3:21-23, 30 [21-23]이제는 율법 외에 하나님의 한 의가 나타났으니 율법과 선지자들에게 증거를 받은 것이라 곧 예수 그리스도를 믿음으로 말미암아 모든 믿는 자에게 미치는 하나님의 의니 차별이 없느니라 모든 사람이 죄를 범하였으매 하나님의 영광에 이르지 못하더니 [30]할례자도 믿음으로 말미암아 또한 무할례자도 믿음으로 말미암아 의롭다 하실 하나님은 한 분이시니라

시 32:1 허물의 사함을 받고 자신의 죄가 가려진 자는 복이 있도다

롬 4:3, 6, 16-17, 23-24 [3]성경이 무엇을 말하느냐 아브라함이 하나님을 믿으매 그것이 그에게 의로 여겨진 바 되었느니라 [6]일한 것이 없이 하나님께 의로 여기심을 받는 사람의 복에 대하여 다윗이 말한 바 [16-17]그러므로 상속자가 되는 그것이 은혜에 속하기 위하여 믿음으로 되나니 이는 그 약속을 그 모든 후손에게 굳게 하려 하심이라 율법에 속한 자에게뿐만 아니라 아브라함의 믿음에 속한 자에게도 그러하니 아브라함은 우리 모든 사람의 조상이라 기록된 바 내가 너를 많은 민족의 조상으로 세웠다 하심과 같으니 그가 믿은 바 하나님은 죽은 자를 살리시며 없는 것을 있는 것으로 부르시는 이시니라 [23-24]그에게 의로 여겨졌다 기록된 것은 아브라함만 위한 것이 아니요 의로 여기심을 받을 우리도 위함이니 곧 예수 우리 주를 죽은 자 가운데서 살리신 이를 믿는 자니라

히 13:8 예수 그리스도는 어제나 오늘이나 영원토록 동일하시니라

행 15:11 그러나 우리는 그들이 우리와 동일하게 주 예수의 은혜로 구원 받을 줄을 믿노라 하니라

더 깊은 공부와 나눔을 위한 질문

1. 하나님께서는 온 인류를 죄와 비참의 상태에서 멸망하도록 버려두셨습니까? (대교리문답 30문답)

2. 언약이란 무엇입니까? (7장 1항)

3. 행위 언약을 설명해 봅시다. (7장 2항)

4. 은혜 언약은 누구와 맺으신 것입니까? (7장 3항; 대교리문답 31문답)

5. 은혜 언약을 설명해 봅시다. (7장 3항; 대교리문답 32문답)

6. 은혜 언약은 성경에서 어떻게 나타납니까? (7장 4항)

7. 은혜 언약은 어떻게 시행됐습니까? (7장 5-6항; 대교리문답 33-35문답)

하나님께서 깨닫게 해 주신 것과 베풀어 주신 은혜를 생각하며 감사합시다. 또 깨달아 배우고 확신한 일에 거할 수 있게 해 달라고 기도합시다.

8장

중보자 그리스도
Of Christ the Mediator

1항

하나님께서는 당신이 세우신 영원한 목적에 따라, 당신의 독생자 주 예수님을 하나님과 사람 사이의 중보자로,[1] 선지자와,[2] 제사장과,[3] 왕으로,[4] 교회의 머리와 구주로,[5] 만유의 상속자와[6] 세상의 재판장으로 세우기를 기뻐하셨다.[7] 하나님께서는 영원 전에 한 백성을 그리스도의 후손이 되게 하시고,[8] 그리스도로 말미암아 그들이 구속함을 받고, 부르심 받으며, 의롭다 하심을 받고, 거룩해지며, 영화되게 하셨다.[9]

1) 사 42:1; 벧전 1:19-20; 요 3:16; 딤전 2:5 2) 행 3:22
3) 히 5:5-6 4) 시 2:6; 눅 1:33 5) 엡 5:23 6) 히 1:2 7) 행 17:31
8) 요 17:6; 시 22:30; 사 53:10 9) 딤전 2:6; 사 55:4-5; 고전 1:30.

2항

삼위 중 2위이신 성자께서는 참되시고 영원하신 하나님으로 성부와 본질이 같고 동등하시다. 성자 하나님께서는 때가 찼을 때 인성을 취하시되,[10] 인성이 지닌 본질적 속성과 사람이 지닌 일반적인 연약함까지 취하셨으나 죄는 없으시다.[11] 성자께서는 성령의 권능으로 동정녀 마리아의 형질을 가지고 그 복중에서 잉태되셨다.[12] 이에 따라 온전하고 완전하며 구별되는 두 본성, 곧 신성과 인성이 전환이나 혼합이나 혼동 없이 한 위 안에서 나뉠 수 없게

It pleased God, in His eternal purpose, to choose and ordain the Lord Jesus, His only begotten Son, to be the Mediator between God and man;[1] the Prophet,[2] Priest,[3] and King,[4] the Head and Saviour of His Church,[5] the Heir of all things,[6] and Judge of the world:[7] unto whom He did from all eternity give a people, to be His seed,[8] and to be by Him in time redeemed, called, justified, sanctified, and glorified.[9]

The Son of God, the second person in the Trinity, being very and eternal God, of one substance and equal with the Father, did, when the fulness of time was come, take upon Him man's nature,[10] with all the essential properties and common infirmities thereof, yet without sin:[11] being conceived by the power of the Holy Ghost, in the womb of the virgin Mary, of her substance.[12] So that two whole, perfect, and distinct natures, the Godhead and the manhood, were inseparably joined together in one person, without

결합되었다.[13] 이 위는 참 하나님이신 동시에 참 사람이시고, 그러면서도 한 분 그리스도시요, 하나님과 사람 사이의 유일한 중보자이시다.[14]

10) 요 1:1, 14; 요일 5:20; 빌 2:6; 갈 4:4 11) 히 2:14, 16-17; 히 4:15 12) 눅 1:27, 31, 35; 갈 4:4 13) 눅 1:35; 골 2:9; 롬 9:5; 벧전 3:18; 딤전 3:16 14) 롬 1:3-4; 딤전 2:5.

3항

신성과 결합된 인성 안에서 주 예수님께서는 한량없이 임하신 성령님으로 말미암아 거룩해지셨고 기름부음 받으셨으며,[15] 지혜와 지식의 모든 보화를 가지고 계셨다.[16] 성부께서는 이 모든 충만이 주 예수님 안에 거하게 하시기를 기뻐하셨다.[17] 이는 주 예수님께서 거룩하고 악이 없으며 더러움이 없고 은혜와 진리로 충만하셔서,[18] 중보자와 보증인의 직분을 수행하실 수 있도록 모든 것을 구비하시게 하기 위함이다.[19] 중보자와 보증인의 직분은 그리스도께서 스스로 취하신 것이 아니라, 그리스도의 손에 모든 권세와 심판하는 권한을 맡기시고 그 권세를 행사하고 심판하라고 명령하신 성부께로부터 이 직분으로 부르심 받으신 것이다.[20][21]

15) 시 45:7; 요 3:34 16) 골 2:3 17) 골 1:19 18) 히 7:26; 요 1:14 19) 행 10:38; 히 12:24; 히 7:22 20) 히 5:4-5 21) 요 5:22, 27; 마 28:18; 행 2:36.

conversion, composition, or confusion.[13] Which person is very God, and very man, yet one Christ, the only Mediator between God and man.[14]

The Lord Jesus, in His human nature thus united to the divine, was sanctified and anointed with the Holy Spirit, above measure,[15] having in Him all the treasures of wisdom and knowledge;[16] in whom it pleased the Father that all fulness should dwell;[17] to the end that, being holy, harmless, undefiled, and full of grace and truth,[18] He might be thoroughly furnished to execute the office of a mediator and surety.[19] Which office He took not unto Himself, but was thereunto called by His Father,[20] who put all power and judgment into His hand, and gave Him commandment to execute the same.[21]

4항

주 예수님께서는 이 직분을 매우 기쁘게 맡으셨는데,[22] 이 직분을 수행하시기 위해 율법 아래 나셨고,[23] 율법을 완전하게 이루셨다.[24] 주 예수님께서는 영혼으로는 지극히 비탄한 고뇌를 몸소 겪으시고,[25] 몸으로는 더없이 괴로운 고통을 견디셨으며,[26] 십자가에 못 박혀 죽으셨고,[27] 무덤에 묻히시어 죽음의 권세 아래 계셨으나 썩음을 당하지 않으셨으며,[28] 사흘 만에 고난 받으실 때의 그 몸으로 죽은 자 가운데서 다시 살아나셨고,[29][30] 또한 하늘에 오르사, 하나님 아버지 우편에 앉으셨으며,[31] 거기서 우리를 위해 간구하시고,[32] 세상 끝 날에 사람과 천사를 심판하기 위해 다시 오실 것이다.[33]

22) 시 40:7-8; 히 10:5-10; 요 10:18; 빌 2:8 23) 갈 4:4
24) 마 3:15; 마 5:17 25) 마 26:37-38; 눅 22:44; 마 27:46
26) 마 26-27 27) 빌 2:8 28) 행 2:23-24, 27; 행 13:37; 롬 6:9
29) 고전 15:3-4 30) 요 20:25, 27 31) 막 16:19 32) 롬 8:34;
히 9:24; 히 7:25 33) 롬 14:9-10; 행 1:11; 행 10:42; 마 13:40-42;
유 1:6; 벧후 2:4.

5항

주 예수님께서는 영원하신 성령님으로 말미암아 하나님께 자기 자신을 희생제물로 단번에 드리시고, 완전히 순종하심으로 성부 하나님의 공의를 완전히

This office the Lord Jesus did most willingly undertake;[22] which that He might discharge, He was made under the law,[23] and did perfectly fulfil it,[24] endured most grievous torments immediately in His soul,[25] and most painful sufferings in His body;[26] was crucified, and died;[27] was buried, and remained under the power of death; yet saw no corruption.[28] On the third day He arose from the dead,[29] with the same body in which He suffered,[30] with which also he ascended into heaven, and there sitteth at the right hand of His Father,[31] making intercession,[32] and shall return to judge men and angels at the end of the world.[33]

The Lord Jesus, by His perfect obedience, and sacrifice of Himself, which He, through the eternal Spirit, once offered up unto God, hath fully satisfied the justice of His Father;[34] and purchased, not only

만족시키셨고,³⁴⁾ 성부께서 주 예수님께 주신 모든 사람을 위해 화목뿐만 아니라 하늘나라의 영원한 기업도 사셨다.³⁵⁾

34) 롬 5:19; 히 9:14, 16; 히 10:14; 엡 5:2; 롬 3:25-26 35) 단 9:24, 26; 골 1:19-20; 엡 1:11, 14; 요 17:2; 히 9:12, 15.

6항

그리스도께서 성육신하시고 나서야 구속의 일이 실제로 이루어졌지만, 구속의 힘과 효과와 은택들은 약속과 예표와 희생제사를 통해, 또 약속과 예표와 희생제사 안에서 태초부터 모든 시대의 택함 받은 자들에게 계속해서 전해졌다. 이 약속과 예표와 희생제사를 통해서 그리스도께서는 뱀의 머리를 상하게 할 여자의 후손으로, 창세로부터 죽임을 당하신 어린 양으로, 그리고 어제나 오늘이나 영원토록 동일하신 분으로 계시되고 상징되셨다.³⁶⁾

36) 갈 4:4-5; 창 3:15; 계 13:8; 히 13:8.

7항

그리스도께서는 당신의 두 본성(신성과 인성)에 따라서, 각 본성에 고유한 일을 그 본성으로 행하시며 중보의 일을 하신다.³⁷⁾ 그러나 그리스도의 위격은

reconciliation, but an everlasting inheritance in the kingdom of heaven, for all those whom the Father hath given unto Him.[35]

Although the work of redemption was not actually wrought by Christ till after His incarnation, yet the virtue, efficacy, and benefits thereof were communicated unto the elect in all ages successively from the beginning of the world, in and by those promises, types, and sacrifices, wherein He was revealed, and signified to be the seed of the woman which should bruise the serpent's head; and the Lamb slain from the beginning of the world: being yesterday and today the same, and for ever.[36]

Christ, in the work of mediation, acteth according to both natures, by each nature doing that which is proper to itself:[37] yet, by reason of the unity of the person, that which is proper to one nature, is

두 본성이 하나로 결합되었기 때문에, 성경에서는 때때로 한 본성에 고유한 것이 다른 본성으로 일컬어지는 위격에 돌려지기도 한다.[38]

37) 히 9:14; 벧전 3:18 38) 행 20:28; 요 3:13; 요일 3:16.

8항

그리스도께서는 당신이 값 주고 사서 구속하신 모든 사람에게 그 구속함을 확실하고 효과적으로 적용하시고 전하신다.[39] 즉 그들을 위해 간구하시고,[40] 말씀 안에서 그리고 말씀으로 구원의 비밀을 계시하시며,[41] 그분의 성령으로 말미암아 그들을 효과적으로 설득하셔서 그들이 믿고 순종하게 하시고, 그분의 말씀과 성령으로 그들의 마음을 다스리시며,[42] 그분의 전능한 권능과 지혜를 그분의 경이롭고 헤아릴 수 없는 섭리에 지극히 합당한 방식과 방법으로 발휘하시어 그들의 모든 원수를 정복하신다.[43]

39) 요 6:37, 39; 요 10:15-16 40) 요일 2:1-2; 롬 8:34
41) 요 15:13, 15; 엡 1:7-9; 요 17:6 42) 요 14:26; 히 12:2; 고후 4:13; 롬 8:9, 14; 롬 15:18-19; 요 17:17 43) 시 110:1; 고전 15:25-26; 말 4:2-3; 골 2:15

sometimes in Scripture attributed to the person denominated by the other nature.[38]

To all those for whom Christ hath purchased redemption, He doth certainly and effectually apply and communicate the same,[39] making intercession for them,[40] and revealing unto them, in and by the Word, the mysteries of salvation,[41] effectually persuading them by His Spirit to believe and obey, and governing their hearts by His Word and Spirit,[42] overcoming all their enemies by His almighty power and wisdom, in such manner, and ways, as are most consonant to His wonderful and unsearchable dispensation.[43]

증거구절

1)

사 42:1 내가 붙드는 나의 종, 내 마음에 기뻐하는 자 곧 내가 택한 사람을 보라 내가 나의 영을 그에게 주었은즉 그가 이방에 정의를 베풀리라

벧전 1:19-20 오직 흠 없고 점 없는 어린 양 같은 그리스도의 보배로운 피로 된 것이니라 그는 창세 전부터 미리 알린 바 되신 이나 이 말세에 너희를 위하여 나타내신 바 되었으니

요 3:16 하나님이 세상을 이처럼 사랑하사 독생자를 주셨으니 이는 그를 믿는 자마다 멸망하지 않고 영생을 얻게 하려 하심이라

딤전 2:5 하나님은 한 분이시요 또 하나님과 사람 사이에 중보자도 한 분이시니 곧 사람이신 그리스도 예수라

2)

행 3:22 모세가 말하되 주 하나님이 너희를 위하여 너희 형제 가운데서 나 같은 선지자 하나를 세울 것이니 너희가 무엇이든지 그의 모든 말을 들을 것이라

3)

히 5:5-6 또한 이와 같이 그리스도께서 대제사장 되심도 스스로 영광을 취하심이 아니요 오직 말씀하신 이가 그에게 이르시되 너는 내 아들이니 내가 오늘 너를 낳았다 하셨고 또한 이와 같이 다른 데서 말씀하시되 네가 영원히 멜기세덱의 반차를 따르는 제사장이라 하셨으니

4)

시 2:6 내가 나의 왕을 내 거룩한 산 시온에 세웠다 하시리로다

눅 1:33 영원히 야곱의 집을 왕으로 다스리실 것이며 그 나라가 무궁하리라

5)

엡 5:23 이는 남편이 아내의 머리 됨이 그리스도께서 교회의 머리 됨과 같음이니 그가 바로 몸의 구주시니라

6)

히 1:2 이 모든 날 마지막에는 아들을 통하여 우리에게 말씀하셨으니 이 아들을 만유의 상속자로 세우시고 또 그로 말미암아 모든 세계를 지으셨느니라

7)

행 17:31 이는 정하신 사람으로 하여금 천하를 공의로 심판할 날을 작정하시고 이에 그를 죽은 자 가운데서 다시 살리신 것으로 모든 사람에게 믿을 만한 증거를 주셨음이니라 하니라

8)

요 17:6 세상 중에서 내게 주신 사람들에게 내가 아버지의 이름을 나타내었나이다 그들은 아버지의 것이었는데 내게 주셨으며 그들은 아버지의 말씀을 지키었나이다

시 22:30 후손이 그를 섬길 것이요 대대에 주를 전할 것이며

사 53:10 여호와께서 그에게 상함을 받게 하시기를 원하사 질고를 당하게 하셨은즉 그의 영혼을 속건제물로 드리기에 이르면 그가 씨를 보게 되며 그의 날은 길 것이요 또 그의 손으로 여호와께서 기뻐하시는 뜻을 성취하리로다

9)

딤전 2:6 그가 모든 사람을 위하여 자기를 대속물로 주셨으니 기약이 이르러 주신 증거니라

사 55:4-5 보라 내가 그를 만민에게 증인으로 세웠고 만민의 인도자와 명령자로 삼았나니 보라 네가 알지 못하는 나라를 네가 부를 것이며 너를 알지 못하는 나라가 네게로 달려올 것은 여호와 네 하나님 곧 이스라엘의 거룩하신 이로 말미암음이니라 이는 그가 너를 영화롭게 하였느니라

고전 1:30 너희는 하나님으로부터 나서 그리스도 예수 안에 있고 예수는 하나님으로부터 나와서 우리에게 지혜와 의로움과 거룩함과 구원함이 되셨으니

10)

요 1:1, 14 [1]태초에 말씀이 계시니라 이 말씀이 하나님과 함께 계셨으니 이 말씀은 곧 하나님이시니라 [14]말씀이 육신이 되어 우리 가운데 거하시매 우리가 그의 영광을 보니 아버지의 독생자의 영광이요 은혜와 진리가 충만하더라

요일 5:20 또 아는 것은 하나님의 아들이 이르러 우리에게 지각을 주사 우리로 참된 자를 알게 하신 것과 또한 우리가 참된 자 곧 그의 아들 예수 그리스도 안에 있는 것이니 그는 참 하나님이시요 영생이시라

빌 2:6 그는 근본 하나님의 본체시나 하나님과 동등됨을 취할 것으로 여기지 아니하시고

갈 4:4 때가 차매 하나님이 그 아들을 보내사 여자에게서 나게 하시고 율법 아래에 나게 하신 것은

11)

히 2:14, 16-17 [14]자녀들은 혈과 육에 속하였으매 그도 또한 같은 모양으로 혈과 육을 함께 지니심은 죽음을 통하여 죽음의 세력을 잡은 자 곧 마귀를 멸하시며 [16-17]이는 확실히 천사들을 붙들어 주려 하심이 아니요 오직 아브라함의 자손을 붙들어 주려 하심이라 그러므로 그가 범사에 형제들과 같이 되심이 마땅하도다 이는 하나님의 일에 자비하고 신실한 대제사장이 되어 백성의 죄를 속량하려 하심이라

히 4:15 우리에게 있는 대제사장은 우리의 연약함을 동정하지 못하실 이가 아니요 모든 일에 우리와 똑같이 시험을 받으신 이로되 죄는 없으시니라

12)

눅 1:27, 31, 35 ²⁷다윗의 자손 요셉이라 하는 사람과 약혼한 처녀에게 이르니 그 처녀의 이름은 마리아라 ³¹보라 네가 잉태하여 아들을 낳으리니 그 이름을 예수라 하라 ³⁵천사가 대답하여 이르되 성령이 네게 임하시고 지극히 높으신 이의 능력이 너를 덮으시리니 이러므로 나실 바 거룩한 이는 하나님의 아들이라 일컬어지리라

갈 4:4 때가 차매 하나님이 그 아들을 보내사 여자에게서 나게 하시고 율법 아래에 나게 하신 것은

13)

눅 1:35 천사가 대답하여 이르되 성령이 네게 임하시고 지극히 높으신 이의 능력이 너를 덮으시리니 이러므로 나실 바 거룩한 이는 하나님의 아들이라 일컬어지리라

골 2:9 그 안에는 신성의 모든 충만이 육체로 거하시고

롬 9:5 조상들도 그들의 것이요 육신으로 하면 그리스도가 그들에게서 나셨으니 그는 만물 위에 계셔서 세세에 찬양을 받으실 하나님이시니라 아멘

벧전 3:18 그리스도께서도 단번에 죄를 위하여 죽으사 의인으로서 불의한 자를 대신하셨으니 이는 우리를 하나님 앞으로 인도하려 하심이라 육체로는 죽임을 당하시고 영으로는 살리심을 받으셨으니

딤전 3:16 크도다 경건의 비밀이여, 그렇지 않다 하는 이 없도다 그는 육신으로 나타난 바 되시고 영으로 의롭다 하심을 받으시고 천사들에게 보이시고 만국에서 전파되시고 세상에서 믿은 바 되시고 영광 가운데서 올려지셨느니라

14)

롬 1:3-4 그의 아들에 관하여 말하면 육신으로는 다윗의 혈통에서 나셨고 성결의 영으로는 죽은 자들 가운데서 부활하사 능력으로 하나님의 아들로 선포되셨으니 곧 우리 주 예수 그리스도시니라

딤전 2:5 하나님은 한 분이시요 또 하나님과 사람 사이에 중보자도 한 분이시니 곧 사람이신 그리스도 예수라

15)

시 45:7 왕은 정의를 사랑하고 악을 미워하시니 그러므로 하나님 곧 왕의 하나님이 즐거움의 기름을 왕에게 부어 왕의 동료보다 뛰어나게 하셨나이다

요 3:34 하나님이 보내신 이는 하나님의 말씀을 하나니 이는 하나님이 성령을 한량 없이 주심이니라

16)

골 2:3 그 안에는 지혜와 지식의 모든 보화가 감추어져 있느니라

17)

골 1:19 아버지께서는 모든 충만으로 예수 안에 거하게 하시고

18)

히 7:26 이러한 대제사장은 우리에게 합당하니 거룩하고 악이 없고 더러움이 없고 죄인에게서 떠나 계시고 하늘보다 높이 되신 이라

요 1:14 말씀이 육신이 되어 우리 가운데 거하시매 우리가 그의 영광을 보니 아버지의 독생자의 영광이요 은혜와 진리가 충만하더라

19)

행 10:38 하나님이 나사렛 예수에게 성령과 능력을 기름 붓듯 하셨으매 그가 두루 다니시며 선한 일을 행하시고 마귀에게 눌린 모든 사람을 고치셨으니 이는 하나님이 함께 하셨음이라

히 12:24 새 언약의 중보자이신 예수와 및 아벨의 피보다 더 나은 것을 말하는 뿌린 피니라

히 7:22 이와 같이 예수는 더 좋은 언약의 보증이 되셨느니라

20)

히 5:4-5 이 존귀는 아무도 스스로 취하지 못하고 오직 아론과 같이 하나님의 부르심을 받은 자라야 할 것이니라 또한 이와 같이 그리스도께서 대제사장 되심도 스스로 영광을 취하심이 아니요 오직 말씀하신 이가 그에게 이르시되 너는 내 아들이니 내가 오늘 너를 낳았다 하셨고

21)

요 5:22, 27 ²²아버지께서 아무도 심판하지 아니하시고 심판을 다 아들에게 맡기셨으니 ²⁷또 인자됨으로 말미암아 심판하는 권한을 주셨느니라

마 28:18 예수께서 나아와 말씀하여 이르시되 하늘과 땅의 모든 권세를 내게 주셨으니

행 2:36 그런즉 이스라엘 온 집은 확실히 알지니 너희가 십자가에 못 박은 이 예수를 하나님이 주와 그리스도가 되게 하셨느니라 하니라

22)

시 40:7-8 그 때에 내가 말하기를 내가 왔나이다 나를 가리켜 기록한 것이 두루마리 책에 있나이다 나의 하나님이여 내가 주의 뜻 행하기를 즐기오니 주의 법이 나의 심중에 있나이다 하였나이다

히 10:5-10 그러므로 주께서 세상에 임하실 때에 이르시되 하나님이 제사와 예물을 원하지 아니하시고 오직 나를 위하여 한 몸을 예비하셨도다 번제와 속죄제는 기뻐

하지 아니하시나니 이에 내가 말하기를 하나님이여 보시옵소서 두루마리 책에 나를 가리켜 기록된 것과 같이 하나님의 뜻을 행하러 왔나이다 하셨느니라 위에 말씀하시기를 주께서는 제사와 예물과 번제와 속죄제는 원하지도 아니하고 기뻐하지도 아니하신다 하셨고 (이는 다 율법을 따라 드리는 것이라) 그 후에 말씀하시기를 보시옵소서 내가 하나님의 뜻을 행하러 왔나이다 하셨으니 그 첫째 것을 폐하심은 둘째 것을 세우려 하심이라 이 뜻을 따라 예수 그리스도의 몸을 단번에 드리심으로 말미암아 우리가 거룩함을 얻었노라

요 10:18 이를 내게서 빼앗는 자가 있는 것이 아니라 내가 스스로 버리노라 나는 버릴 권세도 있고 다시 얻을 권세도 있으니 이 계명은 내 아버지에게서 받았노라 하시니라

빌 2:8 사람의 모양으로 나타나사 자기를 낮추시고 죽기까지 복종하셨으니 곧 십자가에 죽으심이라

23)

갈 4:4 때가 차매 하나님이 그 아들을 보내사 여자에게서 나게 하시고 율법 아래에 나게 하신 것은

24)

마 3:15 예수께서 대답하여 이르시되 이제 허락하라 우리가 이와 같이 하여 모든 의를 이루는 것이 합당하니라 하시니 이에 요한이 허락하는지라

마 5:17 내가 율법이나 선지자를 폐하러 온 줄로 생각하지 말라 폐하러 온 것이 아니요 완전하게 하려 함이라

25)

마 26:37-38 베드로와 세베대의 두 아들을 데리고 가실새 고민하고 슬퍼하사 이에 말씀하시되 내 마음이 매우 고민하여 죽게 되었으니 너희는 여기 머물러 나와 함께 깨어 있으라 하시고

눅 22:44 예수께서 힘쓰고 애써 더욱 간절히 기도하시니 땀이 땅에 떨어지는 핏방울 같이 되더라

마 27:46 제구시쯤에 예수께서 크게 소리 질러 이르시되 엘리 엘리 라마 사박다니 하시니 이는 곧 나의 하나님, 나의 하나님, 어찌하여 나를 버리셨나이까 하는 뜻이라

26)

마 26-27 예수께서 이 말씀을 다 마치시고 제자들에게 이르시되 너희가 아는 바와 같이 이틀이 지나면 유월절이라 인자가 십자가에 못 박히기 위하여 팔리리라 하시더라 그 때에 대제사장들과 백성의 장로들이 가야바라 하는 대제사장의 관정에 모여 예수를 흉계로 잡아 죽이려고 의논하되 말하기를 민란이 날까 하노니 명절에는 하지 말자 하더라 예수께서 베다니 나병환자 시몬의 집에 계실 때에 한 여자가 매우 귀한 향유 한 옥합을 가지고 나아와서 식사하시는 예수의 머리에 부으니 제자들이 보고 분개하여 이르되 무슨 의도로 이것을 허비하느냐 이것을 비싼 값에 팔아 가난한 자들에게 줄 수 있었겠도다 하거늘 예수께서 아시고 그들에게 이르시되 너희가 어찌하여 이 여자를 괴롭게 하느냐 그가 내게 좋은 일을 하였느니라 가난한 자들은 항상 너희와 함께 있거니와 나는 항상 함께 있지 아니하리라 이 여자가 내 몸에 이 향유를 부은 것은 내 장례를 위하여 함이니라 내가 진실로 너희에게 이르노니 온 천하에 어디서든지 이 복음이 전파되는 곳에서는 이 여자가 행한 일도 말하여 그를 기억하리라 하시니라 그 때에 열둘 중의 하나인 가룟 유다라 하는 자가 대제사장들에게 가서 말하되 내가 예수를 너희에게 넘겨 주리니 얼마나 주려느냐 하니 그들이 은 삼십을 달아 주거늘 그가 그 때부터 예수를 넘겨 줄 기회를 찾더라 무교절의 첫날에 제자들이 예수께 나아와서 이르되 유월절 음식 잡수실 것을 우리가 어디서 준비하기를 원하시나이까 이르시되 성안 아무에게 가서 이르되 선생님 말씀이 내 때가 가까이 왔으니 내 제자들과 함께 유월절을 네 집에서 지키겠다 하시더라 하라 하시니 제자들이 예수께서 시키신 대로 하여 유월절을 준비하였더라 저물 때에 예수께서 열두 제자와 함께 앉으셨더니 그들이 먹을 때에 이르시되 내가 진실로 너희에게 이르노니 너희 중의 한 사람이 나를 팔리라 하시니 그들이 몹시 근심하여 각각 여짜오되 주여 나는 아니지요 대답하여 이르시되 나와 함께 그릇에 손을 넣는 그가 나를 팔리라 인자는 자기에 대하여 기록된 대로 가거니와 인자를 파는 그 사람에게는 화가 있으리로다 그 사람은 차라리 태어나지 아니하였더라면 제게 좋을 뻔하였느니라 예수를 파는 유다가 대답하여 이르되 랍비여 나는 아니지요 대답하시되 네가 말하였도다 하시니라 그들이 먹을 때에 예수께서 떡을 가지사 축복하시고 떼어 제자들에게 주시며 이르시되 받아서 먹으라 이것은 내 몸이니라 하시고 또 잔을 가지사 감사 기도 하시고 그들에게 주시며 이르시되 너희가 다 이것을 마시라 이것은 죄 사함을 얻게 하려고 많은 사람을 위하여 흘리는 바 나의 피 곧 언약의 피니라 그러나 너희에게 이르노니 내가 포도나무에서 난 것을 이제부터 내 아버지의 나라에서 새것으로 너희와 함께 마시는 날까지 마시지 아니하리라 하시니라 이에 그들이 찬미하고 감람 산으로 나아가니라 그 때에 예수께서 제자들에게 이르시되 오늘 밤에 너희가 다 나를 버리리라 기록된 바 내가 목자를 치리니 양의 떼가 흩어지리라 하였느니라 그러나 내가 살아난 후에 너희보다 먼저 갈릴리로 가리라 베드로가 대답하여 이르되 모두 주를 버릴지라도 나는 결코 버리지 않겠나이다 예수께서 이르시되 내가 진실로 네게 이르노니 오늘 밤 닭 울기 전에 네가 세 번 나를 부인하리라 베드로가 이르되 내가 주와 함께 죽을지언정 주를 부인하지 않겠나이다 하고 모든 제자도 그와 같이 말하니라 이에 예수께서 제자들과 함께 겟세마네라 하는 곳에 이르러 제자들에게 이르시되 내가 저기 가서 기도할 동안에 너희는 여기 앉아 있으라 하시고 베드로와 세베대의 두 아들을 데리고 가실새 고민하고 슬퍼하사 이에 말씀하시되 내 마음이 매우 고민하여 죽게 되었으니 너희는 여기 머물러 나와 함께 깨

어 있으라 하시고 조금 나아가사 얼굴을 땅에 대시고 엎드려 기도하여 이르시되 내 아버지여 만일 할 만하시거든 이 잔을 내게서 지나가게 하옵소서 그러나 나의 원대로 마시옵고 아버지의 원대로 하옵소서 하시고 제자들에게 오사 그 자는 것을 보시고 베드로에게 말씀하시되 너희가 나와 함께 한 시간도 이렇게 깨어 있을 수 없더냐 시험에 들지 않게 깨어 기도하라 마음에는 원이로되 육신이 약하도다 하시고 다시 두 번째 나아가 기도하여 이르시되 내 아버지여 만일 내가 마시지 않고는 이 잔이 내게서 지나갈 수 없거든 아버지의 원대로 되기를 원하나이다 하시고 다시 오사 보신즉 그들이 자니 이는 그들의 눈이 피곤함일러라 또 그들을 두시고 나아가 세 번째 같은 말씀으로 기도하신 후 이에 제자들에게 오사 이르시되 이제는 자고 쉬라 보라 때가 가까이 왔으니 인자가 죄인의 손에 팔리느니라 일어나라 함께 가자 보라 나를 파는 자가 가까이 왔느니라 말씀하실 때에 열둘 중의 하나인 유다가 왔는데 대제사장들과 백성의 장로들에게서 파송된 큰 무리가 칼과 몽치를 가지고 그와 함께 하였더라 예수를 파는 자가 그들에게 군호를 짜 이르되 내가 입맞추는 자가 그이니 그를 잡으라 한지라 곧 예수께 나아와 랍비여 안녕하시옵니까 하고 입을 맞추니 예수께서 이르시되 친구여 네가 무엇을 하려고 왔는지 행하라 하신대 이에 그들이 나아와 예수께 손을 대어 잡는지라 예수와 함께 있던 자 중의 하나가 손을 펴 칼을 빼어 대제사장의 종을 쳐 그 귀를 떨어뜨리니 이에 예수께서 이르시되 네 칼을 도로 칼집에 꽂으라 칼을 가지는 자는 다 칼로 망하느니라 너는 내가 내 아버지께 구하여 지금 열두 군단 더 되는 천사를 보내시게 할 수 없는 줄로 아느냐 내가 만일 그렇게 하면 이런 일이 있으리라 한 성경이 어떻게 이루어지겠느냐 하시더라 그 때에 예수께서 무리에게 말씀하시되 너희가 강도를 잡는 것 같이 칼과 몽치를 가지고 나를 잡으러 나왔느냐 내가 날마다 성전에 앉아 가르쳤으되 너희가 나를 잡지 아니하였도다 그러나 이렇게 된 것은 다 선지자들의 글을 이루려 함이니라 하시더라 이에 제자들이 다 예수를 버리고 도망하니라 예수를 잡은 자들이 그를 끌고 대제사장 가야바에게로 가니 거기 서기관과 장로들이 모여 있더라 베드로가 멀찍이 예수를 따라 대제사장의 집 뜰에까지 가서 그 결말을 보려고 안에 들어가 하인들과 함께 앉아 있더라 대제사장들과 온 공회가 예수를 죽이려고 그를 칠 거짓 증거를 찾으매 거짓 증인이 많이 왔으나 얻지 못하더니 후에 두 사람이 와서 이르되 이 사람의 말이 내가 하나님의 성전을 헐고 사흘 동안에 지을 수 있다 하더라 하니 대제사장이 일어서서 예수께 묻되 아무 대답도 없느냐 이 사람들이 너를 치는 증거가 어떠하냐 하되 예수께서 침묵하시거늘 대제사장이 이르되 내가 너로 살아 계신 하나님께 맹세하게 하노니 네가 하나님의 아들 그리스도인지 우리에게 말하라 예수께서 이르시되 네가 말하였느니라 그러나 내가 너희에게 이르노니 이 후에 인자가 권능의 우편에 앉아 있는 것과 하늘 구름을 타고 오는 것을 너희가 보리라 하시니 이에 대제사장이 자기 옷을 찢으며 이르되 그가 신성 모독 하는 말을 하였으니 어찌 더 증인을 요구하리요 보라

너희가 지금 이 신성 모독 하는 말을 들었도다 너희 생각은 어떠하냐 대답하여 이르되 그는 사형에 해당하니라 하고 이에 예수의 얼굴에 침 뱉으며 주먹으로 치고 어떤 사람은 손바닥으로 때리며 이르되 그리스도야 우리에게 선지자 노릇을 하라 너를 친 자가 누구냐 하더라 베드로가 바깥 뜰에 앉았더니 한 여종이 나아와 이르되 너도 갈릴리 사람 예수와 함께 있었도다 하거늘 베드로가 모든 사람 앞에서 부인하여 이르되 나는 네가 무슨 말을 하는지 알지 못하겠노라 하며 앞문까지 나아가니 다른 여종이 그를 보고 거기 있는 사람들에게 말하되 이 사람은 나사렛 예수와 함께 있었도다 하매 베드로가 맹세하고 또 부인하여 이르되 나는 그 사람을 알지 못하노라 하더라 조금 후에 곁에 섰던 사람들이 나아와 베드로에게 이르되 너도 진실로 그 도당이라 네 말소리가 너를 표명한다 하거늘 그가 저주하며 맹세하여 이르되 나는 그 사람을 알지 못하노라 하니 곧 닭이 울더라 이에 베드로가 예수의 말씀에 닭 울기 전에 네가 세 번 나를 부인하리라 하심이 생각나서 밖에 나가서 심히 통곡하니라
새벽에 모든 대제사장과 백성의 장로들이 예수를 죽이려고 함께 의논하고 결박하여 끌고 가서 총독 빌라도에게 넘겨 주니라 그 때에 예수를 판 유다가 그의 정죄됨을 보고 스스로 뉘우쳐 그 은 삼십을 대제사장들과 장로들에게 도로 갖다 주며 이르되 내가 무죄한 피를 팔고 죄를 범하였도다 하니 그들이 이르되 그것이 우리에게 무슨 상관이냐 네가 당하라 하거늘 유다가 은을 성소에 던져 넣고 물러가서 스스로 목매어 죽은지라 대제사장들이 그 은을 거두며 이르되 이것은 핏값이라 성전고에 넣어 둠이 옳지 않다 하고 의논한 후 이것으로 토기장이의 밭을 사서 나그네의 묘지를 삼았으니 그러므로 오늘날까지 그 밭을 피밭이라 일컫느니라 이에 선지자 예레미야를 통하여 하신 말씀이 이루어졌나니 일렀으되 그들이 그 가격 매겨진 자 곧 이스라엘 자손 중에서 가격 매긴 자의 가격 곧 은 삼십을 가지고 토기장이의 밭 값으로 주었으니 이는 주께서 내게 명하신 바와 같으니라 하였더라 예수께서 총독 앞에 섰으매 총독이 물어 이르되 네가 유대인의 왕이냐 예수께서 대답하시되 네 말이 옳도다 하시고 대제사장들과 장로들에게 고발을 당하되 아무 대답도 아니 하시는지라 이에 빌라도가 이르되 그들이 너를 쳐서 얼마나 많은 것으로 증언하는지 듣지 못하느냐 하되 한 마디도 대답하지 아니하시니 총독이 크게 놀라워하더라 명절이 되면 총독이 무리의 청원대로 죄수 한 사람을 놓아 주는 전례가 있더니 그 때에 바라바 하는 유명한 죄수가 있는데 그들이 모였을 때에 빌라도가 물어 이르되 너희는 내가 누구를 너희에게 놓아 주기를 원하느냐 바라바냐 그리스도라 하는 예수냐 하니 이는 그가 그들의 시기로 예수를 넘겨 준 줄 앎이더라 총독이 재판석에 앉았을 때에 그의 아내가 사람을 보내어 이르되 저 옳은 사람에게 아무 상관도 하지 마옵소서 오늘 꿈에 내가 그 사람으로 인하여 애를 많이 태웠나이다 하더라 대제사장들과 장로들이 무리를 권하여 바라바를 달라 하게 하고 예수를 죽이자 하게 하였더니 총독이 대답하여 이르되 둘 중의 누구를 너희에게 놓아 주기를 원하느냐 이르되 바

라바로소이다 빌라도가 이르되 그러면 그리스도라 하는 예수를 내가 어떻게 하랴 그들이 다 이르되 십자가에 못 박혀야 하겠나이다 빌라도가 이르되 어찜이냐 무슨 악한 일을 하였느냐 그들이 더욱 소리 질러 이르되 십자가에 못 박혀야 하겠나이다 하는지라 빌라도가 아무 성과도 없이 도리어 민란이 나려는 것을 보고 물을 가져다가 무리 앞에서 손을 씻으며 이르되 이 사람의 피에 대하여 나는 무죄하니 너희가 당하라 백성이 다 대답하여 이르되 그 피를 우리와 우리 자손에게 돌릴지어다 하거늘 이에 바라바는 그들에게 놓아 주고 예수는 채찍질하고 십자가에 못 박히게 넘겨 주니라 이에 총독의 군병들이 예수를 데리고 관정 안으로 들어가서 온 군대를 그에게로 모으고 그의 옷을 벗기고 홍포를 입히며 가시관을 엮어 그 머리에 씌우고 갈대를 그 오른손에 들리고 그 앞에서 무릎을 꿇고 희롱하여 이르되 유대인의 왕이여 평안할지어다 하며 그에게 침 뱉고 갈대를 빼앗아 그의 머리를 치더라 희롱을 다 한 후 홍포를 벗기고 도로 그의 옷을 입혀 십자가에 못 박으려고 끌고 나가니라 나가다가 시몬이란 구레네 사람을 만나매 그에게 예수의 십자가를 억지로 지워 가게 하였더라 골고다 즉 해골의 곳이라는 곳에 이르러 쓸개 탄 포도주를 예수께 주어 마시게 하려 하였더니 예수께서 맛보시고 마시고자 하지 아니하시더라 그들이 예수를 십자가에 못 박은 후에 그 옷을 제비 뽑아 나누고 거기 앉아 지키더라 그 머리 위에 이는 유대인의 왕 예수라 쓴 죄패를 붙였더라 이 때에 예수와 함께 강도 둘이 십자가에 못 박히니 하나는 우편에, 하나는 좌편에 있더라 지나가는 자들은 자기 머리를 흔들며 예수를 모욕하여 이르되 성전을 헐고 사흘에 짓는 자여 네가 만일 하나님의 아들이어든 자기를 구원하고 십자가에서 내려오라 하며 그와 같이 대제사장들도 서기관들과 장로들과 함께 희롱하여 이르되 그가 남은 구원하였으되 자기는 구원할 수 없도다 그가 이스라엘의 왕이로다 지금 십자가에서 내려올지어다 그리하면 우리가 믿겠노라 그가 하나님을 신뢰하니 하나님이 원하시면 이제 그를 구원하실지라 그의 말이 나는 하나님의 아들이라 하였도다 하며 함께 십자가에 못 박힌 강도들도 이와 같이 욕하더라 제육시로부터 온 땅에 어둠이 임하여 제구시까지 계속되더니 제구시쯤에 예수께서 크게 소리 질러 이르시되 엘리 엘리 라마 사박다니 하시니 이는 곧 나의 하나님, 나의 하나님, 어찌하여 나를 버리셨나이까 하는 뜻이라 거기 섰던 자 중 어떤 이들이 듣고 이르되 이 사람이 엘리야를 부른다 하고 그 중의 한 사람이 곧 달려가서 해면을 가져다가 신 포도주에 적시어 갈대에 꿰어 마시게 하거늘 그 남은 사람들이 이르되 가만 두라 엘리야가 와서 그를 구원하나 보자 하더라 예수께서 다시 크게 소리 지르시고 영혼이 떠나시니라 이에 성소 휘장이 위로부터 아래까지 찢어져 둘이 되고 땅이 진동하며 바위가 터지고 무덤들이 열리며 자던 성도의 몸이 많이 일어나되 예수의 부활 후에 그들이 무덤에서 나와서 거룩한 성에 들어가 많은 사람에게 보이니라 백부장과 및 함께 예수를 지키던 자들이 지진과 그 일어난 일들을 보고 심히 두려워하여 이르되 이는 진실로 하나님의 아들이었도다 하더라

예수를 섬기며 갈릴리에서부터 따라온 많은 여자가 거기 있어 멀리서 바라보고 있으니 그 중에는 막달라 마리아와 또 야고보와 요셉의 어머니 마리아와 또 세베대의 아들들의 어머니도 있더라 저물었을 때에 아리마대의 부자 요셉이라 하는 사람이 왔으니 그도 예수의 제자라 빌라도에게 가서 예수의 시체를 달라 하니 이에 빌라도가 내주라 명령하거늘 요셉이 시체를 가져다가 깨끗한 세마포로 싸서 바위 속에 판 자기 새 무덤에 넣어 두고 큰 돌을 굴려 무덤 문에 놓고 가니 거기 막달라 마리아와 다른 마리아가 무덤을 향하여 앉았더라 그 이튿날은 준비일 다음 날이라 대제사장들과 바리새인들이 함께 빌라도에게 모여 이르되 주여 저 속이던 자가 살아 있을 때에 말하되 내가 사흘 후에 다시 살아나리라 한 것을 우리가 기억하노니 그러므로 명령하여 그 무덤을 사흘까지 굳게 지키게 하소서 그의 제자들이 와서 시체를 도둑질하여 가고 백성에게 말하되 그가 죽은 자 가운데서 살아났다 하면 후의 속임이 전보다 더 클까 하나이다 하니 빌라도가 이르되 너희에게 경비병이 있으니 가서 힘대로 굳게 지키라 하거늘 그들이 경비병과 함께 가서 돌을 인봉하고 무덤을 굳게 지키니라

27)

빌 2:8 사람의 모양으로 나타나사 자기를 낮추시고 죽기까지 복종하셨으니 곧 십자가에 죽으심이라

28)

행 2:23-24, 27 [23-24]그가 하나님께서 정하신 뜻과 미리 아신 대로 내준 바 되었거늘 너희가 법 없는 자들의 손을 빌려 못 박아 죽였으나 하나님께서 그를 사망의 고통에서 풀어 살리셨으니 이는 그가 사망에 매여 있을 수 없었음이라 [27]이는 내 영혼을 음부에 버리지 아니하시며 주의 거룩한 자로 썩음을 당하지 않게 하실 것임이로다

행 13:37 하나님께서 살리신 이는 썩음을 당하지 아니하였나니

롬 6:9 이는 그리스도께서 죽은 자 가운데서 살아나셨으매 다시 죽지 아니하시고 사망이 다시 그를 주장하지 못할 줄을 앎이로라

29)

고전 15:3-4 내가 받은 것을 먼저 너희에게 전하였노니 이는 성경대로 그리스도께서 우리 죄를 위하여 죽으시고 장사 지낸 바 되셨다가 성경대로 사흘 만에 다시 살아나사

30)

요 20:25, 27 [25]다른 제자들이 그에게 이르되 우리가 주를 보았노라 하니 도마가 이르되 내가 그의 손의 못 자국을 보며 내 손가락을 그 못 자국에 넣으며 내 손을 그 옆구리에 넣어 보지 않고는 믿지 아니하겠노라 하니라 [27]도마에게 이르시되 네 손가락을 이리 내밀어 내 손을 보고 네 손을 내밀어 내 옆구리에 넣어 보라 그리하여 믿음 없는 자가 되지 말고 믿는 자가 되라

31)

막 16:19 주 예수께서 말씀을 마치신 후에 하늘로 올려지사 하나님 우편에 앉으시니라

32)

롬 8:34 누가 정죄하리요 죽으실 뿐 아니라 다시 살아나신 이는 그리스도 예수시니 그는 하나님 우편에 계신 자요 우리를 위하여 간구하시는 자시니라

히 9:24 그리스도께서는 참 것의 그림자인 손으로 만든 성소에 들어가지 아니하시고 바로 그 하늘에 들어가사 이제 우리를 위하여 하나님 앞에 나타나시고

히 7:25 그러므로 자기를 힘입어 하나님께 나아가는 자들을 온전히 구원하실 수 있으니 이는 그가 항상 살아 계셔서 그들을 위하여 간구하심이라

33)

롬 14:9-10 이를 위하여 그리스도께서 죽었다가 다시 살아나셨으니 곧 죽은 자와 산 자의 주가 되려 하심이라 네가 어찌하여 네 형제를 비판하느냐 어찌하여 네 형제를 업신여기느냐 우리가 다 하나님의 심판대 앞에 서리라

행 1:11 이르되 갈릴리 사람들아 어찌하여 서서 하늘을 쳐다보느냐 너희 가운데서 하늘로 올려지신 이 예수는 하늘로 가심을 본 그대로 오시리라 하였느니라

행 10:42 우리에게 명하사 백성에게 전도하되 하나님이 살아 있는 자와 죽은 자의 재판장으로 정하신 자가 곧 이 사람인 것을 증언하게 하셨고

마 13:40-42 그런즉 가라지를 거두어 불에 사르는 것 같이 세상 끝에도 그러하리라 인자가 그 천사들을 보내리니 그들이 그 나라에서 모든 넘어지게 하는 것과 또 불법을 행하는 자들을 거두어 내어 풀무 불에 던져 넣으리니 거기서 울며 이를 갈게 되리라

유 1:6 또 자기 지위를 지키지 아니하고 자기 처소를 떠난 천사들을 큰 날의 심판까지 영원한 결박으로 흑암에 가두셨으며

벧후 2:4 하나님이 범죄한 천사들을 용서하지 아니하시고 지옥에 던져 어두운 구덩이에 두어 심판 때까지 지키게 하셨으며

34)

롬 5:19 한 사람이 순종하지 아니함으로 많은 사람이 죄인 된 것 같이 한 사람이 순종하심으로 많은 사람이 의인이 되리라

히 9:14, 16 [14]하물며 영원하신 성령으로 말미암아 흠 없는 자기를 하나님께 드린 그리스도의 피가 어찌 너희 양심을 죽은 행실에서 깨끗하게 하고 살아 계신 하나님을 섬기게 하지 못하겠느냐 [16]유언은 유언한 자가 죽어야 되나니

히 10:14 그가 거룩하게 된 자들을 한 번의 제사로 영원히 온전하게 하셨느니라

엡 5:2 그리스도께서 너희를 사랑하신 것 같이 너희도 사랑 가운데서 행하라 그는 우리를 위하여 자신을 버리사 향기로운 제물과 희생제물로 하나님께 드리셨느니라

롬 3:25-26 이 예수를 하나님이 그의 피로써 믿음으로 말미암는 화목제물로 세우셨으니 이는 하나님께서 길이 참으시는 중에 전에 지은 죄를 간과하심으로 자기의 의로우심을 나타내려 하심이니 곧 이 때에 자기의 의로우심을 나타내사 자기도 의로우시며 또한 예수 믿는 자를 의롭다 하려 하심이라

35)

단 9:24, 26 [24]네 백성과 네 거룩한 성을 위하여 일흔 이레를 기한으로 정하였나니 허물이 그치며 죄가 끝나며 죄악이 용서되며 영원한 의가 드러나며 환상과 예언이 응하며 또 지극히 거룩한 이가 기름 부음을 받으리라 [26]예순두 이레 후에 기름 부음을 받은 자가 끊어져 없어질 것이며 장차 한 왕의 백성이 와서 그 성읍과 성소를 무너뜨리려니와 그의 마지막은 홍수에 휩쓸림 같을 것이며 또 끝까지 전쟁이 있으리니 황폐할 것이 작정되었느니라

골 1:19-20 아버지께서는 모든 충만으로 예수 안에 거하게 하시고 그의 십자가의 피로 화평을 이루사 만물 곧 땅에 있는 것들이나 하늘에 있는 것들이 그로 말미암아 자기와 화목하게 되기를 기뻐하심이라

엡 1:11, 14 [11]모든 일을 그의 뜻의 결정대로 일하시는 이의 계획을 따라 우리가 예정을 입어 그 안에서 기업이 되었으니 [14]이는 우리 기업의 보증이 되사 그 얻으신 것을 속량하시고 그의 영광을 찬송하게 하려 하심이라

요 17:2 아버지께서 아들에게 주신 모든 사람에게 영생을 주게 하시려고 만민을 다스리는 권세를 아들에게 주셨음이로소이다

히 9:12, 15 [12]염소와 송아지의 피로 하지 아니하고 오직 자기의 피로 영원한 속죄를 이루사 단번에 성소에 들어가셨느니라 [15]이로 말미암아 그는 새 언약의 중보자시니 이는 첫 언약 때에 범한 죄에서 속량하려고 죽으사 부르심을 입은 자로 하여금 영원한 기업의 약속을 얻게 하려 하심이라

36)

갈 4:4-5 때가 차매 하나님이 그 아들을 보내사 여자에게서 나게 하시고 율법 아래에 나게 하신 것은 율법 아래에 있는 자들을 속량하시고 우리로 아들의 명분을 얻게 하려 하심이라

창 3:15 내가 너로 여자와 원수가 되게 하고 네 후손도 여자의 후손과 원수가 되게 하리니 여자의 후손은 네 머리를 상하게 할 것이요 너는 그의 발꿈치를 상하게 할 것이니라 하시고

계 13:8 죽임을 당한 어린 양의 생명책에 창세 이후로 이

름이 기록되지 못하고 이 땅에 사는 자들은 다 그 짐승에게 경배하리라

히 13:8 예수 그리스도는 어제나 오늘이나 영원토록 동일하시니라

37)

히 9:14 하물며 영원하신 성령으로 말미암아 흠 없는 자기를 하나님께 드린 그리스도의 피가 어찌 너희 양심을 죽은 행실에서 깨끗하게 하고 살아 계신 하나님을 섬기게 하지 못하겠느냐

벧전 3:18 그리스도께서도 단번에 죄를 위하여 죽으사 의인으로서 불의한 자를 대신하셨으니 이는 우리를 하나님 앞으로 인도하려 하심이라 육체로는 죽임을 당하시고 영으로는 살리심을 받으셨으니

38)

행 20:28 여러분은 자기를 위하여 또는 온 양 떼를 위하여 삼가라 성령이 그들 가운데 여러분을 감독자로 삼고 하나님이 자기 피로 사신 교회를 보살피게 하셨느니라

요 3:13 하늘에서 내려온 자 곧 인자 외에는 하늘에 올라간 자가 없느니라

요일 3:16 그가 우리를 위하여 목숨을 버리셨으니 우리가 이로써 사랑을 알고 우리도 형제들을 위하여 목숨을 버리는 것이 마땅하니라

39)

요 6:37, 39 ³⁷아버지께서 내게 주시는 자는 다 내게로 올 것이요 내게 오는 자는 내가 결코 내쫓지 아니하리라 ³⁹나를 보내신 이의 뜻은 내게 주신 자 중에 내가 하나도 잃어버리지 아니하고 마지막 날에 다시 살리는 이것이니라

요 10:15-16 아버지께서 나를 아시고 내가 아버지를 아는 것 같으니 나는 양을 위하여 목숨을 버리노라 또 이 우리에 들지 아니한 다른 양들이 내게 있어 내가 인도하여야 할 터이니 그들도 내 음성을 듣고 한 무리가 되어 한 목자에게 있으리라

40)

요일 2:1-2 나의 자녀들아 내가 이것을 너희에게 씀은 너희로 죄를 범하지 않게 하려 함이라 만일 누가 죄를 범하여도 아버지 앞에서 우리에게 대언자가 있으니 곧 의로우신 예수 그리스도시라 그는 우리 죄를 위한 화목 제물이니 우리만 위할 뿐 아니요 온 세상의 죄를 위하심이라

롬 8:34 누가 정죄하리요 죽으실 뿐 아니라 다시 살아나신 이는 그리스도 예수시니 그는 하나님 우편에 계신 자요 우리를 위하여 간구하시는 자시니라

41)

요 15:13, 15 ¹³사람이 친구를 위하여 자기 목숨을 버리면 이보다 더 큰 사랑이 없나니 ¹⁵이제부터는 너희를 종이라 하지 아니하리니 종은 주인이 하는 것을 알지 못함이라 너희를 친구라 하였노니 내가 내 아버지께 들은 것을 다 너희에게 알게 하였음이라

엡 1:7-9 우리는 그리스도 안에서 그의 은혜의 풍성함을 따라 그의 피로 말미암아 속량 곧 죄 사함을 받았느니라 이는 그가 모든 지혜와 총명을 우리에게 넘치게 하사 그 뜻의 비밀을 우리에게 알리신 것이요 그의 기뻐하심을 따라 그리스도 안에서 때가 찬 경륜을 위하여 예정하신 것이니

요 17:6 세상 중에서 내게 주신 사람들에게 내가 아버지의 이름을 나타내었나이다 그들은 아버지의 것이었는데 내게 주셨으며 그들은 아버지의 말씀을 지키었나이다

42)

요 14:26 보혜사 곧 아버지께서 내 이름으로 보내실 성령 그가 너희에게 모든 것을 가르치고 내가 너희에게 말한 모든 것을 생각나게 하리라

히 12:2 믿음의 주요 또 온전하게 하시는 이인 예수를 바라보자 그는 그 앞에 있는 기쁨을 위하여 십자가를 참으사 부끄러움을 개의치 아니하시더니 하나님 보좌 우편에 앉으셨느니라

고후 4:13 기록된 바 내가 믿었으므로 말하였다 한 것 같이 우리가 같은 믿음의 마음을 가졌으니 우리도 믿었으므로 또한 말하노라

롬 8:9, 14 ⁹만일 너희 속에 하나님의 영이 거하시면 너희가 육신에 있지 아니하고 영에 있나니 누구든지 그리스도의 영이 없으면 그리스도의 사람이 아니라 ¹⁴무릇 하나님의 영으로 인도함을 받는 사람은 곧 하나님의 아들이라

롬 15:18-19 그리스도께서 이방인들을 순종하게 하기 위하여 나를 통하여 역사하신 것 외에는 내가 감히 말하지 아니하노라 그 일은 말과 행위로 표적과 기사의 능력으로 성령의 능력으로 이루어졌으며 그리하여 내가 예루살렘으로부터 두루 행하여 일루리곤까지 그리스도의 복음을 편만하게 전하였노라

요 17:17 그들을 진리로 거룩하게 하옵소서 아버지의 말씀은 진리니이다

43)

시 110:1 여호와께서 내 주에게 말씀하시기를 내가 네 원수들로 네 발판이 되게 하기까지 너는 내 오른쪽에 앉아 있으라 하셨도다

고전 15:25-26 그가 모든 원수를 그 발 아래에 둘 때까지 반드시 왕 노릇 하시리니 맨 나중에 멸망 받을 원수는 사망이니라

말 4:2-3 내 이름을 경외하는 너희에게는 공의로운 해가 떠올라서 치료하는 광선을 비추리니 너희가 나가서 외양간에서 나온 송아지 같이 뛰리라 또 너희가 악인을 밟을

것이니 그들이 내가 정한 날에 너희 발바닥 밑에 재와 같으리라 만군의 여호와의 말이니라

골 2:15 통치자들과 권세들을 무력화하여 드러내어 구경거리로 삼으시고 십자가로 그들을 이기셨느니라

더 깊은 공부와 나눔을 위한 질문

1. 은혜 언약의 중보자는 누구입니까? (8장 1-2항; 대교리문답 36문답)

2. 하나님의 아들이신 그리스도는 어떻게 사람이 되셨습니까? (8장 2항; 대교리문답 37문답)

3. 중보자는 왜 하나님이셔야 했습니까? 또 왜 사람이셔야 했습니까? (대교리문답 38-39문답)

4. 중보자는 왜 한 위person 안에서 하나님이시면서 사람이셔야 했습니까? 이 진리가 우리에게 주는 크나큰 위로를 충분히 나눠봅시다. (8장 3-5항; 대교리문답 40문답)

5. 주 예수 그리스도께서는 어떻게 중보자의 직분을 수행하셨습니까? (8장 4-6항; 대교리문답 41-56문답)

6. 우리가 우리의 중보자인 성자 하나님을 "예수"와 "그리스도"라고 부르는 이유는 무엇입니까? 우리가 "예수님" 또는 "주님" 하고 부를 때, 우리는 충분히 두려워하고 존경하면서, 그 이름에 합당한 충분한 무거움을 마음에 두고 엄숙하게 부릅니까? (대교리문답 41-42문답)

하나님께서 깨닫게 해 주신 것과 베풀어 주신 은혜를 생각하며 감사합시다. 또 깨달아 배우고 확신한 일에 거할 수 있게 해 달라고 기도합시다.

9장

자유 의지
Of Free Will

1항

하나님께서는 사람의 의지에 선천적 자유를 부여하셨다. 이 의지는 강제되지도, 본성의 어떤 절대적 필요에 따라 선이나 악을 행하도록 결정되어 있지도 않았다.[1]

1) 마 17:12; 약 1:14; 신 30:19.

2항

사람은, 무죄한 상태에서는 선하고 하나님께 기쁨이 되는 일을 원하고 행할 수 있는 자유와 능력을 지니고 있었다.[2] 그러나 변할 수 있었기 때문에 타락할 수 있었다.[3]

2) 전 7:29; 창 1:26 3) 창 2:16-17; 창 3:6.

3항

사람은 타락하여 죄의 상태에 빠졌기에, 구원을 수반하는 어떤 영적인 선을 행할 모든 능력을 전적으로 상실했다.[4] 그래서 타락한 자연인은 영적인 선을 철저하게 싫어하고,[5] 죄로 죽었기 때문에,[6] 스스로의 힘으로는 회심할 수도, 회심하기 위한 준비를 할 수도 없다.[7]

4) 롬 5:6; 롬 8:7; 요 15:5 5) 롬 3:10, 12 6) 엡 2:1, 5; 골 2:13 7) 요 6:44, 65; 엡 2:2-5; 고전 2:14; 딛 3:3-5.

God hath endued the will of man with that natural liberty, that it is neither forced, nor by any absolute necessity of nature determined to good or evil.[1]

Man, in his state of innocency, had freedom and power to will and to do that which was good, and well pleasing to God;[2] but yet mutably, so that he might fall from it.[3]

Man, by his fall into a state of sin, hath wholly lost all ability of will to any spiritual good accompanying salvation:[4] so as, a natural man, being altogether averse from that good,[5] and dead in sin,[6] is not able, by his own strength, to convert himself, or to prepare himself thereunto.[7]

4항

하나님께서는 죄인을 회심하게 하시고, 그를 은혜의 상태로 옮기실 때 죄 아래 처한 그의 천부적 속박에서 그를 자유롭게 하시고,[8] 오직 하나님의 은혜로 그에게 능력을 주셔서 그가 영적으로 선한 것을 자유롭게 원하고 행할 수 있게 하신다.[9] 그러나 여전히 남아 있는 부패 때문에 그는 바라는 선한 일을 더할 나위 없이 행하는 것도, 선한 일만을 바라고 행하고자 하는 것도 못할 뿐만 아니라 오히려 악한 일도 바라고 행하고자 한다.[10]

8) 골 1:13; 요 8:34, 36 9) 빌 2:13; 롬 6:18, 22 10) 갈 5:17; 롬 7:15, 18-19, 21, 23.

5항

사람의 의지는 영화의 상태에서만 완전하고 변함없이 자유롭게 되어 오로지 선만 행한다.[11]

11) 엡 4:13; 히 12:23; 요일 3:2; 유 1:24.

When God converts a sinner, and translates him into the state of grace, He freeth him from his natural bondage under sin;[8] and, by His grace alone, enables him freely to will and to do that which is spiritually good;[9] yet so, as that by reason of his remaining corruption, he doth not perfectly, nor only, will that which is good, but doth also will that which is evil.[10]

The will of man is made perfectly and immutably free to good alone, in the state of glory only.[11]

증거구절

1)

마 17:12 내가 너희에게 말하노니 엘리야가 이미 왔으되 사람들이 알지 못하고 임의로 대우하였도다 인자도 이와 같이 그들에게 고난을 받으리라 하시니

약 1:14 오직 각 사람이 시험을 받는 것은 자기 욕심에 끌려 미혹됨이니

신 30:19 내가 오늘 하늘과 땅을 불러 너희에게 증거를 삼노라 내가 생명과 사망과 복과 저주를 네 앞에 두었은즉 너와 네 자손이 살기 위하여 생명을 택하고

2)

전 7:29 내가 깨달은 것은 오직 이것이라 곧 하나님은 사람을 정직하게 지으셨으나 사람이 많은 꾀들을 낸 것이니라

창 1:26 하나님이 이르시되 우리의 형상을 따라 우리의 모양대로 우리가 사람을 만들고 그들로 바다의 물고기와 하늘의 새와 가축과 온 땅과 땅에 기는 모든 것을 다스리게 하자 하시고

3)

창 2:16-17 여호와 하나님이 그 사람에게 명하여 이르시되 동산 각종 나무의 열매는 네가 임의로 먹되 선악을 알게 하는 나무의 열매는 먹지 말라 네가 먹는 날에는 반드시 죽으리라 하시니라

창 3:6 여자가 그 나무를 본즉 먹음직도 하고 보암직도 하고 지혜롭게 할 만큼 탐스럽기도 한 나무인지라 여자가 그 열매를 따먹고 자기와 함께 있는 남편에게도 주매 그도 먹은지라

4)

롬 5:6 우리가 아직 연약할 때에 기약대로 그리스도께서 경건하지 않은 자를 위하여 죽으셨도다

롬 8:7 육신의 생각은 하나님과 원수가 되나니 이는 하나님의 법에 굴복하지 아니할 뿐 아니라 할 수도 없음이라

요 15:5 나는 포도나무요 너희는 가지라 그가 내 안에, 내가 그 안에 거하면 사람이 열매를 많이 맺나니 나를 떠나서는 너희가 아무 것도 할 수 없음이라

5)

롬 3:10, 12 [10]기록된 바 의인은 없나니 하나도 없으며 [12]다 치우쳐 함께 무익하게 되고 선을 행하는 자는 없나니 하나도 없도다

6)

엡 2:1, 5 [1]그는 허물과 죄로 죽었던 너희를 살리셨도다 [5]허물로 죽은 우리를 그리스도와 함께 살리셨고 (너희는 은혜로 구원을 받은 것이라)

골 2:13 또 범죄와 육체의 무할례로 죽었던 너희를 하나님이 그와 함께 살리시고 우리의 모든 죄를 사하시고

7)

요 6:44, 65 [44]나를 보내신 아버지께서 이끌지 아니하시면 아무도 내게 올 수 없으니 오는 그를 내가 마지막 날에 다시 살리리라 [65]또 이르시되 그러므로 전에 너희에게 말하기를 내 아버지께서 오게 하여 주지 아니하시면 누구든지 내게 올 수 없다 하였노라 하시니라

엡 2:2-5 그 때에 너희는 그 가운데서 행하여 이 세상 풍조를 따르고 공중의 권세 잡은 자를 따랐으니 곧 지금 불순종의 아들들 가운데서 역사하는 영이라 전에는 우리도 다 그 가운데서 우리 육체의 욕심을 따라 지내며 육체와 마음의 원하는 것을 하여 다른 이들과 같이 본질상 진노의 자녀이었더니 긍휼이 풍성하신 하나님이 우리를 사랑하신 그 큰 사랑을 인하여 허물로 죽은 우리를 그리스도와 함께 살리셨고 (너희는 은혜로 구원을 받은 것이라)

고전 2:14 육에 속한 사람은 하나님의 성령의 일들을 받지 아니하나니 이는 그것들이 그에게는 어리석게 보임이요, 또 그는 그것들을 알 수도 없나니 그러한 일은 영적으로 분별되기 때문이라

딛 3:3-5 우리도 전에는 어리석은 자요 순종하지 아니한 자요 속은 자요 여러 가지 정욕과 행락에 종 노릇 한 자요 악독과 투기를 일삼은 자요 가증스러운 자요 피차 미워한 자였으나 우리 구주 하나님의 자비와 사람 사랑하심이 나타날 때에 우리를 구원하시되 우리가 행한 바 의로운 행위로 말미암지 아니하고 오직 그의 긍휼하심을 따라 중생의 씻음과 성령의 새롭게 하심으로 하셨나니

8)

골 1:13 그가 우리를 흑암의 권세에서 건져내사 그의 사랑의 아들의 나라로 옮기셨으니

요 8:34, 36 [34]예수께서 대답하시되 진실로 진실로 너희에게 이르노니 죄를 범하는 자마다 죄의 종이라 [36]그러므로 아들이 너희를 자유롭게 하면 너희가 참으로 자유로우리라

9)

빌 2:13 너희 안에서 행하시는 이는 하나님이시니 자기의 기쁘신 뜻을 위하여 너희에게 소원을 두고 행하게 하시나니

롬 6:18, 22 [18]죄로부터 해방되어 의에게 종이 되었느니라 [22]그러나 이제는 너희가 죄로부터 해방되고 하나님께 종이 되어 거룩함에 이르는 열매를 맺었으니 그 마지막은 영생이라

10)

갈 5:17 육체의 소욕은 성령을 거스르고 성령은 육체를 거스르나니 이 둘이 서로 대적함으로 너희가 원하는 것을 하지 못하게 하려 함이니라

롬 7:15, 18-19, 21, 23 ¹⁵내가 행하는 것을 내가 알지 못하노니 곧 내가 원하는 것은 행하지 아니하고 도리어 미워하는 것을 행함이라 ¹⁸⁻¹⁹내 속 곧 내 육신에 선한 것이 거하지 아니하는 줄을 아노니 원함은 내게 있으나 선을 행하는 것은 없노라 내가 원하는 바 선은 행하지 아니하고 도리어 원하지 아니하는 바 악을 행하는도다 ²¹그러므로 내가 한 법을 깨달았노니 곧 선을 행하기 원하는 나에게 악이 함께 있는 것이로다 ²³내 지체 속에서 한 다른 법이 내 마음의 법과 싸워 내 지체 속에 있는 죄의 법으로 나를 사로잡는 것을 보는도다

11)

엡 4:13 우리가 다 하나님의 아들을 믿는 것과 아는 일에 하나가 되어 온전한 사람을 이루어 그리스도의 장성한 분량이 충만한 데까지 이르리니

히 12:23 하늘에 기록된 장자들의 모임과 교회와 만민의 심판자이신 하나님과 및 온전하게 된 의인의 영들과

요일 3:2 사랑하는 자들아 우리가 지금은 하나님의 자녀라 장래에 어떻게 될지는 아직 나타나지 아니하였으나 그가 나타나시면 우리가 그와 같을 줄을 아는 것은 그의 참모습 그대로 볼 것이기 때문이니

유 1:24 능히 너희를 보호하사 거침이 없게 하시고 너희로 그 영광 앞에 흠이 없이 기쁨으로 서게 하실 이

더 깊은 공부와 나눔을 위한 질문

1. 타락하기 전 사람이 받은 의지는 어떠했습니까? (9장 1-2항)

2. "도르트 신조"의 "셋째/넷째 교리" 1-6항을 읽어봅시다. 타락한 이후 사람의 상태는 어떠합니까? (9장 3항)

3. 그리스도께서 구속하신 사람도 죄를 지을 수 있습니까? 구속 받은 사람의 의지는 어떠합니까? (9장 4항) 이 사실이 신자를 무기력하게 합니까? 참 신자는 어떻게 행동합니까?

4. 사람은 언제 완전히 거룩한 선한 의지를 지니게 됩니까? (9장 5항) 이 사실이 신자를 게으르게 합니까? 참 신자는 어떻게 행동합니까?

하나님께서 깨닫게 해 주신 것과 베풀어 주신 은혜를 생각하며 감사합시다. 또 깨달아 배우고 확신한 일에 거할 수 있게 해 달라고 기도합시다.

10장

효과적인 부르심
Of Effectual Calling

1항

하나님께서는 생명을 주려고 예정하신 모든 사람, 오직 그들만을 당신이 정하신 기뻐하시는 때에 하나님의 말씀과 성령으로[2] 그들이 본래 처해 있는 죄와 죽음의 상태에서 효과적으로 부르셔서,[1] 예수 그리스도로 말미암아 은혜 받고 구원 받게 하시기를 기뻐하셨다.[3] 곧 그들의 지성을 영적으로, 또 구원과 관련된 것을 알게끔 밝히셔서 그들이 하나님의 일을 이해하게 하시고,[4] 그들의 굳은 마음을 제거하고 부드러운 마음을 주시며,[5] 그들의 의지를 새롭게 하셔서 하나님의 능력으로 그들이 선한 일에 소원을 두고 행하게 하시고,[6] 그들을 예수 그리스도께 효과적으로 이끄신다.[7] 그들은 하나님의 은혜로 말미암은 간절한 마음으로 예수 그리스도께 완전히 자유롭게 나아온다.[8]

1) 롬 8:30; 롬 11:7; 엡 1:10-11 2) 살후 2:13-14; 고후 3:3, 6 3) 롬 8:2; 엡 2:1-5; 딤후 1:9-10 4) 행 26:18; 고전 2:10, 12; 엡 1:17-18 5) 겔 36:26 6) 겔 11:19; 빌 2:13; 신 30:6; 겔 36:27 7) 엡 1:19; 요 6:44-45 8) 아 1:4; 시 110:3; 요 6:37; 롬 6:16-18.

2항

이 효과적인 부르심은 하나님께서 값없이 베푸시는 특별한 은혜로만 말미암는 것이다. 사람 안에 있는

All those whom God hath predestinated unto life, and those only, He is pleased in His appointed and accepted time effectually to call,[1] by His Word and Spirit,[2] out of that state of sin and death, in which they are by nature, to grace and salvation by Jesus Christ;[3] enlightening their minds spiritually and savingly to understand the things of God;[4] taking away their heart of stone, and giving unto them a heart of flesh;[5] renewing their wills, and by His almighty power determining them to that which is good,[6] and effectually drawing them to Jesus Christ:[7] yet so, as they come most freely, being made willing by His grace.[8]

This effectual call is of God's free and special grace alone, not from anything at all foreseen in man,[9] who is altogether passive therein, until being quickened

것으로 예견된 어떤 것에 근거한 것이 아니다.[9] 이런 점에서 볼 때 사람은 성령님으로 말미암아 소생되고 새롭게 되기까지 전적으로 수동적이다.[10] 이렇게 됨으로써 사람은 이 효과적인 부르심에 응답할 수 있게 되고, 이 부르심 안에서 제공되고 전해지는 은혜를 받아들일 수 있게 된다.[11]

9) 딤후 1:9; 딛 3:4-5; 엡 2:4-5, 8-9; 롬 9:11 10) 고전 2:14; 롬 8:7; 엡 2:5 11) 요 6:37; 겔 36:27; 요 5:25.

3항

택함 받은 유아들은 유아일 때 죽더라도, 기뻐하시는 때에 기뻐하시는 곳에서 기뻐하시는 방법으로 일하시는[13] 성령님을 통해 그리스도로 말미암아 거듭나고 구원 받는다.[12] 말씀이 전파되지 않아 외적 부르심을 받을 수 없는 다른 택함 받은 사람들도 모두 성령님을 통해 그리스도로 말미암아 거듭나고 구원 받는다.[14]

12) 눅 18:15-16; 행 2:38-39; 요 3:3, 5; 요일 5:12; 롬 8:9 13) 요 3:8 14) 요일 5:12; 행 4:12.

4항

택함 받지 못한 사람들은 비록 말씀을 들어 부르심을 받고,[15] 성령님의 일반적인 일하심을 어느 정도

and renewed by the Holy Spirit,[10] he is thereby enabled to answer this call, and to embrace the grace offered and conveyed in it.[11]

Elect infants, dying in infancy, are regenerated, and saved by Christ through the Spirit,[12] who worketh when, and where, and how He pleaseth:[13] so also, are all other elect persons who are uncapable of being outwardly called by the ministry of the Word.[14]

Others, not elected, although they may be called by the ministry of the Word,[15] and may have some common operations of the Spirit,[16] yet they never

경험한다 할지라도[16] 결코 그리스도께 진실로 나아가지 않으며, 따라서 구원 받을 수 없다.[17] 더군다나 기독교 신앙을 고백하지 않는 사람들은 다른 어떤 방법으로도 구원 받을 수 없는데, 본성의 빛과 그들이 고백한 종교의 법을 따라 부지런히 그들의 삶을 가꾸어 나간다 하더라도 결단코 구원 받을 수 없다.[18] 그러므로 그들이 구원 받을 수 있다고 주장하고 우기는 것은 매우 사악하고 가증스러운 일이다.[19]

15) 마 22:14 16) 마 7:22; 마 13:20-21; 히 6:4-5 17) 요 6:64-66; 요 8:24 18) 행 4:12; 요 14:6; 엡 2:12; 요 4:22; 요 17:3
19) 요이 1:9-11; 고전 16:22; 갈 1:6-8.

truly come unto Christ, and therefore cannot be saved:[17] much less can men, not professing the Christian religion, be saved in any other way whatsoever, be they never so diligent to frame their lives according to the light of nature, and the law of that religion they do profess.[18] And, to assert and maintain that they may, is very pernicious, and to be detested.[19]

증거구절

1)

롬 8:30 또 미리 정하신 그들을 또한 부르시고 부르신 그들을 또한 의롭다 하시고 의롭다 하신 그들을 또한 영화롭게 하셨느니라

롬 11:7 그런즉 어떠하냐 이스라엘이 구하는 그것을 얻지 못하고 오직 택하심을 입은 자가 얻었고 그 남은 자들은 우둔하여졌느니라

엡 1:10-11 하늘에 있는 것이나 땅에 있는 것이 다 그리스도 안에서 통일되게 하려 하심이라 모든 일을 그의 뜻의 결정대로 일하시는 이의 계획을 따라 우리가 예정을 입어 그 안에서 기업이 되었으니

2)

살후 2:13-14 주께서 사랑하시는 형제들아 우리가 항상 너희에 관하여 마땅히 하나님께 감사할 것은 하나님이 처음부터 너희를 택하사 성령의 거룩하게 하심과 진리를 믿음으로 구원을 받게 하심이니 이를 위하여 우리의 복음으로 너희를 부르사 우리 주 예수 그리스도의 영광을 얻게 하려 하심이니라

고후 3:3, 6 ³너희는 우리로 말미암아 나타난 그리스도의 편지니 이는 먹으로 쓴 것이 아니요 오직 살아 계신 하나님의 영으로 쓴 것이며 또 돌판에 쓴 것이 아니요 오직 육의 마음판에 쓴 것이라 ⁶그가 또한 우리를 새 언약의 일꾼 되기에 만족하게 하셨으니 율법 조문으로 하지 아니하고 오직 영으로 함이니 율법 조문은 죽이는 것이요 영은 살리는 것이니라

3)

롬 8:2 이는 그리스도 예수 안에 있는 생명의 성령의 법이 죄와 사망의 법에서 너를 해방하였음이라

엡 2:1-5 그는 허물과 죄로 죽었던 너희를 살리셨도다 그 때에 너희는 그 가운데서 행하여 이 세상 풍조를 따르고 공중의 권세 잡은 자를 따랐으니 곧 지금 불순종의 아들들 가운데서 역사하는 영이라 전에는 우리도 다 그 가운데서 우리 육체의 욕심을 따라 지내며 육체와 마음의 원하는 것을 하여 다른 이들과 같이 본질상 진노의 자녀이었더니 긍휼이 풍성하신 하나님이 우리를 사랑하신 그 큰 사랑을 인하여 허물로 죽은 우리를 그리스도와 함께 살리셨고 (너희는 은혜로 구원을 받은 것이라)

딤후 1:9-10 하나님이 우리를 구원하사 거룩하신 소명으로 부르심은 우리의 행위대로 하심이 아니요 오직 자기의 뜻과 영원 전부터 그리스도 예수 안에서 우리에게 주신 은혜대로 하심이라 이제는 우리 구주 그리스도 예수의 나타나심으로 말미암아 나타났으니 그는 사망을 폐하시고 복음으로써 생명과 썩지 아니할 것을 드러내신지라

4)

행 26:18 그 눈을 뜨게 하여 어둠에서 빛으로, 사탄의 권세에서 하나님께로 돌아오게 하고 죄 사함과 나를 믿어 거룩하게 된 무리 가운데서 기업을 얻게 하리라 하더이다

고전 2:10, 12 ¹⁰오직 하나님이 성령으로 이것을 우리에게 보이셨으니 성령은 모든 것 곧 하나님의 깊은 것까지도 통달하시느니라 ¹²우리가 세상의 영을 받지 아니하고 오직 하나님으로부터 온 영을 받았으니 이는 우리로 하여금 하나님께서 우리에게 은혜로 주신 것들을 알게 하려 하심이라

엡 1:17-18 우리 주 예수 그리스도의 하나님, 영광의 아버지께서 지혜와 계시의 영을 너희에게 주사 하나님을 알게 하시고 너희 마음의 눈을 밝히사 그의 부르심의 소망이 무엇이며 성도 안에서 그 기업의 영광의 풍성함이 무엇이며

5)

겔 36:26 또 새 영을 너희 속에 두고 새 마음을 너희에게 주되 너희 육신에서 굳은 마음을 제거하고 부드러운 마음을 줄 것이며

6)

겔 11:19 내가 그들에게 한 마음을 주고 그 속에 새 영을 주며 그 몸에서 돌 같은 마음을 제거하고 살처럼 부드러운 마음을 주어

빌 2:13 너희 안에서 행하시는 이는 하나님이시니 자기의 기쁘신 뜻을 위하여 너희에게 소원을 두고 행하게 하시나니

신 30:6 네 하나님 여호와께서 네 마음과 네 자손의 마음에 할례를 베푸사 너로 마음을 다하며 뜻을 다하여 네 하나님 여호와를 사랑하게 하사 너로 생명을 얻게 하실 것이며

겔 36:27 또 내 영을 너희 속에 두어 너희로 내 율례를 행하게 하리니 너희가 내 규례를 지켜 행할지라

7)

엡 1:19 그의 힘의 위력으로 역사하심을 따라 믿는 우리에게 베푸신 능력의 지극히 크심이 어떠한 것을 너희로 알게 하시기를 구하노라

요 6:44-45 나를 보내신 아버지께서 이끌지 아니하시면 아무도 내게 올 수 없으니 오는 그를 내가 마지막 날에 다시 살리리라 선지자의 글에 그들이 다 하나님의 가르치심을 받으리라 기록되었은즉 아버지께 듣고 배운 사람마다 내게로 오느니라

8)

아 1:4 왕이 나를 그의 방으로 이끌어 들이시니 너는 나를 인도하라 우리가 너를 따라 달려가리라 우리가 너로

말미암아 기뻐하며 즐거워하니 네 사랑이 포도주보다 더 진함이라 처녀들이 너를 사랑함이 마땅하니라

시 110:3 주의 권능의 날에 주의 백성이 거룩한 옷을 입고 즐거이 헌신하니 새벽 이슬 같은 주의 청년들이 주께 나오는도다

요 6:37 아버지께서 내게 주시는 자는 다 내게로 올 것이요 내게 오는 자는 내가 결코 내쫓지 아니하리라

롬 6:16-18 너희 자신을 종으로 내주어 누구에게 순종하든지 그 순종함을 받는 자의 종이 되는 줄을 너희가 알지 못하느냐 혹은 죄의 종으로 사망에 이르고 혹은 순종의 종으로 의에 이르느니라 하나님께 감사하리로다 너희가 본래 죄의 종이더니 너희에게 전하여 준 바 교훈의 본을 마음으로 순종하여 죄로부터 해방되어 의에게 종이 되었느니라

9)

딤후 1:9 하나님이 우리를 구원하사 거룩하신 소명으로 부르심은 우리의 행위대로 하심이 아니요 오직 자기의 뜻과 영원 전부터 그리스도 예수 안에서 우리에게 주신 은혜대로 하심이라

딛 3:4-5 우리 구주 하나님의 자비와 사람 사랑하심이 나타날 때에 그가 우리를 구원하시되 우리가 행한 바 의로운 행위로 말미암지 아니하고 오직 그의 긍휼하심을 따라 중생의 씻음과 성령의 새롭게 하심으로 하셨나니

엡 2:4-5, 8-9 ⁴⁻⁵긍휼이 풍성하신 하나님이 우리를 사랑하신 그 큰 사랑을 인하여 허물로 죽은 우리를 그리스도와 함께 살리셨고 (너희는 은혜로 구원을 받은 것이라) ⁸⁻⁹너희는 그 은혜에 의하여 믿음으로 말미암아 구원을 받았으니 이것은 너희에게서 난 것이 아니요 하나님의 선물이라 행위에서 난 것이 아니니 이는 누구든지 자랑하지 못하게 함이라

롬 9:11 그 자식들이 아직 나지도 아니하고 무슨 선이나 악을 행하지 아니한 때에 택하심을 따라 되는 하나님의 뜻이 행위로 말미암지 않고 오직 부르시는 이로 말미암아 서게 하려 하사

10)

고전 2:14 육에 속한 사람은 하나님의 성령의 일들을 받지 아니하나니 이는 그것들이 그에게는 어리석게 보임이요, 또 그는 그것들을 알 수도 없나니 그러한 일은 영적으로 분별되기 때문이라

롬 8:7 육신의 생각은 하나님과 원수가 되나니 이는 하나님의 법에 굴복하지 아니할 뿐 아니라 할 수도 없음이라

엡 2:5 허물로 죽은 우리를 그리스도와 함께 살리셨고 (너희는 은혜로 구원을 받은 것이라)

11)

요 6:37 아버지께서 내게 주시는 자는 다 내게로 올 것이요 내게 오는 자는 내가 결코 내쫓지 아니하리라

겔 36:27 또 내 영을 너희 속에 두어 너희로 내 율례를 행하게 하리니 너희가 내 규례를 지켜 행할지라

요 5:25 진실로 진실로 너희에게 이르노니 죽은 자들이 하나님의 아들의 음성을 들을 때가 오나니 곧 이 때라 듣는 자는 살아나리라

12)

눅 18:15-16 사람들이 예수께서 만져 주심을 바라고 자기 어린 아기를 데리고 오매 제자들이 보고 꾸짖거늘 예수께서 그 어린 아이들을 불러 가까이 하시고 이르시되 어린 아이들이 내게 오는 것을 용납하고 금하지 말라 하나님의 나라가 이런 자의 것이니라

행 2:38-39 베드로가 이르되 너희가 회개하여 각각 예수 그리스도의 이름으로 세례를 받고 죄 사함을 받으라 그리하면 성령의 선물을 받으리니 이 약속은 너희와 너희 자녀와 모든 먼 데 사람 곧 주 우리 하나님이 얼마든지 부르시는 자들에게 하신 것이라 하고

요 3:3, 5 ³예수께서 대답하여 이르시되 진실로 진실로 네게 이르노니 사람이 거듭나지 아니하면 하나님의 나라를 볼 수 없느니라 ⁵예수께서 대답하시되 진실로 진실로 네게 이르노니 사람이 물과 성령으로 나지 아니하면 하나님의 나라에 들어갈 수 없느니라

요일 5:12 아들이 있는 자에게는 생명이 있고 하나님의 아들이 없는 자에게는 생명이 없느니라

롬 8:9 만일 너희 속에 하나님의 영이 거하시면 너희가 육신에 있지 아니하고 영에 있나니 누구든지 그리스도의 영이 없으면 그리스도의 사람이 아니라

13)

요 3:8 바람이 임의로 불매 네가 그 소리는 들어도 어디서 와서 어디로 가는지 알지 못하나니 성령으로 난 사람도 다 그러하니라

14)

요일 5:12 아들이 있는 자에게는 생명이 있고 하나님의 아들이 없는 자에게는 생명이 없느니라

행 4:12 다른 이로써는 구원을 받을 수 없나니 천하 사람 중에 구원을 받을 만한 다른 이름을 우리에게 주신 일이 없음이라 하였더라

15)

마 22:14 청함을 받은 자는 많되 택함을 입은 자는 적으니라

16)

마 7:22 그 날에 많은 사람이 나더러 이르되 주여 주여

우리가 주의 이름으로 선지자 노릇 하며 주의 이름으로 귀신을 쫓아 내며 주의 이름으로 많은 권능을 행하지 아니하였나이까 하리니

마 13:20-21 돌밭에 뿌려졌다는 것은 말씀을 듣고 즉시 기쁨으로 받되 그 속에 뿌리가 없어 잠시 견디다가 말씀으로 말미암아 환난이나 박해가 일어날 때에는 곧 넘어지는 자요

히 6:4-5 한 번 빛을 받고 하늘의 은사를 맛보고 성령에 참여한 바 되고 하나님의 선한 말씀과 내세의 능력을 맛보고도

17)

요 6:64-66 그러나 너희 중에 믿지 아니하는 자들이 있느니라 하시니 이는 예수께서 믿지 아니하는 자들이 누구며 자기를 팔 자가 누구인지 처음부터 아심이러라 또 이르시되 그러므로 전에 너희에게 말하기를 내 아버지께서 오게 하여 주지 아니하시면 누구든지 내게 올 수 없다 하였노라 하시니라 그 때부터 그의 제자 중에서 많은 사람이 떠나가고 다시 그와 함께 다니지 아니하더라

요 8:24 그러므로 내가 너희에게 말하기를 너희가 너희 죄 가운데서 죽으리라 하였노라 너희가 만일 내가 그인 줄 믿지 아니하면 너희 죄 가운데서 죽으리라

18)

행 4:12 다른 이로써는 구원을 받을 수 없나니 천하 사람 중에 구원을 받을 만한 다른 이름을 우리에게 주신 일이 없음이라 하였더라

요 14:6 예수께서 이르시되 내가 곧 길이요 진리요 생명이니 나로 말미암지 않고는 아버지께로 올 자가 없느니라

엡 2:12 그 때에 너희는 그리스도 밖에 있었고 이스라엘 나라 밖의 사람이라 약속의 언약들에 대하여는 외인이요 세상에서 소망이 없고 하나님도 없는 자이더니

요 4:22 너희는 알지 못하는 것을 예배하고 우리는 아는 것을 예배하노니 이는 구원이 유대인에게서 남이라

요 17:3 영생은 곧 유일하신 참 하나님과 그가 보내신 자 예수 그리스도를 아는 것이니이다

19)

요이 1:9-11 지나쳐 그리스도의 교훈 안에 거하지 아니하는 자는 다 하나님을 모시지 못하되 교훈 안에 거하는 그 사람은 아버지와 아들을 모시느니라 누구든지 이 교훈을 가지지 않고 너희에게 나아가거든 그를 집에 들이지도 말고 인사도 하지 말라 그에게 인사하는 자는 그 악한 일에 참여하는 자임이라

고전 16:22 만일 누구든지 주를 사랑하지 아니하면 저주를 받을지어다 우리 주여 오시옵소서

갈 1:6-8 그리스도의 은혜로 너희를 부르신 이를 이같이 속히 떠나 다른 복음을 따르는 것을 내가 이상하게 여기노라 다른 복음은 없나니 다만 어떤 사람들이 너희를 교란하여 그리스도의 복음을 변하게 하려 함이라 그러나 우리나 혹은 하늘로부터 온 천사라도 우리가 너희에게 전한 복음 외에 다른 복음을 전하면 저주를 받을지어다

더 깊은 공부와 나눔을 위한 질문

1. 효과적인 부르심이란 무엇입니까? (10장 1항; 대교리문답 67-68문답)

2. 택함 받은 유아들, 곧 언약 자손들은 어떻게 부르심 받습니까? (10장 3항)

3. "도르트 신조"의 "첫째 교리"에서는 "우리는 하나님의 말씀에서 하나님의 뜻을 판단해야만 하는데, 하나님의 말씀은 신자의 자녀들이 본성상 거룩해서가 아니라 그들이 그 부모와 함께 맺게 된 은혜 언약 때문에 거룩하다고 증언한다. 그러므로 **경건한 부모**들은 유아기에 하나님께서 이 세상에서 불러 가신 자기 자녀들의 선택과 구원을 결코 의심하지 말아야 한다."라고 말합니다. 여기서 "경건한 부모"라고 우리 선조들이 제한한 이유는 무엇입니까?

4. 택함 받지 못한 사람들이 하나님께 부르심 받을 방법이 있습니까? (10장 4항)

하나님께서 깨닫게 해 주신 것과 베풀어 주신 은혜를 생각하며 감사합시다. 또 깨달아 배우고 확신한 일에 거할 수 있게 해 달라고 기도합시다.

11장

칭의(의롭다 하심)
Of Justification

1항

하나님께서는 효과적으로 부르신 사람들을 또한 값 없이 의롭다 하시는데,[1] 그들에게 의를 주입하심으로써가 아니라 그들의 죄를 용서하시고 그들의 인격을 의롭다고 여겨주심으로써 의롭다 하시는 것이며, 이것은 그들 안에서 일어난 것 또는 그들이 행한 일 때문이 아니라 오직 그리스도 덕분 때문이다. 하나님께서는 믿음 자체나 믿는 행위, 또 그 외 다른 복음적인 순종을 그들의 의로 그들에게 전가하지 않으시고, 그리스도의 순종과 속죄를 그들의 의로 그들에게 전가하신다.[2] 그들은 믿음으로 그리스도와 그리스도의 의를 받아들이고 의지하는데, 이 믿음은 그들 자신에게서 나오는 것이 아니라 하나님께서 주시는 선물이다.[3]

1) 롬 8:30; 롬 3:24 2) 롬 4:5-8; 고후 5:19, 21; 롬 3:22, 24-25, 27-28; 딛 3:5, 7; 엡 1:7; 렘 23:6; 고전 1:30-31; 롬 5:17-19 3) 행 10:43; 갈 2:16; 빌 3:9; 행 13:38-39; 엡 2:7-8.

2항

이처럼 그리스도와 그리스도의 의를 받아들이고 의지하게 하는 믿음만이 칭의의 유일한 수단이다.[4] 그러나 믿음은 의롭다 하심을 받은 사람 안에 홀로 있지 않고 언제나 구원에 이르게 하는 다른 모든 은혜와 함께 있으며, 죽은 믿음이 아니라 사랑으로써 역사하는 믿음이다.[5]

Those whom God effectually calleth, He also freely justifieth:[1] not by infusing righteousness into them, but by pardoning their sins, and by accounting and accepting their persons as righteous, not for anything wrought in them, or done by them, but for Christ's sake alone; nor by imputing faith itself, the act of believing, or any other evangelical obedience to them, as their righteousness, but by imputing the obedience and satisfaction of Christ unto them,[2] they receiving and resting on Him and His righteousness by faith; which faith they have not of themselves, it is the gift of God.[3]

Faith, thus receiving and resting on Christ and His righteousness, is the alone instrument of justification;[4] yet it is not alone in the person justified, but is ever accompanied with all other saving graces, and is no dead faith, but worketh by love.[5]

4) 요 1:12; 롬 3:28; 롬 5:1 5) 약 2:17, 22, 26; 갈 5:6.

3항

그리스도께서는 당신의 순종과 죽으심으로 이같이 의롭다 하심을 받은 모든 사람의 빚을 완전히 갚으셨고, 이들을 대신하여 성부 하나님의 공의가 합당하게, 실제로, 완전히 만족되게 하셨다.[6] 그렇지만 성부 하나님께서 그들을 위해 그리스도를 주셨고[7] 그리스도의 순종과 속죄를 그들의 것으로 받아주셨으며,[8] 그들이 의롭다 하심을 받은 것은 그들 안에 있는 어떤 것 때문이 아니라 그리스도의 순종과 속죄가 그들에게 값없이 주어진 것 때문이므로 그들의 칭의는 오직 값없이 베푸신 은혜로 말미암은 것이다.[9] 이는 하나님의 엄정한 공의와 풍성한 은혜가 죄인들을 의롭다 하심을 통해 드러남으로써 하나님께서 영광 받으시기 위함이다.[10]

6) 롬 5:8-10, 19; 딤전 2:5-6; 히 10:10, 14; 단 9:24, 26; 사 53:4-6, 10-12 7) 롬 8:32 8) 고후 5:21; 마 3:17; 엡 5:2 9) 롬 3:24; 엡 1:7 10) 롬 3:26; 엡 2:7.

4항

하나님께서는 영원 전부터, 택하신 모든 사람을 의롭다 하시기로 작정하셨고,[11] 그리스도께서는 때가 차매 그들의 죄를 위해 죽으셨다가 그들의 의롭다 하심을 위해 다시 살아나셨다.[12] 그럼에도, 그들이

Christ, by His obedience and death, did fully discharge the debt of all those that are thus justified, and did make a proper, real, and full satisfaction to His Father's justice in their behalf.[6] Yet, inasmuch as He was given by the Father for them;[7] and His obedience and satisfaction accepted in their stead;[8] and both freely, not for anything in them; their justification is only of free grace;[9] that both the exact justice, and rich grace of God, might be glorified in the justification of sinners.[10]

God did, from all eternity, decree to justify all the elect,[11] and Christ did, in the fulness of time, die for their sins, and rise again for their justification:[12] nevertheless, they are not justified, until the Holy Spirit doth, in due time, actually apply Christ unto

의롭다 함을 받는 것은 성령님께서 꼭 알맞은 때에 그리스도를 그들에게 실제로 적용하실 때 비로소 이루어진다.[13]

11) 갈 3:8; 벧전 1:2, 19-20; 롬 8:30 12) 갈 4:4; 딤전 2:6; 롬 4:25
13) 골 1:21-22; 갈 2:16; 딛 3:3-7.

5항

하나님께서는 의롭다 하심을 받은 자들의 죄를 계속 용서하신다.[14] 그러나 그들이 칭의의 상태에서 결코 떨어질 수는 없다 할지라도,[15] 그들이 짓는 죄로 말미암아 하나님께서 아버지처럼 노여워하시게 할 수 있다. 그들이 스스로 겸비하고, 죄를 고백하며, 용서를 구하고, 믿음을 새롭게 하고 회개할 때까지 하나님께서는 당신의 얼굴빛을 비추지 않으신다.[16]

14) 마 6:12; 요일 1:7, 9; 요일 2:1-2 15) 눅 22:32; 요 10:28; 히 10:14 16) 시 89:31-33; 시 51:7-12; 시 32:5; 마 26:75; 고전 11:30, 32; 눅 1:20.

6항

옛 언약 시대 신자들의 칭의는 이 모든 점에서 새 언약 시대 신자들의 칭의와 하나이며, 같다.[17]

17) 갈 3:9, 13-14; 롬 4:22-24; 히 13:8.

them.[13]

God doth continue to forgive the sins of those that are justified:[14] and, although they can never fall from the state of justification;[15] yet they may, by their sins, fall under God's fatherly displeasure, and not have the light of His countenance restored unto them, until they humble themselves, confess their sins, beg pardon, and renew their faith and repentance.[16]

The justification of believers under the Old Testament was, in all these respects, one and the same with the justification of believers under the New Testament.[17]

증거구절

1)

롬 8:30 또 미리 정하신 그들을 또한 부르시고 부르신 그들을 또한 의롭다 하시고 의롭다 하신 그들을 또한 영화롭게 하셨느니라

롬 3:24 그리스도 예수 안에 있는 속량으로 말미암아 하나님의 은혜로 값 없이 의롭다 하심을 얻은 자 되었느니라

2)

롬 4:5-8 일을 아니할지라도 경건하지 아니한 자를 의롭다 하시는 이를 믿는 자에게는 그의 믿음을 의로 여기시나니 일한 것이 없이 하나님께 의로 여기심을 받는 사람의 복에 대하여 다윗이 말한 바 불법이 사함을 받고 죄가 가리어짐을 받는 사람들은 복이 있고 주께서 그 죄를 인정하지 아니하실 사람은 복이 있도다 함과 같으니라

고후 5:19, 21 ¹⁹곧 하나님께서 그리스도 안에 계시사 세상을 자기와 화목하게 하시며 그들의 죄를 그들에게 돌리지 아니하시고 화목하게 하는 말씀을 우리에게 부탁하셨느니라 ²¹하나님이 죄를 알지도 못하신 이를 우리를 대신하여 죄로 삼으신 것은 우리로 하여금 그 안에서 하나님의 의가 되게 하려 하심이라

롬 3:22, 24-25, 27-28 ²²곧 예수 그리스도를 믿음으로 말미암아 모든 믿는 자에게 미치는 하나님의 의니 차별이 없느니라 ²⁴⁻²⁵그리스도 예수 안에 있는 속량으로 말미암아 하나님의 은혜로 값 없이 의롭다 하심을 얻은 자 되었느니라 이 예수를 하나님이 그의 피로써 믿음으로 말미암는 화목제물로 세우셨으니 이는 하나님께서 길이 참으시는 중에 전에 지은 죄를 간과하심으로 자기의 의로우심을 나타내려 하심이니 ²⁷⁻²⁸그런즉 자랑할 데가 어디냐 있을 수가 없느니라 무슨 법으로냐 행위로냐 아니라 오직 믿음의 법으로니라 그러므로 사람이 의롭다 하심을 얻는 것은 율법의 행위에 있지 않고 믿음으로 되는 줄 우리가 인정하노라

딛 3:5, 7 ⁵우리를 구원하시되 우리가 행한 바 의로운 행위로 말미암지 아니하고 오직 그의 긍휼하심을 따라 중생의 씻음과 성령의 새롭게 하심으로 하셨나니 ⁷우리로 그의 은혜를 힘입어 의롭다 하심을 얻어 영생의 소망을 따라 상속자가 되게 하려 하심이라

엡 1:7 우리는 그리스도 안에서 그의 은혜의 풍성함을 따라 그의 피로 말미암아 속량 곧 죄 사함을 받았느니라

렘 23:6 그의 날에 유다는 구원을 받겠고 이스라엘은 평안히 살 것이며 그의 이름은 여호와 우리의 공의라 일컬음을 받으리라

고전 1:30-31 너희는 하나님으로부터 나서 그리스도 예수 안에 있고 예수는 하나님으로부터 나와서 우리에게 지혜와 의로움과 거룩함과 구원함이 되셨으니 기록된 바 자랑하는 자는 주 안에서 자랑하라 함과 같게 하려 함이라

롬 5:17-19 한 사람의 범죄로 말미암아 사망이 그 한 사람을 통하여 왕 노릇 하였은즉 더욱 은혜와 의의 선물을 넘치게 받는 자들은 한 분 예수 그리스도를 통하여 생명 안에서 왕 노릇 하리로다 그런즉 한 범죄로 많은 사람이 정죄에 이른 것 같이 한 의로운 행위로 말미암아 많은 사람이 의롭다 하심을 받아 생명에 이르렀느니라 한 사람이 순종하지 아니함으로 많은 사람이 죄인 된 것 같이 한 사람이 순종하심으로 많은 사람이 의인이 되리라

3)

행 10:43 그에 대하여 모든 선지자도 증언하되 그를 믿는 사람들이 다 그의 이름을 힘입어 죄 사함을 받는다 하였느니라

갈 2:16 사람이 의롭게 되는 것은 율법의 행위로 말미암음이 아니요 오직 예수 그리스도를 믿음으로 말미암는 줄 알므로 우리도 그리스도 예수를 믿나니 이는 우리가 율법의 행위로써가 아니고 그리스도를 믿음으로써 의롭다 함을 얻으려 함이라 율법의 행위로써는 의롭다 함을 얻을 육체가 없느니라

빌 3:9 그 안에서 발견되려 함이니 내가 가진 의는 율법에서 난 것이 아니요 오직 그리스도를 믿음으로 말미암은 것이니 곧 믿음으로 하나님께로부터 난 의라

행 13:38-39 그러므로 형제들아 너희가 알 것은 이 사람을 힘입어 죄 사함을 너희에게 전하는 이것이며 또 모세의 율법으로 너희가 의롭다 하심을 얻지 못하던 모든 일에도 이 사람을 힘입어 믿는 자마다 의롭다 하심을 얻는 이것이라

엡 2:7-8 이는 그리스도 예수 안에서 우리에게 자비하심으로써 그 은혜의 지극히 풍성함을 오는 여러 세대에 나타내려 하심이라 너희는 그 은혜에 의하여 믿음으로 말미암아 구원을 받았으니 이것은 너희에게서 난 것이 아니요 하나님의 선물이라

4)

요 1:12 영접하는 자 곧 그 이름을 믿는 자들에게는 하나님의 자녀가 되는 권세를 주셨으니

롬 3:28 그러므로 사람이 의롭다 하심을 얻는 것은 율법의 행위에 있지 않고 믿음으로 되는 줄 우리가 인정하노라

롬 5:1 그러므로 우리가 믿음으로 의롭다 하심을 받았으니 우리 주 예수 그리스도로 말미암아 하나님과 화평을 누리자

5)

약 2:17, 22, 26 ¹⁷이와 같이 행함이 없는 믿음은 그 자체가 죽은 것이라 ²²네가 보거니와 믿음이 그의 행함과 함께 일하고 행함으로 믿음이 온전하게 되었느니라 ²⁶영혼 없는

몸이 죽은 것 같이 행함이 없는 믿음은 죽은 것이니라

갈 5:6 그리스도 예수 안에서는 할례나 무할례나 효력이 없으되 사랑으로써 역사하는 믿음뿐이니라

6)

롬 5:8-10, 19 ⁸⁻¹⁰우리가 아직 죄인 되었을 때에 그리스도께서 우리를 위하여 죽으심으로 하나님께서 우리에 대한 자기의 사랑을 확증하셨느니라 그러면 이제 우리가 그의 피로 말미암아 의롭다 하심을 받았으니 더욱 그로 말미암아 진노하심에서 구원을 받을 것이니 곧 우리가 원수 되었을 때에 그의 아들의 죽으심으로 말미암아 하나님과 화목하게 되었은즉 화목하게 된 자로서는 더욱 그의 살아나심으로 말미암아 구원을 받을 것이니라 ¹⁹한 사람이 순종하지 아니함으로 많은 사람이 죄인 된 것 같이 한 사람이 순종하심으로 많은 사람이 의인이 되리라

딤전 2:5-6 하나님은 한 분이시요 또 하나님과 사람 사이에 중보자도 한 분이시니 곧 사람이신 그리스도 예수라 그가 모든 사람을 위하여 자기를 대속물로 주셨으니 기약이 이르러 주신 증거니라

히 10:10, 14 ¹⁰이 뜻을 따라 예수 그리스도의 몸을 단번에 드리심으로 말미암아 우리가 거룩함을 얻었노라 ¹⁴그가 거룩하게 된 자들을 한 번의 제사로 영원히 온전하게 하셨느니라

단 9:24, 26 ²⁴네 백성과 네 거룩한 성을 위하여 일흔 이레를 기한으로 정하였나니 허물이 그치며 죄가 끝나며 죄악이 용서되며 영원한 의가 드러나며 환상과 예언이 응하며 또 지극히 거룩한 이가 기름 부음을 받으리라 ²⁶예순두 이레 후에 기름 부음을 받은 자가 끊어져 없어질 것이며 장차 한 왕의 백성이 와서 그 성읍과 성소를 무너뜨리려니와 그의 마지막은 홍수에 휩쓸림 같을 것이며 또 끝까지 전쟁이 있으리니 황폐할 것이 작정되었느니라

사 53:4-6, 10-12 ⁴⁻⁶그는 실로 우리의 질고를 지고 우리의 슬픔을 당하였거늘 우리는 생각하기를 그는 징벌을 받아 하나님께 맞으며 고난을 당한다 하였노라 그가 찔림은 우리의 허물 때문이요 그가 상함은 우리의 죄악 때문이라 그가 징계를 받으므로 우리는 평화를 누리고 그가 채찍에 맞으므로 우리는 나음을 받았도다 우리는 다 양 같아서 그릇 행하여 각기 제 길로 갔거늘 여호와께서는 우리 모두의 죄악을 그에게 담당시키셨도다 ¹⁰⁻¹²여호와께서 그에게 상함을 받게 하시기를 원하사 질고를 당하게 하셨은즉 그의 영혼을 속건제물로 드리기에 이르면 그가 씨를 보게 되며 그의 날은 길 것이요 또 그의 손으로 여호와께서 기뻐하시는 뜻을 성취하리로다 그가 자기 영혼의 수고한 것을 보고 만족하게 여길 것이라 나의 의로운 종이 자기 지식으로 많은 사람을 의롭게 하며 또 그들의 죄악을 친히 담당하리로다 그러므로 내가 그에게 존귀한 자와 함께 몫을 받게 하며 강한 자와 함께 탈취한 것을 나누게 하리니 이는 그가 자기 영혼을 버려 사망에 이르게 하며 범죄자 중 하나로 헤아림을 받았음이니라

그러나 그가 많은 사람의 죄를 담당하며 범죄자를 위하여 기도하였느니라

7)

롬 8:32 자기 아들을 아끼지 아니하시고 우리 모든 사람을 위하여 내주신 이가 어찌 그 아들과 함께 모든 것을 우리에게 주시지 아니하겠느냐

8)

고후 5:21 하나님이 죄를 알지도 못하신 이를 우리를 대신하여 죄로 삼으신 것은 우리로 하여금 그 안에서 하나님의 의가 되게 하려 하심이라

마 3:17 하늘로부터 소리가 있어 말씀하시되 이는 내 사랑하는 아들이요 내 기뻐하는 자라 하시니라

엡 5:2 그리스도께서 너희를 사랑하신 것 같이 너희도 사랑 가운데서 행하라 그는 우리를 위하여 자신을 버리사 향기로운 제물과 희생제물로 하나님께 드리셨느니라

9)

롬 3:24 그리스도 예수 안에 있는 속량으로 말미암아 하나님의 은혜로 값 없이 의롭다 하심을 얻은 자 되었느니라

엡 1:7 우리는 그리스도 안에서 그의 은혜의 풍성함을 따라 그의 피로 말미암아 속량 곧 죄 사함을 받았느니라

10)

롬 3:26 곧 이 때에 자기의 의로우심을 나타내사 자기도 의로우시며 또한 예수 믿는 자를 의롭다 하려 하심이라

엡 2:7 이는 그리스도 예수 안에서 우리에게 자비하심으로써 그 은혜의 지극히 풍성함을 오는 여러 세대에 나타내려 하심이라

11)

갈 3:8 또 하나님이 이방을 믿음으로 말미암아 의로 정하실 것을 성경이 미리 알고 먼저 아브라함에게 복음을 전하되 모든 이방인이 너로 말미암아 복을 받으리라 하였느니라

벧전 1:2, 19-20 ²곧 하나님 아버지의 미리 아심을 따라 성령이 거룩하게 하심으로 순종함과 예수 그리스도의 피 뿌림을 얻기 위하여 택하심을 받은 자들에게 편지하노니 은혜와 평강이 너희에게 더욱 많을지어다 ¹⁹⁻²⁰오직 흠 없고 점 없는 어린 양 같은 그리스도의 보배로운 피로 된 것이니라 그는 창세 전부터 미리 알린 바 되신 이나 이 말세에 너희를 위하여 나타내신 바 되었으니

롬 8:30 또 미리 정하신 그들을 또한 부르시고 부르신 그들을 또한 의롭다 하시고 의롭다 하신 그들을 또한 영화롭게 하셨느니라

12)

갈 4:4 때가 차매 하나님이 그 아들을 보내사 여자에게

서 나게 하시고 율법 아래에 나게 하신 것은

딤전 2:6 그가 모든 사람을 위하여 자기를 대속물로 주셨으니 기약이 이르러 주신 증거니라

롬 4:25 예수는 우리가 범죄한 것 때문에 내줌이 되고 또한 우리를 의롭다 하시기 위하여 살아나셨느니라

13)

골 1:21-22 전에 악한 행실로 멀리 떠나 마음으로 원수가 되었던 너희를 이제는 그의 육체의 죽음으로 말미암아 화목하게 하사 너희를 거룩하고 흠 없고 책망할 것이 없는 자로 그 앞에 세우고자 하셨으니

갈 2:16 사람이 의롭게 되는 것은 율법의 행위로 말미암음이 아니요 오직 예수 그리스도를 믿음으로 말미암는 줄 알므로 우리도 그리스도 예수를 믿나니 이는 우리가 율법의 행위로써가 아니고 그리스도를 믿음으로써 의롭다 함을 얻으려 함이라 율법의 행위로써는 의롭다 함을 얻을 육체가 없느니라

딛 3:3-7 우리도 전에는 어리석은 자요 순종하지 아니한 자요 속은 자요 여러 가지 정욕과 행락에 종 노릇 한 자요 악독과 투기를 일삼은 자요 가증스러운 자요 피차 미워한 자였으나 우리 구주 하나님의 자비와 사람 사랑하심이 나타날 때에 우리를 구원하시되 우리가 행한 바 의로운 행위로 말미암지 아니하고 오직 그의 긍휼하심을 따라 중생의 씻음과 성령의 새롭게 하심으로 하셨나니 우리 구주 예수 그리스도로 말미암아 우리에게 그 성령을 풍성히 부어 주사 우리로 그의 은혜를 힘입어 의롭다 하심을 얻어 영생의 소망을 따라 상속자가 되게 하려 하심이라

14)

마 6:12 우리가 우리에게 죄 지은 자를 사하여 준 것 같이 우리 죄를 사하여 주시옵고

요일 1:7, 9 [7]그가 빛 가운데 계신 것 같이 우리도 빛 가운데 행하면 우리가 서로 사귐이 있고 그 아들 예수의 피가 우리를 모든 죄에서 깨끗하게 하실 것이요 [9]만일 우리가 우리 죄를 자백하면 그는 미쁘시고 의로우사 우리 죄를 사하시며 우리를 모든 불의에서 깨끗하게 하실 것이요

요일 2:1-2 나의 자녀들아 내가 이것을 너희에게 씀은 너희로 죄를 범하지 않게 하려 함이라 만일 누가 죄를 범하여도 아버지 앞에서 우리에게 대언자가 있으니 곧 의로우신 예수 그리스도시라 그는 우리 죄를 위한 화목 제물이니 우리만 위할 뿐 아니라 온 세상의 죄를 위하심이라

15)

눅 22:32 그러나 내가 너를 위하여 네 믿음이 떨어지지 않기를 기도하였노니 너는 돌이킨 후에 네 형제를 굳게 하라

요 10:28 내가 그들에게 영생을 주노니 영원히 멸망하지 아니할 것이요 또 그들을 내 손에서 빼앗을 자가 없느니라

히 10:14 그가 거룩하게 된 자들을 한 번의 제사로 영원히 온전하게 하셨느니라

16)

시 89:31-33 내 율례를 깨뜨리며 내 계명을 지키지 아니하면 내가 회초리로 그들의 죄를 다스리며 채찍으로 그들의 죄악을 벌하리로다 그러나 나의 인자함을 그에게서 다 거두지는 아니하며 나의 성실함도 폐하지 아니하며

시 51:7-12 우슬초로 나를 정결하게 하소서 내가 정하리이다 나의 죄를 씻어 주소서 내가 눈보다 희리이다 내게 즐겁고 기쁜 소리를 들려 주시사 주께서 꺾으신 뼈들도 즐거워하게 하소서 주의 얼굴을 내 죄에서 돌이키시고 내 모든 죄악을 지워 주소서 하나님이여 내 속에 정한 마음을 창조하시고 내 안에 정직한 영을 새롭게 하소서 나를 주 앞에서 쫓아내지 마시며 주의 성령을 내게서 거두지 마소서 주의 구원의 즐거움을 내게 회복시켜 주시고 자원하는 심령을 주사 나를 붙드소서

시 32:5 내가 이르기를 내 허물을 여호와께 자복하리라 하고 주께 내 죄를 아뢰고 내 죄악을 숨기지 아니하였더니 곧 주께서 내 죄악을 사하셨나이다 (셀라)

마 26:75 이에 베드로가 예수의 말씀에 닭 울기 전에 네가 세 번 나를 부인하리라 하심이 생각나서 밖에 나가서 심히 통곡하니라

고전 11:30, 32 [30]그러므로 너희 중에 약한 자와 병든 자가 많고 잠자는 자도 적지 아니하니 [32]우리가 판단을 받는 것은 주께 징계를 받는 것이니 이는 우리로 세상과 함께 정죄함을 받지 않게 하려 하심이라

눅 1:20 보라 이 일이 되는 날까지 네가 말 못하는 자가 되어 능히 말을 못하리니 이는 네가 내 말을 믿지 아니함이거니와 때가 이르면 내 말이 이루어지리라 하더라

17)

갈 3:9, 13-14 [9]그러므로 믿음으로 말미암은 자는 믿음이 있는 아브라함과 함께 복을 받느니라 [13-14]그리스도께서 우리를 위하여 저주를 받은 바 되사 율법의 저주에서 우리를 속량하셨으니 기록된 바 나무에 달린 자마다 저주 아래에 있는 자라 하였음이라 이는 그리스도 예수 안에서 아브라함의 복이 이방인에게 미치게 하고 또 우리로 하여금 믿음으로 말미암아 성령의 약속을 받게 하려 함이라

롬 4:22-24 그러므로 그것이 그에게 의로 여겨졌느니라 그에게 의로 여겨졌다 기록된 것은 아브라함만 위한 것이 아니요 의로 여기심을 받을 우리도 위함이니 곧 예수 우리 주를 죽은 자 가운데서 살리신 이를 믿는 자니라

히 13:8 예수 그리스도는 어제나 오늘이나 영원토록 동일하시니라

더 깊은 공부와 나눔을 위한 질문

1. 구원 받을 때 신자들은 완전하고 거룩한 의를 새롭게 받게 됩니까? 칭의가 하나님의 선물인 이유는 무엇입니까? (11장 1항; 대교리문답 70문답)

2. 칭의를 충분히 설명해 봅시다. (대교리문답 70-73문답)

3. 칭의의 유일한 수단은 무엇입니까? (11장 2항)

4. 칭의가 하나님을 어떻게 영화롭게 합니까? (11장 3항)

5. 삼위 하나님께서 이 은혜의 일을 어떻게 이루십니까? (11장 4항)

6. "값없이 베푸시는 하나님의 은혜", "믿음 자체도 선물", "전적으로 삼위 하나님의 일하심", "그리스도의 순종과 속죄", "그리스도의 의의 전가" 등이 칭의의 핵심입니다. 칭의에 관한 흔한 오해들, 은밀한 왜곡들을 찾아보고 비판해 봅시다.

하나님께서 깨닫게 해 주신 것과 베풀어 주신 은혜를 생각하며 감사합시다. 또 깨달아 배우고 확신한 일에 거할 수 있게 해 달라고 기도합시다.

12장

양자됨
Of Adoption

1항

하나님께서는 의롭다 하심을 받은 모든 사람이 하나님의 독생자 주 예수 그리스도 안에서, 또 그리스도를 위하여 양자가 되는 은혜에 참여하도록 허락하신다.[1] 이로써 그들은 하나님의 자녀들이 되고, 자녀로서의 자유와 특권을 누리며,[2] 하나님의 이름으로 일컬음을 받고,[3] 양자의 영을 받으며,[4] 은혜의 보좌 앞에 담대히 나아가고,[5] '아빠 아버지'라고 부를 수 있으며,[6] 긍휼히 여김을 받고,[7] 보호받으며,[8] 필요한 것을 공급받고,[9] 아버지에게 징계를 받는 것 같이 하나님께 징계를 받으나[10] 결코 버림받지 않으며,[11] 오히려 구원의 날까지 인치심을 받고,[12] 영원한 구원의 상속자로서[14] 약속들을 기업으로 받는다.[13]

1) 엡 1:5 2) 갈 4:4-5; 롬 8:17; 요 1:12 3) 렘 14:9; 고후 6:18; 계 3:12 4) 롬 8:15 5) 엡 3:12; 롬 5:2 6) 갈 4:6 7) 시 103:13 8) 잠 14:26 9) 마 6:30, 32; 벧전 5:7 10) 히 12:6 11) 애 3:31 12) 엡 4:30 13) 히 6:12 14) 벧전 1:3-4; 히 1:14.

All those that are justified, God vouchsafeth, in and for His only Son Jesus Christ, to make partakers of the grace of adoption:[1] by which they are taken into the number, and enjoy the liberties and privileges of the children of God,[2] have His name put upon them,[3] receive the spirit of adoption,[4] have access to the throne of grace with boldness,[5] are enabled to cry, Abba, Father,[6] are pitied,[7] protected,[8] provided for,[9] and chastened by Him as by a Father;[10] yet never cast off,[11] but sealed to the day of redemption,[12] and inherit the promises,[13] as heirs of everlasting salvation.[14]

증거구절

1)
엡 1:5 그 기쁘신 뜻대로 우리를 예정하사 예수 그리스도로 말미암아 자기의 아들들이 되게 하셨으니

2)
갈 4:4-5 때가 차매 하나님이 그 아들을 보내사 여자에게서 나게 하시고 율법 아래에 나게 하신 것은 율법 아래에 있는 자들을 속량하시고 우리로 아들의 명분을 얻게 하려 하심이라

롬 8:17 자녀이면 또한 상속자 곧 하나님의 상속자요 그리스도와 함께 한 상속자니 우리가 그와 함께 영광을 받기 위하여 고난도 함께 받아야 할 것이니라

요 1:12 영접하는 자 곧 그 이름을 믿는 자들에게는 하나님의 자녀가 되는 권세를 주셨으니

3)
렘 14:9 어찌하여 놀란 자 같으시며 구원하지 못하는 용사 같으시니이까 여호와여 주는 그래도 우리 가운데 계시오니 우리는 주의 이름으로 일컬음을 받는 자이오니 우리를 버리지 마옵소서

고후 6:18 너희에게 아버지가 되고 너희는 내게 자녀가 되리라 전능하신 주의 말씀이니라 하셨느니라

계 3:12 이기는 자는 내 하나님 성전에 기둥이 되게 하리니 그가 결코 다시 나가지 아니하리라 내가 하나님의 이름과 하나님의 성 곧 하늘에서 내 하나님께로부터 내려오는 새 예루살렘의 이름과 나의 새 이름을 그이 위에 기록하리라

4)
롬 8:15 너희는 다시 무서워하는 종의 영을 받지 아니하고 양자의 영을 받았으므로 우리가 아빠 아버지라고 부르짖느니라

5)
엡 3:12 우리가 그 안에서 그를 믿음으로 말미암아 담대함과 확신을 가지고 하나님께 나아감을 얻느니라

롬 5:2 또한 그로 말미암아 우리가 믿음으로 서 있는 이 은혜에 들어감을 얻었으며 하나님의 영광을 바라고 즐거워하느니라

6)
갈 4:6 너희가 아들이므로 하나님이 그 아들의 영을 우리 마음 가운데 보내사 아빠 아버지라 부르게 하셨느니라

7)
시 103:13 아버지가 자식을 긍휼히 여김 같이 여호와께서는 자기를 경외하는 자를 긍휼히 여기시나니

8)
잠 14:26 여호와를 경외하는 자에게는 견고한 의뢰가 있나니 그 자녀들에게 피난처가 있으리라

9)
마 6:30, 32 ³⁰오늘 있다가 내일 아궁이에 던져지는 들풀도 하나님이 이렇게 입히시거든 하물며 너희일까보냐 믿음이 작은 자들아 ³²이는 다 이방인들이 구하는 것이라 너희 하늘 아버지께서 이 모든 것이 너희에게 있어야 할 줄을 아시느니라

벧전 5:7 너희 염려를 다 주께 맡기라 이는 그가 너희를 돌보심이라

10)
히 12:6 주께서 그 사랑하시는 자를 징계하시고 그가 받아들이시는 아들마다 채찍질하심이라 하였으니

11)
애 3:31 이는 주께서 영원하도록 버리지 아니하실 것임이며

12)
엡 4:30 하나님의 성령을 근심하게 하지 말라 그 안에서 너희가 구원의 날까지 인치심을 받았느니라

13)
히 6:12 게으르지 아니하고 믿음과 오래 참음으로 말미암아 약속들을 기업으로 받는 자들을 본받는 자 되게 하려는 것이니라

14)
벧전 1:3-4 우리 주 예수 그리스도의 아버지 하나님을 찬송하리로다 그의 많으신 긍휼대로 예수 그리스도를 죽은 자 가운데서 부활하게 하심으로 말미암아 우리를 거듭나게 하사 산 소망이 있게 하시며 썩지 않고 더럽지 않고 쇠하지 아니하는 유업을 잇게 하시나니 곧 너희를 위하여 하늘에 간직하신 것이라

히 1:14 모든 천사들은 섬기는 영으로서 구원 받을 상속자들을 위하여 섬기라고 보내심이 아니냐

더 깊은 공부와 나눔을 위한 질문

1. 양자됨은 무엇입니까? (12장 1항; 대교리문답 74문답)

2. 하나님의 자녀 삼아주시고, 그리스도의 신부가 되게 하시며, 한 성령 안에서 교회로 모이게 하시는 삼위 하나님의 은혜를 더욱 깊이 생각하고 찬양합시다.

하나님께서 깨닫게 해 주신 것과 베풀어 주신 은혜를 생각하며 감사합시다. 또 깨달아 배우고 확신한 일에 거할 수 있게 해 달라고 기도합시다.

13장

성화
Of Sanctification

1항

효과적인 부르심을 받고 거듭나서 그들 안에 새 마음과 새 영이 창조된 사람들은, 더 나아가 그리스도의 죽음과 부활의 공로를 통해서,[1] 하나님의 말씀과 그들 안에 거하시는 성령님으로 말미암아[2] 실제로, 그리고 인격적으로 더욱 거룩해진다. 온몸을 지배하는 죄의 권세가 파괴되고,[3] 그 몸의 여러 정욕이 점점 약화되거나 억제되며,[4] 모든 구원의 은혜 가운데서 점점 더 살아나고 강건하게 되어[5] 진정으로 거룩한 삶을 살아가게 된다. 이런 거룩함이 없으면 아무도 주를 보지 못한다.[6]

1) 고전 6:11; 행 20:32; 빌 3:10; 롬 6:5-6 2) 요 17:17; 엡 5:26; 살후 2:13 3) 롬 6:6, 14 4) 갈 5:24; 롬 8:13 5) 골 1:11; 엡 3:16-19 6) 고후 7:1; 히 12:14.

2항

이 성화는 전인에 걸쳐 이루어진다.[7] 그러나 이 세상에서는 불완전하게 이루어지는데, 이는 우리 모든 부분에 어느 정도 부패의 잔여가 남아 있기 때문이다.[8] 거기에서 화해할 수 없는 싸움이 계속 일어나는데, 육체의 소욕은 성령을 거스르고 성령은 육체를 거스르신다.[9]

7) 살전 5:23 8) 요일 1:10; 롬 7:18, 23; 빌 3:12 9) 갈 5:17; 벧전 2:11.

They who are effectually called and regenerated, having a new heart and a new spirit created in them, are further sanctified, really and personally, through the virtue of Christ's death and resurrection,[1] by His Word and Spirit dwelling in them:[2] the dominion of the whole body of sin is destroyed,[3] and the several lusts thereof are more and more weakened and mortified;[4] and they more and more quickened and strengthened in all saving graces,[5] to the practice of true holiness, without which no man shall see the Lord.[6]

This sanctification is throughout, in the whole man;[7] yet imperfect in this life, there abiding still some remnants of corruption in every part:[8] whence ariseth a continual and irreconcilable war; the flesh lusting against the Spirit, and the Spirit against the flesh.[9]

3항

이 싸움에서는 남아 있는 부패가 한동안 크게 우세할 수 있지만,[10] 거룩하게 하시는 그리스도의 영으로부터 계속해서 공급되는 힘을 통해 거듭난 부분이 이긴다.[11] 따라서 성도들은 은혜 안에서 자라가며,[12] 하나님을 경외하는 가운데 거룩함을 온전히 이룬다.[13]

10) 롬 7:23 11) 롬 6:14; 요일 5:4; 엡 4:15-16 12) 벧후 3:18; 고후 3:18 13) 고후 7:1.

In which war, although the remaining corruption, for a time, may much prevail;[10] yet through the continual supply of strength from the sanctifying Spirit of Christ, the regenerate part doth overcome;[11] and so, the saints grow in grace,[12] perfecting holiness in the fear of God.[13]

증거구절

1)

고전 6:11 너희 중에 이와 같은 자들이 있더니 주 예수 그리스도의 이름과 우리 하나님의 성령 안에서 씻음과 거룩함과 의롭다 하심을 받았느니라

행 20:32 지금 내가 여러분을 주와 및 그 은혜의 말씀에 부탁하노니 그 말씀이 여러분을 능히 든든히 세우사 거룩하게 하심을 입은 모든 자 가운데 기업이 있게 하시리라

빌 3:10 내가 그리스도와 그 부활의 권능과 그 고난에 참여함을 알고자 하여 그의 죽으심을 본받아

롬 6:5–6 만일 우리가 그의 죽으심과 같은 모양으로 연합한 자가 되었으면 또한 그의 부활과 같은 모양으로 연합한 자도 되리라 우리가 알거니와 우리의 옛 사람이 예수와 함께 십자가에 못 박힌 것은 죄의 몸이 죽어 다시는 우리가 죄에게 종 노릇 하지 아니하려 함이니

2)

요 17:17 그들을 진리로 거룩하게 하옵소서 아버지의 말씀은 진리니이다

엡 5:26 이는 곧 물로 씻어 말씀으로 깨끗하게 하사 거룩하게 하시고

살후 2:13 주께서 사랑하시는 형제들아 우리가 항상 너희에 관하여 마땅히 하나님께 감사할 것은 하나님이 처음부터 너희를 택하사 성령의 거룩하게 하심과 진리를 믿음으로 구원을 받게 하심이니

3)

롬 6:6, 14 [6]우리가 알거니와 우리의 옛 사람이 예수와 함께 십자가에 못 박힌 것은 죄의 몸이 죽어 다시는 우리가 죄에게 종 노릇 하지 아니하려 함이니 [14]죄가 너희를 주장하지 못하리니 이는 너희가 법 아래에 있지 아니하고 은혜 아래에 있음이라

4)

갈 5:24 그리스도 예수의 사람들은 육체와 함께 그 정욕과 탐심을 십자가에 못 박았느니라

롬 8:13 너희가 육신대로 살면 반드시 죽을 것이로되 영으로써 몸의 행실을 죽이면 살리니

5)

골 1:11 그의 영광의 힘을 따라 모든 능력으로 능하게 하시며 기쁨으로 모든 견딤과 오래 참음에 이르게 하시고

엡 3:16–19 그의 영광의 풍성함을 따라 그의 성령으로 말미암아 너희 속사람을 능력으로 강건하게 하시오며 믿음으로 말미암아 그리스도께서 너희 마음에 계시게 하시옵고 너희가 사랑 가운데서 뿌리가 박히고 터가 굳어져서 능히 모든 성도와 함께 지식에 넘치는 그리스도의 사랑을 알고 그 너비와 길이와 높이와 깊이가 어떠함을 깨달아 하나님의 모든 충만하신 것으로 너희에게 충만하게 하시기를 구하노라

6)

고후 7:1 그런즉 사랑하는 자들아 이 약속을 가진 우리는 하나님을 두려워하는 가운데서 거룩함을 온전히 이루어 육과 영의 온갖 더러운 것에서 자신을 깨끗하게 하자

히 12:14 모든 사람과 더불어 화평함과 거룩함을 따르라 이것이 없이는 아무도 주를 보지 못하리라

7)

살전 5:23 평강의 하나님이 친히 너희를 온전히 거룩하게 하시고 또 너희의 온 영과 혼과 몸이 우리 주 예수 그리스도께서 강림하실 때에 흠 없게 보전되기를 원하노라

8)

요일 1:10 만일 우리가 범죄하지 아니하였다 하면 하나님을 거짓말하는 이로 만드는 것이니 또한 그의 말씀이 우리 속에 있지 아니하니라

롬 7:18, 23 [18]내 속 곧 내 육신에 선한 것이 거하지 아니하는 줄을 아노니 원함은 내게 있으나 선을 행하는 것은 없노라 [23]내 지체 속에서 한 다른 법이 내 마음의 법과 싸워 내 지체 속에 있는 죄의 법으로 나를 사로잡는 것을 보는도다

빌 3:12 내가 이미 얻었다 함도 아니요 온전히 이루었다 함도 아니라 오직 내가 그리스도 예수께 잡힌 바 된 그것을 잡으려고 달려가노라

9)

갈 5:17 육체의 소욕은 성령을 거스르고 성령은 육체를 거스르나니 이 둘이 서로 대적함으로 너희가 원하는 것을 하지 못하게 하려 함이니라

벧전 2:11 사랑하는 자들아 거류민과 나그네 같은 너희를 권하노니 영혼을 거슬러 싸우는 육체의 정욕을 제어하라

10)

롬 7:23 내 지체 속에서 한 다른 법이 내 마음의 법과 싸워 내 지체 속에 있는 죄의 법으로 나를 사로잡는 것을 보는도다

11)

롬 6:14 죄가 너희를 주장하지 못하리니 이는 너희가 법 아래에 있지 아니하고 은혜 아래에 있음이라

요일 5:4 무릇 하나님께로부터 난 자마다 세상을 이기느니라 세상을 이기는 승리는 이것이니 우리의 믿음이니라

엡 4:15–16 오직 사랑 안에서 참된 것을 하여 범사에 그

에게까지 자랄지라 그는 머리니 곧 그리스도라 그에게서 온 몸이 각 마디를 통하여 도움을 받음으로 연결되고 결합되어 각 지체의 분량대로 역사하여 그 몸을 자라게 하며 사랑 안에서 스스로 세우느니라

12)
벧후 3:18 오직 우리 주 곧 구주 예수 그리스도의 은혜와 그를 아는 지식에서 자라 가라 영광이 이제와 영원한 날까지 그에게 있을지어다

고후 3:18 우리가 다 수건을 벗은 얼굴로 거울을 보는 것 같이 주의 영광을 보매 그와 같은 형상으로 변화하여 영광에서 영광에 이르니 곧 주의 영으로 말미암음이니라

13)
고후 7:1 그런즉 사랑하는 자들아 이 약속을 가진 우리는 하나님을 두려워하는 가운데서 거룩함을 온전히 이루어 육과 영의 온갖 더러운 것에서 자신을 깨끗하게 하자

더 깊은 공부와 나눔을 위한 질문

1. 성화란 무엇입니까? (13장 1항; 대교리문답 75문답)

2. 이 세상에서 완전히 의로워지고 거룩해지는 일이 가능합니까? 가능하지 않다면 어떻게 해야 합니까? (13장 2-3항; 대교리문답 78문답)

3. 어떤 사람이 "성화 가운데 있다", 또는 "점점 더 거룩해져 간다"라고 말할 수 있는 근거는 무엇입니까? 어느 정도의 수준에 이르는 것일까요? 방향성의 문제일까요? 충분히, 최대한 조심스럽게 나눠봅시다. 판단과 관련하여 교회의 권위와 직분자의 역할도 함께 생각해 봅시다.

4. 누군가가(우리 자신일 수 있습니다) 믿는다고 말하지만, 성화의 삶이 거의 드러나지 않는다거나 은밀하고 의식적인 죄를 짓는 경우 교회는 그 사람을 어떻게 판단하는 것이 합당할까요? 또 교회는 그 사람을 어떻게 대해야 할까요?

5. 칭의와 성화가 어떻게 다른지 비교해봅시다. (대교리문답 77문답)

하나님께서 깨닫게 해 주신 것과 베풀어 주신 은혜를 생각하며 감사합시다. 또 깨달아 배우고 확신한 일에 거할 수 있게 해 달라고 기도합시다.

14장

구원 받는 믿음
Of Saving Faith

1항

택함 받은 사람들의 영혼이 구원 받도록 믿을 수 있게 해주는 것이 믿음의 은혜다.[1] 이 믿음의 은혜는 그들의 마음 안에서 그리스도의 영이 이루시는 일 하심으로,[2] 대개 말씀이 전파될 때 일어난다.[3] 또한 성례의 집행과, 말씀과, 기도로 말미암아 이 믿음의 은혜는 커지고 강화된다.[4]

1) 히 10:39 2) 고후 4:13; 엡 1:17-19; 엡 2:8 3) 롬 10:14, 17
4) 벧전 2:2; 행 20:32; 롬 4:11; 눅 17:5; 롬 1:16-17.

2항

이 믿음으로 말미암아 그리스도인은 말씀 안에 계시된 것은 무엇이든지, 말씀 안에서 친히 말씀하시는 하나님의 권위 때문에 참된 것으로 믿는다.[5] 개별 본문이 담고 있는 내용에 따라 다르게 행하는데, 곧 명령에 순종하고,[6] 경고에는 두려워 떨며,[7] 이 세상과 오는 세상을 위한 하나님의 약속은 붙잡는다.[8] 그러나 구원 받는 믿음의 주된 행위들은 은혜 언약의 효력으로 말미암아 칭의와 성화와 영생을 위해 오직 그리스도만을 영접하고 받아들이고 의지하는 데 있다.[9]

5) 요 4:42; 살전 2:13; 요일 5:10; 행 24:14 6) 롬 16:26 7) 사 66:2
8) 히 11:13; 딤전 4:8 9) 요 1:12; 행 16:31; 갈 2:20; 행 15:11.

The grace of faith, whereby the elect are enabled to believe to the saving of their souls,[1] is the work of the Spirit of Christ in their hearts;[2] and is ordinarily wrought by the ministry of the Word:[3] by which also, and by the administration of the sacraments, and prayer, it is increased and strengthened.[4]

By this faith, a Christian believeth to be true whatsoever is revealed in the Word, for the authority of God Himself speaking therein;[5] and acteth differently upon that which each particular passage thereof containeth; yielding obedience to the commands,[6] trembling at the threatenings,[7] and embracing the promises of God for this life, and that which is to come.[8] But the principal acts of saving faith are accepting, receiving, and resting upon Christ alone for justification, sanctification, and eternal life, by virtue of the covenant of grace.[9]

3항

이 믿음은 정도의 차이가 있어서 약하기도 하고 강하기도 하며,[10] 자주 여러 방법으로 공격을 받아 약해질 수도 있지만 결국에는 승리한다.[11] 왜냐하면 우리의 믿음은 믿음의 창시자이자 완성자이신 그리스도를 통해[12] 온전한 확신에 이르기까지 여러 면에서 자라가기 때문이다.[13]

10) 히 5:13-14; 롬 4:19-20; 마 6:30; 마 8:10 11) 눅 22:31-32; 엡 6:16; 요일 5:4-5 12) 히 6:11-12; 히 10:22; 골 2:2 13) 히 12:2.

This faith is different in degrees, weak or strong;[10] may be often and many ways assailed, and weakened, but gets the victory;[11] growing up in many to the attainment of a full assurance through Christ,[12] who is both the author and finisher of our faith.[13]

증거구절

1)

히 10:39 우리는 뒤로 물러가 멸망할 자가 아니요 오직 영혼을 구원함에 이르는 믿음을 가진 자니라

2)

고후 4:13 기록된 바 내가 믿었으므로 말하였다 한 것 같이 우리가 같은 믿음의 마음을 가졌으니 우리도 믿었으므로 또한 말하노라

엡 1:17–19 우리 주 예수 그리스도의 하나님, 영광의 아버지께서 지혜와 계시의 영을 너희에게 주사 하나님을 알게 하시고 너희 마음의 눈을 밝히사 그의 부르심의 소망이 무엇이며 성도 안에서 그 기업의 영광의 풍성함이 무엇이며 그의 힘의 위력으로 역사하심을 따라 믿는 우리에게 베푸신 능력의 지극히 크심이 어떠한 것을 너희로 알게 하시기를 구하노라

엡 2:8 너희는 그 은혜에 의하여 믿음으로 말미암아 구원을 받았으니 이것은 너희에게서 난 것이 아니요 하나님의 선물이라

3)

롬 10:14, 17 [14]그런즉 그들이 믿지 아니하는 이를 어찌 부르리요 듣지도 못한 이를 어찌 믿으리요 전파하는 자가 없이 어찌 들으리요 [17]그러므로 믿음은 들음에서 나며 들음은 그리스도의 말씀으로 말미암았느니라

4)

벧전 2:2 갓난 아기들 같이 순전하고 신령한 젖을 사모하라 이는 그로 말미암아 너희로 구원에 이르도록 자라게 하려 함이라

행 20:32 지금 내가 여러분을 주와 및 그 은혜의 말씀에 부탁하노니 그 말씀이 여러분을 능히 든든히 세우사 거룩하게 하심을 입은 모든 자 가운데 기업이 있게 하시리라

롬 4:11 그가 할례의 표를 받은 것은 무할례시에 믿음으로 된 의를 인친 것이니 이는 무할례자로서 믿는 모든 자의 조상이 되어 그들도 의로 여기심을 얻게 하려 하심이라

눅 17:5 사도들이 주께 여짜오되 우리에게 믿음을 더하소서 하니

롬 1:16–17 내가 복음을 부끄러워하지 아니하노니 이 복음은 모든 믿는 자에게 구원을 주시는 하나님의 능력이 됨이라 먼저는 유대인에게요 그리고 헬라인에게로다 복음에는 하나님의 의가 나타나서 믿음으로 믿음에 이르게 하나니 기록된 바 오직 의인은 믿음으로 말미암아 살리라 함과 같으니라

5)

요 4:42 그 여자에게 말하되 이제 우리가 믿는 것은 네 말로 인함이 아니니 이는 우리가 친히 듣고 그가 참으로 세상의 구주신 줄 앎이라 하였더라

살전 2:13 이러므로 우리가 하나님께 끊임없이 감사함은 너희가 우리에게 들은 바 하나님의 말씀을 받을 때에 사람의 말로 받지 아니하고 하나님의 말씀으로 받음이니 진실로 그러하도다 이 말씀이 또한 너희 믿는 자 가운데에서 역사하느니라

요일 5:10 하나님의 아들을 믿는 자는 자기 안에 증거가 있고 하나님을 믿지 아니하는 자는 하나님을 거짓말하는 자로 만드나니 이는 하나님께서 그 아들에 대하여 증언하신 증거를 믿지 아니하였음이라

행 24:14 그러나 이것을 당신께 고백하리이다 나는 그들이 이단이라 하는 도를 따라 조상의 하나님을 섬기고 율법과 선지자들의 글에 기록된 것을 다 믿으며

6)

롬 16:26 이제는 나타내신 바 되었으며 영원하신 하나님의 명을 따라 선지자들의 글로 말미암아 모든 민족이 믿어 순종하게 하시려고 알게 하신 바 그 신비의 계시를 따라 된 것이니 이 복음으로 너희를 능히 견고하게 하실

7)

사 66:2 나 여호와가 말하노라 내 손이 이 모든 것을 지었으므로 그들이 생겼느니라 무릇 마음이 가난하고 심령에 통회하며 내 말을 듣고 떠는 자 그 사람은 내가 돌보려니와

8)

히 11:13 이 사람들은 다 믿음을 따라 죽었으며 약속을 받지 못하였으되 그것들을 멀리서 보고 환영하며 또 땅에서는 외국인과 나그네임을 증언하였으니

딤전 4:8 육체의 연단은 약간의 유익이 있으나 경건은 범사에 유익하니 금생과 내생에 약속이 있느니라

9)

요 1:12 영접하는 자 곧 그 이름을 믿는 자들에게는 하나님의 자녀가 되는 권세를 주셨으니

행 16:31 이르되 주 예수를 믿으라 그리하면 너와 네 집이 구원을 받으리라 하고

갈 2:20 내가 그리스도와 함께 십자가에 못 박혔나니 그런즉 이제는 내가 사는 것이 아니요 오직 내 안에 그리스도께서 사시는 것이라 이제 내가 육체 가운데 사는 것은 나를 사랑하사 나를 위하여 자기 자신을 버리신 하나님의 아들을 믿는 믿음 안에서 사는 것이라

행 15:11 그러나 우리는 그들이 우리와 동일하게 주 예수의 은혜로 구원 받는 줄을 믿노라 하니라

10)

히 5:13-14 이는 젖을 먹는 자마다 어린 아이니 의의 말씀을 경험하지 못한 자요 단단한 음식은 장성한 자의 것이니 그들은 지각을 사용함으로 연단을 받아 선악을 분별하는 자들이니라

롬 4:19-20 그가 백 세나 되어 자기 몸이 죽은 것 같고 사라의 태가 죽은 것 같음을 알고도 믿음이 약하여지지 아니하고 믿음이 없어 하나님의 약속을 의심하지 않고 믿음으로 견고하여져서 하나님께 영광을 돌리며

마 6:30 오늘 있다가 내일 아궁이에 던져지는 들풀도 하나님이 이렇게 입히시거든 하물며 너희일까보냐 믿음이 작은 자들아

마 8:10 예수께서 들으시고 놀랍게 여겨 따르는 자들에게 이르시되 내가 진실로 너희에게 이르노니 이스라엘 중 아무에게서도 이만한 믿음을 보지 못하였노라

11)

눅 22:31-32 시몬아, 시몬아, 보라 사탄이 너희를 밀 까부르듯 하려고 요구하였으나 그러나 내가 너를 위하여 네 믿음이 떨어지지 않기를 기도하였노니 너는 돌이킨 후에 네 형제를 굳게 하라

엡 6:16 모든 것 위에 믿음의 방패를 가지고 이로써 능히 악한 자의 모든 불화살을 소멸하고

요일 5:4-5 무릇 하나님께로부터 난 자마다 세상을 이기느니라 세상을 이기는 승리는 이것이니 우리의 믿음이니라 예수께서 하나님의 아들이심을 믿는 자가 아니면 세상을 이기는 자가 누구냐

12)

히 6:11-12 우리가 간절히 원하는 것은 너희 각 사람이 동일한 부지런함을 나타내어 끝까지 소망의 풍성함에 이르러 게으르지 아니하고 믿음과 오래 참음으로 말미암아 약속들을 기업으로 받는 자들을 본받는 자 되게 하려는 것이니라

히 10:22 우리가 마음에 뿌림을 받아 악한 양심으로부터 벗어나고 몸은 맑은 물로 씻음을 받았으니 참 마음과 온전한 믿음으로 하나님께 나아가자

골 2:2 이는 그들로 마음에 위안을 받고 사랑 안에서 연합하여 확실한 이해의 모든 풍성함과 하나님의 비밀인 그리스도를 깨닫게 하려 함이니

13)

히 12:2 믿음의 주요 또 온전하게 하시는 이인 예수를 바라보자 그는 그 앞에 있는 기쁨을 위하여 십자가를 참으사 부끄러움을 개의치 아니하시더니 하나님 보좌 우편에 앉으셨느니라

더 깊은 공부와 나눔을 위한 질문

1. 구원 받는 믿음이란 무엇입니까? (14장 1항; 대교리문답 72문답)

2. 믿음이 자라고 강하게 되도록 하나님께서 정하신 은혜의 수단은 무엇입니까? 이 은혜의 수단들을 얼마나 잘 사용하고 있는지 점검해 봅시다. 함께 나누며 서로의 부족한 부분을 채워주고, 격려하고 도전합시다! (14장 1항; 대교리문답 154문답)

3. 이 구원 받는 믿음으로 말미암아 그리스도인은 하나님의 말씀에 어떻게 반응하게 됩니까? (14장 2항)

4. 믿음에 "작은 믿음과 큰 믿음", "약한 믿음과 강한 믿음"이 있습니까? "믿는다" 또는 "안 믿는다"라고 말할 수 있는 것이지, 중간지대가 있습니까? 성경은 이에 대해 무엇이라고 말합니까? 하나님께서는 믿음이 연약하고 작은 우리를 어떻게 대하시고, 우리에게 어떻게 명령하십니까? (14장 3항)

하나님께서 깨닫게 해 주신 것과 베풀어 주신 은혜를 생각하며 감사합시다. 또 깨달아 배우고 확신한 일에 거할 수 있게 해 달라고 기도합시다.

15장

생명에 이르는 회개
Of Repentance unto Life

1항

생명에 이르는 회개는 복음의 은혜다.[1] 모든 복음 사역자는 그리스도를 믿는 믿음의 교리와 마찬가지로 이 교리도 전파해야 한다.[2]

1) 슥 12:10; 행 11:18 2) 눅 24:47; 막 1:15; 행 20:21.

2항

이 회개로 말미암아 죄인은 자신의 죄가 하나님의 거룩하신 본성과 의로우신 율법을 거스르는 위험하고 더럽고 혐오스러운 것임을 보고 깨달으며, 자신의 죄를 뉘우치는 사람들에게 그리스도 안에서 베푸시는 하나님의 자비를 깨달아, 자신의 죄를 크게 슬퍼하고 심히 미워하며 모든 죄에서 돌이켜 하나님께로 나아가고,[3] 하나님의 계명이 가르치는 모든 길에서 하나님과 동행하려는 목적을 세우고 힘써 애쓴다.[4]

3) 겔 18:30-31; 겔 36:31; 사 30:22; 시 51:4; 렘 31:18-19; 욜 2:12-13; 암 5:15; 시 119:128; 고후 7:11 4) 시 119:6, 59, 106; 눅 1:6; 왕하 23:25.

3항

회개를 죄에 대해 보상하는 것, 또는 죄를 용서하게 하는 어떤 원인으로 의지해서는 안 된다.[5] 회개는

Repentance unto life is an evangelical grace,[1)] the doctrine whereof is to be preached by every minister of the gospel, as well as that of faith in Christ.[2)]

By it, a sinner, out of the sight and sense not only of the danger, but also of the filthiness and odiousness of his sins, as contrary to the holy nature and righteous law of God; and upon the apprehension of His mercy in Christ to such as are penitent, so grieves for, and hates his sins, as to turn from them all unto God,[3)] purposing and endeavouring to walk with Him in all the ways of His commandments.[4)]

Although repentance be not to be rested in, as any satisfaction for sin, or any cause of the pardon thereof,[5)] which is the act of God's free grace in

하나님께서 그리스도 안에서 값없이 베푸시는 은혜이기 때문이다.[6] 그렇지만 회개는 모든 죄인에게 반드시 필요하기에, 회개 없이는 아무도 죄 사함을 기대할 수 없다.[7]

5) 겔 36:31-32; 겔 16:61-63 6) 호 14:2, 4; 롬 3:24; 엡 1:7 7) 눅 13:3, 5; 행 17:30-31.

4항

죄가 아무리 작아도 정죄 받는 것이 마땅한 것처럼,[8] 죄가 아무리 크다 해도 진실로 회개하는 자는 결코 정죄 받지 않는다.[9]

8) 롬 6:23; 롬 5:12; 마 12:36 9) 사 55:7; 롬 8:1; 사 1:16, 18.

5항

사람은 뭉뚱그려서 회개하는 것으로 만족해서는 안 된다. 모든 사람은 자신이 지은 하나하나의 죄에 대해 구체적으로 회개하려고 애써야 하는 의무를 지닌다.[10]

10) 시 19:13; 눅 19:8; 딤전 1:13, 15.

6항

모든 사람은 자기가 지은 죄를 사적으로 하나님께

Christ;[6] yet is it of such necessity to all sinners, that none may expect pardon without it.[7]

As there is no sin so small, but it deserves damnation,[8] so there is no sin so great, that it can bring damnation upon those who truly repent.[9]

Men ought not to content themselves with a general repentance, but it is every man's duty to endeavour to repent of his particular sins, particularly.[10]

As every man is bound to make private confession

고백하고 용서를 구해야 한다.[11] 그러면서 그 죄를 버리면 불쌍히 여김을 받게 될 것이다.[12] 이와 마찬가지로, 형제나 그리스도의 교회에 해를 끼친 사람은 사적으로나 공적으로 죄를 고백하고, 자기가 지은 죄에 대해 크게 슬퍼함으로 피해자들에게 자신의 회개를 분명히 나타내야 한다.[13] 그러면 피해자들은 곧바로 그와 화해하고 사랑으로 그를 받아들여야 한다.[14]

11) 시 51:4-5, 7, 9, 14; 시 32:5-6 12) 잠 28:13; 요일 1:9 13) 약 5:16; 눅 17:3-4; 수 7:19; 시 51 14) 고후 2:8.

of his sins to God, praying for the pardon thereof;[11] upon which, and the forsaking of them, he shall find mercy:[12] so, he that scandalizeth his brother, or the Church of Christ, ought to be willing, by a private or public confession, and sorrow for his sin, to declare his repentance to those that are offended,[13] who are thereupon to be reconciled to him, and in love to receive him.[14]

증거구절

1)

슥 12:10 내가 다윗의 집과 예루살렘 주민에게 은총과 간구하는 심령을 부어 주리니 그들이 그 찌른 바 그를 바라보고 그를 위하여 애통하기를 독자를 위하여 애통하듯 하며 그를 위하여 통곡하기를 장자를 위하여 통곡하듯 하리로다

행 11:18 그들이 이 말을 듣고 잠잠하여 하나님께 영광을 돌려 이르되 그러면 하나님께서 이방인에게도 생명 얻는 회개를 주셨도다 하니라

2)

눅 24:47 또 그의 이름으로 죄 사함을 받게 하는 회개가 예루살렘에서 시작하여 모든 족속에게 전파될 것이 기록되었으니

막 1:15 이르시되 때가 찼고 하나님의 나라가 가까이 왔으니 회개하고 복음을 믿으라 하시더라

행 20:21 유대인과 헬라인들에게 하나님께 대한 회개와 우리 주 예수 그리스도께 대한 믿음을 증언한 것이라

3)

겔 18:30-31 주 여호와의 말씀이니라 이스라엘 족속아 내가 너희 각 사람이 행한 대로 심판할지라 너희는 돌이켜 회개하고 모든 죄에서 떠날지어다 그리한즉 그것이 너희에게 죄악의 걸림돌이 되지 아니하리라 너희는 너희가 범한 모든 죄악을 버리고 마음과 영을 새롭게 할지어다 이스라엘 족속아 너희가 어찌하여 죽고자 하느냐

겔 36:31 그 때에 너희가 너희 악한 길과 너희 좋지 못한 행위를 기억하고 너희 모든 죄악과 가증한 일로 말미암아 스스로 밉게 보리라

사 30:22 또 너희가 너희 조각한 우상에 입힌 은과 부어 만든 우상에 올린 금을 더럽게 하여 불결한 물건을 던짐 같이 던지며 이르기를 나가라 하리라

시 51:4 내가 주께만 범죄하여 주의 목전에 악을 행하였사오니 주께서 말씀하실 때에 의로우시다 하고 주께서 심판하실 때에 순전하시다 하리이다

렘 31:18-19 에브라임이 스스로 탄식함을 내가 분명히 들었노니 주께서 나를 징벌하시매 멍에에 익숙하지 못한 송아지 같은 내가 징벌을 받았나이다 주는 나의 하나님 여호와이시니 나를 이끌어 돌이키소서 그리하시면 내가 돌아오겠나이다 내가 돌이킨 후에 뉘우쳤고 내가 교훈을 받은 후에 내 볼기를 쳤사오니 이는 어렸을 때의 치욕을 지므로 부끄럽고 욕됨이니이다 하도다

욜 2:12-13 여호와의 말씀에 너희는 이제라도 금식하고 울며 애통하고 마음을 다하여 내게로 돌아오라 하셨나니 너희는 옷을 찢지 말고 마음을 찢고 너희 하나님 여호와께로 돌아올지어다 그는 은혜로우시며 자비로우시며 노하기를 더디하시며 인애가 크시사 뜻을 돌이켜 재앙을 내리지 아니하시나니

암 5:15 너희는 악을 미워하고 선을 사랑하며 성문에서 정의를 세울지어다 만군의 하나님 여호와께서 혹시 요셉의 남은 자를 불쌍히 여기시리라

시 119:128 그러므로 내가 범사에 모든 주의 법도들을 바르게 여기고 모든 거짓 행위를 미워하나이다

고후 7:11 보라 하나님의 뜻대로 하게 된 이 근심이 너희로 얼마나 간절하게 하며 얼마나 변증하게 하며 얼마나 분하게 하며 얼마나 두렵게 하며 얼마나 사모하게 하며 얼마나 열심 있게 하며 얼마나 벌하게 하였는가 너희가 그 일에 대하여 일체 너희 자신의 깨끗함을 나타내었느니라

4)

시 119:6, 59, 106 [6]내가 주의 모든 계명에 주의할 때에는 부끄럽지 아니하리이다 [59]내가 내 행위를 생각하고 주의 증거들을 향하여 내 발길을 돌이켰사오며 [106]주의 의로운 규례들을 지키기로 맹세하고 굳게 정하였나이다

눅 1:6 이 두 사람이 하나님 앞에 의인이니 주의 모든 계명과 규례대로 흠이 없이 행하더라

왕하 23:25 요시야와 같이 마음을 다하며 뜻을 다하며 힘을 다하여 모세의 모든 율법을 따라 여호와께로 돌이킨 왕은 요시야 전에도 없었고 후에도 그와 같은 자가 없었더라

5)

겔 36:31-32 그 때에 너희가 너희 악한 길과 너희 좋지 못한 행위를 기억하고 너희 모든 죄악과 가증한 일로 말미암아 스스로 밉게 보리라 주 여호와의 말씀이니라 내가 이렇게 행함은 너희를 위함이 아닌 줄을 너희가 알라 이스라엘 족속아 너희 행위로 말미암아 부끄러워하고 한탄할지어다

겔 16:61-63 네가 네 형과 아우를 접대할 때에 네 행위를 기억하고 부끄러워할 것이라 내가 그들을 네게 딸로 주려니와 네 언약으로 말미암음이 아니니라 내가 네게 내 언약을 세워 내가 여호와인 줄 네가 알게 하리니 이는 내가 네 모든 행한 일을 용서한 후에 네가 기억하고 놀라고 부끄러워서 다시는 입을 열지 못하게 하려 함이니라 주 여호와의 말씀이니라

6)

호 14:2, 4 [2]너는 말씀을 가지고 여호와께로 돌아와서 아뢰기를 모든 불의를 제거하시고 선한 바를 받으소서 우리가 수송아지를 대신하여 입술의 열매를 주께 드리리이다 [4]내가 그들의 반역을 고치고 기쁘게 그들을 사랑하리

니 나의 진노가 그에게서 떠났음이니라

롬 3:24 그리스도 예수 안에 있는 속량으로 말미암아 하나님의 은혜로 값 없이 의롭다 하심을 얻은 자 되었느니라

엡 1:7 우리는 그리스도 안에서 그의 은혜의 풍성함을 따라 그의 피로 말미암아 속량 곧 죄 사함을 받았느니라

7)

눅 13:3, 5 ³너희에게 이르노니 아니라 너희도 만일 회개하지 아니하면 다 이와 같이 망하리라 ⁵너희에게 이르노니 아니라 너희도 만일 회개하지 아니하면 다 이와 같이 망하리라

행 17:30-31 알지 못하던 시대에는 하나님이 간과하셨거니와 이제는 어디든지 사람에게 다 명하사 회개하라 하셨으니 이는 정하신 사람으로 하여금 천하를 공의로 심판할 날을 작정하시고 이에 그를 죽은 자 가운데서 다시 살리신 것으로 모든 사람에게 믿을 만한 증거를 주셨음이니라 하니라

8)

롬 6:23 죄의 삯은 사망이요 하나님의 은사는 그리스도 예수 우리 주 안에 있는 영생이니라

롬 5:12 그러므로 한 사람으로 말미암아 죄가 세상에 들어오고 죄로 말미암아 사망이 들어왔나니 이와 같이 모든 사람이 죄를 지었으므로 사망이 모든 사람에게 이르렀느니라

마 12:36 내가 너희에게 이르노니 사람이 무슨 무익한 말을 하든지 심판 날에 이에 대하여 심문을 받으리니

9)

사 55:7 악인은 그의 길을, 불의한 자는 그의 생각을 버리고 여호와께로 돌아오라 그리하면 그가 긍휼히 여기시리라 우리 하나님께로 돌아오라 그가 너그럽게 용서하시리라

롬 8:1 그러므로 이제 그리스도 예수 안에 있는 자에게는 결코 정죄함이 없나니

사 1:16, 18 ¹⁶너희는 스스로 씻으며 스스로 깨끗하게 하여 내 목전에서 너희 악한 행실을 버리며 행악을 그치고 ¹⁸여호와께서 말씀하시되 오라 우리가 서로 변론하자 너희의 죄가 주홍 같을지라도 눈과 같이 희어질 것이요 진홍 같이 붉을지라도 양털 같이 희게 되리라

10)

시 19:13 또 주의 종에게 고의로 죄를 짓지 말게 하사 그 죄가 나를 주장하지 못하게 하소서 그리하면 내가 정직하여 큰 죄과에서 벗어나겠나이다

눅 19:8 삭개오가 서서 주께 여짜오되 주여 보시옵소서 내 소유의 절반을 가난한 자들에게 주겠사오며 만일 누구의 것을 속여 빼앗은 일이 있으면 네 갑절이나 갚겠나이다

딤전 1:13, 15 ¹³내가 전에는 비방자요 박해자요 폭행자였으나 도리어 긍휼을 입은 것은 내가 믿지 아니할 때에 알지 못하고 행하였음이라 ¹⁵미쁘다 모든 사람이 받을 만한 이 말이여 그리스도 예수께서 죄인을 구원하시려고 세상에 임하셨다 하였도다 죄인 중에 내가 괴수니라

11)

시 51:4-5, 7, 9, 14 ⁴⁻⁵내가 주께만 범죄하여 주의 목전에 악을 행하였사오니 주께서 말씀하실 때에 의로우시다 하고 주께서 심판하실 때에 순전하시다 하리이다 내가 죄악 중에서 출생하였음이여 어머니가 죄 중에서 나를 잉태하였나이다 ⁷우슬초로 나를 정결하게 하소서 내가 정하리이다 나의 죄를 씻어 주소서 내가 눈보다 희리이다 ⁹주의 얼굴을 내 죄에서 돌이키시고 내 모든 죄악을 지워 주소서 ¹⁴하나님이여 나의 구원의 하나님이여 피 흘린 죄에서 나를 건지소서 내 혀가 주의 의를 높이 노래하리이다

시 32:5-6 내가 이르기를 내 허물을 여호와께 자복하리라 하고 주께 내 죄를 아뢰고 내 죄악을 숨기지 아니하였더니 곧 주께서 내 죄악을 사하셨나이다 (셀라) 이로 말미암아 모든 경건한 자는 주를 만날 기회를 얻어서 주께 기도할지라 진실로 홍수가 범람할지라도 그에게 미치지 못하리이다

12)

잠 28:13 자기의 죄를 숨기는 자는 형통하지 못하나 죄를 자복하고 버리는 자는 불쌍히 여김을 받으리라

요일 1:9 만일 우리가 우리 죄를 자백하면 그는 미쁘시고 의로우사 우리 죄를 사하시며 우리를 모든 불의에서 깨끗하게 하실 것이요

13)

약 5:16 그러므로 너희 죄를 서로 고백하며 병이 낫기를 위하여 서로 기도하라 의인의 간구는 역사하는 힘이 큼이니라

눅 17:3-4 너희는 스스로 조심하라 만일 네 형제가 죄를 범하거든 경고하고 회개하거든 용서하라 만일 하루에 일곱 번이라도 네게 죄를 짓고 일곱 번 네게 돌아와 내가 회개하노라 하거든 너는 용서하라 하시더라

수 7:19 그러므로 여호수아가 아간에게 이르되 내 아들아 청하노니 이스라엘의 하나님 여호와께 영광을 돌려 그 앞에 자복하고 네가 행한 일을 내게 알게 하라 그 일을 내게 숨기지 말라 하니

시 51 하나님이여 주의 인자를 따라 내게 은혜를 베푸시며 주의 많은 긍휼을 따라 내 죄악을 지워 주소서 나의 죄악을 말갛게 씻으시며 나의 죄를 깨끗이 제하소서 무릇 나는 내 죄과를 아오니 내 죄가 항상 내 앞에 있나이다 내가 주께만 범죄하여 주의 목전에 악을 행하였사오니 주께서 말씀하실 때에 의로우시다 하고 주께서 심판

하실 때에 순전하시다 하리이다 내가 죄악 중에서 출생하였음이여 어머니가 죄 중에서 나를 잉태하였나이다 보소서 주께서는 중심이 진실함을 원하시오니 내게 지혜를 은밀히 가르치시리이다 우슬초로 나를 정결하게 하소서 내가 정하리이다 나의 죄를 씻어 주소서 내가 눈보다 희리이다 내게 즐겁고 기쁜 소리를 들려 주시사 주께서 꺾으신 **뼈**들도 즐거워하게 하소서 주의 얼굴을 내 죄에서 돌이키시고 내 모든 죄악을 지워 주소서 하나님이여 내 속에 정한 마음을 창조하시고 내 안에 정직한 영을 새롭게 하소서 나를 주 앞에서 쫓아내지 마시며 주의 성령을 내게서 거두지 마소서 주의 구원의 즐거움을 내게 회복시켜 주시고 자원하는 심령을 주사 나를 붙드소서 그리하면 내가 범죄자에게 주의 도를 가르치리니 죄인들이 주께 돌아오리이다 하나님이여 나의 구원의 하나님이여 피 흘린 죄에서 나를 건지소서 내 혀가 주의 의를 높이 노래하리이다 주여 내 입술을 열어 주소서 내 입이 주를 찬송하여 전파하리이다 주께서는 제사를 기뻐하지 아니하시나니 그렇지 아니하면 내가 드렸을 것이라 주는 번제를 기뻐하지 아니하시나이다 하나님께서 구하시는 제사는 상한 심령이라 하나님이여 상하고 통회하는 마음을 주께서 멸시하지 아니하시리이다 주의 은택으로 시온에 선을 행하시고 예루살렘 성을 쌓으소서 그 때에 주께서 의로운 제사와 번제와 온전한 번제를 기뻐하시리니 그 때에 그들이 수소를 주의 제단에 드리리이다

14)
고후 2:8 그러므로 너희를 권하노니 사랑을 그들에게 나타내라

더 깊은 공부와 나눔을 위한 질문

1. 생명에 이르는 회개란 무엇입니까? (15장 1-3항; 대교리문답 76문답)

2. 진실로 회개하기만 하면 다 용서받을 수 있습니까? 누가 봐도 너무나 심각하고 큰 죄는 어떻습니까? 성경은 이에 대해 무엇이라고 말합니까? (15장 4항)

3. 우리는 하루에도 너무나 많은 죄를 짓고 살아갑니다. 시간이나 다른 여건상 하나하나 다 하나님께 아뢰기가 어렵습니다. 어떻게 회개해야 합니까? (15장 5항)

4. 회개는 누구에게, 어떻게 해야 합니까? 피해자들은 죄를 지은 사람이 진심으로 죄를 뉘우치고 자신의 회개를 분명히 나타낼 때 그 사람을 어떻게 대해야 합니까? 또, 언제 사적으로 죄를 고백하고 회개해야 할지, 언제 공적으로 죄를 고백하고 회개해야 할지를 나누어 생각해 봅시다. (15장 6항)

하나님께서 깨닫게 해 주신 것과 베풀어 주신 은혜를 생각하며 감사합시다. 또 깨달아 배우고 확신한 일에 거할 수 있게 해 달라고 기도합시다.

16장

선행

Of Good Works

1항

선행은 하나님께서 당신의 거룩한 말씀에서 명령하신 것들뿐이다.[1] 말씀에 근거를 두지 않는 사람의 맹목적인 열심이나 선한 의도를 가장해 고안해 낸 것이 아니다.[2]

1) 미 6:8; 롬 12:2; 히 13:21 2) 마 15:9; 사 29:13; 벧전 1:18; 롬 10:2; 요 16:2; 삼상 15:21-23.

2항

하나님의 계명에 순종함으로 행한 이러한 선행은 참되고 살아 있는 신앙의 열매요 증거다.[3] 신자는 선행으로 감사를 나타내고,[4] 확신을 굳게 하며,[5] 형제들의 덕을 세우고,[6] 복음의 교훈을 빛나게 하며,[7] 대적들의 입을 막고,[8] 하나님을 영화롭게 한다.[9] 신자는 하나님께서 만드신 바요, 그리스도 예수 안에서 선한 일을 위하여 지으심을 받은 자로,[10] 거룩함에 이르는 열매를 맺어 마지막에 영생을 얻을 것이다.[11]

3) 약 2:18, 22 4) 시 116:12-13; 벧전 2:9 5) 요일 2:3, 5; 벧후 1:5-10 6) 고후 9:2; 마 5:16 7) 딛 2:5, 9-12; 딤전 6:1 8) 벧전 2:15 9) 벧전 2:12; 빌 1:11; 요 15:8 10) 엡 2:10 11) 롬 6:22.

Good works are only such as God hath commanded in His holy Word,[1] and not such as, without the warrant thereof, are devised by men, out of blind zeal, or upon any pretence of good intention.[2]

These good works, done in obedience to God's commandments, are the fruits and evidences of a true and lively faith:[3] and by them believers manifest their thankfulness,[4] strengthen their assurance,[5] edify their brethren,[6] adorn the profession of the gospel,[7] stop the mouths of the adversaries,[8] and glorify God,[9] whose workmanship they are, created in Christ Jesus thereunto;[10] that, having their fruit unto holiness, they may have the end, eternal life.[11]

3항

신자가 선을 행할 수 있는 능력은 그들 자신에게서가 아니라 전적으로 그리스도의 영으로부터 나온다.[12] 그리고 그들이 선을 행할 수 있으려면, 이미 받은 은혜 외에, 그들 안에서 일하셔서 당신의 기쁘신 뜻을 원하고 행하게 하시는 동일한 성령님의 실질적인 영향이 필요하다.[13] 그렇다고 해서 성령님께서 특별히 활동하시지 않으면 어떤 의무도 행할 필요가 없는 것처럼 생각하고 태만해져서는 안 된다. 그들은 그들 안에 있는 하나님의 은혜가 불일 듯 일어나도록 부지런해야 한다.[14]

12) 요 15:4-5; 겔 36:26-27 13) 빌 2:13; 빌 4:13; 고후 3:5
14) 빌 2:12; 히 6:11-12; 벧후 1:3, 5, 10-11; 사 64:7; 딤후 1:6; 행 26:6-7; 유 1:20-21.

4항

이 세상에서 도달할 수 있는 가장 높은 수준의 순종에 이른 신자들일지라도, 자신이 해야 하는 일들 이상을 행할 수 있지도 않고, 하나님께서 요구하시는 것보다 더 많은 일을 할 수도 없다. 오히려 그들은 그들이 해야 할 의무를 수행하는 데서도 크게 부족하다.[15]

15) 눅 17:10; 느 13:22; 욥 9:2-3; 갈 5:17.

Their ability to do good works is not at all of themselves, but wholly from the Spirit of Christ.[12] And that they may be enabled thereunto, besides the graces they have already received, there is required an actual influence of the same Holy Spirit, to work in them to will and to do of His good pleasure:[13] yet are they not hereupon to grow negligent, as if they were not bound to perform any duty, unless upon a special motion of the Spirit; but they ought to be diligent in stirring up the grace of God that is in them.[14]

They, who in their obedience attain to the greatest height which is possible in this life, are so far from being able to supererogate, and to do more than God requires, as that they fall short of much which in duty they are bound to do.[15]

5항

우리가 행하는 가장 탁월한 선행들이라고 해도 그것들은 하나님께로부터 죄 사함을 받거나 영생을 받을 공로가 될 수 없다. 우리의 선행과 장차 나타날 영광 사이에는 서로 어울리지 않는 큰 차이가 있고, 하나님과 우리 사이에도 무한한 거리가 있기 때문이다. 따라서 우리는 우리가 행하는 선행으로 하나님께 유익을 드릴 수도 없고, 우리가 이전에 지은 죄의 빚을 하나님께 갚을 수도 없다.[16] 우리가 할 수 있는 모든 일을 다 한 후에도 우리는 단지 명령받은 것을 행한 무익한 종일 뿐이다.[17] 우리가 행한 모든 선행은 성령님으로 말미암은 열매이기 때문이다.[18] 우리의 힘으로 선을 행한다면 그 선행은 많은 연약함과 결함으로 더럽혀지고 혼합되기 때문에 하나님의 엄정한 심판을 견딜 수 없을 것이다.[19]

16) 롬 3:20; 롬 4:2, 4, 6; 엡 2:8-9; 딛 3:5-7; 롬 8:18; 시 16:2; 욥 22:2-3; 욥 35:7-8 17) 눅 17:10 18) 갈 5:22-23 19) 사 64:6; 갈 5:17; 롬 7:15, 18; 시 143:2; 시 130:3.

6항

그럼에도 불구하고, 하나님께서는 그리스도를 통해 신자들의 인격을 받아주신 것처럼, 신자들의 선행도 그리스도 안에서 받아주신다.[20] 이는 이 세상에서 행한 신자들의 선행이 하나님 보시기에 아무런

We cannot, by our best works, merit pardon of sin, or eternal life at the hand of God, by reason of the great disproportion that is between them and the glory to come; and the infinite distance that is between us and God, whom, by them, we can neither profit, nor satisfy for the debt of our former sins,[16] but when we have done all we can, we have done but our duty, and are unprofitable servants;[17] and because, as they are good, they proceed from His Spirit;[18] and as they are wrought by us, they are defiled, and mixed with so much weakness and imperfection, that they cannot endure the severity of God's judgment.[19]

Yet notwithstanding, the persons of believers being accepted through Christ, their good works also are accepted in Him,[20] not as though they were in this life wholly unblameable and unreprovable in God's

흠도 없고 책망할 것도 없어서가 아니라,[21] 그들이 비록 많은 연약함과 결함을 지니고 있지만, 그들의 선행을 당신의 아들 그리스도 안에서 보시고, 진실한 행위로 받으시고 상 베푸시기를 기뻐하시기 때문이다.[22]

20) 엡 1:6; 벧전 2:5; 출 28:38; 창 4:4; 히 11:4 21) 욥 9:20; 시 143:2 22) 히 13:20-21; 고후 8:12; 히 6:10; 마 25:21, 23.

7항

거듭나지 않은 사람들이 행한 일들은 비록 하나님께서 명령하신 일들을 행한 것이고, 그들과 다른 사람들을 유익하게 한 것일지라도,[23] 믿음으로 깨끗해진 마음에서 나온 것이 아니고,[24] 말씀을 따라 올바로 행한 것도 아니며,[25] 하나님의 영광이라는 올바른 목적을 위한 것도 아니기 때문에[26] 죄악이며, 하나님을 기쁘시게 할 수도 없고, 사람을 하나님께 은혜 받기에 합당하게 만들 수도 없다.[27] 그렇다고 해서 그들이 선을 행하지 않는다면 그것은 하나님께 더 큰 죄가 되며, 하나님을 더욱 노여워하시게 하는 것이다.[28]

23) 왕하 10:30-31; 왕상 21:27, 29; 빌 1:15-16, 18 24) 창 4:5; 히 11:4; 히 11:6 25) 고전 13:3; 사 1:12 26) 마 6:2, 5, 16 27) 학 2:14; 딛 1:15; 암 5:21-22; 호 1:4; 롬 9:16; 딛 3:5 28) 시 14:4; 시 36:3; 욥 21:14-15; 마 25:41-43, 45; 마 23:23.

sight;[21)] but that He, looking upon them in His Son, is pleased to accept and reward that which is sincere, although accompanied with many weaknesses and imperfections.[22)]

Works done by unregenerate men, although, for the matter of them, they may be things which God commands, and of good use both to themselves and others:[23)] yet, because they proceed not from a heart purified by faith;[24)] nor are done in a right manner according to the Word;[25)] nor to a right end, the glory of God;[26)] they are therefore sinful, and cannot please God, or make a man meet to receive grace from God.[27)] And yet, their neglect of them is more sinful, and displeasing unto God.[28)]

증거구절

1)

미 6:8 사람아 주께서 선한 것이 무엇임을 네게 보이셨나니 여호와께서 네게 구하시는 것은 오직 정의를 행하며 인자를 사랑하며 겸손하게 네 하나님과 함께 행하는 것이 아니냐

롬 12:2 너희는 이 세대를 본받지 말고 오직 마음을 새롭게 함으로 변화를 받아 하나님의 선하시고 기뻐하시고 온전하신 뜻이 무엇인지 분별하도록 하라

히 13:21 모든 선한 일에 너희를 온전하게 하사 자기 뜻을 행하게 하시고 그 앞에 즐거운 것을 예수 그리스도로 말미암아 우리 가운데서 이루시기를 원하노라 영광이 그에게 세세무궁토록 있을지어다 아멘

2)

마 15:9 사람의 계명으로 교훈을 삼아 가르치니 나를 헛되이 경배하는도다 하였느니라 하시고

사 29:13 주께서 이르시되 이 백성이 입으로는 나를 가까이 하며 입술로는 나를 공경하나 그들의 마음은 내게서 멀리 떠났나니 그들이 나를 경외함은 사람의 계명으로 가르침을 받았을 뿐이라

벧전 1:18 너희가 알거니와 너희 조상이 물려 준 헛된 행실에서 대속함을 받은 것은 은이나 금 같이 없어질 것으로 된 것이 아니요

롬 10:2 내가 증언하노니 그들이 하나님께 열심이 있으나 올바른 지식을 따른 것이 아니니라

요 16:2 사람들이 너희를 출교할 뿐 아니라 때가 이르면 무릇 너희를 죽이는 자가 생각하기를 이것이 하나님을 섬기는 일이라 하리라

삼상 15:21-23 다만 백성이 그 마땅히 멸할 것 중에서 가장 좋은 것으로 길갈에서 당신의 하나님 여호와께 제사하려고 양과 소를 끌어 왔나이다 하는지라 사무엘이 이르되 여호와께서 번제와 다른 제사를 그의 목소리를 청종하는 것을 좋아하심 같이 좋아하시겠나이까 순종이 제사보다 낫고 듣는 것이 숫양의 기름보다 나으니 이는 거역하는 것은 점치는 죄와 같고 완고한 것은 사신 우상에게 절하는 죄와 같음이라 왕이 여호와의 말씀을 버렸으므로 여호와께서도 왕을 버려 왕이 되지 못하게 하셨나이다 하니

3)

약 2:18, 22 [18]어떤 사람은 말하기를 너는 믿음이 있고 나는 행함이 있으니 행함이 없는 네 믿음을 내게 보이라 나는 행함으로 내 믿음을 네게 보이리라 하리라 [22]네가 보거니와 믿음이 그의 행함과 함께 일하고 행함으로 믿음

이 온전하게 되었느니라

4)

시 116:12-13 내게 주신 모든 은혜를 내가 여호와께 무엇으로 보답할까 내가 구원의 잔을 들고 여호와의 이름을 부르며

벧전 2:9 그러나 너희는 택하신 족속이요 왕 같은 제사장들이요 거룩한 나라요 그의 소유가 된 백성이니 이는 너희를 어두운 데서 불러 내어 그의 기이한 빛에 들어가게 하신 이의 아름다운 덕을 선포하게 하려 하심이라

5)

요일 2:3, 5 [3]우리가 그의 계명을 지키면 이로써 우리가 그를 아는 줄로 알 것이요 [5]누구든지 그의 말씀을 지키는 자는 하나님의 사랑이 참으로 그 속에서 온전하게 되었나니 이로써 우리가 그의 안에 있는 줄을 아노라

벧후 1:5-10 그러므로 너희가 더욱 힘써 너희 믿음에 덕을, 덕에 지식을, 지식에 절제를, 절제에 인내를, 인내에 경건을, 경건에 형제 우애를, 형제 우애에 사랑을 더하라 이런 것이 너희에게 있어 흡족한즉 너희로 우리 주 예수 그리스도를 알기에 게으르지 않고 열매 없는 자가 되지 않게 하려니와 이런 것이 없는 자는 맹인이라 멀리 보지 못하고 그의 옛 죄가 깨끗하게 된 것을 잊었느니라 그러므로 형제들아 더욱 힘써 너희 부르심과 택하심을 굳게 하라 너희가 이것을 행한즉 언제든지 실족하지 아니하리라

6)

고후 9:2 이는 내가 너희의 원함을 앎이라 내가 너희를 위하여 마게도냐인들에게 아가야에서는 일 년 전부터 준비하였다는 것을 자랑하였는데 과연 너희의 열심이 퍽 많은 사람들을 분발하게 하였느니라

마 5:16 이같이 너희 빛이 사람 앞에 비치게 하여 그들로 너희 착한 행실을 보고 하늘에 계신 너희 아버지께 영광을 돌리게 하라

7)

딛 2:5, 9-12 [5]신중하며 순전하며 집안 일을 하며 선하며 자기 남편에게 복종하게 하라 이는 하나님의 말씀이 비방을 받지 않게 하려 함이라 [9-12]종들은 자기 상전들에게 범사에 순종하여 기쁘게 하고 거슬러 말하지 말며 훔치지 말고 오히려 모든 참된 신실성을 나타내게 하라 이는 범사에 우리 구주 하나님의 교훈을 빛나게 하려 함이라 모든 사람에게 구원을 주시는 하나님의 은혜가 나타나 우리를 양육하시되 경건하지 않은 것과 이 세상 정욕을 다 버리고 신중함과 의로움과 경건함으로 이 세상에 살고

딤전 6:1 무릇 멍에 아래에 있는 종들은 자기 상전들을 범사에 마땅히 공경할 자로 알지니 이는 하나님의 이름과 교훈으로 비방을 받지 않게 하려 함이라

8)

벧전 2:15 선행으로 어리석은 사람들의 무식한 말을 막으시는 것이라

9)

벧전 2:12 너희가 이방인 중에서 행실을 선하게 가져 너희를 악행한다고 비방하는 자들로 하여금 너희 선한 일을 보고 오시는 날에 하나님께 영광을 돌리게 하려 함이라

빌 1:11 예수 그리스도로 말미암아 의의 열매가 가득하여 하나님의 영광과 찬송이 되기를 원하노라

요 15:8 너희가 열매를 많이 맺으면 내 아버지께서 영광을 받으실 것이요 너희는 내 제자가 되리라

10)

엡 2:10 우리는 그가 만드신 바라 그리스도 예수 안에서 선한 일을 위하여 지으심을 받은 자니 이 일은 하나님이 전에 예비하사 우리로 그 가운데서 행하게 하려 하심이니라

11)

롬 6:22 그러나 이제는 너희가 죄로부터 해방되고 하나님께 종이 되어 거룩함에 이르는 열매를 맺었으니 그 마지막은 영생이라

12)

요 15:4-5 내 안에 거하라 나도 너희 안에 거하리라 가지가 포도나무에 붙어 있지 아니하면 스스로 열매를 맺을 수 없음 같이 너희도 내 안에 있지 아니하면 그러하리라 나는 포도나무요 너희는 가지라 그가 내 안에, 내가 그 안에 거하면 사람이 열매를 많이 맺나니 나를 떠나서는 너희가 아무 것도 할 수 없음이라

겔 36:26-27 또 새 영을 너희 속에 두고 새 마음을 너희에게 주되 너희 육신에서 굳은 마음을 제거하고 부드러운 마음을 줄 것이며 또 내 영을 너희 속에 두어 너희로 내 율례를 행하게 하리니 너희가 내 규례를 지켜 행할지라

13)

빌 2:13 너희 안에서 행하시는 이는 하나님이시니 자기의 기쁘신 뜻을 위하여 너희에게 소원을 두고 행하게 하시나니

빌 4:13 내게 능력 주시는 자 안에서 내가 모든 것을 할 수 있느니라

고후 3:5 우리가 무슨 일이든지 우리에게서 난 것 같이 스스로 만족할 것이 아니니 우리의 만족은 오직 하나님으로부터 나느니라

14)

빌 2:12 그러므로 나의 사랑하는 자들아 너희가 나 있을 때뿐 아니라 더욱 지금 나 없을 때에도 항상 복종하여 두렵고 떨림으로 너희 구원을 이루라

히 6:11-12 우리가 간절히 원하는 것은 너희 각 사람이 동일한 부지런함을 나타내어 끝까지 소망의 풍성함에 이르러 게으르지 아니하고 믿음과 오래 참음으로 말미암아 약속들을 기업으로 받는 자들을 본받는 자 되게 하려는 것이니라

벧후 1:3, 5, 10-11 ³그의 신기한 능력으로 생명과 경건에 속한 모든 것을 우리에게 주셨으니 이는 자기의 영광과 덕으로써 우리를 부르신 이를 앎으로 말미암음이라 ⁵그러므로 너희가 더욱 힘써 너희 믿음에 덕을, 덕에 지식을 ¹⁰⁻¹¹그러므로 형제들아 더욱 힘써 너희 부르심과 택하심을 굳게 하라 너희가 이것을 행한즉 언제든지 실족하지 아니하리라 이같이 하면 우리 주 곧 구주 예수 그리스도의 영원한 나라에 들어감을 넉넉히 너희에게 주시리라

사 64:7 주의 이름을 부르는 자가 없으며 스스로 분발하여 주를 붙잡는 자가 없사오니 이는 주께서 우리에게 얼굴을 숨기시며 우리의 죄악으로 말미암아 우리가 소멸되게 하셨음이니이다

딤후 1:6 그러므로 내가 나의 안수함으로 네 속에 있는 하나님의 은사를 다시 불일듯 하게 하기 위하여 너로 생각하게 하노니

행 26:6-7 이제도 여기 서서 심문 받는 것은 하나님이 우리 조상에게 약속하신 것을 바라는 까닭이니 이 약속은 우리 열두 지파가 밤낮으로 간절히 하나님을 받들어 섬김으로 얻기를 바라는 바인데 아그립바 왕이여 이 소망으로 말미암아 내가 유대인들에게 고소를 당하는 것이니이다

유 1:20-21 사랑하는 자들아 너희는 너희의 지극히 거룩한 믿음 위에 자신을 세우며 성령으로 기도하며 하나님의 사랑 안에서 자신을 지키며 영생에 이르도록 우리 주 예수 그리스도의 긍휼을 기다리라

15)

눅 17:10 이와 같이 너희도 명령 받은 것을 다 행한 후에 이르기를 우리는 무익한 종이라 우리가 하여야 할 일을 한 것뿐이라 할지니라

느 13:22 내가 또 레위 사람들에게 몸을 정결하게 하고 와서 성문을 지켜서 안식일을 거룩하게 하라 하였느니라 내 하나님이여 나를 위하여 이 일도 기억하시옵고 주의 크신 은혜대로 나를 아끼시옵소서

욥 9:2-3 진실로 내가 이 일이 그런 줄을 알거니와 인생이 어찌 하나님 앞에 의로우랴 사람이 하나님께 변론하기를 좋아할지라도 천 마디에 한 마디도 대답하지 못하리라

갈 5:17 육체의 소욕은 성령을 거스르고 성령은 육체를 거스르나니 이 둘이 서로 대적함으로 너희가 원하는 것을 하지 못하게 하려 함이니라

16)

롬 3:20 그러므로 율법의 행위로 그의 앞에 의롭다 하심을 얻을 육체가 없나니 율법으로는 죄를 깨달음이니라

롬 4:2, 4, 6 ²만일 아브라함이 행위로써 의롭다 하심을 받았으면 자랑할 것이 있으려니와 하나님 앞에서는 없느니라 ⁴일하는 자에게는 그 삯이 은혜로 여겨지지 아니하고 보수로 여겨지거니와 ⁶일한 것이 없이 하나님께 의로 여기심을 받는 사람의 복에 대하여 다윗이 말한 바

엡 2:8-9 너희는 그 은혜에 의하여 믿음으로 말미암아 구원을 받았으니 이것은 너희에게서 난 것이 아니요 하나님의 선물이라 행위에서 난 것이 아니니 이는 누구든지 자랑하지 못하게 함이라

딛 3:5-7 우리를 구원하시되 우리가 행한 바 의로운 행위로 말미암지 아니하고 오직 그의 긍휼하심을 따라 중생의 씻음과 성령의 새롭게 하심으로 하셨나니 우리 구주 예수 그리스도로 말미암아 우리에게 그 성령을 풍성히 부어 주사 우리로 그의 은혜를 힘입어 의롭다 하심을 얻어 영생의 소망을 따라 상속자가 되게 하려 하심이라

롬 8:18 생각하건대 현재의 고난은 장차 우리에게 나타날 영광과 비교할 수 없도다

시 16:2 내가 여호와께 아뢰되 주는 나의 주님이시오니 주 밖에는 나의 복이 없다 하였나이다

욥 22:2-3 사람이 어찌 하나님께 유익하게 하겠느냐 지혜로운 자도 자기에게 유익할 따름이니라 네가 의로운들 전능자에게 무슨 기쁨이 있겠으며 네 행위가 온전한들 그에게 무슨 이익이 되겠느냐

욥 35:7-8 그대가 의로운들 하나님께 무엇을 드리겠으며 그가 그대의 손에서 무엇을 받으시겠느냐 그대의 악은 그대와 같은 사람에게나 있는 것이요 그대의 공의는 어떤 인생에게도 있느니라

17)

눅 17:10 이와 같이 너희도 명령 받은 것을 다 행한 후에 이르기를 우리는 무익한 종이라 우리가 하여야 할 일을 한 것뿐이라 할지니라

18)

갈 5:22-23 오직 성령의 열매는 사랑과 희락과 화평과 오래 참음과 자비와 양선과 충성과 온유와 절제니 이같은 것을 금지할 법이 없느니라

19)

사 64:6 무릇 우리는 다 부정한 자 같아서 우리의 의는 다 더러운 옷 같으며 우리는 다 잎사귀 같이 시들므로 우리의 죄악이 바람 같이 우리를 몰아가나이다

갈 5:17 육체의 소욕은 성령을 거스르고 성령은 육체를 거스르나니 이 둘이 서로 대적함으로 너희가 원하는 것을 하지 못하게 하려 함이니라

롬 7:15, 18 ¹⁵내가 행하는 것을 내가 알지 못하노니 곧 내가 원하는 것은 행하지 아니하고 도리어 미워하는 것을 행함이라 ¹⁸내 속 곧 내 육신에 선한 것이 거하지 아니하는 줄을 아노니 원함은 내게 있으나 선을 행하는 것은 없노라

시 143:2 주의 종에게 심판을 행하지 마소서 주의 눈 앞에는 의로운 인생이 하나도 없나이다

시 130:3 여호와여 주께서 죄악을 지켜보실진대 주여 누가 서리이까

20)

엡 1:6 이는 그가 사랑하시는 자 안에서 우리에게 거저 주시는 바 그의 은혜의 영광을 찬송하게 하려는 것이라

벧전 2:5 너희도 산 돌 같이 신령한 집으로 세워지고 예수 그리스도로 말미암아 하나님이 기쁘게 받으실 신령한 제사를 드릴 거룩한 제사장이 될지니라

출 28:38 이 패를 아론의 이마에 두어 그가 이스라엘 자손이 거룩하게 드리는 성물과 관련된 죄책을 담당하게 하라 그 패가 아론의 이마에 늘 있으므로 그 성물을 여호와께서 받으시게 되리라

창 4:4 아벨은 자기도 양의 첫 새끼와 그 기름으로 드렸더니 여호와께서 아벨과 그의 제물은 받으셨으나

히 11:4 믿음으로 아벨은 가인보다 더 나은 제사를 하나님께 드림으로 의로운 자라 하시는 증거를 얻었으니 하나님이 그 예물에 대하여 증언하심이라 그가 죽었으나 그 믿음으로써 지금도 말하느니라

21)

욥 9:20 가령 내가 의로울지라도 내 입이 나를 정죄하리니 가령 내가 온전할지라도 나를 정죄하시리라

시 143:2 주의 종에게 심판을 행하지 마소서 주의 눈 앞에는 의로운 인생이 하나도 없나이다

22)

히 13:20-21 양들의 큰 목자이신 우리 주 예수를 영원한 언약의 피로 죽은 자 가운데서 이끌어 내신 평강의 하나님이 모든 선한 일에 너희를 온전하게 하사 자기 뜻을 행하게 하시고 그 앞에 즐거운 것을 예수 그리스도로 말미암아 우리 가운데서 이루시기를 원하노라 영광이 그에게 세세무궁토록 있을지어다 아멘

고후 8:12 할 마음만 있으면 있는 대로 받으실 터이요 없는 것은 받지 아니하시리라

히 6:10 하나님은 불의하지 아니하사 너희 행위와 그의 이름을 위하여 나타낸 사랑으로 이미 성도를 섬긴 것과 이제도 섬기고 있는 것을 잊어버리지 아니하시느니라

마 25:21, 23 ²¹그 주인이 이르되 잘하였도다 착하고 충성된 종아 네가 적은 일에 충성하였으매 내가 많은 것을 네게 맡기리니 네 주인의 즐거움에 참여할지어다 하고 ²³그 주인이 이르되 잘하였도다 착하고 충성된 종아 네가 적은 일에 충성하였으매 내가 많은 것을 네게 맡기리니 네 주인의 즐거움에 참여할지어다 하고

23)

왕하 10:30-31 여호와께서 예후에게 이르시되 네가 나 보기에 정직한 일을 행하되 잘 행하여 내 마음에 있는 대로 아합 집에 다 행하였은즉 네 자손이 이스라엘 왕위를 이어 사대를 지내리라 하시니라 그러나 예후가 전심으로 이스라엘 하나님 여호와의 율법을 지켜 행하지 아니하며 여로보암이 이스라엘에게 범하게 한 그 죄에서 떠나지 아니하였더라

왕상 21:27, 29 ²⁷아합이 이 모든 말씀을 들을 때에 그의 옷을 찢고 굵은 베로 몸을 동이고 금식하고 굵은 베에 누우며 또 풀이 죽어 다니더라 ²⁹아합이 내 앞에서 겸비함을 네가 보느냐 그가 내 앞에서 겸비하므로 내가 재앙을 저의 시대에는 내리지 아니하고 그 아들의 시대에야 그의 집에 재앙을 내리라 하셨더라

빌 1:15-16, 18 ¹⁵⁻¹⁶어떤 이들은 투기와 분쟁으로, 어떤 이들은 착한 뜻으로 그리스도를 전파하나니 이들은 내가 복음을 변증하기 위하여 세우심을 받은 줄 알고 사랑으로 하나 ¹⁸그러면 무엇이냐 겉치레로 하나 참으로 하나 무슨 방도로 하든지 전파되는 것은 그리스도니 이로써 나는 기뻐하고 또한 기뻐하리라

24)

창 4:5 가인과 그의 제물은 받지 아니하신지라 가인이 몹시 분하여 안색이 변하니

히 11:4 믿음으로 아벨은 가인보다 더 나은 제사를 하나님께 드림으로 의로운 자라 하시는 증거를 얻었으니 하나님이 그 예물에 대하여 증언하심이라 그가 죽었으나 그 믿음으로써 지금도 말하느니라

히 11:6 믿음이 없이는 하나님을 기쁘시게 하지 못하나니 하나님께 나아가는 자는 반드시 그가 계신 것과 또한 그가 자기를 찾는 자들에게 상 주시는 이심을 믿어야 할지니라

25)

고전 13:3 내가 내게 있는 모든 것으로 구제하고 또 내 몸을 불사르게 내줄지라도 사랑이 없으면 내게 아무 유익이 없느니라

사 1:12 너희가 내 앞에 보이러 오니 이것을 누가 너희에게 요구하였느냐 내 마당만 밟을 뿐이니라

26)

마 6:2, 5, 16 ²그러므로 구제할 때에 외식하는 자가 사람에게서 영광을 받으려고 회당과 거리에서 하는 것 같이 너희 앞에 나팔을 불지 말라 진실로 너희에게 이르노니 그들은 자기 상을 이미 받았느니라 ⁵또 너희는 기도할 때에 외식하는 자와 같이 하지 말라 그들은 사람에게 보이려고 회당과 큰 거리 어귀에 서서 기도하기를 좋아하느니라 내가 진실로 너희에게 이르노니 그들은 자기 상을 이미 받았느니라 ¹⁶금식할 때에 너희는 외식하는 자들과 같이 슬픈 기색을 보이지 말라 그들은 금식하는 것을 사람에게 보이려고 얼굴을 흉하게 하느니라 내가 진실로 너희에게 이르노니 그들은 자기 상을 이미 받았느니라

27)

학 2:14 이에 학개가 대답하여 이르되 여호와의 말씀에 내 앞에서 이 백성이 그러하고 이 나라가 그러하고 그들의 손의 모든 일도 그러하고 그들이 거기에서 드리는 것도 부정하니라

딛 1:15 깨끗한 자들에게는 모든 것이 깨끗하나 더럽고 믿지 아니하는 자들에게는 아무 것도 깨끗한 것이 없고 오직 그들의 마음과 양심이 더러운지라

암 5:21-22 내가 너희 절기들을 미워하여 멸시하며 너희 성회들을 기뻐하지 아니하나니 너희가 내게 번제나 소제를 드릴지라도 내가 받지 아니할 것이요 너희의 살진 희생의 화목제도 내가 돌아보지 아니하리라

호 1:4 여호와께서 호세아에게 이르시되 그의 이름을 이스르엘이라 하라 조금 후에 내가 이스르엘의 피를 예후의 집에 갚으며 이스라엘 족속의 나라를 폐할 것임이니라

롬 9:16 그런즉 원하는 자로 말미암음도 아니요 달음박질하는 자로 말미암음도 아니요 오직 긍휼히 여기시는 하나님으로 말미암음이니라

딛 3:5 우리를 구원하시되 우리가 행한 바 의로운 행위로 말미암지 아니하고 오직 그의 긍휼하심을 따라 중생의 씻음과 성령의 새롭게 하심으로 하셨나니

28)

시 14:4 죄악을 행하는 자는 다 무지하냐 그들이 떡 먹듯이 내 백성을 먹으면서 여호와를 부르지 아니하는도다

시 36:3 그의 입에서 나오는 말은 죄악과 속임이라 그는 지혜와 선행을 그쳤도다

욥 21:14-15 그러할지라도 그들은 하나님께 말하기를 우리를 떠나소서 우리가 주의 도리 알기를 바라지 아니하나이다 전능자가 누구이기에 우리가 섬기며 우리가 그에게 기도한들 무슨 소용이 있으랴 하는구나

마 25:41-43, 45 ⁴¹⁻⁴³또 왼편에 있는 자들에게 이르시되 저주를 받은 자들아 나를 떠나 마귀와 그 사자들을 위하여 예비된 영원한 불에 들어가라 내가 주릴 때에 너희가 먹을 것을 주지 아니하였고 목마를 때에 마시게 하지 아니하였고 나그네 되었을 때에 영접하지 아니하였고 헐벗

었을 때에 옷 입히지 아니하였고 병들었을 때와 옥에 갇혔을 때에 돌보지 아니하였느니라 하시니 ⁴⁵이에 임금이 대답하여 이르시되 내가 진실로 너희에게 이르노니 이 지극히 작은 자 하나에게 하지 아니한 것이 곧 내게 하지 아니한 것이니라 하시리니

마 23:23 화 있을진저 외식하는 서기관들과 바리새인들이여 너희가 박하와 회향과 근채의 십일조는 드리되 율법의 더 중한 바 정의와 긍휼과 믿음은 버렸도다 그러나 이것도 행하고 저것도 버리지 말아야 할지니라

더 깊은 공부와 나눔을 위한 질문

1. 하나님께 대한 사람의 열심이나 선한 의도로 행한 일들을 모두 선행이라고 말할 수 있습니까? 우리가 선을 행하려 할 때 선한 의도만이 아니라 바른 지식을 따르는 것과, 하나님의 영광이라는 올바른 목적을 갖는 것이 얼마나 중요한지 나누어 봅시다. 또, 이와 관련하여 우리가 흔히 선행이라고 오해하거나, 잘못 판단했던 일들에 대해 나누고 경계합시다. (16장 1항)

2. 성경은 선행이 무엇이라고 말합니까? (16장 2항)

3. 신자가 선을 행할 수 있는 능력은 어디에서 나옵니까? 의롭다 하심을 받고 양자가 되어 점점 거룩해져 가는 신자 자신에게서입니까? 이 사실에서 알 수 있는 사실은 무엇입니까? (16장 3항, 5항)

4. 가장 탁월한 수준에 있는 신자들의 선행과 우리의 선행과는 어떠한 차이가 있습니까? 그렇다면 그 이유는 무엇입니까? (16장 4항)

5. 성령님의 도우심 없이 우리 자신의 힘으로 선을 행한다고 할 때, 그 선행의 한계는 무엇입니까? (16장 5항)

6. 신자의 선행이 이토록 불완전하고 무가치한데도, 하나님께서 신자의 선행을 받아주시는 이유는 무엇입니까? (16장 6항)

7. 거듭나지 않는 사람들이 행한 그 나름의 좋은 일들이 하나님께 받아들여질 수 있습니까? (16장 7항)

하나님께서 깨닫게 해 주신 것과 베풀어 주신 은혜를 생각하며 감사합시다. 또 깨달아 배우고 확신한 일에 거할 수 있게 해 달라고 기도합시다.

17장

성도의 견인
Of the Perseverance of the Saints

1항

하나님께서 당신이 사랑하시는 아들 안에서 받으시고 성령님으로 말미암아 효과적으로 부르시고 거룩하게 하신 사람들은 은혜의 상태에서 전적으로, 최종적으로 타락할 수 없다. 하나님께서는 그들이 은혜의 상태에서 확실하게 끝까지 견인하게 하시고, 그들을 영원히 구원하신다.[1]

1) 빌 1:6; 벧후 1:10; 요 10:28-29; 요일 3:9; 벧전 1:5, 9.

2항

이 성도의 견인은 그들의 자유의지에 달린 것이 아니라, 하나님 아버지의 자유롭고 변하지 않는 사랑에서 흘러나오는 선택의 불변성과,[2] 예수 그리스도의 공로와 간구하심의 효과와,[3] 성령님의 거하심과 그들 속에 있는 하나님의 씨와,[4] 은혜 언약의 본질에 의존한다.[5] 이 모든 것에서 견인의 확실성과 무오성이 나온다.[6]

2) 딤후 2:18-19; 렘 31:3 3) 히 10:10, 14; 히 13:20-21; 히 9:12-15; 롬 8:33-39; 요 17:11, 24; 눅 22:32; 히 7:25
4) 요 14:16-17; 요일 2:27; 요일 3:9 5) 렘 32:40 6) 요 10:28; 살후 3:3; 요일 2:19.

They, whom God hath accepted in His Beloved, effectually called, and sanctified by His Spirit, can neither totally, nor finally, fall away from the state of grace: but shall certainly persevere therein to the end, and be eternally saved.[1]

This perseverance of the saints depends not upon their own free will, but upon the immutability of the decree of election flowing from the free and unchangeable love of God the Father;[2] upon the efficacy of the merit and intercession of Jesus Christ;[3] the abiding of the Spirit, and of the seed of God within them;[4] and the nature of the covenant of grace:[5] from all which ariseth also the certainty and infallibility thereof.[6]

3항

그럼에도 불구하고 신자들은 사탄과 세상의 유혹 때문에, 또 그들 안에 남아 있는 우세한 부패함에 눌려서, 그리고 자신들을 견인하게 하는 수단들을 소홀히 여김으로 비통한 죄에 빠질 수 있고,[7] 한동안 그런 죄 가운데 있을 수도 있다.[8] 이로 말미암아 그들은 하나님을 노여워하시게 하고,[9] 성령님을 근심하시게 하며,[10] 그들이 받은 은혜와 위로 중 일부를 잃게 되고,[11] 마음이 강퍅해지며,[12] 양심이 상처를 입고,[13] 다른 사람들을 해치고 중상하며,[14] 일시적인 심판을 자초한다.[15]

7) 마 26:70, 72, 74 8) 시 51 9) 사 64:5, 7, 9; 삼하 11:27
10) 엡 4:30 11) 시 51:8, 10, 12; 계 2:4; 아 5:2-4, 6 12) 사 63:17; 막 6:52; 막 16:14 13) 시 32:3-4; 시 51:8 14) 삼하 12:14
15) 시 89:31-32; 고전 11:32.

Nevertheless, they may, through the temptations of Satan and of the world, the prevalency of corruption remaining in them, and the neglect of the means of their preservation, fall into grievous sins;[7] and, for a time, continue therein:[8] whereby they incur God's displeasure,[9] and grieve His Holy Spirit,[10] come to be deprived of some measure of their graces and comforts,[11] have their hearts hardened,[12] and their consciences wounded,[13] hurt and scandalize others,[14] and bring temporal judgments upon themselves.[15]

1)

빌 1:6 너희 안에서 착한 일을 시작하신 이가 그리스도 예수의 날까지 이루실 줄을 우리는 확신하노라

벧후 1:10 그러므로 형제들아 더욱 힘써 너희 부르심과 택하심을 굳게 하라 너희가 이것을 행한즉 언제든지 실족하지 아니하리라

요 10:28-29 내가 그들에게 영생을 주노니 영원히 멸망하지 아니할 것이요 또 그들을 내 손에서 빼앗을 자가 없느니라 그들을 주신 내 아버지는 만물보다 크시매 아무도 아버지 손에서 빼앗을 수 없느니라

요일 3:9 하나님께로부터 난 자마다 죄를 짓지 아니하나니 이는 하나님의 씨가 그의 속에 거함이요 그도 범죄하지 못하는 것은 하나님께로부터 났음이라

벧전 1:5, 9 ⁵너희는 말세에 나타내기로 예비하신 구원을 얻기 위하여 믿음으로 말미암아 하나님의 능력으로 보호하심을 받았느니라 ⁹믿음의 결국 곧 영혼의 구원을 받음이라

2)

딤후 2:18-19 진리에 관하여는 그들이 그릇되었도다 부활이 이미 지나갔다 함으로 어떤 사람들의 믿음을 무너뜨리느니라 그러나 하나님의 견고한 터는 섰으니 인침이 있어 일렀으되 주께서 자기 백성을 아신다 하며 또 주의 이름을 부르는 자마다 불의에서 떠날지어다 하였느니라

렘 31:3 옛적에 여호와께서 나에게 나타나사 내가 영원한 사랑으로 너를 사랑하기에 인자함으로 너를 이끌었다 하였노라

3)

히 10:10, 14 ¹⁰이 뜻을 따라 예수 그리스도의 몸을 단번에 드리심으로 말미암아 우리가 거룩함을 얻었노라 ¹⁴그가 거룩하게 된 자들을 한 번의 제사로 영원히 온전하게 하셨느니라

히 13:20-21 양들의 큰 목자이신 우리 주 예수를 영원한 언약의 피로 죽은 자 가운데서 이끌어 내신 평강의 하나님이 모든 선한 일에 너희를 온전하게 하사 자기 뜻을 행하게 하시고 그 앞에 즐거운 것을 예수 그리스도로 말미암아 우리 가운데서 이루시기를 원하노라 영광이 그에게 세세무궁토록 있을지어다 아멘

히 9:12-15 염소와 송아지의 피로 하지 아니하고 오직 자기의 피로 영원한 속죄를 이루사 단번에 성소에 들어가셨느니라 염소와 황소의 피와 및 암송아지의 재를 부정한 자에게 뿌려 그 육체를 정결하게 하여 거룩하게 하거든 하물며 영원하신 성령으로 말미암아 흠 없는 자기를 하나님께 드린 그리스도의 피가 어찌 너희 양심을 죽은 행실에서 깨끗하게 하고 살아 계신 하나님을 섬기게 하지 못하겠느냐 이로 말미암아 그는 새 언약의 중보자시니 이는 첫 언약 때에 범한 죄에서 속량하려고 죽으사 부르심을 입은 자로 하여금 영원한 기업의 약속을 얻게 하려 하심이라

롬 8:33-39 누가 능히 하나님께서 택하신 자들을 고발하리요 의롭다 하신 이는 하나님이시니 누가 정죄하리요 죽으실 뿐 아니라 다시 살아나신 이는 그리스도 예수시니 그는 하나님 우편에 계신 자요 우리를 위하여 간구하시는 자시니라 누가 우리를 그리스도의 사랑에서 끊으리요 환난이나 곤고나 박해나 기근이나 적신이나 위험이나 칼이랴 기록된 바 우리가 종일 주를 위하여 죽임을 당하게 되며 도살 당할 양 같이 여김을 받았나이다 함과 같으니라 그러나 이 모든 일에 우리를 사랑하시는 이로 말미암아 우리가 넉넉히 이기느니라 내가 확신하노니 사망이나 생명이나 천사들이나 권세자들이나 현재 일이나 장래 일이나 능력이나 높음이나 깊음이나 다른 어떤 피조물이라도 우리를 우리 주 그리스도 예수 안에 있는 하나님의 사랑에서 끊을 수 없으리라

요 17:11, 24 ¹¹나는 세상에 더 있지 아니하오나 그들은 세상에 있사옵고 나는 아버지께로 가옵나니 거룩하신 아버지여 내게 주신 아버지의 이름으로 그들을 보전하사 우리와 같이 그들도 하나가 되게 하옵소서 ²⁴아버지여 내게 주신 자도 나 있는 곳에 나와 함께 있어 아버지께서 창세 전부터 나를 사랑하시므로 내게 주신 나의 영광을 그들로 보게 하시기를 원하옵나이다

눅 22:32 그러나 내가 너를 위하여 네 믿음이 떨어지지 않기를 기도하였노니 너는 돌이킨 후에 네 형제를 굳게 하라

히 7:25 그러므로 자기를 힘입어 하나님께 나아가는 자들을 온전히 구원하실 수 있으니 이는 그가 항상 살아 계셔서 그들을 위하여 간구하심이라

4)

요 14:16-17 내가 아버지께 구하겠으니 그가 또 다른 보혜사를 너희에게 주사 영원토록 너희와 함께 있게 하리니 그는 진리의 영이라 세상은 능히 그를 받지 못하나니 이는 그를 보지도 못하고 알지도 못함이라 그러나 너희는 그를 아나니 그는 너희와 함께 거하심이요 또 너희 속에 계시겠음이라

요일 2:27 너희는 주께 받은 바 기름 부음이 너희 안에 거하나니 아무도 너희를 가르칠 필요가 없고 오직 그의 기름 부음이 모든 것을 너희에게 가르치며 또 참되고 거짓이 없으니 너희를 가르치신 그대로 주 안에 거하라

요일 3:9 하나님께로부터 난 자마다 죄를 짓지 아니하나니 이는 하나님의 씨가 그의 속에 거함이요 그도 범죄하지 못하는 것은 하나님께로부터 났음이라

5)

렘 32:40 내가 그들에게 복을 주기 위하여 그들을 떠나지 아니하리라 하는 영원한 언약을 그들에게 세우고 나를 경외함을 그들의 마음에 두어 나를 떠나지 않게 하고

6)

요 10:28 내가 그들에게 영생을 주노니 영원히 멸망하지 아니할 것이요 또 그들을 내 손에서 빼앗을 자가 없느니라

살후 3:3 주는 미쁘사 너희를 굳건하게 하시고 악한 자에게서 지키시리라

요일 2:19 그들이 우리에게서 나갔으나 우리에게 속하지 아니하였나니 만일 우리에게 속하였더라면 우리와 함께 거하였으려니와 그들이 나간 것은 다 우리에게 속하지 아니함을 나타내려 함이니라

7)

마 26:70, 72, 74 ⁷⁰베드로가 모든 사람 앞에서 부인하여 이르되 나는 네가 무슨 말을 하는지 알지 못하겠노라 하며 ⁷²베드로가 맹세하고 또 부인하여 이르되 나는 그 사람을 알지 못하노라 하더라 ⁷⁴그가 저주하며 맹세하여 이르되 나는 그 사람을 알지 못하노라 하니 곧 닭이 울더라

8)

시 51 하나님이여 주의 인자를 따라 내게 은혜를 베푸시며 주의 많은 긍휼을 따라 내 죄악을 지워 주소서 나의 죄악을 말갛게 씻으시며 나의 죄를 깨끗이 제하소서 무릇 나는 내 죄과를 아오니 내 죄가 항상 내 앞에 있나이다 내가 주께만 범죄하여 주의 목전에 악을 행하였사오니 주께서 말씀하실 때에 의로우시다 하고 주께서 심판하실 때에 순전하시다 하리이다 내가 죄악 중에서 출생하였음이여 어머니가 죄 중에서 나를 잉태하였나이다 보소서 주께서는 중심이 진실함을 원하시오니 내게 지혜를 은밀히 가르치시리이다 우슬초로 나를 정결하게 하소서 내가 정하리이다 나의 죄를 씻어 주소서 내가 눈보다 희리이다 내게 즐겁고 기쁜 소리를 들려 주시사 주께서 꺾으신 뼈들도 즐거워하게 하소서 주의 얼굴을 내 죄에서 돌이키시고 내 모든 죄악을 지워 주소서 하나님이여 내 속에 정한 마음을 창조하시고 내 안에 정직한 영을 새롭게 하소서 나를 주 앞에서 쫓아내지 마시며 주의 성령을 내게서 거두지 마소서 주의 구원의 즐거움을 내게 회복시켜 주시고 자원하는 심령을 주사 나를 붙드소서 그리하면 내가 범죄자에게 주의 도를 가르치리니 죄인들이 주께 돌아오리이다 하나님이여 나의 구원의 하나님이여 피 흘린 죄에서 나를 건지소서 내 혀가 주의 의를 높이 노래하리이다 주여 내 입술을 열어 주소서 내 입이 주를 찬송하여 전파하리이다 주께서는 제사를 기뻐하지 아니하시나니 그렇지 아니하면 내가 드렸을 것이라 주는 번제를 기뻐하지 아니하시나이다 하나님께서 구하시는 제사는 상한 심령이라 하나님이여 상하고 통회하는 마음을 주께서 멸시하지 아니하시리이다 주의 은택으로 시온에 선을 행하시고 예루살렘 성을 쌓으소서 그 때에 주께서 의로운 제사와 번제와 온전한 번제를 기뻐하시리니 그 때에 그들이 수소를 주의 제단에 드리리이다

9)

사 64:5, 7, 9 ⁵주께서 기쁘게 공의를 행하는 자와 주의 길에서 주를 기억하는 자를 선대하시거늘 우리가 범죄하므로 주께서 진노하셨사오며 이 현상이 이미 오래 되었사오니 우리가 어찌 구원을 얻을 수 있으리이까 ⁷주의 이름을 부르는 자가 없으며 스스로 분발하여 주를 붙잡는 자가 없사오니 이는 주께서 우리에게 얼굴을 숨기시며 우리의 죄악으로 말미암아 우리가 소멸되게 하셨음이니이다 ⁹여호와여, 너무 분노하지 마시오며 죄악을 영원히 기억하지 마시옵소서 구하오니 보시옵소서 보시옵소서 우리는 다 주의 백성이니이다

삼하 11:27 그 장례를 마치매 다윗이 사람을 보내 그를 왕궁으로 데려오니 그가 그의 아내가 되어 그에게 아들을 낳으니라 다윗이 행한 그 일이 여호와 보시기에 악하였더라

10)

엡 4:30 하나님의 성령을 근심하게 하지 말라 그 안에서 너희가 구원의 날까지 인치심을 받았느니라

11)

시 51:8, 10, 12 ⁸내게 즐겁고 기쁜 소리를 들려 주시사 주께서 꺾으신 뼈들도 즐거워하게 하소서 ¹⁰하나님이여 내 속에 정한 마음을 창조하시고 내 안에 정직한 영을 새롭게 하소서 ¹²주의 구원의 즐거움을 내게 회복시켜 주시고 자원하는 심령을 주사 나를 붙드소서

계 2:4 그러나 너를 책망할 것이 있나니 너의 처음 사랑을 버렸느니라

아 5:2–4, 6 ²⁻⁴처녀 이스라엘이 엎드러졌음이여 다시 일어나지 못하리로다 자기 땅에 던지움이여 일으킬 자 없으리로다 주 여호와께서 이와 같이 말씀하시되 이스라엘 중에서 천 명이 행군하여 나가던 성읍에는 백 명만 남고 백 명이 행군하여 나가던 성읍에는 열 명만 남으리라 하셨느니라 여호와께서 이스라엘 족속에게 이와 같이 말씀하시기를 너희는 나를 찾으라 그리하면 살리라 ⁶너희는 여호와를 찾으라 그리하면 살리라 그렇지 않으면 그가 불 같이 요셉의 집에 임하여 멸하시리니 벧엘에서 그 불들을 끌 자가 없으리라

12)

사 63:17 여호와여 어찌하여 우리로 주의 길에서 떠나게 하시며 우리의 마음을 완고하게 하사 주를 경외하지 않게 하시나이까 원하건대 주의 종들 곧 주의 기업인 지파들을 위하사 돌아오시옵소서

막 6:52 이는 그들이 그 떡 떼시던 일을 깨닫지 못하고 도리어 그 마음이 둔하여졌음이러라

막 16:14 그 후에 열한 제자가 음식 먹을 때에 예수께서 그들에게 나타나사 그들의 믿음 없는 것과 마음이 완악한 것을 꾸짖으시니 이는 자기가 살아난 것을 본 자들의

말을 믿지 아니함일러라

13)
시 32:3-4 내가 입을 열지 아니할 때에 종일 신음하므로 내 뼈가 쇠하였도다 주의 손이 주야로 나를 누르시오니 내 진액이 빠져서 여름 가뭄에 마름 같이 되었나이다 (셀라)
시 51:8 내게 즐겁고 기쁜 소리를 들려 주시사 주께서 꺾으신 뼈들도 즐거워하게 하소서

14)
삼하 12:14 이 일로 말미암아 여호와의 원수가 크게 비방할 거리를 얻게 하였으니 당신이 낳은 아이가 반드시 죽으리이다 하고

15)
시 89:31-32 내 율례를 깨뜨리며 내 계명을 지키지 아니하면 내가 회초리로 그들의 죄를 다스리며 채찍으로 그들의 죄악을 벌하리로다
고전 11:32 우리가 판단을 받는 것은 주께 징계를 받는 것이니 이는 우리로 세상과 함께 정죄함을 받지 않게 하려 하심이라

더 깊은 공부와 나눔을 위한 질문

1. 참 신자들이 그들의 불완전함과 그들을 덮치는 많은 유혹과 죄 때문에 은혜의 상태에서 떨어져 나갈 수 있습니까? (17장 1–2항; 대교리문답 79문답)

2. 참된 신자들은 자신들이 은혜의 상태에 있고, 은혜의 상태에서 견인하게 되어 구원에 이를 것을 틀림없이 확신할 수 있습니까? (대교리문답 80문답)

3. 하나님께서 끝까지 붙들어주심에도 불구하고 신자들이 사탄과 세상의 유혹 때문에, 또 그들 안에 있는 부패로 말미암아 죄를 짓게 될 때 일어나는 일은 무엇입니까? (17장 3항)

4. "도르트 신조"의 "다섯째 교리"를 천천히 읽고 충분히 묵상합시다.

하나님께서 깨닫게 해 주신 것과 베풀어 주신 은혜를 생각하며 감사합시다. 또 깨달아 배우고 확신한 일에 거할 수 있게 해 달라고 기도합시다.

18장

은혜와 구원의 확신
Of Assurance of Grace and Salvation

1항

위선자들과 거듭나지 않은 사람들은 자신들이 하나님의 총애를 받고 구원의 상태에 있다는 거짓된 소망과 육적 자부심으로 자신을 헛되이 속일 수 있으나[1] 이러한 그들의 소망은 소멸할 것이다.[2] 그러나 주 예수님을 참되이 믿고, 그분을 진실하게 사랑하며, 그분 앞에서 선한 양심을 따라 행하려고 힘써 노력하는 사람들은, 이 세상에서 그들이 은혜의 상태에 있다는 것을 분명히 확신하고,[3] 하나님의 영광을 바라며 기뻐할 수 있다. 이러한 소망은 그들을 결코 부끄럽게 하지 않을 것이다.[4]

1) 욥 8:13-14; 미 3:11; 신 29:19; 요 8:41 2) 마 7:22-23
3) 요일 2:3; 요일 3:14, 18-19, 21, 24; 요일 5:13 4) 롬 5:2, 5.

2항

이 확실성은 허황된 소망에 근거한 억측이나 그럴 듯한 신념이 아니라,[5] 구원을 약속하는 하나님의 진리와,[6] 이 약속들로 말미암아 주어지는 은혜의 내적 증거와,[7] 우리의 영과 더불어 우리가 하나님의 자녀인 것을 증언하시는 양자의 영, 곧 성령님의 증언에 근거한 틀림없는 믿음의 확신이다.[8] 성령님께서는 우리 기업의 보증이시며, 성령님으로 말미암아 우리는 구원의 날까지 인치심을 받았다.[9]

Although hypocrites and other unregenerate men may vainly deceive themselves with false hopes, and carnal presumptions of being in the favour of God, and estate of salvation;[1] which hope of theirs shall perish:[2] yet such as truly believe in the Lord Jesus, and love Him in sincerity, endeavouring to walk in all good conscience before Him, may, in this life, be certainly assured that they are in the state of grace,[3] and may rejoice in the hope of the glory of God, which hope shall never make them ashamed.[4]

This certainty is not a bare conjectural and probable persuasion, grounded upon a fallible hope;[5] but an infallible assurance of faith, founded upon the divine truth of the promises of salvation,[6] the inward evidence of those graces unto which these promises are made,[7] the testimony of the Spirit of adoption witnessing with our spirits that we are the children of God:[8] which Spirit is the earnest of our inheritance, whereby we are sealed to the day of redemption.[9]

5) 히 6:11, 19 6) 히 6:17-18 7) 벧후 1:4-5, 10-11; 요일 2:3; 요일 3:14; 고후 1:12 8) 롬 8:15-16 9) 엡 1:13-14; 엡 4:30; 고후 1:21-22.

3항

이 틀림없는 확신은 믿음의 본질에 속하지 않는다. 참 신자는 오래 기다리고, 또 많은 어려움을 겪은 후에야 비로소 그런 확신을 누릴 수 있다.[10] 그런데 이러한 확신은 비상한 계시가 없어도, 일반적인 수단들을 올바로 사용하면, 하나님께서 신자에게 값없이 베푸시는 것들을 성령님께서 알 수 있게 하시기 때문에 신자는 그런 확신에 이를 수 있다.[11] 그러므로 모든 신자에게는 자신이 부르심 받고 선택 받았음을 확신하기 위해 모든 열심을 다할 의무가 있다.[12] 그렇게 함으로써 참 신자의 마음은 성령님 안에서 누리는 평강과 기쁨, 하나님께 대한 사랑과 감사, 순종의 의무를 감당할 수 있는 힘과 즐거움으로 충만해진다. 이와 같은 것들은 확신의 참된 열매이기에,[13] 확신은 사람을 결코 해이하게 만들지 않는다.[14]

10) 요일 5:13; 사 50:10; 막 9:24; 시 88; 시 77:1-12 11) 고전 2:12; 요일 4:13; 히 6:11-12; 엡 3:17-19 12) 벧후 1:10 13) 롬 5:1-2, 5; 롬 14:17; 롬 15:13; 엡 1:3-4; 시 4:6-7; 시 119:32
14) 요일 2:1-2; 롬 6:1-2; 딛 2:11-12, 14; 고후 7:1; 롬 8:1, 12; 요일 3:2-3; 시 130:4; 요일 1:6-7.

This infallible assurance doth not so belong to the essence of faith, but that a true believer may wait long, and conflict with many difficulties before he be partaker of it:[10] yet, being enabled by the Spirit to know the things which are freely given him of God, he may without extraordinary revelation, in the right use of ordinary means, attain thereunto.[11] And therefore it is the duty of everyone to give all diligence to make his calling and election sure;[12] that thereby his heart may be enlarged in peace and joy in the Holy Ghost, in love and thankfulness to God, and in strength and cheerfulness in the duties of obedience, the proper fruits of this assurance:[13] so far is it from inclining men to looseness.[14]

4항

참 신자라도 구원의 확신이 다양한 방법으로 흔들리고 약화되고 일시 중단될 수 있다. 이는 확신을 유지하는 일에 태만함으로써, 자기 양심을 상하게 하고 성령님을 근심하시게 하는 특별한 죄를 지음으로써, 갑작스럽고 맹렬한 유혹에 빠짐으로써, 하나님께서 그 얼굴빛을 거두셔서 그분을 경외하는 자들조차 아무런 빛도 없이 흑암 중에 행하는 고통을 겪게 하심으로써 일어날 수 있다.[15] 그러나 그들에게 하나님의 씨와 믿음의 삶과 그리스도와 형제에 대한 사랑과 마음의 진실함과 의무를 행하려는 양심은 결코 송두리째 결여되지 않는다. 이 확신은 적절한 때에 성령님의 활동으로 되살아나며,[16] 구원의 확신이 흔들리고 약화되고 일시 중단되는 그 기간에도 성령님의 활동으로 말미암아 완전한 절망에 빠지지 않고 보호받는다.[17]

15) 아 5:2-3, 6; 시 51:8, 12, 14; 엡 4:30-31; 시 77:1-10; 마 26:69-72; 시 31:22; 시 88; 사 50:10 16) 요일 3:9; 눅 22:32; 욥 13:15; 시 73:15; 시 51:8, 12; 사 50:10 17) 미 7:7-9; 렘 32:40; 사 54:7-10; 시 22:1; 시 88.

True believers may have the assurance of their salvation divers ways shaken, diminished, and intermitted; as, by negligence in preserving of it, by falling into some special sin, which woundeth the conscience and grieveth the Spirit; by some sudden or vehement temptation, by God's withdrawing the light of His countenance, and suffering even such as fear Him to walk in darkness and to have no light:[15] yet are they never utterly destitute of that seed of God, and life of faith, that love of Christ and the brethren, that sincerity of heart, and conscience of duty, out of which, by the operation of the Spirit, this assurance may, in due time, be revived;[16] and by the which, in the mean time, they are supported from utter despair.[17]

증거구절

1)

욥 8:13-14 하나님을 잊어버리는 자의 길은 다 이와 같고 저속한 자의 희망은 무너지리니 그가 믿는 것이 끊어지고 그가 의지하는 것이 거미줄 같은즉

미 3:11 그들의 우두머리들은 뇌물을 위하여 재판하며 그들의 제사장은 삯을 위하여 교훈하며 그들의 선지자는 돈을 위하여 점을 치면서도 여호와를 의뢰하여 이르기를 여호와께서 우리 중에 계시지 아니하냐 재앙이 우리에게 임하지 아니하리라 하는도다

신 29:19 이 저주의 말을 듣고도 심중에 스스로 복을 빌어 이르기를 내가 내 마음이 완악하여 젖은 것과 마른 것이 멸망할지라도 내게는 평안이 있으리라 할까 함이라

요 8:41 너희는 너희 아비가 행한 일들을 하는도다 대답하되 우리가 음란한 데서 나지 아니하였고 아버지는 한 분뿐이시니 곧 하나님이시로다

2)

마 7:22-23 그 날에 많은 사람이 나더러 이르되 주여 주여 우리가 주의 이름으로 선지자 노릇 하며 주의 이름으로 귀신을 쫓아 내며 주의 이름으로 많은 권능을 행하지 아니하였나이까 하리니 그 때에 내가 그들에게 밝히 말하되 내가 너희를 도무지 알지 못하니 불법을 행하는 자들아 내게서 떠나가라 하리라

3)

요일 2:3 우리가 그의 계명을 지키면 이로써 우리가 그를 아는 줄로 알 것이요

요일 3:14, 18-19, 21, 24 [14]우리는 형제를 사랑함으로 사망에서 옮겨 생명으로 들어간 줄을 알거니와 사랑하지 아니하는 자는 사망에 머물러 있느니라 [18-19]자녀들아 우리가 말과 혀로만 사랑하지 말고 행함과 진실함으로 하자 이로써 우리가 진리에 속한 줄을 알고 또 우리 마음을 주 앞에서 굳세게 하리니 [21]사랑하는 자들아 만일 우리 마음이 우리를 책망할 것이 없으면 하나님 앞에서 담대함을 얻고 [24]그의 계명을 지키는 자는 주 안에 거하고 주는 그의 안에 거하시나니 우리에게 주신 성령으로 말미암아 그가 우리 안에 거하시는 줄을 우리가 아느니라

요일 5:13 내가 하나님의 아들의 이름을 믿는 너희에게 이것을 쓰는 것은 너희로 하여금 너희에게 영생이 있음을 알게 하려 함이라

4)

롬 5:2, 5 [2]또한 그로 말미암아 우리가 믿음으로 서 있는 이 은혜에 들어감을 얻었으며 하나님의 영광을 바라고 즐거워하느니라 [5]소망이 우리를 부끄럽게 하지 아니함은 우리에게 주신 성령으로 말미암아 하나님의 사랑이 우리 마음에 부은 바 됨이니

5)

히 6:11, 19 [11]우리가 간절히 원하는 것은 너희 각 사람이 동일한 부지런함을 나타내어 끝까지 소망의 풍성함에 이르러 [19]우리가 이 소망을 가지고 있는 것은 영혼의 닻 같아서 튼튼하고 견고하여 휘장 안에 들어 가나니

6)

히 6:17-18 하나님은 약속을 기업으로 받는 자들에게 그 뜻이 변하지 아니함을 충분히 나타내시려고 그 일을 맹세로 보증하셨나니 이는 하나님이 거짓말을 하실 수 없는 이 두 가지 변하지 못할 사실로 말미암아 앞에 있는 소망을 얻으려고 피난처를 찾은 우리에게 큰 안위를 받게 하려 하심이라

7)

벧후 1:4-5, 10-11 [4-5]이로써 그 보배롭고 지극히 큰 약속을 우리에게 주사 이 약속으로 말미암아 너희가 정욕 때문에 세상에서 썩어질 것을 피하여 신성한 성품에 참여하는 자가 되게 하려 하셨느니라 그러므로 너희가 더욱 힘써 너희 믿음에 덕을, 덕에 지식을 [10-11]그러므로 형제들아 더욱 힘써 너희 부르심과 택하심을 굳게 하라 너희가 이것을 행한즉 언제든지 실족하지 아니하리라 이같이 하면 우리 주 곧 구주 예수 그리스도의 영원한 나라에 들어감을 넉넉히 너희에게 주시리라

요일 2:3 우리가 그의 계명을 지키면 이로써 우리가 그를 아는 줄로 알 것이요

요일 3:14 우리는 형제를 사랑함으로 사망에서 옮겨 생명으로 들어간 줄을 알거니와 사랑하지 아니하는 자는 사망에 머물러 있느니라

고후 1:12 우리가 세상에서 특별히 너희에 대하여 하나님의 거룩함과 진실함으로 행하되 육체의 지혜로 하지 아니하고 하나님의 은혜로 행함은 우리 양심이 증언하는 바니 이것이 우리의 자랑이라

8)

롬 8:15-16 너희는 다시 무서워하는 종의 영을 받지 아니하고 양자의 영을 받았으므로 우리가 아빠 아버지라고 부르짖느니라 성령이 친히 우리의 영과 더불어 우리가 하나님의 자녀인 것을 증언하시나니

9)

엡 1:13-14 그 안에서 너희도 진리의 말씀 곧 너희의 구원의 복음을 듣고 그 안에서 또한 믿어 약속의 성령으로 인치심을 받았으니 이는 우리 기업의 보증이 되사 그 얻으신 것을 속량하시고 그의 영광을 찬송하게 하려 하심이라

엡 4:30 하나님의 성령을 근심하게 하지 말라 그 안에서 너희가 구원의 날까지 인치심을 받았느니라

고후 1:21-22 우리를 너희와 함께 그리스도 안에서 굳건하게 하시고 우리에게 기름을 부으신 이는 하나님이시니 그가 또한 우리에게 인치시고 보증으로 우리 마음에 성령을 주셨느니라

10)

요일 5:13 내가 하나님의 아들의 이름을 믿는 너희에게 이것을 쓰는 것은 너희로 하여금 너희에게 영생이 있음을 알게 하려 함이라

사 50:10 너희 중에 여호와를 경외하며 그의 종의 목소리를 청종하는 자가 누구냐 흑암 중에 행하여 빛이 없는 자라도 여호와의 이름을 의뢰하며 자기 하나님께 의지할지어다

막 9:24 곧 그 아이의 아버지가 소리를 질러 이르되 내가 믿나이다 나의 믿음 없는 것을 도와 주소서 하더라

시 88 여호와 내 구원의 하나님이여 내가 주야로 주 앞에서 부르짖었사오니 나의 기도가 주 앞에 이르게 하시며 나의 부르짖음에 주의 귀를 기울여 주소서 무릇 나의 영혼에는 재난이 가득하며 나의 생명은 스올에 가까웠사오니 나는 무덤에 내려가는 자 같이 인정되고 힘없는 용사와 같으며 죽은 자 중에 던져진 바 되었으며 죽임을 당하여 무덤에 누운 자 같으니이다 주께서 그들을 다시 기억하지 아니하시니 그들은 주의 손에서 끊어진 자니이다 주께서 나를 깊은 웅덩이와 어둡고 음침한 곳에 두셨사오며 주의 노가 나를 심히 누르시고 주의 모든 파도가 나를 괴롭게 하셨나이다 (셀라) 주께서 내가 아는 자를 내게서 멀리 떠나게 하시고 나를 그들에게 가증한 것이 되게 하셨사오니 나는 갇혀서 나갈 수 없게 되었나이다 곤란으로 말미암아 내 눈이 쇠하였나이다 여호와여 내가 매일 주를 부르며 주를 향하여 나의 두 손을 들었나이다 주께서 죽은 자에게 기이한 일을 보이시겠나이까 유령들이 일어나 주를 찬송하리이까 (셀라) 주의 인자하심을 무덤에서, 주의 성실하심을 멸망 중에서 선포할 수 있으리이까 흑암 중에서 주의 기적과 잊음의 땅에서 주의 공의를 알 수 있으리이까 여호와여 오직 내가 주께 부르짖었사오니 아침에 나의 기도가 주의 앞에 이르리이다 여호와여 어찌하여 나의 영혼을 버리시며 어찌하여 주의 얼굴을 내게서 숨기시나이까 내가 어릴 적부터 고난을 당하여 죽게 되었사오며 주께서 두렵게 하실 때에 당황하였나이다 주의 진노가 내게 넘치고 주의 두려움이 나를 끊었나이다 이런 일이 물 같이 종일 나를 에우며 함께 나를 둘러쌌나이다 주는 내게서 사랑하는 자와 친구를 멀리 떠나게 하시며 내가 아는 자를 흑암에 두셨나이다

시 77:1-12 내가 내 음성으로 하나님께 부르짖으리니 내 음성으로 하나님께 부르짖으면 내게 귀를 기울이시리로다 나의 환난 날에 내가 주를 찾았으며 밤에는 내 손을 들고 거두지 아니하였나니 내 영혼이 위로 받기를 거절하였도다 내가 하나님을 기억하고 불안하여 근심하니 내 심령이 상하도다 (셀라) 주께서 내가 눈을 붙이지 못하게 하시니 내가 괴로워 말할 수 없나이다 내가 옛날 곧 지나간 세월을 생각하였사오며 밤에 부른 노래를 내가 기억하여 내 심령으로, 내가 내 마음으로 간구하기를 주께서 영원히 버리실까, 다시는 은혜를 베풀지 아니하실까, 그의 인자하심은 영원히 끝났는가, 그의 약속하심도 영구히 폐하였는가, 하나님이 그가 베푸실 은혜를 잊으셨는가, 노하심으로 그가 베푸실 긍휼을 그치셨는가 하였나이다 (셀라) 또 내가 말하기를 이는 나의 잘못이라 지존자의 오른손의 해 곧 여호와의 일들을 기억하며 주께서 옛적에 행하신 기이한 일을 기억하리이다 또 주의 모든 일을 작은 소리로 읊조리며 주의 행사를 낮은 소리로 되뇌이리이다

11)

고전 2:12 우리가 세상의 영을 받지 아니하고 오직 하나님으로부터 온 영을 받았으니 이는 우리로 하여금 하나님께서 우리에게 은혜로 주신 것들을 알게 하려 하심이라

요일 4:13 그의 성령을 우리에게 주시므로 우리가 그 안에 거하고 그가 우리 안에 거하시는 줄을 아느니라

히 6:11-12 우리가 간절히 원하는 것은 너희 각 사람이 동일한 부지런함을 나타내어 끝까지 소망의 풍성함에 이르러 게으르지 아니하고 믿음과 오래 참음으로 말미암아 약속들을 기업으로 받는 자들을 본받는 자 되게 하려는 것이니라

엡 3:17-19 믿음으로 말미암아 그리스도께서 너희 마음에 계시게 하시옵고 너희가 사랑 가운데서 뿌리가 박히고 터가 굳어져서 능히 모든 성도와 함께 지식에 넘치는 그리스도의 사랑을 알고 그 너비와 길이와 높이와 깊이가 어떠함을 깨달아 하나님의 모든 충만하신 것으로 너희에게 충만하게 하시기를 구하노라

12)

벧후 1:10 그러므로 형제들아 더욱 힘써 너희 부르심과 택하심을 굳게 하라 너희가 이것을 행한즉 언제든지 실족하지 아니하리라

13)

롬 5:1-2, 5 ¹⁻²그러므로 우리가 믿음으로 의롭다 하심을 받았으니 우리 주 예수 그리스도로 말미암아 하나님과 화평을 누리자 또한 그로 말미암아 우리가 믿음으로 서 있는 이 은혜에 들어감을 얻었으며 하나님의 영광을 바라고 즐거워하느니라 ⁵소망이 우리를 부끄럽게 하지 아니함은 우리에게 주신 성령으로 말미암아 하나님의 사랑이 우리 마음에 부은 바 됨이니

롬 14:17 하나님의 나라는 먹는 것과 마시는 것이 아니요 오직 성령 안에 있는 의와 평강과 희락이라

롬 15:13 소망의 하나님이 모든 기쁨과 평강을 믿음 안에서 너희에게 충만하게 하사 성령의 능력으로 소망이 넘치게 하시기를 원하노라

엡 1:3-4 찬송하리로다 하나님 곧 우리 주 예수 그리스도의 아버지께서 그리스도 안에서 하늘에 속한 모든 신령한 복을 우리에게 주시되 곧 창세 전에 그리스도 안에

서 우리를 택하사 우리로 사랑 안에서 그 앞에 거룩하고 흠이 없게 하시려고

시 4:6-7 여러 사람의 말이 우리에게 선을 보일 자 누구뇨 하오니 여호와여 주의 얼굴을 들어 우리에게 비추소서 주께서 내 마음에 두신 기쁨은 그들의 곡식과 새 포도주가 풍성할 때보다 더하니이다

시 119:32 주께서 내 마음을 넓히시면 내가 주의 계명들의 길로 달려가리이다

14)

요일 2:1-2 나의 자녀들아 내가 이것을 너희에게 씀은 너희로 죄를 범하지 않게 하려 함이라 만일 누가 죄를 범하여도 아버지 앞에서 우리에게 대언자가 있으니 곧 의로우신 예수 그리스도시라 그는 우리 죄를 위한 화목 제물이니 우리만 위할 뿐 아니요 온 세상의 죄를 위하심이라

롬 6:1-2 그런즉 우리가 무슨 말을 하리요 은혜를 더하게 하려고 죄에 거하겠느냐 그럴 수 없느니라 죄에 대하여 죽은 우리가 어찌 그 가운데 더 살리요

딛 2:11-12, 14 ¹¹⁻¹²모든 사람에게 구원을 주시는 하나님의 은혜가 나타나 .우리를 양육하시되 경건하지 않은 것과 이 세상 정욕을 다 버리고 신중함과 의로움과 경건함으로 이 세상에 살고 ¹⁴그가 우리를 대신하여 자신을 주심은 모든 불법에서 우리를 속량하시고 우리를 깨끗하게 하사 선한 일을 열심히 하는 자기 백성이 되게 하려 하심이라

고후 7:1 그런즉 사랑하는 자들아 이 약속을 가진 우리는 하나님을 두려워하는 가운데서 거룩함을 온전히 이루어 육과 영의 온갖 더러운 것에서 자신을 깨끗하게 하자

롬 8:1, 12 ¹그러므로 이제 그리스도 예수 안에 있는 자에게는 결코 정죄함이 없나니 ¹²그러므로 형제들아 우리가 빚진 자로되 육신에게 져서 육신대로 살 것이 아니니라

요일 3:2-3 사랑하는 자들아 우리가 지금은 하나님의 자녀라 장래에 어떻게 될지는 아직 나타나지 아니하였으나 그가 나타나시면 우리가 그와 같을 줄을 아는 것은 그의 참모습 그대로 볼 것이기 때문이니 주를 향하여 이 소망을 가진 자마다 그의 깨끗하심과 같이 자기를 깨끗하게 하느니라

시 130:4 그러나 사유하심이 주께 있음은 주를 경외하게 하심이니이다

요일 1:6-7 만일 우리가 하나님과 사귐이 있다 하고 어둠에 행하면 거짓말을 하고 진리를 행하지 아니함이거니와 그가 빛 가운데 계신 것 같이 우리도 빛 가운데 행하면 우리가 서로 사귐이 있고 그 아들 예수의 피가 우리를 모든 죄에서 깨끗하게 하실 것이요

15)

아 5:2-3, 6 ²⁻³내가 잘지라도 마음은 깨었는데 나의 사랑하는 자의 소리가 들리는구나 문을 두드려 이르기를 나의 누이, 나의 사랑, 나의 비둘기, 나의 완전한 자야 문을 열어 다오 내 머리에는 이슬이, 내 머리털에는 밤이슬이 가득하였다 하는구나 내가 옷을 벗었으니 어찌 다시 입겠으며 내가 발을 씻었으니 어찌 다시 더럽히랴마는 ⁶내가 내 사랑하는 자를 위하여 문을 열었으나 그는 벌써 물러갔네 그가 말할 때에 내 혼이 나갔구나 내가 그를 찾아도 못 만났고 불러도 응답이 없었노라

시 51:8, 12, 14 ⁸내게 즐겁고 기쁜 소리를 들려 주시사 주께서 꺾으신 뼈들도 즐거워하게 하소서 ¹²주의 구원의 즐거움을 내게 회복시켜 주시고 자원하는 심령을 주사 나를 붙드소서 ¹⁴하나님이여 나의 구원의 하나님이여 피 흘린 죄에서 나를 건지소서 내 혀가 주의 의를 높이 노래하리이다

엡 4:30-31 하나님의 성령을 근심하게 하지 말라 그 안에서 너희가 구원의 날까지 인치심을 받았느니라 너희는 모든 악독과 노함과 분냄과 떠드는 것과 비방하는 것을 모든 악의와 함께 버리고

시 77:1-10 내가 내 음성으로 하나님께 부르짖으리니 내 음성으로 하나님께 부르짖으면 내게 귀를 기울이시리로다 나의 환난 날에 내가 주를 찾았으며 밤에는 내 손을 들고 거두지 아니하였나니 내 영혼이 위로 받기를 거절하였도다 내가 하나님을 기억하고 불안하여 근심하니 내 심령이 상하도다 (셀라) 주께서 내가 눈을 붙이지 못하게 하시니 내가 괴로워 말할 수 없나이다 내가 옛날 곧 지나간 세월을 생각하였사오며 밤에 부른 노래를 내가 기억하여 내 심령으로, 내가 내 마음에 간구하기를 주께서 영원히 버리실까, 다시는 은혜를 베풀지 아니하실까, 그의 인자하심은 영원히 끝났는가, 그의 약속하심도 영구히 폐하였는가, 하나님이 그가 베푸실 은혜를 잊으셨는가, 노하심으로 그가 베푸실 긍휼을 그치셨는가 하였나이다 (셀라) 또 내가 말하기를 이는 나의 잘못이라 지존자의 오른손의 해

마 26:69-72 베드로가 바깥 뜰에 앉았더니 한 여종이 나아와 이르되 너도 갈릴리 사람 예수와 함께 있었도다 하거늘 베드로가 모든 사람 앞에서 부인하여 이르되 나는 네가 무슨 말을 하는지 알지 못하겠노라 하며 앞문까지 나아가니 다른 여종이 그를 보고 거기 있는 사람들에게 말하되 이 사람은 나사렛 예수와 함께 있었도다 하매 베드로가 맹세하고 또 부인하여 이르되 나는 그 사람을 알지 못하노라 하더라

시 31:22 내가 놀라서 말하기를 주의 목전에서 끊어졌다 하였사오나 내가 주께 부르짖을 때에 주께서 나의 간구하는 소리를 들으셨나이다

시 88 여호와 내 구원의 하나님이여 내가 주야로 주 앞에서 부르짖었사오니 나의 기도가 주 앞에 이르게 하시며 나의 부르짖음에 주의 귀를 기울여 주소서 무릇 나의 영혼에는 재난이 가득하며 나의 생명은 스올에 가까왔사오니 나는 무덤에 내려가는 자 같이 인정되고 힘없는 용사와 같으며 죽은 자 중에 던져진 바 되었으며 죽임을 당하여 무덤에 누운 자 같으니이다 주께서 그들을 다시 기

억하지 아니하시니 그들은 주의 손에서 끊어진 자니이다 주께서 나를 깊은 웅덩이와 어둡고 음침한 곳에 두셨사오며 주의 노가 나를 심히 누르시고 주의 모든 파도가 나를 괴롭게 하셨나이다 (셀라) 주께서 내가 아는 자를 내게서 멀리 떠나게 하시고 나를 그들에게 가증한 것이 되게 하셨사오니 나는 갇혀서 나갈 수 없게 되었나이다 곤란으로 말미암아 내 눈이 쇠하였나이다 여호와여 내가 매일 주를 부르며 주를 향하여 나의 두 손을 들었나이다 주께서 죽은 자에게 기이한 일을 보이시겠나이까 유령들이 일어나 주를 찬송하리이까 (셀라) 주의 인자하심을 무덤에서, 주의 성실하심을 멸망 중에서 선포할 수 있으리이까 흑암 중에서 주의 기적과 잊음의 땅에서 주의 공의를 알 수 있으리이까 여호와여 오직 내가 주께 부르짖었사오니 아침에 나의 기도가 주의 앞에 이르리이다 여호와여 어찌하여 나의 영혼을 버리시며 어찌하여 주의 얼굴을 내게서 숨기시나이까 내가 어릴 적부터 고난을 당하여 죽게 되었사오며 주께서 두렵게 하실 때에 당황하였나이다 주의 진노가 내게 넘치고 주의 두려움이 나를 끊었나이다 이런 일이 물 같이 종일 나를 에우며 함께 나를 둘러쌌나이다 주는 내게서 사랑하는 자와 친구를 멀리 떠나게 하시며 내가 아는 자를 흑암에 두셨나이다

사 50:10 너희 중에 여호와를 경외하며 그의 종의 목소리를 청종하는 자가 누구냐 흑암 중에 행하여 빛이 없는 자라도 여호와의 이름을 의뢰하며 자기 하나님께 의지할지어다

16)

요일 3:9 하나님께로부터 난 자마다 죄를 짓지 아니하나니 이는 하나님의 씨가 그의 속에 거함이요 그도 범죄하지 못하는 것은 하나님께로부터 났음이라

눅 22:32 그러나 내가 너를 위하여 네 믿음이 떨어지지 않기를 기도하였노니 너는 돌이킨 후에 네 형제를 굳게 하라

욥 13:15 그가 나를 죽이시리니 내가 희망이 없노라 그러나 그의 앞에서 내 행위를 아뢰리라

시 73:15 내가 만일 스스로 이르기를 내가 그들처럼 말하리라 하였더라면 나는 주의 아들들의 세대에 대하여 악행을 행하였으리이다

시 51:8, 12 ⁸내게 즐겁고 기쁜 소리를 들려 주시사 주께서 꺾으신 뼈들도 즐거워하게 하소서 ¹²주의 구원의 즐거움을 내게 회복시켜 주시고 자원하는 심령을 주사 나를 붙드소서

사 50:10 너희 중에 여호와를 경외하며 그의 종의 목소리를 청종하는 자가 누구냐 흑암 중에 행하여 빛이 없는 자라도 여호와의 이름을 의뢰하며 자기 하나님께 의지할지어다

17)

미 7:7-9 오직 나는 여호와를 우러러보며 나를 구원하시는 하나님을 바라보나니 나의 하나님이 나에게 귀를 기울이시리로다 나의 대적이여 나로 말미암아 기뻐하지 말지어다 나는 엎드러질지라도 일어날 것이요 어두운 데에 앉을지라도 여호와께서 나의 빛이 되실 것임이로다 내가 여호와께 범죄하였으니 그의 진노를 당하려니와 마침내 주께서 나를 위하여 논쟁하시고 심판하시며 주께서 나를 인도하사 광명에 이르게 하시리니 내가 그의 공의를 보리로다

렘 32:40 내가 그들에게 복을 주기 위하여 그들을 떠나지 아니하리라 하는 영원한 언약을 그들에게 세우고 나를 경외함을 그들의 마음에 두어 나를 떠나지 않게 하고

사 54:7-10 내가 잠시 너를 버렸으나 큰 긍휼로 너를 모을 것이요 내가 넘치는 진노로 내 얼굴을 네게서 잠시 가렸으나 영원한 자비로 너를 긍휼히 여기리라 네 구속자 여호와께서 말씀하셨느니라 이는 내게 노아의 홍수와 같도다 내가 다시는 노아의 홍수로 땅 위에 범람하지 못하게 하리라 맹세한 것 같이 내가 네게 노하지 아니하며 너를 책망하지 아니하기로 맹세하였노니 산들이 떠나며 언덕들은 옮겨질지라도 나의 자비는 네게서 떠나지 아니하며 나의 화평의 언약은 흔들리지 아니하리라 너를 긍휼히 여기시는 여호와께서 말씀하셨느니라

시 22:1 내 하나님이여 내 하나님이여 어찌 나를 버리셨나이까 어찌 나를 멀리 하여 돕지 아니하시오며 내 신음 소리를 듣지 아니하시나이까

시 88 여호와 내 구원의 하나님이여 내가 주야로 주 앞에서 부르짖었사오니 나의 기도가 주 앞에 이르게 하시며 나의 부르짖음에 주의 귀를 기울여 주소서 무릇 나의 영혼에는 재난이 가득하며 나의 생명은 스올에 가까웠사오니 나는 무덤에 내려가는 자 같이 인정되고 힘없는 용사와 같으며 죽은 자 중에 던져진 바 되었으며 죽임을 당하여 무덤에 누운 자 같으니이다 주께서 그들을 다시 기억하지 아니하시니 그들은 주의 손에서 끊어진 자니이다 주께서 나를 깊은 웅덩이와 어둡고 음침한 곳에 두셨사오며 주의 노가 나를 심히 누르시고 주의 모든 파도가 나를 괴롭게 하셨나이다 (셀라) 주께서 내가 아는 자를 내게서 멀리 떠나게 하시고 나를 그들에게 가증한 것이 되게 하셨사오니 나는 갇혀서 나갈 수 없게 되었나이다 곤란으로 말미암아 내 눈이 쇠하였나이다 여호와여 내가 매일 주를 부르며 주를 향하여 나의 두 손을 들었나이다 주께서 죽은 자에게 기이한 일을 보이시겠나이까 유령들이 일어나 주를 찬송하리이까 (셀라) 주의 인자하심을 무덤에서, 주의 성실하심을 멸망 중에서 선포할 수 있으리이까 흑암 중에서 주의 기적과 잊음의 땅에서 주의 공의를 알 수 있으리이까 여호와여 오직 내가 주께 부르짖었사오니 아침에 나의 기도가 주의 앞에 이르리이다 여호와여 어찌하여 나의 영혼을 버리시며 어찌하여 주의 얼굴을 내게서 숨기시나이까 내가 어릴 적부터 고난을 당하여 죽게 되었사오며 주께서 두렵게 하실 때에 당황하였나이다 주의 진노가 내게 넘치고 주의 두려움이 나를 끊었나이다 이런 일이 물 같이 종일 나를 에우며 함께 나를 둘러쌌나이다 주는 내게서 사랑하는 자와 친구를 멀리 떠나게 하시며 내가 아는 자를 흑암에 두셨나이다

더 깊은 공부와 나눔을 위한 질문

1. 어떤 사람들이 자신들이 은혜 가운데 있으며, 구원 받았음을 확신할 수 있습니까? (18장 1항)

2. 확신의 근거는 무엇입니까? (18장 2항)

3. 모든 참된 신자들은 현재 은혜의 상태에 있으며, 장차 구원 받으리라고 항상 확신합니까? (18장 3-4항; 대교리문답 80문답)

4. 확신을 잃어버리지 않기 위해서, 또 굳게 확신하기 위해서는 어떻게 해야 합니까? (18장 3항)

5. 확신이 사람을 해이하게 만듭니까? 그렇지 않다면 그 이유는 무엇입니까? (18장 3항)

하나님께서 깨닫게 해 주신 것과 베풀어 주신 은혜를 생각하며 감사합시다. 또 깨달아 배우고 확신한 일에 거할 수 있게 해 달라고 기도합시다.

19장

하나님의 율법
Of the Law of God

1항

하나님께서는 아담에게 한 법을 행위 언약으로 주셨는데, 아담과 그의 모든 후손이 그 율법에 인격적으로, 전적으로, 정확하게, 영속적으로 순종할 의무를 지우셨다. 하나님께서는 그 율법을 수행하면 생명을 주겠다고 약속하셨고, 율법을 어기면 죽음의 형벌을 내리겠다고 경고하셨다. 그리고 아담에게 율법을 지킬 수 있는 힘과 능력을 부여하셨다.[1]

1) 창 1:26-27; 창 2:17; 롬 2:14-15; 롬 10:5; 롬 5:12, 19; 갈 3:10, 12; 전 7:29; 욥 28:28.

2항

이 율법은 아담이 타락한 후에도 의에 관한 완전한 법칙으로 계속 남았고, 하나님께서는 그 법과 같은 의의 법칙을 시내산에서 십계명으로 두 돌판에 써서 주셨다.[2] 처음 네 개의 계명은 하나님께 대한 우리의 의무를 담고 있으며, 나머지 여섯 개의 계명은 사람에 대한 우리의 의무를 담고 있다.[3]

2) 약 1:25; 약 2:8, 10-12; 롬 13:8-9; 신 5:32; 신 10:4; 출 34:1
3) 마 22:37-40.

3항

흔히 도덕법이라고 불리는 이 율법 외에, 하나님께서는 아직 미성숙한 교회인 이스라엘에게 의식법도

God gave to Adam a law, as a covenant of works, by which He bound him and all his posterity to personal, entire, exact, and perpetual obedience; promised life upon the fulfilling, and threatened death upon the breach of it: and endued him with power and ability to keep it.[1]

This law, after his fall, continued to be a perfect rule of righteousness, and, as such, was delivered by God upon Mount Sinai, in ten commandments, and written in two tables:[2] the four first commandments containing our duty towards God; and the other six our duty to man.[3]

Beside this law, commonly called moral, God was pleased to give to the people of Israel, as a church

주셨다. 이 의식법은 예표가 되는 여러 규례를 포함하고 있는데, 일부분은 예배에 관한 것으로, 그리스도와 그분이 베푸실 은혜와 그분의 활동과 그분이 받으실 고난과 그분이 주실 은택들을 예표하고,[4] 일부분은 도덕적 의무를 가르치는 다양한 교훈을 보여준다.[5] 이 모든 의식법은 신약 시대인 지금은 폐지되었다.[6]

4) 히 9; 히 10:1; 갈 4:1-3; 골 2:17 5) 고전 5:7; 고후 6:17; 유 1:23
6) 골 2:14-17; 단 9:27; 엡 2:15-16.

4항

또한 하나님께서는 정치적 공동체이기도 한 이스라엘에게 여러 사법적 율법도 허락하셨다. 그러나 이 사법적 율법은 그들의 국가와 함께 소멸했기 때문에 이 사법적 율법의 일반적인 공정성이 요구할 수 있는 것을 넘어서는 다른 어떤 의무도 부과하지 않는다.[7]

7) 출 21; 출 22:1-29; 창 49:10; 벧전 2:13-14; 마 5:17; 마 5:38-39; 고전 9:8-10.

5항

도덕법은 의롭다 하심을 받은 사람들뿐만 아니라 다른 모든 사람에게 영원히 순종할 것을 요구한다.[8] 도덕법이 담고 있는 내용 때문만이 아니라 도덕법을 주신 창조주 하나님의 권위 때문에도 그러하다.[9]

under age, ceremonial laws, containing several typical ordinances, partly of worship, prefiguring Christ, His graces, actions, sufferings, and benefits;[4] and partly holding forth divers instructions of moral duties.[5] All which ceremonial laws are now abrogated, under the New Testament.[6]

To them also, as a body politic, He gave sundry judicial laws, which expired together with the State of that people; not obliging any other now, further than the general equity thereof may require.[7]

The moral law doth for ever bind all, as well justified persons as others, to the obedience thereof;[8] and that, not only in regard of the matter contained in it, but also in respect of the authority of God the Creator,

그리스도께서도 복음에서 이 의무를 어떤 식으로든 결코 폐하지 않으시고 오히려 더욱 강화하셨다.[10]

8) 롬 13:8-10; 엡 6:2; 요일 2:3-4, 7-8 9) 약 2:10-11
10) 마 5:17-19; 약 2:8; 롬 3:31.

6항

참 신자는 행위 언약으로서의 율법 아래 있지 않으며, 따라서 그 율법 때문에 의롭다 하심을 받거나 정죄 받지 않는다.[11] 그러나 율법은 다른 사람에게는 물론 참 신자에게도 매우 유익하다. 율법은 그들에게 하나님의 뜻과 그들의 의무를 알려 주는 삶의 법칙으로서, 그에 따라 살도록 지도하고 명령하며,[12] 그들의 본성과 마음과 삶이 죄악으로 오염되어 있다는 것도 깨닫게 한다.[13] 그렇게 함으로써 그들이 자신을 스스로 살펴 죄를 더욱 자각하고, 죄 때문에 더욱 겸비하고, 죄를 증오하게 하며,[14] 그리스도와 그분의 완전한 순종이 그들에게 필요함을 더욱 명백하게 보게 한다.[15] 이와 마찬가지로 거듭난 사람들에게도 율법은 유익한데, 이는 율법이 죄를 금함으로써 그들이 자신의 부패함을 억제하게 하기 때문이다.[16] 또한 율법의 경고들은 그들이 비록 율법에서 경고하는 저주에서 해방되었더라도, 그들이 죄를 지을 때 마땅히 받아야 할 죄의 대가가 무엇인지, 또 이 세상에서 사는 동안 그들이 지

who gave it:[9] neither doth Christ, in the gospel, any way dissolve, but much strengthen this obligation.[10]

Although true believers be not under the law, as a covenant of works, to be thereby justified or condemned;[11] yet is it of great use to them, as well as to others; in that, as a rule of life informing them of the will of God, and their duty, it directs, and binds them to walk accordingly;[12] discovering also the sinful pollutions of their nature, hearts and lives;[13] so as, examining themselves thereby, they may come to further conviction of, humiliation for, and hatred against sin;[14] together with a clearer sight of the need they have of Christ, and the perfection of His obedience.[15] It is likewise of use to the regenerate, to restrain their corruptions, in that it forbids sin:[16] and the threatenings of it serve to show what even their sins deserve; and what afflictions, in this life, they may expect for them, although freed from the curse thereof threatened in the law.[17] The promises of it, in like manner, show them God's approbation of obedience, and what blessings they may expect upon the performance thereof;[18] although not as due

은 죄로 말미암아 받게 될 고통이 무엇인지 알려준다.[17] 동일하게, 율법의 약속들은 하나님께서 순종을 기뻐하시며, 또 비록 행위 언약으로서의 율법을 지켰다고 마땅히 주어지는 보상은 아닐지라도,[19] 율법을 수행할 때 하나님께서 어떤 복을 주실 것인지를 보여준다.[18] 그러므로 율법이 선을 장려하고, 악을 행하지 못하게 하기 때문에 사람이 선을 행하고 악을 억제한다 해도 그것이 그가 율법 아래 있고, 복음 아래 있지 않다는 증거가 될 수는 없다.[20]

11) 롬 6:14; 갈 2:16; 갈 3:13; 갈 4:4-5; 행 13:39; 롬 8:1
12) 롬 7:12-22, 25; 시 119:4-6; 고전 7:19; 갈 5:14, 16, 18-23 13) 롬 7:7; 롬 3:20 14) 약 1:23-25; 롬 7:9, 14, 24 15) 갈 3:24; 롬 7:24-25; 롬 8:3-4 16) 약 2:11; 시 119:101, 104, 128
17) 스 9:13-14; 시 89:30-34 18) 레 26:1-14; 고후 6:16; 엡 6:2-3; 시 37:11; 마 5:5; 시 19:11 19) 갈 2:16; 눅 17:10
20) 롬 6:12, 14; 벧전 3:8-12; 시 34:12-16; 히 12:28-29.

7항

앞서 말한 율법의 용도들은 복음의 은혜와 상충하지 않고, 오히려 복음의 은혜를 감미롭게 따른다.[21] 그리스도의 영께서 사람의 의지를 복종하게 하셔서, 율법에 계시된 하나님의 뜻이 요구하는 바를 사람이 자유롭고 즐겁게 행할 수 있게 하시기 때문이다.[22]

21) 갈 3:21 22) 겔 36:27; 히 8:10; 렘 31:33.

to them by the law, as a covenant of works.[19] So as, a man's doing good, and refraining from evil, because the law encourageth to the one, and deterreth from the other, is no evidence of his being under the law; and not under grace.[20]

Neither are the forementioned uses of the law contrary to the grace of the gospel, but do sweetly comply with it;[21] the Spirit of Christ subduing and enabling the will of man to do that, freely and cheerfully, which the will of God, revealed in the law, requireth to be done.[22]

증거구절

1)

창 1:26-27 하나님이 이르시되 우리의 형상을 따라 우리의 모양대로 우리가 사람을 만들고 그들로 바다의 물고기와 하늘의 새와 가축과 온 땅과 땅에 기는 모든 것을 다스리게 하자 하시고 하나님이 자기 형상 곧 하나님의 형상대로 사람을 창조하시되 남자와 여자를 창조하시고

창 2:17 선악을 알게 하는 나무의 열매는 먹지 말라 네가 먹는 날에는 반드시 죽으리라 하시니라

롬 2:14-15 (율법 없는 이방인이 본성으로 율법의 일을 행할 때에는 이 사람은 율법이 없어도 자기가 자기에게 율법이 되나니 이런 이들은 그 양심이 증거가 되어 그 생각들이 서로 혹은 고발하며 혹은 변명하여 그 마음에 새긴 율법의 행위를 나타내느니라)

롬 10:5 모세가 기록하되 율법으로 말미암는 의를 행하는 사람은 그 의로 살리라 하였거니와

롬 5:12, 19 ¹²그러므로 한 사람으로 말미암아 죄가 세상에 들어오고 죄로 말미암아 사망이 들어왔나니 이와 같이 모든 사람이 죄를 지었으므로 사망이 모든 사람에게 이르렀느니라 ¹⁹한 사람이 순종하지 아니함으로 많은 사람이 죄인 된 것 같이 한 사람이 순종하심으로 많은 사람이 의인이 되리라

갈 3:10, 12 ¹⁰무릇 율법 행위에 속한 자들은 저주 아래에 있나니 기록된 바 누구든지 율법 책에 기록된 대로 모든 일을 항상 행하지 아니하는 자는 저주 아래에 있는 자라 하였음이라 ¹²율법은 믿음에서 난 것이 아니니 율법을 행하는 자는 그 가운데서 살리라 하였느니라

전 7:29 내가 깨달은 것은 오직 이것이라 곧 하나님은 사람을 정직하게 지으셨으나 사람이 많은 꾀들을 낸 것이니라

욥 28:28 또 사람에게 말씀하셨도다 보라 주를 경외함이 지혜요 악을 떠남이 명철이니라

2)

약 1:25 자유롭게 하는 온전한 율법을 들여다보고 있는 자는 듣고 잊어버리는 자가 아니요 실천하는 자니 이 사람은 그 행하는 일에 복을 받으리라

약 2:8, 10-12 ⁸너희가 만일 성경에 기록된 대로 네 이웃 사랑하기를 네 몸과 같이 하라 하신 최고의 법을 지키면 잘하는 것이거니와 ¹⁰⁻¹²누구든지 온 율법을 지키다가 그 하나를 범하면 모두 범한 자가 되나니 간음하지 말라 하신 이가 또한 살인하지 말라 하셨은즉 네가 비록 간음하지 아니하여도 살인하면 율법을 범한 자가 되느니라 너희는 자유의 율법대로 심판 받을 자처럼 말도 하고 행하기도 하라

롬 13:8-9 피차 사랑의 빚 외에는 아무에게든지 아무 빚도 지지 말라 남을 사랑하는 자는 율법을 다 이루었느니라 간음하지 말라, 살인하지 말라, 도둑질하지 말라, 탐내지 말라 한 것과 그 외에 다른 계명이 있을지라도 네 이웃을 네 자신과 같이 사랑하라 하신 그 말씀 가운데 다 들었느니라

신 5:32 그런즉 너희 하나님 여호와께서 너희에게 명령하신 대로 너희는 삼가 행하여 좌로나 우로나 치우치지 말고

신 10:4 여호와께서 그 총회 날에 산 위 불 가운데에서 너희에게 이르신 십계명을 처음과 같이 그 판에 쓰시고 그것을 내게 주시기로

출 34:1 여호와께서 모세에게 이르시되 너는 돌판 둘을 처음 것과 같이 다듬어 만들라 네가 깨뜨린 처음 판에 있던 말을 내가 그 판에 쓰리니

3)

마 22:37-40 예수께서 이르시되 네 마음을 다하고 목숨을 다하고 뜻을 다하여 주 너의 하나님을 사랑하라 하셨으니 이것이 크고 첫째 되는 계명이요 둘째도 그와 같으니 네 이웃을 네 자신 같이 사랑하라 하셨으니 이 두 계명이 온 율법과 선지자의 강령이니라

4)

히 9 첫 언약에도 섬기는 예법과 세상에 속한 성소가 있더라 예비한 첫 장막이 있고 그 안에 등잔대와 상과 진설병이 있으니 이는 성소라 일컫고 또 둘째 휘장 뒤에 있는 장막을 지성소라 일컫나니 금 향로와 사면을 금으로 싼 언약궤가 있고 그 안에 만나를 담은 금 항아리와 아론의 싹난 지팡이와 언약의 돌판들이 있고 그 위에 속죄소를 덮는 영광의 그룹들이 있으니 이것들에 관하여는 이제 낱낱이 말할 수 없노라 이 모든 것을 이같이 예비하였으니 제사장들이 항상 첫 장막에 들어가 섬기는 예식을 행하고 오직 둘째 장막은 대제사장이 홀로 일 년에 한 번 들어가되 자기와 백성의 허물을 위하여 드리는 피 없이는 아니하나니 성령이 이로써 보이신 것은 첫 장막이 서 있을 동안에는 성소에 들어가는 길이 아직 나타나지 아니한 것이라 이 장막은 현재까지의 비유니 이에 따라 드리는 예물과 제사는 섬기는 자를 그 양심상 온전하게 할 수 없나니 이런 것은 먹고 마시는 것과 여러 가지 씻는 것과 함께 육체의 예법일 뿐이며 개혁할 때까지 맡겨 둔 것이니라 그리스도께서는 장래 좋은 일의 대제사장으로 오사 손으로 짓지 아니한 것 곧 이 창조에 속하지 아니한 더 크고 온전한 장막으로 말미암아 염소와 송아지의 피로 하지 아니하고 오직 자기의 피로 영원한 속죄를 이루사 단번에 성소에 들어가셨느니라 염소와 황소의 피와 및 암송아지의 재를 부정한 자에게 뿌려 그 육체를 정결하게 하여 거룩하게 하거든 하물며 영원하신 성령으로 말미암아 흠 없는 자기를 하나님께 드린 그리스도의 피가 어찌 너희 양심을 죽은 행실에서 깨끗하게 하고 살아

계신 하나님을 섬기게 하지 못하겠느냐 이로 말미암아 그는 새 언약의 중보자시니 이는 첫 언약 때에 범한 죄에서 속량하려고 죽으사 부르심을 입은 자로 하여금 영원한 기업의 약속을 얻게 하려 하심이라 유언은 유언한 자가 죽어야 되나니 유언은 그 사람이 죽은 후에야 유효한즉 유언한 자가 살아 있는 동안에는 효력이 없느니라 이러므로 첫 언약도 피 없이 세운 것이 아니니 모세가 율법대로 모든 계명을 온 백성에게 말한 후에 송아지와 염소의 피 및 물과 붉은 양털과 우슬초를 취하여 그 두루마리와 온 백성에게 뿌리며 이르되 이는 하나님이 너희에게 명하신 언약의 피라 하고 또한 이와 같이 피를 장막과 섬기는 일에 쓰는 모든 그릇에 뿌렸느니라 율법을 따라 거의 모든 물건이 피로써 정결하게 되나니 피흘림이 없은즉 사함이 없느니라 그러므로 하늘에 있는 것들의 모형은 이런 것들로써 정결하게 할 필요가 있었으나 하늘에 있는 그것들은 이런 것들보다 더 좋은 제물로 할지니라 그리스도께서는 참 것의 그림자인 손으로 만든 성소에 들어가지 아니하시고 바로 그 하늘에 들어가사 이제 우리를 위하여 하나님 앞에 나타나시고 대제사장이 해마다 다른 것의 피로써 성소에 들어가는 것 같이 자주 자기를 드리려고 아니하실지니 그리하면 그가 세상을 창조한 때부터 자주 고난을 받았어야 할 것이로되 이제 자기를 단번에 제물로 드려 죄를 없이 하시려고 세상 끝에 나타나셨느니라 한번 죽는 것은 사람에게 정해진 것이요 그 후에는 심판이 있으리니 이와 같이 그리스도도 많은 사람의 죄를 담당하시려고 단번에 드리신 바 되셨고 구원에 이르게 하기 위하여 죄와 상관 없이 자기를 바라는 자들에게 두 번째 나타나시리라

히 10:1 율법은 장차 올 좋은 일의 그림자일 뿐이요 참 형상이 아니므로 해마다 늘 드리는 같은 제사로는 나아오는 자들을 언제나 온전하게 할 수 없느니라

갈 4:1-3 내가 또 말하노니 유업을 이을 자가 모든 것의 주인이나 어렸을 동안에는 종과 다름이 없어서 그 아버지가 정한 때까지 후견인과 청지기 아래에 있나니 이와 같이 우리도 어렸을 때에 이 세상의 초등학문 아래에 있어서 종 노릇 하였더니

골 2:17 이것들은 장래 일의 그림자이나 몸은 그리스도의 것이니라

5)

고전 5:7 너희는 누룩 없는 자인데 새 덩어리가 되기 위하여 묵은 누룩을 내버리라 우리의 유월절 양 곧 그리스도께서 희생되셨느니라

고후 6:17 그러므로 너희는 그들 중에서 나와서 따로 있고 부정한 것을 만지지 말라 내가 너희를 영접하여

유 1:23 또 어떤 자를 불에서 끌어내어 구원하라 또 어떤 자를 그 육체로 더럽힌 옷까지도 미워하되 두려움으로 긍휼히 여기라

6)

골 2:14-17 우리를 거스르고 불리하게 하는 법조문으로 쓴 증서를 지우시고 제하여 버리사 십자가에 못 박으시고 통치자들과 권세들을 무력화하여 드러내어 구경거리로 삼으시고 십자가로 그들을 이기셨느니라 그러므로 먹고 마시는 것과 절기나 초하루나 안식일을 이유로 누구든지 너희를 비판하지 못하게 하라 이것들은 장래 일의 그림자이나 몸은 그리스도의 것이니라

단 9:27 그가 장차 많은 사람들과 더불어 한 이레 동안의 언약을 굳게 맺으리고 그가 그 이레의 절반에 제사와 예물을 금지할 것이며 또 포악하여 가증한 것이 날개를 의지하여 설 것이며 또 이미 정한 종말까지 진노가 황폐하게 하는 자에게 쏟아지리라 하였느니라 하니라

엡 2:15-16 법조문으로 된 계명의 율법을 폐하셨으니 이는 이 둘로 자기 안에서 한 새 사람을 지어 화평하게 하시고 또 십자가로 이 둘을 한 몸으로 하나님과 화목하게 하려 하심이라 원수 된 것을 십자가로 소멸하시고

7)

출 21 네가 백성 앞에 세울 법규는 이러하니라 네가 히브리 종을 사면 그는 여섯 해 동안 섬길 것이요 일곱째 해에는 몸값을 물지 않고 나가 자유인이 될 것이며 만일 그가 단신으로 왔으면 단신으로 나갈 것이요 장가 들었으면 그의 아내도 그와 함께 나가려니와 만일 상전이 그에게 아내를 주어 그의 아내가 아들이나 딸을 낳았으면 그의 아내와 그의 자식들은 상전에게 속할 것이요 그는 단신으로 나갈 것이로되 만일 종이 분명히 말하기를 내가 상전과 내 처자를 사랑하니 나가서 자유인이 되지 않겠노라 하면 상전이 그를 데리고 재판장에게로 갈 것이요 또 그를 문이나 문설주 앞으로 데리고 가서 그것에다가 송곳으로 그의 귀를 뚫을 것이라 그는 종신토록 그 상전을 섬기리라 사람이 자기의 딸을 여종으로 팔았으면 그는 남종 같이 나오지 못할지며 만일 상전이 그를 기뻐하지 아니하여 상관하지 아니하면 그를 속량하게 할 것이나 상전이 그 여자를 속인 것이 되었으니 외국인에게는 팔지 못할 것이요 만일 그를 자기 아들에게 주기로 하였으면 그를 딸 같이 대우할 것이요 만일 상전이 다른 여자에게 장가 들지라도 그 여자의 음식과 의복과 동침하는 것은 끊지 말 것이요 그가 이 세 가지를 시행하지 아니하면, 여자는 속전을 내지 않고 거저 나가게 할 것이니라 사람을 쳐죽인 자는 반드시 죽일 것이나 만일 사람이 고의적으로 한 것이 아니라 나 하나님이 사람을 그의 손에 넘긴 것이면 내가 그를 위하여 한 곳을 정하리니 그 사람이 그리로 도망할 것이며 사람이 그의 이웃을 고의로 죽였으면 너는 그를 내 제단에서라도 잡아내려 죽일지니라 자기 아버지나 어머니를 치는 자는 반드시 죽일지니라 사람을 납치한 자가 그 사람을 팔았든지 자기 수하에 두었든지 그를 반드시 죽일지니라 자기의 아버지나 어머니를 저주하는 자는 반드시 죽일지니라 사람이 서로 싸우다가 하나가 돌이나 주먹으로 그의 상대방을 쳤으나

그가 죽지 않고 자리에 누웠다가 지팡이를 짚고 일어나 걸으면 그를 친 자가 형벌은 면하되 그간의 손해를 배상하고 그가 완치되게 할 것이니라 사람이 매로 그 남종이나 여종을 쳐서 당장에 죽으면 반드시 형벌을 받으려니와 그가 하루나 이틀을 연명하면 형벌을 면하리니 그는 상전의 재산임이라 사람이 서로 싸우다가 임신한 여인을 쳐서 낙태하게 하였으나 다른 해가 없으면 그 남편의 청구대로 반드시 벌금을 내되 재판장의 판결을 따라 낼 것이니라 그러나 다른 해가 있으면 갚되 생명은 생명으로, 눈은 눈으로, 이는 이로, 손은 손으로, 발은 발로, 덴 것은 덴 것으로, 상하게 한 것은 상함으로, 때린 것은 때림으로 갚을지니라 사람이 그 남종의 한 눈이나 여종의 한 눈을 쳐서 상하게 하면 그 눈에 대한 보상으로 그를 놓아 줄 것이며 그 남종의 이나 여종의 이를 쳐서 빠뜨리면 그 이에 대한 보상으로 그를 놓아 줄지니라 소가 남자나 여자를 받아서 죽이면 그 소는 반드시 돌로 쳐서 죽일 것이요 그 고기는 먹지 말 것이며 임자는 형벌을 면하려니와 소가 본래 받는 버릇이 있고 그 임자는 그로 말미암아 경고를 받았으되 단속하지 아니하여 남녀를 막론하고 받아 죽이면 그 소는 돌로 쳐죽일 것이고 임자도 죽일 것이며 만일 그에게 속죄금을 부과하면 무릇 그 명령한 것을 생명의 대가로 낼 것이요 아들을 받든지 딸을 받든지 이 법 규대로 그 임자에게 행할 것이며 소가 만일 남종이나 여종을 받으면 소 임자가 은 삼십 세겔을 그의 상전에게 줄 것이요 소는 돌로 쳐서 죽일지니라 사람이 구덩이를 열어두거나 구덩이를 파고 덮지 아니하므로 소나 나귀가 거기에 빠지면 그 구덩이 주인이 잘 보상하여 짐승의 임자에게 돈을 줄 것이요 죽은 것은 그가 차지할 것이니라 이 사람의 소가 저 사람의 소를 받아 죽이면 살아 있는 소를 팔아 그 값을 반으로 나누고 또한 죽은 것도 반으로 나누려니와 그 소가 본래 받는 버릇이 있는 줄을 알고도 그 임자가 단속하지 아니하였으면 그는 소로 소를 갚을 것이요 죽은 것은 그가 차지할지니라

출 22:1-29 사람이 소나 양을 도둑질하여 잡거나 팔면 그는 소 한 마리에 소 다섯 마리로 갚고 양 한 마리에 양 네 마리로 갚을지니라 도둑이 뚫고 들어오는 것을 보고 그를 쳐죽이면 피 흘린 죄가 없으나 해 돋은 후에는 피 흘린 죄가 있으리라 도둑은 반드시 배상할 것이나 배상할 것이 없으면 그 몸을 팔아 그 도둑질한 것을 배상할 것이요 도둑질한 것이 살아 그의 손에 있으면 소나 나귀나 양을 막론하고 갑절을 배상할지니라 사람이 밭에서나 포도원에서 짐승을 먹이다가 자기의 짐승을 놓아 남의 밭에서 먹게 하면 자기 밭의 가장 좋은 것과 자기 포도원의 가장 좋은 것으로 배상할지니라 불이 나서 가시나무에 댕겨 낟가리나 거두지 못한 곡식이나 밭을 태우면 불 놓은 자가 반드시 배상할지니라 사람이 돈이나 물품을 이웃에게 맡겨 지키게 하였다가 그 이웃 집에서 도둑을 맞았는데 그 도둑이 잡히면 갑절을 배상할 것이요 도둑이 잡히지 아니하면 그 집 주인이 재판장 앞에 가서 자기가 그 이웃의 물품에 손 댄 여부의 조사를 받을 것이며 어떤 잃은 물품 즉 소나 나귀나 양이나 의복이나 또는 다른 잃은 물건에 대하여 어떤 사람이 이르기를 이것이 그것이라 하면 양편이 재판장 앞에 나아갈 것이요 재판장이 죄 있다고 하는 자가 그 상대편에게 갑절을 배상할지니라 사람이 나귀나 소나 양이나 다른 짐승을 이웃에게 맡겨 지키게 하였다가 죽거나 상하거나 끌려가도 본 사람이 없으면 두 사람 사이에 맡은 자가 이웃의 것에 손을 대지 아니하였다고 여호와께 맹세할 것이요 그 임자는 그대로 믿을 것이며 그 사람은 배상하지 아니하려니와 만일 자기에게서 도둑 맞았으면 그 임자에게 배상할 것이며 만일 찢겼으면 그것을 가져다가 증언할 것이요 그 찢긴 것에 대하여 배상하지 아니할지니라 만일 이웃에게 빌려온 것이 그 임자가 함께 있지 아니할 때에 상하거나 죽으면 반드시 배상하려니와 그 임자가 그것과 함께 있었으면 배상하지 아니할지니라 만일 세 낸 것이면 세로 족하니라 사람이 약혼하지 아니한 처녀를 꾀어 동침하였으면 납폐금을 주고 아내로 삼을 것이요 만일 처녀의 아버지가 딸을 그에게 주기를 거절하면 그는 처녀에게 납폐금으로 돈을 낼지니라 너는 무당을 살려두지 말라 짐승과 행음하는 자는 반드시 죽일지니라 여호와 외에 다른 신에게 제사를 드리는 자는 멸할지니라 너는 이방 나그네를 압제하지 말며 그들을 학대하지 말라 너희도 애굽 땅에서 나그네였음이라 너는 과부나 고아를 해롭게 하지 말라 네가 만일 그들을 해롭게 하므로 그들이 내게 부르짖으면 내가 반드시 그 부르짖음을 들으리라 나의 노가 맹렬하므로 내가 칼로 너희를 죽이리니 너희의 아내는 과부가 되고 너희 자녀는 고아가 되리라 네가 만일 너와 함께 한 내 백성 중에서 가난한 자에게 돈을 꾸어 주면 너는 그에게 채권자 같이 하지 말며 이자를 받지 말 것이며 네가 만일 이웃의 옷을 전당 잡거든 해가 지기 전에 그에게 돌려보내라 그것이 유일한 옷이라 그것이 그의 알몸을 가릴 옷인즉 그가 무엇을 입고 자겠느냐 그가 내게 부르짖으면 내가 들으리니 나는 자비로운 자임이니라 너는 재판장을 모독하지 말며 백성의 지도자를 저주하지 말지니라 너는 네가 추수한 것과 네가 짜낸 즙을 바치기를 더디 하지 말며 네 처음 난 아들들을 내게 줄지며

창 49:10 규가 유다를 떠나지 아니하며 통치자의 지팡이가 그 발 사이에서 떠나지 아니하기를 실로가 오시기까지 이르리니 그에게 모든 백성이 복종하리로다

벧전 2:13-14 인간의 모든 제도를 주를 위하여 순종하되 혹은 위에 있는 왕이나 혹은 그가 악행하는 자를 징벌하고 선행하는 자를 포상하기 위하여 보낸 총독에게 하라

마 5:17 내가 율법이나 선지자를 폐하러 온 줄로 생각하지 말라 폐하러 온 것이 아니요 완전하게 하려 함이라

마 5:38-39 또 눈은 눈으로, 이는 이로 갚으라 하였다는 것을 너희가 들었으나 나는 너희에게 이르노니 악한 자를 대적하지 말라 누구든지 네 오른편 뺨을 치거든 왼편도 돌려 대며

고전 9:8-10 내가 사람의 예대로 이것을 말하느냐 율법도 이것을 말하지 아니하느냐 모세의 율법에 곡식을 밟

아 떠는 소에게 망을 씌우지 말라 기록하였으니 하나님께서 어찌 소들을 위하여 염려하심이냐 오로지 우리를 위하여 말씀하심이 아니냐 과연 우리를 위하여 기록된 것이니 밭 가는 자는 소망을 가지고 갈며 곡식 떠는 자는 함께 얻을 소망을 가지고 떠는 것이라

8)

롬 13:8-10 피차 사랑의 빚 외에는 아무에게든지 아무 빚도 지지 말라 남을 사랑하는 자는 율법을 다 이루었느니라 간음하지 말라, 살인하지 말라, 도둑질하지 말라, 탐내지 말라 한 것과 그 외에 다른 계명이 있을지라도 네 이웃을 네 자신과 같이 사랑하라 하신 그 말씀 가운데 다 들었느니라 사랑은 이웃에게 악을 행하지 아니하나니 그러므로 사랑은 율법의 완성이니라

엡 6:2 네 아버지와 어머니를 공경하라 이것은 약속이 있는 첫 계명이니

요일 2:3-4, 7-8 ³⁻⁴우리가 그의 계명을 지키면 이로써 우리가 그를 아는 줄로 알 것이요 그를 아노라 하고 그의 계명을 지키지 아니하는 자는 거짓말하는 자요 진리가 그 속에 있지 아니하되 ⁷⁻⁸사랑하는 자들아 내가 새 계명을 너희에게 쓰는 것이 아니라 너희가 처음부터 가진 옛 계명이니 이 옛 계명은 너희가 들은 바 말씀이거니와 다시 내가 너희에게 새 계명을 쓰노니 그에게와 너희에게도 참된 것이라 이는 어둠이 지나가고 참빛이 벌써 비침이니라

9)

약 2:10-11 누구든지 온 율법을 지키다가 그 하나를 범하면 모두 범한 자가 되나니 간음하지 말라 하신 이 또한 살인하지 말라 하셨은즉 네가 비록 간음하지 아니하여도 살인하면 율법을 범한 자가 되느니라

10)

마 5:17-19 내가 율법이나 선지자를 폐하러 온 줄로 생각하지 말라 폐하러 온 것이 아니요 완전하게 하려 함이라 진실로 너희에게 이르노니 천지가 없어지기 전에는 율법의 일점 일획도 결코 없어지지 아니하고 다 이루리라 그러므로 누구든지 이 계명 중의 지극히 작은 것 하나라도 버리고 또 그같이 사람을 가르치는 자는 천국에서 지극히 작다 일컬음을 받을 것이요 누구든지 이를 행하며 가르치는 자는 천국에서 크다 일컬음을 받으리라

약 2:8 너희가 만일 성경에 기록된 대로 네 이웃 사랑하기를 네 몸과 같이 하라 하신 최고의 법을 지키면 잘하는 것이거니와

롬 3:31 그런즉 우리가 믿음으로 말미암아 율법을 파기하느냐 그럴 수 없느니라 도리어 율법을 굳게 세우느니라

11)

롬 6:14 죄가 너희를 주장하지 못하리니 이는 너희가 법 아래에 있지 아니하고 은혜 아래에 있음이라

갈 2:16 사람이 의롭게 되는 것은 율법의 행위로 말미암음이 아니요 오직 예수 그리스도를 믿음으로 말미암는 줄 알므로 우리도 그리스도 예수를 믿나니 이는 우리가 율법의 행위로써가 아니고 그리스도를 믿음으로써 의롭다 함을 얻으려 함이라 율법의 행위로써는 의롭다 함을 얻을 육체가 없느니라

갈 3:13 그리스도께서 우리를 위하여 저주를 받은 바 되사 율법의 저주에서 우리를 속량하셨으니 기록된 바 나무에 달린 자마다 저주 아래에 있는 자라 하였음이라

갈 4:4-5 때가 차매 하나님이 그 아들을 보내사 여자에게서 나게 하시고 율법 아래에 나게 하신 것은 율법 아래에 있는 자들을 속량하시고 우리로 아들의 명분을 얻게 하려 하심이라

행 13:39 또 모세의 율법으로 너희가 의롭다 하심을 얻지 못하던 모든 일에도 이 사람을 힘입어 믿는 자마다 의롭다 하심을 얻는 이것이라

롬 8:1 그러므로 이제 그리스도 예수 안에 있는 자에게는 결코 정죄함이 없나니

12)

롬 7:12-22, 25 ¹²⁻²²이로 보건대 율법은 거룩하고 계명도 거룩하고 의로우며 선하도다 그런즉 선한 것이 내게 사망이 되었느냐 그럴 수 없느니라 오직 죄가 죄로 드러나기 위하여 선한 그것으로 말미암아 나를 죽게 만들었으니 이는 계명으로 말미암아 죄로 심히 죄 되게 하려 함이라 우리가 율법은 신령한 줄 알거니와 나는 육신에 속하여 죄 아래에 팔렸도다 내가 행하는 것을 내가 알지 못하노니 곧 내가 원하는 것은 행하지 아니하고 도리어 미워하는 것을 행함이라 만일 내가 원하지 아니하는 그것을 행하면 내가 이로써 율법이 선한 것을 시인하노니 이제는 그것을 행하는 자가 내가 아니요 내 속에 거하는 죄니라 내 곧 내 육신에 선한 것이 거하지 아니하는 줄을 아노니 원함은 내게 있으나 선을 행하는 것은 없노라 내가 원하는 바 선은 행하지 아니하고 도리어 원하지 아니하는 바 악을 행하는도다 만일 내가 원하지 아니하는 그것을 하면 이를 행하는 자는 내가 아니요 내 속에 거하는 죄니라 그러므로 내가 한 법을 깨달았노니 곧 선을 행하기 원하는 나에게 악이 함께 있는 것이로다 내 속사람으로는 하나님의 법을 즐거워하되 ²⁵우리 주 예수 그리스도로 말미암아 하나님께 감사하리로다 그런즉 내 자신이 마음으로는 하나님의 법을 육신으로는 죄의 법을 섬기노라

시 119:4-6 주께서 명령하사 주의 법도를 잘 지키게 하셨나이다 내 길을 굳게 정하사 주의 율례를 지키게 하소서 내가 주의 모든 계명에 주의할 때에는 부끄럽지 아니하리이다

고전 7:19 할례 받는 것도 아무 것도 아니요 할례 받지 아니하는 것도 아무 것도 아니로되 오직 하나님의 계명을 지킬 따름이니라

갈 5:14, 16, 18-23 ¹⁴온 율법은 네 이웃 사랑하기를 네 자신 같이 하라 하신 한 말씀에서 이루어졌나니 ¹⁶내가 이르노니 너희는 성령을 따라 행하라 그리하면 육체의 욕심을 이루지 아니하리라 ¹⁸⁻²³너희가 만일 성령의 인도하시는 바가 되면 율법 아래에 있지 아니하리라 육체의 일은 분명하니 곧 음행과 더러운 것과 호색과 우상 숭배와 주술과 원수 맺는 것과 분쟁과 시기와 분냄과 당 짓는 것과 분열함과 이단과 투기와 술 취함과 방탕함과 또 그와 같은 것들이라 전에 너희에게 경계한 것 같이 경계하노니 이런 일을 하는 자들은 하나님의 나라를 유업으로 받지 못할 것이요 오직 성령의 열매는 사랑과 희락과 화평과 오래 참음과 자비와 양선과 충성과 온유와 절제니 이 같은 것을 금지할 법이 없느니라

13)

롬 7:7 그런즉 우리가 무슨 말을 하리요 율법이 죄냐 그럴 수 없느니라 율법으로 말미암지 않고는 내가 죄를 알지 못하였으니 곧 율법이 탐내지 말라 하지 아니하였더라면 내가 탐심을 알지 못하였으리라

롬 3:20 그러므로 율법의 행위로 그의 앞에 의롭다 하심을 얻을 육체가 없나니 율법으로는 죄를 깨달음이니라

14)

약 1:23-25 누구든지 말씀을 듣고 행하지 아니하면 그는 거울로 자기의 생긴 얼굴을 보는 사람과 같아서 제 자신을 보고 가서 그 모습이 어떠했는지를 곧 잊어버리거니와 자유롭게 하는 온전한 율법을 들여다보고 있는 자는 듣고 잊어버리는 자가 아니요 실천하는 자니 이 사람은 그 행하는 일에 복을 받으리라

롬 7:9, 14, 24 ⁹전에 율법을 깨닫지 못했을 때에는 내가 살았더니 계명이 이르매 죄는 살아나고 나는 죽었도다 ¹⁴우리가 율법은 신령한 줄 알거니와 나는 육신에 속하여 죄 아래에 팔렸도다 ²⁴오호라 나는 곤고한 사람이로다 이 사망의 몸에서 누가 나를 건져내랴

15)

갈 3:24 이같이 율법이 우리를 그리스도께로 인도하는 초등교사가 되어 우리로 하여금 믿음으로 말미암아 의롭다 함을 얻게 하려 함이라

롬 7:24-25 오호라 나는 곤고한 사람이로다 이 사망의 몸에서 누가 나를 건져내랴 우리 주 예수 그리스도로 말미암아 하나님께 감사하리로다 그런즉 내 자신이 마음으로는 하나님의 법을 육신으로는 죄의 법을 섬기노라

롬 8:3-4 율법이 육신으로 말미암아 연약하여 할 수 없는 그것을 하나님은 하시나니 곧 죄로 말미암아 자기 아들을 죄 있는 육신의 모양으로 보내어 육신에 죄를 정하사 육신을 따르지 않고 그 영을 따라 행하는 우리에게 율법의 요구가 이루어지게 하려 하심이니라

16)

약 2:11 간음하지 말라 하신 이가 또한 살인하지 말라 하셨은즉 네가 비록 간음하지 아니하여도 살인하면 율법을 범한 자가 되느니라

시 119:101, 104, 128 ¹⁰¹내가 주의 말씀을 지키려고 발을 금하여 모든 악한 길로 가지 아니하였사오며 ¹⁰⁴주의 법도들로 말미암아 내가 명철하게 되었으므로 모든 거짓 행위를 미워하나이다 ¹²⁸그러므로 내가 범사에 모든 주의 법도들을 바르게 여기고 모든 거짓 행위를 미워하나이다

17)

스 9:13-14 우리의 악한 행실과 큰 죄로 말미암아 이 모든 일을 당하였사오나 우리 하나님이 우리 죄악보다 형벌을 가볍게 하시고 이만큼 백성을 남겨 주셨사오니 우리가 어찌 다시 주의 계명을 거역하고 이 가증한 백성들과 통혼하오리이까 그리하면 주께서 어찌 우리를 멸하시고 남아 피할 자가 없도록 진노하시지 아니하시리이까

시 89:30-34 만일 그의 자손이 내 법을 버리며 내 규례대로 행하지 아니하며 내 율례를 깨뜨리며 내 계명을 지키지 아니하면 내가 회초리로 그들의 죄를 다스리며 채찍으로 그들의 죄악을 벌하리로다 그러나 나의 인자함을 그에게서 다 거두지는 아니하며 나의 성실함도 폐하지 아니하며 내 언약을 깨뜨리지 아니하고 내 입술에서 낸 것은 변하지 아니하리로다

18)

레 26:1-14 너희는 자기를 위하여 우상을 만들지 말지니 조각한 것이나 주상을 세우지 말며 너희 땅에 조각한 석상을 세우고 그에게 경배하지 말라 나는 너희의 하나님 여호와이니라 너희는 내 안식일을 지키며 내 성소를 경외하라 나는 여호와이니라 너희가 내 규례와 계명을 준행하면 내가 너희에게 철따라 비를 주리니 땅은 그 산물을 내고 밭의 나무는 열매를 맺으리라 너희의 타작은 포도 딸 때까지 미치며 너희의 포도 따는 것은 파종할 때까지 미치리니 너희가 음식을 배불리 먹고 너희의 땅에 안전하게 거주하리라 내가 그 땅에 평화를 줄 것인즉 너희가 누울 때 너희를 두렵게 할 자가 없을 것이며 내가 사나운 짐승을 그 땅에서 제할 것이요 칼이 너희의 땅에 두루 행하지 아니할 것이며 너희의 원수들을 쫓으리니 그들이 너희 앞에서 칼에 엎드러질 것이라 또 너희 다섯이 백을 쫓고 너희 백이 만을 쫓으리니 너희 대적들이 너희 앞에서 칼에 엎드러질 것이며 내가 너희를 돌보아 너희를 번성하게 하고 너희를 창대하게 할 것이며 내가 너희와 함께 한 내 언약을 이행하리라 너희는 오래 두었던 묵은 곡식을 먹다가 새 곡식으로 말미암아 묵은 곡식을 치우게 될 것이며 내가 내 성막을 너희 중에 세우리니 내 마음이 너희를 싫어하지 아니할 것이며 나는 너희 중에 행하여 너희의 하나님이 되고 너희는 내 백성이 될 것이니라 나는 너희를 애굽 땅에서 인도해 내어 그들에게 종 된 것을 면하게 한 너희의 하나님 여호와이니라 내가 너

희의 멍에의 빗장을 부수고 너희를 바로 서서 걷게 하였느니라 그러나 너희가 내게 청종하지 아니하여 이 모든 명령을 준행하지 아니하며

고후 6:16 하나님의 성전과 우상이 어찌 일치가 되리요 우리는 살아 계신 하나님의 성전이라 이와 같이 하나님께서 이르시되 내가 그들 가운데 거하며 두루 행하여 나는 그들의 하나님이 되고 그들은 나의 백성이 되리라

엡 6:2-3 네 아버지와 어머니를 공경하라 이것은 약속이 있는 첫 계명이니 이로써 네가 잘되고 땅에서 장수하리라

시 37:11 그러나 온유한 자들은 땅을 차지하며 풍성한 화평으로 즐거워하리로다

마 5:5 온유한 자는 복이 있나니 그들이 땅을 기업으로 받을 것임이요

시 19:11 또 주의 종이 이것으로 경고를 받고 이것을 지킴으로 상이 크니이다

19)

갈 2:16 사람이 의롭게 되는 것은 율법의 행위로 말미암음이 아니요 오직 예수 그리스도를 믿음으로 말미암는 줄 알므로 우리도 그리스도 예수를 믿나니 이는 우리가 율법의 행위로써가 아니고 그리스도를 믿음으로써 의롭다 함을 얻으려 함이라 율법의 행위로써는 의롭다 함을 얻을 육체가 없느니라

눅 17:10 이와 같이 너희도 명령 받은 것을 다 행한 후에 이르기를 우리는 무익한 종이라 우리가 하여야 할 일을 한 것뿐이라 할지니라

20)

롬 6:12, 14 ¹²그러므로 너희는 죄가 너희 죽을 몸을 지배하지 못하게 하여 몸의 사욕에 순종하지 말고 ¹⁴죄가 너희를 주장하지 못하리니 이는 너희가 법 아래에 있지 아니하고 은혜 아래에 있음이라

벧전 3:8-12 마지막으로 말하노니 너희가 다 마음을 같이하여 동정하며 형제를 사랑하며 불쌍히 여기며 겸손하며 악을 악으로, 욕을 욕으로 갚지 말고 도리어 복을 빌라 이를 위하여 너희가 부르심을 받았으니 이는 복을 이어받게 하려 하심이라 그러므로 생명을 사랑하고 좋은 날 보기를 원하는 자는 혀를 금하여 악한 말을 그치며 그 입술로 거짓을 말하지 말고 악에서 떠나 선을 행하고 화평을 구하며 그것을 따르라 주의 눈은 의인을 향하시고 그의 귀는 의인의 간구에 기울이시되 주의 얼굴은 악행하는 자들을 대하시느니라 하였느니라

시 34:12-16 생명을 사모하고 연수를 사랑하여 복 받기를 원하는 사람이 누구뇨 네 혀를 악에서 금하며 네 입술을 거짓말에서 금할지어다 악을 버리고 선을 행하며 화평을 찾아 따를지어다 여호와의 눈은 의인을 향하시고 그의 귀는 그들의 부르짖음에 기울이시는도다 여호와의 얼굴은 악을 행하는 자를 향하사 그들의 자취를 땅에서 끊으려 하시는도다

히 12:28-29 그러므로 우리가 흔들리지 않는 나라를 받았은즉 은혜를 받자 이로 말미암아 경건함과 두려움으로 하나님을 기쁘시게 섬길지니 우리 하나님은 소멸하는 불이심이라

21)

갈 3:21 그러면 율법이 하나님의 약속들과 반대되는 것이냐 결코 그럴 수 없느니라 만일 능히 살게 하는 율법을 주셨더라면 의가 반드시 율법으로 말미암았으리라

22)

겔 36:27 또 내 영을 너희 속에 두어 너희로 내 율례를 행하게 하리니 너희가 내 규례를 지켜 행할지라

히 8:10 또 주께서 이르시되 그 날 후에 내가 이스라엘 집과 맺을 언약은 이것이니 내 법을 그들의 생각에 두고 그들의 마음에 이것을 기록하리라 나는 그들에게 하나님이 되고 그들은 내게 백성이 되리라

렘 31:33 그러나 그 날 후에 내가 이스라엘 집과 맺을 언약은 이러하니 곧 내가 나의 법을 그들의 속에 두며 그들의 마음에 기록하여 나는 그들의 하나님이 되고 그들은 내 백성이 될 것이라 여호와의 말씀이니라

더 깊은 공부와 나눔을 위한 질문

1. 하나님께서는 아담에게 어떤 법을 주셨습니까? 하나님께서 아담에게 그 율법을 주신 목적은 무엇입니까? (19장 1항)

2. 아담에게 율법을 지킬 수 있는 힘과 능력을 부여하신 선하신 하나님께 우리가 취해야 할 태도는 무엇입니까?

3. 하나님께서 십계명으로 요약되는 도덕법을 주신 목적은 무엇입니까? (출 20:1-17; 신 5:1-21; 마 22:37-40)

4. 하나님께서 의식법을 주신 목적은 무엇입니까? (19장 3항)

5. 하나님께서 사법적 율법을 허락하신 목적은 무엇입니까? (19장 4항)

6. 그리스도께서는 도덕법을 폐하셨습니까? 오히려 더욱 강화하셨습니까? 도덕법이 온 인류와 맺고 있는 관계에 관해 설명해 봅시다. (19장 5항)

7. 율법의 기능과 역할에 대해 충분히 생각해 봅시다. 신자에게 의나 공로가 될 수 없는 율법이 신자에게 어떤 유익들을 줍니까? (19장 6항)

8. 율법의 기능과 역할이 복음과 어떤 관계를 맺고 있습니까? (19장 7항)

9. 결론적으로 하나님의 은혜를 크게 경험할수록, 하나님을 더 많이 사랑할수록 신자가 율법을 어떻게 생각하고 대할지에 대해 나눠봅시다.

하나님께서 깨닫게 해 주신 것과 베풀어 주신 은혜를 생각하며 감사합시다. 또 깨달아 배우고 확신한 일에 거할 수 있게 해 달라고 기도합시다.

20장

그리스도인의 자유와 양심의 자유
Of Christian Liberty, and Liberty of Conscience

1항

그리스도께서 복음 아래 있는 신자들을 위해 값 주고 사신 자유는, 죄책과 정죄하시는 하나님의 진노와 도덕법의 저주로부터의 해방,[1] 지금 이 악한 세상과 사탄의 속박과 죄의 지배에서의 해방,[2] 고통의 해악과 사망이 쏘는 것과 무덤의 승리와 영원한 정죄로부터의 해방으로 이루어져 있다.[3] 또한 이 자유는 신자들이 하나님께 자유롭게 나아가게 하고,[4] 노예가 두려워서 하는 복종으로서가 아니라 자녀가 사랑하고 자원하는 마음으로 하듯 하나님께 복종하게 한다.[5] 이 모든 것은 율법 아래 있는 신자들에게도 동일하였다.[6] 그러나 새 언약 아래 있는 그리스도인의 자유는 더욱 확장되었다. 새 언약 아래 있는 그리스도인은 유대 교회가 복종했던 의식법의 멍에에서 해방되었고,[7] 은혜의 보좌 앞에 더욱 담대히 나아가게 되었으며,[8] 율법 아래에 있던 신자들이 통상적으로 누리던 것보다도 더 풍성하게 자유로우신 성령님과 교제하게 되었다.[9]

1) 딛 2:14; 살전 1:10; 갈 3:13 2) 갈 1:4; 골 1:13; 행 26:18; 롬 6:14
3) 롬 8:28; 시 119:71; 고전 15:54–57; 롬 8:1 4) 롬 5:1–2
5) 롬 8:14–15; 요일 4:18 6) 갈 3:9, 14 7) 갈 4:1–3, 6–7; 갈 5:1;
행 15:10–11 8) 히 4:14, 16; 히 10:19–22 9) 요 7:38–39;
고후 3:13, 17–18.

The liberty which Christ hath purchased for believers under the gospel consists in their freedom from the guilt of sin, the condemning wrath of God, the curse of the moral law;[1] and, in their being delivered from this present evil world, bondage to Satan, and dominion of sin;[2] from the evil of afflictions, the sting of death, the victory of the grave, and everlasting damnation;[3] as also, in their free access to God,[4] and their yielding obedience unto Him, not out of slavish fear, but a child-like love and willing mind.[5] All which were common also to believers under the law.[6] But, under the New Testament, the liberty of Christians is further enlarged, in their freedom from the yoke of the ceremonial law, to which the Jewish Church was subjected;[7] and in greater boldness of access to the throne of grace,[8] and in fuller communications of the free Spirit of God, than believers under the law did ordinarily partake of.[9]

2항

하나님 한 분만이 양심의 주인이시다.¹⁰⁾ 하나님께서는 당신의 말씀을 조금이라도 거스르는 사람이 만들어낸 교리와 계명에서 벗어나도록 우리 양심을 자유롭게 하셨다. 이는 믿음이나 예배에 관한 문제에서도 마찬가지다.¹¹⁾ 따라서 양심을 벗어나 그런 교리를 믿거나 그런 계명에 순종하는 것은 양심의 참된 자유를 배반하는 것이다.¹²⁾ 또 무조건적인 신앙과 절대적이고 맹목적인 순종을 요구하는 것은 양심의 자유는 물론 이성의 자유도 파괴하는 것이다.¹³⁾

10) 약 4:12; 롬 14:4 11) 행 4:19; 행 5:29; 고전 7:23; 마 23:8-10; 고후 1:24; 마 15:9 12) 골 2:20, 22-23; 갈 1:10; 갈 2:4-5; 갈 5:1 13) 롬 10:17; 롬 14:23; 사 8:20; 행 17:11; 요 4:22; 호 5:11; 계 13:12, 16-17; 렘 8:9.

3항

그리스도인이 그리스도인의 자유를 핑계로 죄를 짓거나 정욕을 품는다면, 그들은 그리스도인의 자유의 목적, 곧 우리가 원수의 손에서 건지심을 받고 종신토록 주의 앞에서 성결과 의로 두려움이 없이 섬기게 하는 목적을 파괴한다.¹⁴⁾

14) 갈 5:13; 벧전 2:16; 벧후 2:19; 요 8:34; 눅 1:74-75.

God alone is Lord of the conscience,[10] and hath left it free from the doctrines and commandments of men, which are in any thing contrary to His Word; or beside it, if matters of faith or worship.[11] So that, to believe such doctrines, or to obey such commands, out of conscience, is to betray true liberty of conscience:[12] and the requiring of an implicit faith, and an absolute and blind obedience is to destroy liberty of conscience, and reason also.[13]

They who, upon pretence of Christian liberty, do practise any sin, or cherish any lust, do thereby destroy the end of Christian liberty, which is, that being delivered out of the hands of our enemies, we might serve the Lord, without fear, in holiness and righteousness before Him, all the days of our life.[14]

4항

하나님께서 정하신 권세들과 그리스도께서 값 주고 사신 자유는 서로를 파괴하지 않고 서로 옹호하고 보존하도록 의도되었다. 따라서 그리스도인이 그리스도인의 자유를 핑계로 국가나 교회의 합법적인 권력과 그 권력의 합법적인 행사를 반대하는 것은 하나님의 규례에 대항하는 것이다.[15] 본성의 빛이나 믿음과 예배와 교제에 관하여 기독교의 정통적인 원리나 경건의 능력을 거스르는 견해를 공표하거나 그런 행위를 일삼는 것은 그 자체로나 그것을 공표하고 지속하는 방식에서 그리스도께서 교회 안에 세우신 외적 평화와 질서를 파괴하는 것이기에, 그는 교회의 권징과 국가 위정자의 권세에 의해 합법적으로 해명하도록 소환되거나 고소될 수 있다.[16][17]

15) 마 12:25; 벧전 2:13-14, 16; 롬 13:1-8; 히 13:17 16) 롬 1:32; 고전 5:1, 5, 11, 13; 요이 1:10-11; 살후 3:14; 딤전 6:3-5; 딛 1:10-11, 13; 딛 3:10; 마 18:15-17; 딤전 1:19-20; 계 2:2, 14-15, 20; 계 3:9 17) 신 13:6-12; 롬 13:3-4; 요이 1:10-11; 스 7:23, 25-28; 계 17:12, 16-17; 느 13:15, 17, 21-22, 25, 30; 왕하 23:5-6, 9, 20-21; 대하 34:33; 대하 15:12-13, 16; 단 3:29; 딤전 2:2; 사 49:23; 슥 13:2-3.

And because the powers which God hath ordained, and the liberty which Christ hath purchased, are not intended by God to destroy, but mutually to uphold and preserve one another; they who, upon pretence of Christian liberty, shall oppose any lawful power, or the lawful exercise of it, whether it be civil or ecclesiastical, resist the ordinance of God.[15] And, for their publishing of such opinions, or maintaining of such practices, as are contrary to the light of nature, or to the known principles of Christianity, whether concerning faith, worship, or conversation; or, to the power of godliness; or, such erroneous opinions or practices, as either in their own nature, or in the manner of publishing or maintaining them, are destructive to the external peace and order which Christ hath established in the Church, they may lawfully be called to account, and proceeded against by the censures of the Church,[16] and by the power of the civil magistrate.[17]

증거구절

1)

딛 2:14 그가 우리를 대신하여 자신을 주심은 모든 불법에서 우리를 속량하시고 우리를 깨끗하게 하사 선한 일을 열심히 하는 자기 백성이 되게 하려 하심이라

살전 1:10 또 죽은 자들 가운데서 다시 살리신 그의 아들이 하늘로부터 강림하실 것을 너희가 어떻게 기다리는지를 말하니 이는 장래의 노하심에서 우리를 건지시는 예수시니라

갈 3:13 그리스도께서 우리를 위하여 저주를 받은 바 되사 율법의 저주에서 우리를 속량하셨으니 기록된 바 나무에 달린 자마다 저주 아래에 있는 자라 하였음이라

2)

갈 1:4 그리스도께서 하나님 곧 우리 아버지의 뜻을 따라 이 악한 세대에서 우리를 건지시려고 우리 죄를 대속하기 위하여 자기 몸을 주셨으니

골 1:13 그가 우리를 흑암의 권세에서 건져내사 그의 사랑의 아들의 나라로 옮기셨으니

행 26:18 그 눈을 뜨게 하여 어둠에서 빛으로, 사탄의 권세에서 하나님께로 돌아오게 하고 죄 사함과 나를 믿어 거룩하게 된 무리 가운데서 기업을 얻게 하리라 하더이다

롬 6:14 죄가 너희를 주장하지 못하리니 이는 너희가 법 아래에 있지 아니하고 은혜 아래에 있음이라

3)

롬 8:28 우리가 알거니와 하나님을 사랑하는 자 곧 그의 뜻대로 부르심을 입은 자들에게는 모든 것이 합력하여 선을 이루느니라

시 119:71 고난 당한 것이 내게 유익이라 이로 말미암아 내가 주의 율례들을 배우게 되었나이다

고전 15:54-57 이 썩을 것이 썩지 아니함을 입고 이 죽을 것이 죽지 아니함을 입을 때에는 사망을 삼키고 이기리라고 기록된 말씀이 이루어지리라 사망아 너의 승리가 어디 있느냐 사망아 네가 쏘는 것이 어디 있느냐 사망이 쏘는 것은 죄요 죄의 권능은 율법이라 우리 주 예수 그리스도로 말미암아 우리에게 승리를 주시는 하나님께 감사하노니

롬 8:1 그러므로 이제 그리스도 예수 안에 있는 자에게는 결코 정죄함이 없나니

4)

롬 5:1-2 그러므로 우리가 믿음으로 의롭다 하심을 받았으니 우리 주 예수 그리스도로 말미암아 하나님과 화평을 누리자 또한 그로 말미암아 우리가 믿음으로 서 있는 이 은혜에 들어감을 얻었으며 하나님의 영광을 바라고 즐거워하느니라

5)

롬 8:14-15 무릇 하나님의 영으로 인도함을 받는 사람은 곧 하나님의 아들이라 너희는 다시 무서워하는 종의 영을 받지 아니하고 양자의 영을 받았으므로 우리가 아빠 아버지라고 부르짖느니라

요일 4:18 사랑 안에 두려움이 없고 온전한 사랑이 두려움을 내쫓나니 두려움에는 형벌이 있음이라 두려워하는 자는 사랑 안에서 온전히 이루지 못하였느니라

6)

갈 3:9, 14 ⁹그러므로 믿음으로 말미암은 자는 믿음이 있는 아브라함과 함께 복을 받느니라 ¹⁴이는 그리스도 예수 안에서 아브라함의 복이 이방인에게 미치게 하고 또 우리로 하여금 믿음으로 말미암아 성령의 약속을 받게 하려 함이라

7)

갈 4:1-3, 6-7 ¹⁻³내가 또 말하노니 유업을 이을 자가 모든 것의 주인이나 어렸을 동안에는 종과 다름이 없어서 그 아버지가 정한 때까지 후견인과 청지기 아래에 있나니 이와 같이 우리도 어렸을 때에 이 세상의 초등학문 아래에 있어서 종 노릇 하였더니 ⁶⁻⁷너희가 아들이므로 하나님이 그 아들의 영을 우리 마음 가운데 보내사 아빠 아버지라 부르게 하셨느니라 그러므로 네가 이 후로는 종이 아니요 아들이니 아들이면 하나님으로 말미암아 유업을 받을 자니라

갈 5:1 그리스도께서 우리를 자유롭게 하려고 자유를 주셨으니 그러므로 굳건하게 서서 다시는 종의 멍에를 메지 말라

행 15:10-11 그런데 지금 너희가 어찌하여 하나님을 시험하여 우리 조상과 우리도 능히 메지 못하던 멍에를 제자들의 목에 두려느냐 그러나 우리는 그들이 우리와 동일하게 주 예수의 은혜로 구원 받는 줄을 믿노라 하니라

8)

히 4:14, 16 ¹⁴그러므로 우리에게 큰 대제사장이 계시니 승천하신 이 곧 하나님의 아들 예수시라 우리가 믿는 도리를 굳게 잡을지어다 ¹⁶그러므로 우리는 긍휼하심을 받고 때를 따라 돕는 은혜를 얻기 위하여 은혜의 보좌 앞에 담대히 나아갈 것이니라

히 10:19-22 그러므로 형제들아 우리가 예수의 피를 힘입어 성소에 들어갈 담력을 얻었나니 그 길은 우리를 위하여 휘장 가운데로 열어 놓으신 새로운 살 길이요 휘장은 곧 그의 육체니라 또 하나님의 집 다스리는 큰 제사장이 계시매 우리가 마음에 뿌림을 받아 악한 양심으로부터 벗어나고 몸은 맑은 물로 씻음을 받았으니 참 마음과 온전한 믿음으로 하나님께 나아가자

9)

요 7:38-39 나를 믿는 자는 성경에 이름과 같이 그 배에서 생수의 강이 흘러나오리라 하시니 이는 그를 믿는 자들이 받을 성령을 가리켜 말씀하신 것이라 (예수께서 아직 영광을 받지 않으셨으므로 성령이 아직 그들에게 계시지 아니하시더라)

고후 3:13, 17-18 [13]우리는 모세가 이스라엘 자손들에게 장차 없어질 것의 결국을 주목하지 못하게 하려고 수건을 그 얼굴에 쓴 것 같이 아니하노라 [17-18]주는 영이시니 주의 영이 계신 곳에는 자유가 있느니라 우리가 다 수건을 벗은 얼굴로 거울을 보는 것 같이 주의 영광을 보매 그와 같은 형상으로 변화하여 영광에서 영광에 이르니 곧 주의 영으로 말미암음이니라

10)

약 4:12 입법자와 재판관은 오직 한 분이시니 능히 구원하기도 하시며 멸하기도 하시느니라 너는 누구이기에 이웃을 판단하느냐

롬 14:4 남의 하인을 비판하는 너는 누구냐 그가 서 있는 것이나 넘어지는 것이 자기 주인에게 있으매 그가 세움을 받으리니 이는 그를 세우시는 권능이 주께 있음이라

11)

행 4:19 베드로와 요한이 대답하여 이르되 하나님 앞에서 너희의 말을 듣는 것이 하나님의 말씀을 듣는 것보다 옳은가 판단하라

행 5:29 베드로와 사도들이 대답하여 이르사람보다 하나님께 순종하는 것이 마땅하니라

고전 7:23 너희는 값으로 사신 것이니 사람들의 종이 되지 말라

마 23:8-10 그러나 너희는 랍비라 칭함을 받지 말라 너희 선생은 하나요 너희는 다 형제니라 땅에 있는 자를 아버지라 하지 말라 너희의 아버지는 한 분이시니 곧 하늘에 계신 이시니라 또한 지도자라 칭함을 받지 말라 너희의 지도자는 한 분이시니 곧 그리스도시니라

고후 1:24 우리가 너희 믿음을 주관하려는 것이 아니요 오직 너희 기쁨을 돕는 자가 되려 함이니 이는 너희가 믿음에 섰음이라

마 15:9 사람의 계명으로 교훈을 삼아 가르치니 나를 헛되이 경배하는도다 하였느니라 하시고

12)

골 2:20, 22-23 [20]너희가 세상의 초등학문에서 그리스도와 함께 죽었거든 어찌하여 세상에 사는 것과 같이 규례에 순종하느냐 [22-23]이 모든 것은 한때 쓰이고는 없어지리라) 사람의 명령과 가르침을 따르느냐 이런 것들은 자의적 숭배와 겸손과 몸을 괴롭게 하는 데는 지혜 있는 모양이나 오직 육체 따르는 것을 금하는 데는 조금도 유익이 없느니라

갈 1:10 이제 내가 사람들에게 좋게 하랴 하나님께 좋게 하랴 사람들에게 기쁨을 구하랴 내가 지금까지 사람들의 기쁨을 구하였다면 그리스도의 종이 아니니라

갈 2:4-5 이는 가만히 들어온 거짓 형제들 때문이라 그들이 가만히 들어온 것은 그리스도 예수 안에서 우리가 가진 자유를 엿보고 우리를 종으로 삼고자 함이로되 그들에게 우리가 한시도 복종하지 아니하였으니 이는 복음의 진리가 항상 너희 가운데 있게 하려 함이라

갈 5:1 그리스도께서 우리를 자유롭게 하려고 자유를 주셨으니 그러므로 굳건하게 서서 다시는 종의 멍에를 메지 말라

13)

롬 10:17 그러므로 믿음은 들음에서 나며 들음은 그리스도의 말씀으로 말미암았느니라

롬 14:23 의심하고 먹는 자는 정죄되었나니 이는 믿음을 따라 하지 아니하였기 때문이라 믿음을 따라 하지 아니하는 것은 다 죄니라

사 8:20 마땅히 율법과 증거의 말씀을 따를지니 그들이 말하는 바가 이 말씀에 맞지 아니하면 그들이 정녕 아침 빛을 보지 못하고

행 17:11 베뢰아에 있는 사람들은 데살로니가에 있는 사람들보다 더 너그러워서 간절한 마음으로 말씀을 받고 이것이 그러한가 하여 날마다 성경을 상고하므로

요 4:22 너희는 알지 못하는 것을 예배하고 우리는 아는 것을 예배하노니 이는 구원이 유대인에게서 남이라

호 5:11 에브라임은 사람의 명령 뒤따르기를 좋아하므로 학대를 받고 재판의 압제를 받는도다

계 13:12, 16-17 [12]그가 먼저 나온 짐승의 모든 권세를 그 앞에서 행하고 땅과 땅에 사는 자들을 처음 짐승에게 경배하게 하니 곧 죽게 되었던 상처가 나은 자니라 [16-17]그가 모든 자 곧 작은 자나 큰 자나 부자나 가난한 자나 자유인이나 종들에게 그 오른손에나 이마에 표를 받게 하고 누구든지 이 표를 가진 자 외에는 매매를 못하게 하니 이 표는 곧 짐승의 이름이나 그 이름의 수라

렘 8:9 지혜롭다 하는 자들은 부끄러움을 당하며 두려워 떨다가 잡히리라 보라 그들이 여호와의 말을 버렸으니 그들에게 무슨 지혜가 있으랴

14)

갈 5:13 형제들아 너희가 자유를 위하여 부르심을 입었으나 그러나 그 자유로 육체의 기회를 삼지 말고 오직 사랑으로 서로 종 노릇 하라

벧전 2:16 너희는 자유가 있으나 그 자유로 악을 가리는 데 쓰지 말고 오직 하나님의 종과 같이 하라

벧후 2:19 그들에게 자유를 준다 하여도 자신들은 멸망의 종들이니 누구든지 진 자는 이긴 자의 종이 됨이라

요 8:34 예수께서 대답하시되 진실로 진실로 너희에게 이르노니 죄를 범하는 자마다 죄의 종이라

눅 1:74-75 우리가 원수의 손에서 건지심을 받고 종신토록 주의 앞에서 성결과 의로 두려움이 없이 섬기게 하리라 하셨도다

15)

마 12:25 예수께서 그들의 생각을 아시고 이르시되 스스로 분쟁하는 나라마다 황폐하여질 것이요 스스로 분쟁하는 동네나 집마다 서지 못하리라

벧전 2:13-14, 16 ¹³⁻¹⁴인간의 모든 제도를 주를 위하여 순종하되 혹은 위에 있는 왕이나 혹은 그가 악행하는 자를 징벌하고 선행하는 자를 포상하기 위하여 보낸 총독에게 하라 ¹⁶너희는 자유가 있으나 그 자유로 악을 가리는 데 쓰지 말고 오직 하나님의 종과 같이 하라

롬 13:1-8 각 사람은 위에 있는 권세들에게 복종하라 권세는 하나님으로부터 나지 않음이 없나니 모든 권세는 다 하나님께서 정하신 바라 그러므로 권세를 거스르는 자는 하나님의 명을 거스름이니 거스르는 자들은 심판을 자취하리라 다스리는 자들은 선한 일에 대하여 두려움이 되지 않고 악한 일에 대하여 되나니 네가 권세를 두려워하지 아니하려느냐 선을 행하라 그리하면 그에게 칭찬을 받으리라 그는 하나님의 사역자가 되어 네게 선을 베푸는 자니라 그러나 네가 악을 행하거든 두려워하라 그가 공연히 칼을 가지지 아니하였으니 곧 하나님의 사역자가 되어 악을 행하는 자에게 진노하심을 따라 보응하는 자니라 그러므로 복종하지 아니할 수 없으니 진노 때문에 할 것이 아니라 양심을 따라 할 것이라 너희가 조세를 바치는 것도 이로 말미암음이라 그들이 하나님의 일꾼이 되어 바로 이 일에 항상 힘쓰느니라 모든 자에게 줄 것을 주되 조세를 받을 자에게 조세를 바치고 관세를 받을 자에게 관세를 바치고 두려워할 자를 두려워하며 존경할 자를 존경하라 피차 사랑의 빚 외에는 아무에게든지 아무 빚도 지지 말라 남을 사랑하는 자는 율법을 다 이루었느니라

히 13:17 너희를 인도하는 자들에게 순종하고 복종하라 그들은 너희 영혼을 위하여 경성하기를 자신들이 청산할 자인 것 같이 하느니라 그들로 하여금 즐거움으로 이것을 하게 하고 근심으로 하게 하지 말라 그렇지 않으면 너희에게 유익이 없느니라

16)

롬 1:32 그들이 이같은 일을 행하는 자는 사형에 해당한다고 하나님께서 정하심을 알고도 자기들만 행할 뿐 아니라 또한 그런 일을 행하는 자들을 옳다 하느니라

고전 5:1, 5, 11, 13 ¹너희 중에 심지어 음행이 있다 함을 들으니 그런 음행은 이방인 중에서도 없는 것이라 누가 그 아버지의 아내를 취하였다 하는도다 ⁵이런 자를 사탄에게 내주었으니 이는 육신은 멸하고 영은 주 예수의 날에 구원을 받게 하려 함이라 ¹¹이제 내가 너희에게 쓴 것은 만일 어떤 형제라 일컫는 자가 음행하거나 탐욕을 부리거나 우상 숭배를 하거나 모욕하거나 술 취하거나 속여 빼앗거든 사귀지도 말고 그런 자와는 함께 먹지도 말라 함이라 ¹³밖에 있는 사람들은 하나님이 심판하시려니와 이 악한 사람은 너희 중에서 내쫓으라

요이 1:10-11 누구든지 이 교훈을 가지지 않고 너희에게 나아가거든 그를 집에 들이지도 말고 인사도 하지 말라 그에게 인사하는 자는 그 악한 일에 참여하는 자임이라

살후 3:14 누가 이 편지에 한 우리 말을 순종하지 아니하거든 그 사람을 지목하여 사귀지 말고 그로 하여금 부끄럽게 하라

딤전 6:3-5 누구든지 다른 교훈을 하며 바른 말 곧 우리 주 예수 그리스도의 말씀과 경건에 관한 교훈을 따르지 아니하면 그는 교만하여 아무 것도 알지 못하고 변론과 언쟁을 좋아하는 자니 이로써 투기와 분쟁과 비방과 악한 생각이 나며 마음이 부패하여지고 진리를 잃어 버려 경건을 이익의 방도로 생각하는 자들의 다툼이 일어나느니라

딛 1:10-11, 13 ¹⁰⁻¹¹불순종하고 헛된 말을 하며 속이는 자가 많은 중 할례파 가운데 특히 그러하니 그들의 입을 막을 것이라 이런 자들이 더러운 이득을 취하려고 마땅하지 아니한 것을 가르쳐 가정들을 온통 무너뜨리는도다 ¹³이 증언이 참되도다 그러므로 네가 그들을 엄히 꾸짖으라 이는 그들로 하여금 믿음을 온전하게 하고

딛 3:10 이단에 속한 사람을 한두 번 훈계한 후에 멀리하라

마 18:15-17 네 형제가 죄를 범하거든 가서 너와 그 사람과만 상대하여 권고하라 만일 들으면 네가 네 형제를 얻은 것이요 만일 듣지 않거든 한두 사람을 데리고 가서 두 세 증인의 입으로 말마다 확증하게 하라 만일 그들의 말도 듣지 않거든 교회에 말하고 교회의 말도 듣지 않거든 이방인과 세리와 같이 여기라

딤전 1:19-20 믿음과 착한 양심을 가지라 어떤 이들은 이 양심을 버렸고 그 믿음에 관하여는 파선하였느니라 그 가운데 후메내오와 알렉산더가 있으니 내가 사탄에게 내준 것은 그들로 훈계를 받아 신성을 모독하지 못하게 하려 함이라

계 2:2, 14-15, 20 ²내가 네 행위와 수고와 네 인내를 알고 또 악한 자들을 용납하지 아니한 것과 자칭 사도라 하되 아닌 자들을 시험하여 그의 거짓된 것을 네가 드러낸 것과 ¹⁴⁻¹⁵그러나 네게 두어 가지 책망할 것이 있나니 거기 네게 발람의 교훈을 지키는 자들이 있도다 발람이 발락을 가르쳐 이스라엘 자손 앞에 걸림돌을 놓아 우상의 제물을 먹게 하였고 또 행음하게 하였느니라 이와 같이 네게도 니골라 당의 교훈을 지키는 자들이 있도다 ²⁰그러나 네게 책망할 일이 있노라 자칭 선지자라 하는 여자 이세

벨을 네가 용납함이니 그가 내 종들을 가르쳐 꾀어 행음하게 하고 우상의 제물을 먹게 하는도다

계 3:9 보라 사탄의 회당 곧 자칭 유대인이라 하나 그렇지 아니하고 거짓말 하는 자들 중에서 몇을 네게 주어 그들로 와서 네 발 앞에 절하게 하고 내가 너를 사랑하는 줄을 알게 하리라

17)

신 13:6-12 네 어머니의 아들 곧 네 형제나 네 자녀나 네 품의 아내나 너와 생명을 함께 하는 친구가 가만히 너를 꾀어 이르기를 너와 네 조상들이 알지 못하던 다른 신들 곧 네 사방을 둘러싸고 있는 민족 혹 네게서 가깝든지 네게서 멀든지 땅 이 끝에서 저 끝까지에 있는 민족의 신들을 우리가 가서 섬기자 할지라도 너는 그를 따르지 말며 듣지 말며 긍휼히 여기지 말며 애석히 여기지 말며 덮어 숨기지 말고 너는 용서 없이 그를 죽이되 죽일 때에 네가 먼저 그에게 손을 대고 후에 뭇 백성이 손을 대라 그는 애굽 땅 종 되었던 집에서 너를 인도하여 내신 네 하나님 여호와에게서 너를 꾀어 떠나게 하려 한 자이니 너는 돌로 쳐죽이라 그리하면 온 이스라엘이 듣고 두려워하여 이같은 악을 다시는 너희 중에서 행하지 못하리라 네 하나님 여호와께서 네게 주어 거주하게 하시는 한 성읍에 대하여 네게 소문이 들리기를

롬 13:3-4 다스리는 자들은 선한 일에 대하여 두려움이 되지 않고 악한 일에 대하여 되나니 네가 권세를 두려워하지 아니하려느냐 선을 행하라 그리하면 그에게 칭찬을 받으리라 그는 하나님의 사역자가 되어 네게 선을 베푸는 자니라 그러나 네가 악을 행하거든 두려워하라 그가 공연히 칼을 가지지 아니하였으니 곧 하나님의 사역자가 되어 악을 행하는 자에게 진노하심을 따라 보응하는 자니라

요이 1:10-11 누구든지 이 교훈을 가지지 않고 너희에게 나아가거든 그를 집에 들이지도 말고 인사도 하지 말라 그에게 인사하는 자는 그 악한 일에 참여하는 자임이라

스 7:23, 25-28 ²³무릇 하늘의 하나님의 전을 위하여 하늘의 하나님이 명령하신 것은 삼가 행하라 어찌하여 진노가 왕과 왕자의 나라에 임하랴 하랴 ²⁵⁻²⁸에스라여 너는 네 손에 있는 네 하나님의 지혜를 따라 네 하나님의 율법을 아는 자를 법관과 재판관을 삼아 강 건너편 모든 백성을 재판하게 하고 그 중 알지 못하는 자는 너희가 가르치라 무릇 네 하나님의 명령과 왕의 명령을 준행하지 아니하는 자는 속히 그 죄를 정하여 혹 죽이거나 귀양 보내거나 가산을 몰수하거나 옥에 가둘지니라 하였더라 우리 조상들의 하나님 여호와를 송축할지로다 그가 왕의 마음에 예루살렘 여호와의 성전을 아름답게 할 뜻을 두시고 또 나로 왕과 그의 보좌관들 앞과 왕의 권세 있는 모든 방백의 앞에서 은혜를 얻게 하셨도다 내 하나님 여호와의 손이 내 위에 있으므로 내가 힘을 얻어 이스라엘 중에 우두머리들을 모아 나와 함께 올라오게 하였노라

계 17:12, 16-17 ¹²네가 보던 열 뿔은 열 왕이니 아직 나라를 얻지 못하였으나 다만 짐승과 더불어 임금처럼 한동안 권세를 받으리라 ¹⁶⁻¹⁷네가 본 바 이 열 뿔과 짐승은 음녀를 미워하여 망하게 하고 벌거벗게 하고 그의 살을 먹고 불로 아주 사르리라 이는 하나님이 자기 뜻대로 할 마음을 그들에게 주사 한 뜻을 이루게 하시고 그들의 나라를 그 짐승에게 주게 하시되 하나님의 말씀이 응하기까지 하심이라

느 13:15, 17, 21-22, 25, 30 ¹⁵그 때에 내가 본즉 유다에서 어떤 사람이 안식일에 술틀을 밟고 곡식단을 나귀에 실어 운반하며 포도주와 포도와 무화과와 여러 가지 짐을 지고 안식일에 예루살렘에 들어와서 음식물을 팔기로 그 날에 내가 경계하였고 ¹⁷내가 유다의 모든 귀인들을 꾸짖어 그들에게 이르기를 너희가 어찌 이 악을 행하여 안식일을 범하느냐 ²¹⁻²²내가 그들에게 경계하여 이르기를 너희가 어찌하여 성 밑에서 자느냐 다시 이같이 하면 내가 잡으리라 하였더니 그후부터는 안식일에 그들이 다시 오지 아니하였느니라 내가 또 레위 사람들에게 몸을 정결하게 하고 와서 성문을 지켜서 안식일을 거룩하게 하라 하였느니라 내 하나님이여 나를 위하여 이 일도 기억하시옵고 주의 크신 은혜대로 나를 아끼시옵소서 ²⁵내가 그들을 책망하고 저주하며 그들 중 몇 사람을 때리고 그들의 머리털을 뽑고 이르되 너희는 너희 딸들을 그들의 아들들에게 주지 말고 너희 아들들이나 너희를 위하여 그들의 딸을 데려오지 아니하겠다고 하나님을 가리켜 맹세하라 하고 ³⁰내가 이와 같이 그들에게 이방 사람을 떠나게 하여 그들을 깨끗하게 하고 또 제사장과 레위 사람의 반열을 세워 각각 자기의 일을 맡게 하고

왕하 23:5-6, 9, 20-21 ⁵⁻⁶옛적에 유다 왕들이 세워서 유다 모든 성읍과 예루살렘 주위의 산당들에서 분향하며 우상을 섬기게 한 제사장들을 폐하며 또 바알과 해와 달과 별 떼와 하늘의 모든 별에게 분향하는 자들을 폐하고 또 여호와의 성전에서 아세라 상을 내다가 예루살렘 바깥 기드론 시내로 가져다 거기에서 불사르고 빻아서 가루를 만들어 그 가루를 평민의 묘지에 뿌리고 ⁹산당들의 제사장들은 예루살렘 여호와의 제단에 올라가지 못하고 다만 그의 형제 중에서 무교병을 먹을 뿐이었더라 ²⁰⁻²¹또 거기 있는 산당의 제사장들을 다 제단 위에서 죽이고 사람의 해골을 제단 위에서 불사르고 예루살렘으로 돌아왔더라 왕이 뭇 백성에게 명령하여 이르되 이 언약책에 기록된 대로 너희의 하나님 여호와를 위하여 유월절을 지키라 하매

대하 34:33 이와 같이 요시야가 이스라엘 자손에게 속한 모든 땅에서 가증한 것들을 다 제거하여 버리고 이스라엘의 모든 사람으로 그들의 하나님 여호와를 섬기게 하였으므로 요시야가 사는 날에 백성이 그들의 조상들의 하나님 여호와께 복종하고 떠나지 아니하였더라

대하 15:12-13, 16 ¹²⁻¹³또 마음을 다하고 목숨을 다하여 조상들의 하나님 여호와를 찾기로 언약하고 이스라엘 하나님 여호와를 찾지 아니하는 자는 대소 남녀를 막론하

고 죽이는 것이 마땅하다 하고 ¹⁶아사 왕의 어머니 마아가가 아세라의 가증한 목상을 만들었으므로 아사가 그의 태후의 자리를 폐하고 그의 우상을 찍고 빻아 기드론 시냇가에서 불살랐으니

단 3:29 그러므로 내가 이제 조서를 내리노니 각 백성과 각 나라와 각 언어를 말하는 자가 모두 사드락과 메삭과 아벳느고의 하나님께 경솔히 말하거든 그 몸을 쪼개고 그 집을 거름터로 삼을지니 이는 이같이 사람을 구원할 다른 신이 없음이니라 하더라

딤전 2:2 임금들과 높은 지위에 있는 모든 사람을 위하여 하라 이는 우리가 모든 경건과 단정함으로 고요하고 평안한 생활을 하려 함이라

사 49:23 왕들은 네 양부가 되며 왕비들은 네 유모가 될 것이며 그들이 얼굴을 땅에 대고 네게 절하고 네 발의 티끌을 핥을 것이니 네가 나를 여호와인 줄을 알리라 나를 바라는 자는 수치를 당하지 아니하리라

슥 13:2-3 만군의 여호와가 말하노라 그 날에 내가 우상의 이름을 이 땅에서 끊어서 기억도 되지 못하게 할 것이며 거짓 선지자와 더러운 귀신을 이 땅에서 떠나게 할 것이라 사람이 아직도 예언할 것 같으면 그 낳은 부모가 그에게 이르기를 네가 여호와의 이름을 빙자하여 거짓말을 하니 살지 못하리라 하고 낳은 부모가 그가 예언할 때에 칼로 그를 찌르리라

더 깊은 공부와 나눔을 위한 질문

1. 그리스도께서 복음 아래 있는 신자들을 위해 값 주고 사신 자유는 무엇입니까? (20장 1항)

2. 이 자유의 특징은 무엇입니까? 특히 새 언약 아래 있는 그리스도인이 누리는 자유의 특징을 자세히 나눠 봅시다. (20장 1항)

3. 하나님 한 분만이 양심의 주인이시라는 사실은 우리에게 위로도 되고 두려움도 됩니다. 어떤 면에서 그런지 나눠 봅시다. 특별히, 종교개혁 때와 이 신앙고백서가 작성되던 당시, 그리고 지금도 순수하고 완전한 복음을 위해 싸우고 있는 각 현장을 생각하며 나눠 봅시다. (20장 2항)

4. 그리스도인의 자유를 왜곡하고 오용할 때 어떤 일이 일어납니까? (20장 3-4항)

하나님께서 깨닫게 해 주신 것과 베풀어 주신 은혜를 생각하며 감사합시다. 또 깨달아 배우고 확신한 일에 거할 수 있게 해 달라고 기도합시다.

21장

예배와 안식일
Of Religious Worship, and the Sabbath Day

1항

본성의 빛은 만물을 다스리시는 통치자요 주권자이시며, 선하셔서 만물에게 선을 행하시는 한 분 하나님께서 계시다는 것을 보여 준다. 그러므로 사람은 온 마음과 뜻과 힘을 다하여 하나님을 경외하고 사랑하고 찬양하고 부르고 신뢰하고 섬겨야 한다.[1) 그러나 참되신 하나님을 예배하는 합당한 방법은 하나님께서 친히 제정하셨고, 하나님께서 계시하신 뜻으로 제한하셨다. 따라서 사람이 상상하여 만들어 내거나 고안하여 만들어낸 것을 따라서나 사탄의 제안을 따라서 예배해서도, 보이는 형상을 만들어 예배하거나 성경이 규정하지 않은 다른 방법으로 예배해서도 안 된다.[2)

1) 롬 1:20; 행 17:24; 시 119:68; 렘 10:7; 시 31:23; 시 18:3; 롬 10:12; 시 62:8; 수 24:14; 막 12:33 2) 신 12:32; 마 15:9; 행 17:25; 마 4:9-10; 신 4:15-20; 출 20:4-6; 골 2:23.

2항

예배는 성부, 성자, 성령, 곧 삼위 하나님께만 드려야 한다.[3) 천사나 성인이나 다른 피조물을 예배해서는 안 된다.[4) 타락 이후에는 중보자 없이 예배할 수 없는데, 다른 이의 중보가 아니라 오직 그리스도의 중보로만 하나님께 예배할 수 있다.[5)

3) 마 4:10; 요 5:23; 고후 13:14 4) 골 2:18; 계 19:10; 롬 1:25 5) 요 14:6; 딤전 2:5; 엡 2:18; 골 3:17.

The light of nature showeth that there is a God, who hath lordship and sovereignty over all, is good, and doth good unto all, and is therefore to be feared, loved, praised, called upon, trusted in, and served, with all the heart, and with all the soul, and with all the might.[1] But the acceptable way of worshipping the true God is instituted by Himself, and so limited by His own revealed will, that He may not be worshipped according to the imaginations and devices of men, or the suggestions of Satan, under any visible representation, or any other way not prescribed in the Holy Scripture.[2]

Religious worship is to be given to God, the Father, Son, and Holy Ghost; and to Him alone;[3] not to angels, saints, or any other creature:[4] and since the fall, not without a Mediator; nor in the mediation of any other but of Christ alone.[5]

3항

감사하며 기도하는 것은 예배의 특별한 부분으로,[6] 하나님께서는 모든 사람에게 이를 요구하신다.[7] 기도가 받아들여지기 위해서는 성자의 이름으로,[8] 성령의 도우심을 받아,[9] 성부에 뜻에 따라[10] 깨달음과 경외심과 겸손과 열정과 믿음과 사랑과 인내로 기도해야 한다.[11] 소리 내어 기도할 때는 모두가 알 수 있는 말로 기도해야 한다.[12]

6) 빌 4:6 7) 시 65:2 8) 요 14:13-14; 벧전 2:5 9) 롬 8:26 10) 요일 5:14 11) 시 47:7; 전 5:1-2; 히 12:28; 창 18:27; 약 5:16; 약 1:6-7; 막 11:24; 마 6:12, 14-15; 골 4:2; 엡 6:18 12) 고전 14:14.

4항

기도할 때는 합당한 것을 구해야 한다.[13] 그리고 살아 있는 모든 부류의 사람과 앞으로 살아갈 모든 부류의 사람을 위해 기도해야 한다.[14] 그러나 죽은 사람을 위해서 기도해서는 안 되며,[15] 사망에 이르는 죄를 지은 것으로 알려진 사람들을 위해서 기도해서도 안 된다.[16]

13) 요일 5:14 14) 딤전 2:1-2; 요 17:20; 삼하 7:29; 룻 4:12
15) 삼하 12:21-23; 눅 16:25-26; 계 14:13 16) 요일 5:16.

Prayer, with thanksgiving, being one special part of religious worship,[6] is by God required of all men:[7] and that it may be accepted, it is to be made in the name of the Son,[8] by the help of His Spirit,[9] according to His will,[10] with understanding, reverence, humility, fervency, faith, love, and perseverance;[11] and, if vocal, in a known tongue.[12]

Prayer is to be made for things lawful,[13] and for all sorts of men living, or that shall live hereafter:[14] but not for the dead,[15] nor for those of whom it may be known that they have sinned the sin unto death.[16]

5항

경외하는 마음으로 성경을 읽는 것,[17] 견실하게 설교하는 것,[18] 하나님께 순종하기 위해 깨달음과 믿음과 경외심으로 설교를 바르게 듣는 것,[19] 마음에 주신 은혜로 시편을 노래하는 것,[20] 그리스도께서 제정하신 성례를 적절하게 집행하고 그에 합당하게 받는 것은 모두 하나님께 일반적으로 드리는 예배의 부분이다.[21] 이 외에도 맹세,[22] 서원,[23] 엄숙한 금식,[24] 특별한 때 드리는 감사가 있는데,[25] 모두 때와 절기를 따라 거룩하고 경건한 방법으로 행해져야 한다.[26]

17) 행 15:21; 계 1:3 18) 딤후 4:2 19) 약 1:22; 행 10:33; 마 13:19; 히 4:2; 사 66:2 20) 골 3:16; 엡 5:19; 약 5:13 21) 마 28:19; 고전 11:23-29; 행 2:42 22) 신 6:13; 느 10:29 23) 사 19:21; 전 5:4-5 24) 욜 2:12; 에 4:16; 마 9:15; 고전 7:5 25) 시 107; 에 9:22 26) 히 12:28.

6항

지금과 같은 복음 시대 아래서는 기도를 비롯해 예배의 다른 부분들이 어디에서 행해지고, 어디를 향해 행해지는가에 매여 있지 않으며, 하나님께 더 잘 받아들여지는 것도 아니다.[27] 하나님께서는 모든 곳에서 영과 진리로 예배 받으셔야 한다.[28)29)] 따라서 매일[31] 각 가정에서,[30] 은밀히 홀로 예배해야 하

The reading of the Scriptures with godly fear;[17] the sound preaching[18] and conscionable hearing of the Word, in obedience unto God, with understanding, faith, and reverence;[19] singing of psalms with grace in the heart;[20] as also, the due administration and worthy receiving of the sacraments instituted by Christ; are all parts of the ordinary religious worship of God:[21] beside religious oaths,[22] vows,[23] solemn fastings,[24] and thanksgivings, upon special occasions,[25] which are, in their several times and seasons, to be used in a holy and religious manner.[26]

Neither prayer, nor any other part of religious worship, is now under the gospel either tied unto, or made more acceptable by any place in which it is performed, or towards which it is directed:[27] but God is to be worshipped everywhere,[28] in spirit and truth;[29] as in private families[30] daily,[31] and in secret each one by himself;[32] so, more solemnly, in the

고,³²⁾ 하나님께서 말씀과 섭리로 공적 예배 모임을 명하시는 때에는 공적 예배 모임을 경솔하게나 고의로 소홀히 해서도, 저버려서도 안 되며, 더욱 엄숙하게 예배해야 한다.³³⁾

27) 요 4:21 28) 말 1:11; 딤전 2:8 29) 요 4:23-24 30) 렘 10:25; 신 6:6-7; 욥 1:5; 삼하 6:18, 20; 벧전 3:7; 행 10:2 31) 마 6:11 32) 마 6:6; 엡 6:18 33) 사 56:6-7; 히 10:25; 잠 1:20-21, 24; 잠 8:34; 행 13:42; 눅 4:16; 행 2:42

7항

일반적으로 하나님을 예배하기 위해 적절한 정도의 시간을 따로 구별하는 것이 자연의 법칙이다. 이와 마찬가지로 하나님께서는 당신의 말씀 안에서 명확하고 도덕적이고 항구적인 계명으로 칠일 중 하루를 안식일로 특별히 지정하셔서 하나님께 거룩하게 지키게 하셨다.³⁴⁾ 안식일은 태초부터 그리스도의 부활 때까지는 일주일의 마지막 날이었지만, 그리스도의 부활부터는 일주일의 첫째 날로 바뀌었다.³⁵⁾ 성경에서는 이날을 주의 날(주일)이라고 일컫는데,³⁶⁾ 주일은 세상 끝날까지 기독교의 안식일로 계속 지켜져야 한다.³⁷⁾

34) 출 20:8, 10-11; 사 56:2, 4, 6-7 35) 창 2:2-3; 고전 16:1-2; 행 20:7 36) 계 1:10 37) 출 20:8, 10; 마 5:17-18.

public assemblies, which are not carelessly or wilfully to be neglected, or forsaken, when God, by His Word or providence, calleth thereunto.[33]

As it is the law of nature, that, in general, a due proportion of time be set apart for the worship of God; so, in His Word, by a positive, moral, and perpetual commandment, binding all men, in all ages, He hath particularly appointed one day in seven, for a Sabbath, to be kept holy unto Him:[34] which, from the beginning of the world to the resurrection of Christ, was the last day of the week; and, from the resurrection of Christ, was changed into the first day of the week,[35] which, in Scripture, is called the Lord's Day,[36] and is to be continued to the end of the world, as the Christian Sabbath.[37]

8항

이 안식일은 주님께 거룩하게 지켜져야 한다. 이날에 사람들은 그들의 마음을 올바로 준비하고, 그들의 일상적인 일들을 미리 정돈한 후에, 세상의 일들과 오락에 관한 그들의 일과 말과 생각을 일체 중단하고 온종일을 거룩하게 안식하여야 한다.[38] 이뿐만 아니라 내내 공적으로나 사적으로 하나님을 예배하고, 꼭 해야 하는 의무와 자비를 행하는 데 전념해야 한다.[39]

38) 출 20:8; 출 16:23, 25-26, 29-30; 출 31:15-17; 사 58:13; 느 13:15-19, 21-22 39) 사 58:13; 마 12:1-13.

This Sabbath is then kept holy unto the Lord, when men, after a due preparing of their hearts, and ordering of their common affairs beforehand, do not only observe an holy rest, all the day, from their own works, words, and thoughts about their worldly employments, and recreations,[38] but also are taken up the whole time in the public and private exercises of His worship, and in the duties of necessity and mercy.[39]

증거구절

1)

롬 1:20 창세로부터 그의 보이지 아니하는 것들 곧 그의 영원하신 능력과 신성이 그가 만드신 만물에 분명히 보여 알려졌나니 그러므로 그들이 핑계하지 못할지니라

행 17:24 우주와 그 가운데 있는 만물을 지으신 하나님께서는 천지의 주재시니 손으로 지은 전에 계시지 아니하시고

시 119:68 주는 선하사 선을 행하시오니 주의 율례들로 나를 가르치소서

렘 10:7 이방 사람들의 왕이시여 주를 경외하지 아니할 자가 누구리이까 이는 주께 당연한 일이라 여러 나라와 여러 왕국들의 지혜로운 자들 가운데 주와 같은 이가 없음이니이다

시 31:23 너희 모든 성도들아 여호와를 사랑하라 여호와께서 진실한 자를 보호하시고 교만하게 행하는 자에게 엄중히 갚으시느니라

시 18:3 내가 찬송 받으실 여호와께 아뢰리니 내 원수들에게서 구원을 얻으리로다

롬 10:12 유대인이나 헬라인이나 차별이 없음이라 한 분이신 주께서 모든 사람의 주가 되사 그를 부르는 모든 사람에게 부요하시도다

시 62:8 백성들아 시시로 그를 의지하고 그의 앞에 마음을 토하라 하나님은 우리의 피난처시로다 (셀라)

수 24:14 그러므로 이제는 여호와를 경외하며 온전함과 진실함으로 그를 섬기라 너희의 조상들이 강 저쪽과 애굽에서 섬기던 신들을 치워 버리고 여호와만 섬기라

막 12:33 또 마음을 다하고 지혜를 다하고 힘을 다하여 하나님을 사랑하는 것과 또 이웃을 자기 자신과 같이 사랑하는 것이 전체로 드리는 모든 번제물과 기타 제물보다 나으니이다

2)

신 12:32 내가 너희에게 명령하는 이 모든 말을 너희는 지켜 행하고 그것에 가감하지 말지니라

마 15:9 사람의 계명으로 교훈을 삼아 가르치니 나를 헛되이 경배하는도다 하였느니라 하시고

행 17:25 또 무엇이 부족한 것처럼 사람의 손으로 섬김을 받으시는 것이 아니니 이는 만민에게 생명과 호흡과 만물을 친히 주시는 이심이라

마 4:9-10 이르되 만일 내게 엎드려 경배하면 이 모든 것을 네게 주리라 이에 예수께서 말씀하시되 사탄아 물러가라 기록되었으되 주 너의 하나님께 경배하고 다만 그를 섬기라 하였느니라

신 4:15-20 여호와께서 호렙 산 불길 중에서 너희에게 말씀하시던 날에 너희가 어떤 형상도 보지 못하였은즉 너희는 깊이 삼가라 그리하여 스스로 부패하여 자기를 위해 어떤 형상대로든지 우상을 새겨 만들지 말라 남자의 형상이든지, 여자의 형상이든지, 땅 위에 있는 어떤 짐승의 형상이든지, 하늘을 나는 날개 가진 어떤 새의 형상이든지, 땅 위에 기는 어떤 곤충의 형상이든지, 땅 아래 물 속에 있는 어떤 어족의 형상이든지 만들지 말라 또 그리하여 네가 하늘을 향하여 눈을 들어 해와 달과 별들, 하늘 위의 모든 천체 곧 너희의 하나님 여호와께서 천하 만민을 위하여 배정하신 것을 보고 미혹하여 그것에 경배하며 섬기지 말라 여호와께서 너희를 택하시고 너희를 쇠 풀무불 곧 애굽에서 인도하여 내사 자기 기업의 백성을 삼으신 것이 오늘과 같아도

출 20:4-6 너를 위하여 새긴 우상을 만들지 말고 또 위로 하늘에 있는 것이나 아래로 땅에 있는 것이나 땅 아래 물 속에 있는 것의 어떤 형상도 만들지 말며 그것들에게 절하지 말며 그것들을 섬기지 말라 나 네 하나님 여호와는 질투하는 하나님인즉 나를 미워하는 자의 죄를 갚되 아버지로부터 아들에게로 삼사 대까지 이르게 하거니와 나를 사랑하고 내 계명을 지키는 자에게는 천 대까지 은혜를 베푸느니라

골 2:23 이런 것들은 자의적 숭배와 겸손과 몸을 괴롭게 하는 데는 지혜 있는 모양이나 오직 육체 따르는 것을 금하는 데는 조금도 유익이 없느니라

3)

마 4:10 이에 예수께서 말씀하시되 사탄아 물러가라 기록되었으되 주 너의 하나님께 경배하고 다만 그를 섬기라 하였느니라

요 5:23 이는 모든 사람으로 아버지를 공경하는 것 같이 아들을 공경하게 하려 하심이라 아들을 공경하지 아니하는 자는 그를 보내신 아버지도 공경하지 아니하느니라

고후 13:14 (KJV의 14절이 우리 개역성경의 13절에 해당합니다) 주 예수 그리스도의 은혜와 하나님의 사랑과 성령의 교통하심이 너희 무리와 함께 있을지어다

4)

골 2:18 아무도 꾸며낸 겸손과 천사 숭배를 이유로 너희를 정죄하지 못하게 하라 그가 그 본 것에 의지하여 그 육신의 생각을 따라 헛되이 과장하고

계 19:10 내가 그 발 앞에 엎드려 경배하려 하니 그가 나에게 말하기를 나는 너와 및 예수의 증언을 받은 네 형제들과 같이 된 종이니 삼가 그리하지 말고 오직 하나님께 경배하라 예수의 증언은 예언의 영이라 하더라

롬 1:25 이는 그들이 하나님의 진리를 거짓 것으로 바꾸어 피조물을 조물주보다 더 경배하고 섬김이라 주는 곧

영원히 찬송할 이시로다 아멘

5)

요 14:6 예수께서 이르시되 내가 곧 길이요 진리요 생명이니 나로 말미암지 않고는 아버지께로 올 자가 없느니라

딤전 2:5 하나님은 한 분이시요 또 하나님과 사람 사이에 중보자도 한 분이시니 곧 사람이신 그리스도 예수라

엡 2:18 이는 그로 말미암아 우리 둘이 한 성령 안에서 아버지께 나아감을 얻게 하려 하심이라

골 3:17 또 무엇을 하든지 말에나 일에나 다 주 예수의 이름으로 하고 그를 힘입어 하나님 아버지께 감사하라

6)

빌 4:6 아무 것도 염려하지 말고 다만 모든 일에 기도와 간구로, 너희 구할 것을 감사함으로 하나님께 아뢰라

7)

시 65:2 기도를 들으시는 주여 모든 육체가 주께 나아오리이다

8)

요 14:13-14 너희가 내 이름으로 무엇을 구하든지 내가 행하리니 이는 아버지로 하여금 아들로 말미암아 영광을 받으시게 하려 함이라 내 이름으로 무엇이든지 내게 구하면 내가 행하리라

벧전 2:5 너희도 산 돌 같이 신령한 집으로 세워지고 예수 그리스도로 말미암아 하나님이 기쁘게 받으실 신령한 제사를 드릴 거룩한 제사장이 될지니라

9)

롬 8:26 이와 같이 성령도 우리의 연약함을 도우시나니 우리는 마땅히 기도할 바를 알지 못하나 오직 성령이 말할 수 없는 탄식으로 우리를 위하여 친히 간구하시느니라

10)

요일 5:14 그를 향하여 우리가 가진 바 담대함이 이것이니 그의 뜻대로 무엇을 구하면 들으심이라

11)

시 47:7 하나님은 온 땅의 왕이심이라 지혜의 시로 찬송할지어다

전 5:1-2 너는 하나님의 집에 들어갈 때에 네 발을 삼갈지어다 가까이 하여 말씀을 듣는 것이 우매한 자들이 제물 드리는 것보다 나으니 그들은 악을 행하면서도 깨닫지 못함이니라 너는 하나님 앞에서 함부로 입을 열지 말며 급한 마음으로 말을 내지 말라 하나님은 하늘에 계시고 너는 땅에 있음이니라 그런즉 마땅히 말을 적게 할 것이라

히 12:28 그러므로 우리가 흔들리지 않는 나라를 받았은 즉 은혜를 받자 이로 말미암아 경건함과 두려움으로 하나님을 기쁘시게 섬길지니

창 18:27 아브라함이 대답하여 이르되 나는 티끌이나 재와 같사오나 감히 주께 아뢰나이다

약 5:16 그러므로 너희 죄를 서로 고백하며 병이 낫기를 위하여 서로 기도하라 의인의 간구는 역사하는 힘이 큼이니라

약 1:6-7 오직 믿음으로 구하고 조금도 의심하지 말라 의심하는 자는 마치 바람에 밀려 요동하는 바다 물결 같으니 이런 사람은 무엇이든지 주께 얻기를 생각하지 말라

막 11:24 그러므로 내가 너희에게 말하노니 무엇이든지 기도하고 구하는 것은 받은 줄로 믿으라 그리하면 너희에게 그대로 되리라

마 6:12, 14-15 ¹²우리가 우리에게 죄 지은 자를 사하여 준 것 같이 우리 죄를 사하여 주시옵고 ¹⁴⁻¹⁵너희가 사람의 잘못을 용서하면 너희 하늘 아버지께서도 너희 잘못을 용서하시려니와 너희가 사람의 잘못을 용서하지 아니하면 너희 아버지께서도 너희 잘못을 용서하지 아니하시리라

골 4:2 기도를 계속하고 기도에 감사함으로 깨어 있으라

엡 6:18 모든 기도와 간구를 하되 항상 성령 안에서 기도하고 이를 위하여 깨어 구하기를 항상 힘쓰며 여러 성도를 위하여 구하라

12)

고전 14:14 내가 만일 방언으로 기도하면 나의 영이 기도하거니와 나의 마음은 열매를 맺지 못하리라

13)

요일 5:14 그를 향하여 우리가 가진 바 담대함이 이것이니 그의 뜻대로 무엇을 구하면 들으심이라

14)

딤전 2:1-2 그러므로 내가 첫째로 권하노니 모든 사람을 위하여 간구와 기도와 도고와 감사를 하되 임금들과 높은 지위에 있는 모든 사람을 위하여 하라 이는 우리가 모든 경건과 단정함으로 고요하고 평안한 생활을 하려 함이라

요 17:20 내가 비옵는 것은 이 사람들만 위함이 아니요 또 그들의 말로 말미암아 나를 믿는 사람들도 위함이니

삼하 7:29 이제 청하건대 종의 집에 복을 주사 주 앞에 영원히 있게 하옵소서 주 여호와께서 말씀하셨사오니 주의 종의 집이 영원히 복을 받게 하옵소서 하니라

룻 4:12 여호와께서 이 젊은 여자로 말미암아 네게 상속자를 주사 네 집이 다말이 유다에게 낳아준 베레스의 집과 같게 하시기를 원하노라 하니라

15)

삼하 12:21-23 그의 신하들이 그에게 이르되 아이가 살았을 때에는 그를 위하여 금식하고 우시더니 죽은 후에는 일어나서 잡수시니 이 일이 어찌 됨이니이까 하니 이르되 아이가 살았을 때에 내가 금식하고 운 것은 혹시 여호와께서 나를 불쌍히 여기사 아이를 살려 주실는지 누가 알까 생각함이거니와 지금은 죽었으니 내가 어찌 금식하랴 내가 다시 돌아오게 할 수 있느냐 나는 그에게로 가려니와 그는 내게로 돌아오지 아니하리라 하니라

눅 16:25-26 아브라함이 이르되 얘 너는 살았을 때에 좋은 것을 받았고 나사로는 고난을 받았으니 이것을 기억하라 이제 그는 여기서 위로를 받고 너는 괴로움을 받느니라 그뿐 아니라 너희와 우리 사이에 큰 구렁텅이가 놓여 있어 여기서 너희에게 건너가고자 하되 갈 수 없고 거기서 우리에게 건너올 수도 없게 하였느니라

계 14:13 또 내가 들으니 하늘에서 음성이 나서 이르되 기록하라 지금 이후로 주 안에서 죽는 자들은 복이 있도다 하시매 성령이 이르시되 그러하다 그들이 수고를 그치고 쉬리니 이는 그들의 행한 일이 따름이라 하시더라

16)

요일 5:16 누구든지 형제가 사망에 이르지 아니하는 죄 범하는 것을 보거든 구하라 그리하면 사망에 이르지 아니하는 범죄자들을 위하여 그에게 생명을 주시리라 사망에 이르는 죄가 있으니 이에 관하여 나는 구하라 하지 않노라

17)

행 15:21 이는 예로부터 각 성에서 모세를 전하는 자가 있어 안식일마다 회당에서 그 글을 읽음이라 하더라

계 1:3 이 예언의 말씀을 읽는 자와 듣는 자와 그 가운데에 기록한 것을 지키는 자는 복이 있나니 때가 가까움이라

18)

딤후 4:2 너는 말씀을 전파하라 때를 얻든지 못 얻든지 항상 힘쓰라 범사에 오래 참음과 가르침으로 경책하며 경계하며 권하라

19)

약 1:22 너희는 말씀을 행하는 자가 되고 듣기만 하여 자신을 속이는 자가 되지 말라

행 10:33 내가 곧 당신에게 사람을 보내었는데 오셨으니 잘하였나이다 이제 우리는 주께서 당신에게 명하신 모든 것을 듣고자 하여 다 하나님 앞에 있나이다

마 13:19 아무나 천국 말씀을 듣고 깨닫지 못할 때는 악한 자가 와서 그 마음에 뿌려진 것을 빼앗나니 이는 곧 길 가에 뿌려진 자요

히 4:2 그들과 같이 우리도 복음 전함을 받은 자이나 들은 바 그 말씀이 그들에게 유익하지 못한 것은 듣는 자가 믿음과 결부시키지 아니함이라

사 66:2 나 여호와가 말하노라 내 손이 이 모든 것을 지었으므로 그들이 생겼느니라 무릇 마음이 가난하고 심령에 통회하며 내 말을 듣고 떠는 자 그 사람은 내가 돌보려니와

20)

골 3:16 그리스도의 말씀이 너희 속에 풍성히 거하여 모든 지혜로 피차 가르치며 권면하고 시와 찬송과 신령한 노래를 부르며 감사하는 마음으로 하나님을 찬양하고

엡 5:19 시와 찬송과 신령한 노래들로 서로 화답하며 너희의 마음으로 주께 노래하며 찬송하며

약 5:13 너희 중에 고난 당하는 자가 있느냐 그는 기도할 것이요 즐거워하는 자가 있느냐 그는 찬송할지니라

21)

마 28:19 그러므로 너희는 가서 모든 민족을 제자로 삼아 아버지와 아들과 성령의 이름으로 세례를 베풀고

고전 11:23-29 내가 너희에게 전한 것은 주께 받은 것이니 곧 주 예수께서 잡히시던 밤에 떡을 가지사 축사하시고 떼어 이르시되 이것은 너희를 위하는 내 몸이니 이것을 행하여 나를 기념하라 하시고 식후에 또한 그와 같이 잔을 가지시고 이르시되 이 잔은 내 피로 세운 새 언약이니 이것을 행하여 마실 때마다 나를 기념하라 하셨으니 너희가 이 떡을 먹으며 이 잔을 마실 때마다 주의 죽으심을 그가 오실 때까지 전하는 것이니라 그러므로 누구든지 주의 떡이나 잔을 합당하지 않게 먹고 마시는 자는 주의 몸과 피에 대하여 죄를 짓는 것이니라 사람이 자기를 살피고 그 후에야 이 떡을 먹고 이 잔을 마실지니 주의 몸을 분별하지 못하고 먹고 마시는 자는 자기의 죄를 먹고 마시는 것이니라

행 2:42 그들이 사도의 가르침을 받아 서로 교제하고 떡을 떼며 오로지 기도하기를 힘쓰니라

22)

신 6:13 네 하나님 여호와를 경외하며 그를 섬기며 그의 이름으로 맹세할 것이니라

느 10:29 다 그들의 형제 귀족들을 따라 저주로 맹세하기를 우리가 하나님의 종 모세를 통하여 주신 하나님의 율법을 따라 우리 주 여호와의 모든 계명과 규례와 율례를 지켜 행하여

23)

사 19:21 여호와께서 자기를 애굽에 알게 하시리니 그 날에 애굽이 여호와를 알고 제물과 예물을 그에게 드리고 경배할 것이요 여호와께 서원하고 그대로 행하리라

전 5:4-5 네가 하나님께 서원하였거든 갚기를 더디게 하

지 말라 하나님은 우매한 자들을 기뻐하지 아니하시나니 서원한 것을 갚으라 서원하고 갚지 아니하는 것보다 서원하지 아니하는 것이 더 나으니

24)

욜 2:12 여호와의 말씀에 너희는 이제라도 금식하고 울며 애통하고 마음을 다하여 내게로 돌아오라 하셨나니

에 4:16 당신은 가서 수산에 있는 유다인을 다 모으고 나를 위하여 금식하되 밤낮 삼 일을 먹지도 말고 마시지도 마소서 나도 나의 시녀와 더불어 이렇게 금식한 후에 규례를 어기고 왕에게 나아가리니 죽으면 죽으리이다 하니라

마 9:15 예수께서 그들에게 이르시되 혼인집 손님들이 신랑과 함께 있을 동안에 슬퍼할 수 있느냐 그러나 신랑을 빼앗길 날이 이르리니 그 때에는 금식할 것이니라

고전 7:5 서로 분방하지 말라 다만 기도할 틈을 얻기 위하여 합의상 얼마 동안은 하되 다시 합하라 이는 너희가 절제 못함으로 말미암아 사탄이 너희를 시험하지 못하게 하려 함이라

25)

시 107 여호와께 감사하라 그는 선하시며 그 인자하심이 영원함이로다 여호와의 속량을 받은 자들은 이같이 말할지어다 여호와께서 대적의 손에서 그들을 속량하사 동서남북 각 지방에서부터 모으셨도다 그들이 광야 사막 길에서 방황하며 거주할 성읍을 찾지 못하고 주리고 목이 말라 그들의 영혼이 그들 안에서 피곤하였도다 이에 그들이 근심 중에 여호와께 부르짖으매 그들의 고통에서 건지시고 또 바른 길로 인도하사 거주할 성읍에 이르게 하셨도다 여호와의 인자하심과 인생에게 행하신 기적으로 말미암아 그를 찬송할지로다 그가 사모하는 영혼에게 만족을 주시며 주린 영혼에게 좋은 것으로 채워주심이로다 사람이 흑암과 사망의 그늘에 앉으며 곤고와 쇠사슬에 매임은 하나님의 말씀을 거역하며 지존자의 뜻을 멸시함이라 그러므로 그가 고통을 주어 그들의 마음을 겸손하게 하셨으니 그들이 엎드러져도 돕는 자가 없었도다 이에 그들이 그 환난 중에 여호와께 부르짖으매 그들의 고통에서 구원하시되 흑암과 사망의 그늘에서 인도하여 내시고 그들의 얽어 맨 줄을 끊으셨도다 여호와의 인자하심과 인생에게 행하신 기적으로 말미암아 그를 찬송할지로다 그가 놋문을 깨뜨리시며 쇠빗장을 꺾으셨음이로다 미련한 자들은 그들의 죄악의 길을 따르고 그들의 악을 범하기 때문에 고난을 받아 그들은 그들의 모든 음식물을 싫어하게 되어 사망의 문에 이르렀도다 이에 그들이 그 고통 때문에 여호와께 부르짖으매 그가 그들의 고통에서 그들을 구원하시되 그가 그의 말씀을 보내어 그들을 고치시고 위험한 지경에서 건지시는도다 여호와의 인자하심과 인생에게 행하신 기적으로 말미암아 그를 찬송할지로다 감사제를 드리며 노래하여 그가 행하신 일을 선포할지로다 배들을 바다에 띄우며 큰 물에서 일을 하는 자는 여호와께서 행하신 일들과 그의 기이한 일들을 깊은 바다에서 보나니 여호와께서 명령하신즉 광풍이 일어나 바다 물결을 일으키는도다 그들이 하늘로 솟구쳤다가 깊은 곳으로 내려가나니 그 위험 때문에 그들의 영혼이 녹는도다 그들이 이리저리 구르며 취한 자 같이 비틀거리니 그들의 모든 지각이 혼돈 속에 빠지는도다 이에 그들이 그들의 고통 때문에 여호와께 부르짖으매 그가 그들의 고통에서 그들을 인도하여 내시고 광풍을 고요하게 하사 물결도 잔잔하게 하시는도다 그들이 평온함으로 말미암아 기뻐하는 중에 여호와께서 그들이 바라는 항구로 인도하시는도다 여호와의 인자하심과 인생에게 행하신 기적으로 말미암아 그를 찬송할지로다 백성의 모임에서 그를 높이며 장로들의 자리에서 그를 찬송할지로다 여호와께서는 강이 변하여 광야가 되게 하시며 샘이 변하여 마른 땅이 되게 하시며 그 주민의 악으로 말미암아 옥토가 변하여 염전이 되게 하시며 또 광야가 변하여 못이 되게 하시며 마른 땅이 변하여 샘물이 되게 하시고 주린 자들로 말미암아 거기에 살게 하사 그들이 거주할 성읍을 준비하게 하시고 밭에 파종하며 포도원을 재배하여 풍성한 소출을 거두게 하시며 또 복을 주사 그들이 크게 번성하게 하시고 그의 가축이 감소하지 아니하게 하실지라도 다시 압박과 재난과 우환을 통하여 그들의 수를 줄이시며 낮추시는도다 여호와께서 고관들에게는 능욕을 쏟아 부으시고 길 없는 황야에서 유리하게 하시나 궁핍한 자는 그의 고통으로부터 건져 주시고 그의 가족을 양 떼 같이 지켜 주시나니 정직한 자는 보고 기뻐하며 모든 사악한 자는 자기 입을 봉하리로다 지혜 있는 자들은 이러한 일들을 지켜 보고 여호와의 인자하심을 깨달으리로다

에 9:22 이 달 이 날에 유다인들이 대적에게서 벗어나서 평안함을 얻어 슬픔이 변하여 기쁨이 되고 애통이 변하여 길한 날이 되었으니 이 두 날을 지켜 잔치를 베풀고 즐기며 서로 예물을 주며 가난한 자를 구제하라 하매

26)

히 12:28 그러므로 우리가 흔들리지 않는 나라를 받았은즉 은혜를 받자 이로 말미암아 경건함과 두려움으로 하나님을 기쁘시게 섬길지니

27)

요 4:21 예수께서 이르시되 여자여 내 말을 믿으라 이 산에서도 말고 예루살렘에서도 말고 너희가 아버지께 예배할 때가 이르리라

28)

말 1:11 만군의 여호와가 이르노라 해 뜨는 곳에서부터 해 지는 곳까지의 이방 민족 중에서 내 이름이 크게 될 것이라 각처에서 내 이름을 위하여 분향하며 깨끗한 제물을 드리리니 이는 내 이름이 이방 민족 중에서 크게 될 것임이니라

딤전 2:8 그러므로 각처에서 남자들이 분노와 다툼이 없이 거룩한 손을 들어 기도하기를 원하노라

29)

요 4:23-24 아버지께 참되게 예배하는 자들은 영과 진리로 예배할 때가 오나니 곧 이 때라 아버지께서는 자기에게 이렇게 예배하는 자들을 찾으시느니라 하나님은 영이시니 예배하는 자가 영과 진리로 예배할지니라

30)

렘 10:25 주를 알지 못하는 이방 사람들과 주의 이름으로 기도하지 아니하는 족속들에게 주의 분노를 부으소서 그들은 야곱을 씹어 삼켜 멸하고 그의 거처를 황폐하게 하였나이다 하니라

신 6:6-7 오늘 내가 네게 명하는 이 말씀을 너는 마음에 새기고 네 자녀에게 부지런히 가르치며 집에 앉았을 때에든지 길을 갈 때에든지 누워 있을 때에든지 일어날 때에든지 이 말씀을 강론할 것이며

욥 1:5 그들이 차례대로 잔치를 끝내면 욥이 그들을 불러다가 성결하게 하되 아침에 일어나서 그들의 명수대로 번제를 드렸으니 이는 욥이 말하기를 혹시 내 아들들이 죄를 범하여 마음으로 하나님을 욕되게 하였을까 함이라 욥의 행위가 항상 이러하였더라

삼하 6:18, 20 [18]다윗이 번제와 화목제 드리기를 마치고 만군의 여호와의 이름으로 백성에게 축복하고 [20]다윗이 자기의 가족에게 축복하러 돌아오매 사울의 딸 미갈이 나와서 다윗을 맞으며 이르되 이스라엘 왕이 오늘 어떻게 영화로우신지 방탕한 자가 염치 없이 자기의 몸을 드러내는 것처럼 오늘 그의 신복의 계집종의 눈앞에서 몸을 드러내셨도다 하니

벧전 3:7 남편들아 이와 같이 지식을 따라 너희 아내와 동거하고 그를 더 연약한 그릇이요 또 생명의 은혜를 함께 이어받을 자로 알아 귀히 여기라 이는 너희 기도가 막히지 아니하게 하려 함이라

행 10:2 그가 경건하여 온 집안과 더불어 하나님을 경외하며 백성을 많이 구제하고 하나님께 항상 기도하더니

31)

마 6:11 오늘 우리에게 일용할 양식을 주시옵고

32)

마 6:6 너는 기도할 때에 네 골방에 들어가 문을 닫고 은밀한 중에 계신 네 아버지께 기도하라 은밀한 중에 보시는 네 아버지께서 갚으시리라

엡 6:18 모든 기도와 간구를 하되 항상 성령 안에서 기도하고 이를 위하여 깨어 구하기를 항상 힘쓰며 여러 성도를 위하여 구하라

33)

사 56:6-7 또 여호와와 연합하여 그를 섬기며 여호와의 이름을 사랑하며 그의 종이 되며 안식일을 지켜 더럽히지 아니하며 나의 언약을 굳게 지키는 이방인마다 내가 곧 그들을 나의 성산으로 인도하여 기도하는 내 집에서 그들을 기쁘게 할 것이며 그들의 번제와 희생을 나의 제단에서 기꺼이 받게 되리니 이는 내 집은 만민이 기도하는 집이라 일컬음이 될 것임이라

히 10:25 모이기를 폐하는 어떤 사람들의 습관과 같이 하지 말고 오직 권하여 그 날이 가까움을 볼수록 더욱 그리하자

잠 1:20-21, 24 [20-21]지혜가 길거리에서 부르며 광장에서 소리를 높이며 시끄러운 길목에서 소리를 지르며 성문 어귀와 성중에서 그 소리를 발하여 이르되 [24]내가 불렀으나 너희가 듣기 싫어하였고 내가 손을 폈으나 돌아보는 자가 없었고

잠 8:34 누구든지 내게 들으며 날마다 내 문 곁에서 기다리며 문설주 옆에서 기다리는 자는 복이 있나니

행 13:42 그들이 나갈새 사람들이 청하되 다음 안식일에도 이 말씀을 하라 하더라

눅 4:16 예수께서 그 자라나신 곳 나사렛에 이르사 안식일에 늘 하시던 대로 회당에 들어가사 성경을 읽으려고 서시매

행 2:42 그들이 사도의 가르침을 받아 서로 교제하고 떡을 떼며 오로지 기도하기를 힘쓰니라

34)

출 20:8, 10-11 [8]안식일을 기억하여 거룩하게 지키라 [10-11]일곱째 날은 네 하나님 여호와의 안식일인즉 너나 네 아들이나 네 딸이나 네 남종이나 네 여종이나 네 가축이나 네 문안에 머무는 객이라도 아무 일도 하지 말라 이는 엿새 동안에 나 여호와가 하늘과 땅과 바다와 그 가운데 모든 것을 만들고 일곱째 날에 쉬었음이라 그러므로 나 여호와가 안식일을 복되게 하여 그 날을 거룩하게 하였느니라

사 56:2, 4, 6-7 [2]안식일을 지켜 더럽히지 아니하며 그의 손을 금하여 모든 악을 행하지 아니하여야 하나니 이와 같이 하는 사람, 이와 같이 굳게 잡는 사람은 복이 있느니라 [4]여호와께서 이와 같이 말씀하시기를 나의 안식일을 지키며 내가 기뻐하는 일을 선택하며 나의 언약을 굳게 잡는 고자들에게는 [6-7]또 여호와와 연합하여 그를 섬기며 여호와의 이름을 사랑하며 그의 종이 되며 안식일을 지켜 더럽히지 아니하며 나의 언약을 굳게 지키는 이방인마다 내가 곧 그들을 나의 성산으로 인도하여 기도하는 내 집에서 그들을 기쁘게 할 것이며 그들의 번제와 희생을 나의 제단에서 기꺼이 받게 되리니 이는 내 집은 만민이 기도하는 집이라 일컬음이 될 것임이라

35)

창 2:2-3 하나님이 그가 하시던 일을 일곱째 날에 마치시니 그가 하시던 모든 일을 그치고 일곱째 날에 안식하

시니라 하나님이 그 일곱째 날을 복되게 하사 거룩하게 하셨으니 이는 하나님이 그 창조하시며 만드시던 모든 일을 마치시고 그 날에 안식하셨음이니라

고전 16:1-2 성도를 위하는 연보에 관하여는 내가 갈라디아 교회들에게 명한 것 같이 너희도 그렇게 하라 매주 첫날에 너희 각 사람이 수입에 따라 모아 두어서 내가 갈 때에 연보를 하지 않게 하라

행 20:7 그 주간의 첫날에 우리가 떡을 떼려 하여 모였더니 바울이 이튿날 떠나고자 하여 그들에게 강론할새 말을 밤중까지 계속하매

36)

계 1:10 주의 날에 내가 성령에 감동되어 내 뒤에서 나는 나팔 소리 같은 큰 음성을 들으니

37)

출 20:8, 10 [8]안식일을 기억하여 거룩하게 지키라 [10]일곱째 날은 네 하나님 여호와의 안식일인즉 너나 네 아들이나 네 딸이나 네 남종이나 네 여종이나 네 가축이나 네 문안에 머무는 객이라도 아무 일도 하지 말라

마 5:17-18 내가 율법이나 선지자를 폐하러 온 줄로 생각하지 말라 폐하러 온 것이 아니요 완전하게 하려 함이라 진실로 너희에게 이르노니 천지가 없어지기 전에는 율법의 일점 일획도 결코 없어지지 아니하고 다 이루리라

38)

출 20:8 안식일을 기억하여 거룩하게 지키라

출 16:23, 25-26, 29-30 [23]모세가 그들에게 이르되 여호와께서 이같이 말씀하셨느니라 내일은 휴일이니 여호와께 거룩한 안식일이라 너희가 구울 것은 굽고 삶을 것은 삶고 그 나머지는 다 너희를 위하여 아침까지 간수하라 [25-26]모세가 이르되 오늘은 그것을 먹으라 오늘은 여호와의 안식일인즉 오늘은 너희가 들에서 그것을 얻지 못하리라 엿새 동안은 너희가 그것을 거두되 일곱째 날은 안식일인즉 그 날에는 없으리라 하였으나 [29-30]볼지어다 여호와가 너희에게 안식일을 줌으로 여섯째 날에는 이틀 양식을 너희에게 주는 것이니 너희는 각기 처소에 있고 일곱째 날에는 아무도 그의 처소에서 나오지 말지니라 그러므로 백성이 일곱째 날에 안식하니라

출 31:15-17 엿새 동안은 일할 것이나 일곱째 날은 큰 안식일이니 여호와께 거룩한 것이라 안식일에 일하는 자는 누구든지 반드시 죽일지니라 이같이 이스라엘 자손이 안식일을 지켜서 그것으로 대대로 영원한 언약을 삼을 것이니 이는 나와 이스라엘 자손 사이에 영원한 표징이며 나 여호와가 엿새 동안에 천지를 창조하고 일곱째 날에 일을 마치고 쉬었음이니라 하라

사 58:13 만일 안식일에 네 발을 금하여 내 성일에 오락을 행하지 아니하고 안식일을 일컬어 즐거운 날이라, 여호와의 성일을 존귀한 날이라 하여 이를 존귀하게 여기고 네 길로 행하지 아니하며 네 오락을 구하지 아니하며 사사로운 말을 하지 아니하면

느 13:15-19, 21-22 [15-19]그 때에 내가 본즉 유다에서 어떤 사람이 안식일에 술틀을 밟고 곡식단을 나귀에 실어 운반하며 포도주와 포도와 무화과와 여러 가지 짐을 지고 안식일에 예루살렘에 들어와서 음식물을 팔기로 그 날에 내가 경계하였고 또 두로 사람이 예루살렘에 살며 물고기와 각양 물건을 가져다가 안식일에 예루살렘에서도 유다 자손에게 팔기로 내가 유다의 모든 귀인들을 꾸짖어 그들에게 이르기를 너희가 어찌 이 악을 행하여 안식일을 범하느냐 너희 조상들이 이같이 행하지 아니하였느냐 그래서 우리 하나님이 이 모든 재앙을 우리와 이 성읍에 내리신 것이 아니냐 그럼에도 불구하고 너희가 안식일을 범하여 진노가 이스라엘에게 더욱 심하게 임하도록 하는도다 하고 안식일 전 예루살렘 성문이 어두워갈 때에 내가 성문을 닫고 안식일이 지나기 전에는 열지 말라 하고 나를 따르는 종자 몇을 성문마다 세워 안식일에는 아무 짐도 들어오지 못하게 하였으므로 [21-22]내가 그들에게 경계하여 이르기를 너희가 어찌하여 성 밑에서 자느냐 다시 이같이 하면 내가 잡으리라 하였더니 그후부터는 안식일에 그들이 다시 오지 아니하였느니라 내가 또 레위 사람들에게 몸을 정결하게 하고 와서 성문을 지켜서 안식일을 거룩하게 하라 하였느니라 내 하나님이여 나를 위하여 이 일도 기억하시옵고 주의 크신 은혜대로 나를 아끼시옵소서

39)

사 58:13 만일 안식일에 네 발을 금하여 내 성일에 오락을 행하지 아니하고 안식일을 일컬어 즐거운 날이라, 여호와의 성일을 존귀한 날이라 하여 이를 존귀하게 여기고 네 길로 행하지 아니하며 네 오락을 구하지 아니하며 사사로운 말을 하지 아니하면

마 12:1-13 그 때에 예수께서 안식일에 밀밭 사이로 가실새 제자들이 시장하여 이삭을 잘라 먹으니 바리새인들이 보고 예수께 말하되 보시오 당신의 제자들이 안식일에 하지 못할 일을 하나이다 예수께서 이르시되 다윗이 자기와 그 함께 한 자들이 시장할 때에 한 일을 읽지 못하였느냐 그가 하나님의 전에 들어가서 제사장 외에는 자기나 그 함께 한 자들이 먹어서는 안 되는 진설병을 먹지 아니하였느냐 또 안식일에 제사장들이 성전 안에서 안식을 범하여도 죄가 없음을 너희가 율법에서 읽지 못하였느냐 내가 너희에게 이르노니 성전보다 더 큰 이가 여기 있느니라 나는 자비를 원하고 제사를 원하지 아니하노라 하신 뜻을 너희가 알았더라면 무죄한 자를 정죄하지 아니하였으리라 인자는 안식일의 주인이니라 하시니라 거기에서 떠나 그들의 회당에 들어가시니 한쪽 손 마른 사람이 있는지라 사람들이 예수를 고발하려 하여 물어 이르되 안식일에 병 고치는 것이 옳으니이까 예수께서 이르시되 너희 중에 어떤 사람이 양 한 마리가 있어 안식일에 구덩이에 빠졌으면 끌어내지 않겠느냐 사람이 양보다 얼마나 더 귀하냐 그러므로 안식일에 선을 행하는 것이 옳

으니라 하시고 이에 그 사람에게 이르시되 손을 내밀라 하시니 그가 내밀매 다른 손과 같이 회복되어 성하더라

더 깊은 공부와 나눔을 위한 질문

1. 하나님을 어떻게 예배해야 합니까? 예배에 관해 하나님께서 명령하신 것이 있습니까? 함께 나누어 봅시다. (21장 1-8항; 대교리문답 103-114문답)

2. 2항은 특히 로마 가톨릭을 겨냥하면서 예수 그리스도만이 유일한 중보자이심을 선언합니다. 오직 그리스도의 중보로만 하나님께 예배할 수 있다는 성경증거구절들을 근거로 마리아와 천사와 성인이라 일컫는 사람들을 숭배하는 가톨릭 교리를 비판해 봅시다.

3. 기도는 누구에게 하는 것입니까? (21장 3항; 대교리문답 179문답)

4. 우리는 "예수님의 이름으로 기도합니다." 하면서 기도를 마칩니다. 이렇게 그리스도의 이름으로 기도한다는 것은 무엇을 의미합니까? (대교리문답 180-181문답)

5. 우리가 기도할 때 성령님께서는 우리를 어떻게 도우십니까? (대교리문답 182문답)

6. 어떻게 기도해야 합니까? (21장 3-4항; 대교리문답 183-185문답)

7. 하나님께서 우리의 기도의 의무에 대한 지침으로 주신 법칙은 무엇입니까?
(대교리문답 186-196문답)

8. 예배는 여러 부분으로 이루어져 있습니다. 각 부분을 열거하고 어떻게 예배의 부분이 되는지 나눠 봅시다. (21장 5항)

9. 우리 교회가 하나님께서 말씀과 섭리로 명하신 공적 예배 모임에 충실한지 나눠 봅시다. (21장 6항)

10. 주일에 하나님을 예배하는 공적 모임으로 충분합니까? 각 가정에서, 또, 은밀히 홀로 예배하라고 명하시는 하나님께 우리 각자의 예배들을 아뢰고, 서로 도전하고 격려합시다. 가능하면 "웨스트민스터 예배 모범"을 읽고 나누되, 특히 "가정 예배"에 관한 부분을 주의 깊게 읽어 봅시다. (21장 6항)

11. 안식일은 어떤 날입니까? 어떻게 지켜야 합니까? (21장 7-8항; 대교리문답 115-120문답)

12. 제4계명을 왜 "기억하라"라는 말로 시작합니까? (대교리문답 121문답)

하나님께서 깨닫게 해 주신 것과 베풀어 주신 은혜를 생각하며 감사합시다. 또 깨달아 배우고 확신한 일에 거할 수 있게 해 달라고 기도합시다.

22장

정당한 맹세와 서원
Of Lawful Oaths and Vows

1항

정당한 맹세는 예배의 한 부분이다.[1] 곧 예배할 때, 적절한 경우, 엄숙하게 맹세하는 것은 사람이 자신이 단호하게 주장하거나 약속하는 바에 대해 하나님께서 증언해 주시기를, 또 자신이 맹세한 것의 참과 거짓 여부를 따라 자신을 심판해 주시기를 하나님께 청원하는 것이다.[2]

1) 신 10:20 2) 출 20:7; 레 19:12; 고후 1:23; 대하 6:22-23.

2항

사람들은 오직 하나님의 이름으로만 맹세해야 하며, 맹세할 때는 거룩한 두려움과 존중하는 마음을 가지고 하나님의 이름을 불러야 한다.[3] 그러므로 하나님의 영광스럽고 두려운 이름으로 헛되고 경솔하게 맹세하거나 어떤 다른 것의 이름으로 맹세하는 것은 죄악이 되고, 혐오스러운 것이다.[4] 그러나 무겁고 중요한 사안의 경우에 맹세는, 구약만이 아니라 신약에서도 하나님의 말씀으로 보장된다.[5] 정당한 권위가 부과한 정당한 맹세는 그런 사안의 경우에 행해져야 한다.[6]

3) 신 6:13 4) 출 20:7; 렘 5:7; 마 5:34, 37; 약 5:12 5) 히 6:16; 고후 1:23; 사 65:16 6) 왕상 8:31; 느 13:25; 스 10:5.

A lawful oath is a part of religious worship,[1] wherein, upon just occasion, the person swearing solemnly calleth God to witness what he asserteth, or promiseth; and to judge him according to the truth or falsehood of what he sweareth.[2]

The name of God only is that by which men ought to swear; and therein it is to be used with all holy fear and reverence.[3] Therefore, to swear vainly or rashly, by that glorious and dreadful Name; or, to swear at all by any other thing, is sinful, and to be abhorred.[4] Yet, as in matters of weight and moment, an oath is warranted by the Word of God, under the New Testament, as well as under the Old;[5] so a lawful oath, being imposed by lawful authority, in such matters ought to be taken.[6]

3항

맹세하는 사람은 누구든지 맹세가 매우 엄숙한 무게를 지닌 행위임을 충분히 고려해야 한다. 그래서 맹세할 때는 자신이 틀림없이 진실이라고 확신하는 것만을 맹세해야 하며, 그 외에는 아무것도 진실이라고 단언해서는 안 된다.[7] 또한 누구든지 맹세할 때에는 선하고 정당한 일, 그렇다고 자신이 믿는 일과, 또 자기가 할 수 있고 하기로 결심한 일 외에는 그 어떤 일에 대해서도 맹세함으로써 자신을 맹세에 묶어서는 안 된다.[8] 그러나 정당한 권위가 부과하는 선하고 정당한 일에 관련된 맹세를 거절하는 것은 죄가 된다.[9]

7) 출 20:7; 렘 4:2 8) 창 24:2-3, 5-6, 8-9 9) 민 5:19, 21; 느 5:12; 출 22:7-11.

4항

맹세할 때는 명확하고 누구나 이해할 수 있는 말로 해야 한다. 모호하게 말하거나 마음에 다른 의도를 숨긴 채 말해서는 안 된다.[10] 죄를 짓게 만드는 맹세를 해서는 안 되며, 만약 죄가 아닌 일에 맹세했다면, 비록 자신에게는 해가 될지라도 반드시 지켜야 하며,[11] 이단자나 불신자에게 행한 맹세도 어겨서는 안 된다.[12]

Whosoever taketh an oath ought duly to consider the weightiness of so solemn an act; and therein to avouch nothing, but what he is fully persuaded is the truth.[7] Neither may any man bind himself by oath to anything but what is good and just, and what he believeth so to be, and what he is able and resolved to perform.[8] Yet is it a sin to refuse an oath touching anything that is good and just, being imposed by lawful authority.[9]

An oath is to be taken in the plain and common sense of the words, without equivocation, or mental reservation.[10] It cannot oblige to sin: but in anything not sinful, being taken, it binds to performance, although to a man's own hurt.[11] Nor is it to be violated, although made to heretics, or infidels.[12]

10) 렘 4:2; 시 24:4 11) 삼상 25:22, 32–34; 시 15:4 12) 겔 17:16, 18–19; 수 9:18–19; 삼하 21:1.

5항

서원은 약속의 성격을 띤 맹세다. 따라서 서원도 맹세와 똑같이 경건한 마음으로 주의를 기울여 해야 하고, 신실하게 이행해야 한다.[13]

13) 사 19:21; 전 5:4-6; 시 61:8; 시 66:13-14.

6항

서원은 하나님께만 해야 하며, 어떤 피조물에게도 해서는 안 된다.[14] 서원이 받아지려면 자발적으로 하되 믿음으로, 그리고 마땅히 이행하겠다는 양심으로 해야 한다. 또 이미 받은 은혜나 우리가 원하는 것을 얻는 것에 감사하는 마음으로 해야 한다. 우리가 이렇게 서원함으로써 우리가 마땅히 해야 할 의무들과 또 여러 다른 일들이 서원을 통해 적절히 이행되는 한, 우리는 마땅히 해야 할 의무들과 또 여러 다른 일들을 더욱 엄중하게 지켜야 한다.[15]

14) 시 76:11; 렘 44:25-26 15) 신 23:21-23; 시 50:14; 창 28:20-22; 삼상 1:11; 시 66:13-14; 시 132:2-5.

7항

그 누구도 하나님의 말씀이 금지하는 일이나, 말씀이 명령하는 의무의 이행을 방해하는 일이나, 자신

A vow is of the like nature with a promissory oath, and ought to be made with the like religious care, and to be performed with the like faithfulness.[13]

It is not to be made to any creature, but to God alone:[14] and, that it may be accepted, it is to be made voluntarily, out of faith, and conscience of duty, in way of thankfulness for mercy received, or for the obtaining of what we want; whereby we more strictly bind ourselves to necessary duties; or to other things, so far and so long as they may fitly conduce thereunto.[15]

No man may vow to do anything forbidden in the Word of God, or what would hinder any duty therein

의 능력으로 할 수 없는 일이나, 하나님께로부터 할 수 있는 능력을 주시겠다는 약속을 받지 않은 일을 하겠다고 서원해서는 안 된다.16) 이런 점에서 가톨릭의 수도원식 서원들, 곧 평생을 독신으로 살겠다는 서원과, 청빈 서원, 순명(규칙대로 살겠다는 복종) 서원은 더 높은 완전함의 단계가 아니라 미신적이고 죄악 된 덫이므로 그리스도인은 누구라도 이런 서원에 얽매여서는 안 된다.17)

16) 행 23:12, 14; 막 6:26; 민 30:5, 8, 12-13 17) 마 19:11-12; 고전 7:2, 9; 엡 4:28; 벧전 4:2; 고전 7:23.

commanded, or which is not in his own power, and for the performance whereof he hath no promise of ability from God.[16] In which respects, Popish monastical vows of perpetual single life, professed poverty, and regular obedience, are so far from being degrees of higher perfection, that they are superstitious and sinful snares, in which no Christian may entangle himself.[17]

증거구절

1)
신 10:20 네 하나님 여호와를 경외하여 그를 섬기며 그에게 의지하고 그의 이름으로 맹세하라

2)
출 20:7 너는 네 하나님 여호와의 이름을 망령되게 부르지 말라 여호와는 그의 이름을 망령되게 부르는 자를 죄 없다 하지 아니하리라

레 19:12 너희는 내 이름으로 거짓 맹세함으로 네 하나님의 이름을 욕되게 하지 말라 나는 여호와이니라

고후 1:23 내가 내 목숨을 걸고 하나님을 불러 증언하시게 하노니 내가 다시 고린도에 가지 아니한 것은 너희를 아끼려 함이라

대하 6:22-23 만일 어떤 사람이 그 이웃에게 범죄하므로 맹세시킴을 받고 그가 와서 이 성전에 있는 주의 제단 앞에서 맹세하거든 주는 하늘에서 들으시고 행하시되 주의 종들을 심판하사 악한 자의 죄를 정하여 그의 행위대로 그의 머리에 돌리시고 공의로운 자를 의롭다 하사 그 의로운 대로 갚으시옵소서

3)
신 6:13 네 하나님 여호와를 경외하며 그를 섬기며 그의 이름으로 맹세할 것이니라

4)
출 20:7 너는 네 하나님 여호와의 이름을 망령되게 부르지 말라 여호와는 그의 이름을 망령되게 부르는 자를 죄 없다 하지 아니하리라

렘 5:7 내가 어찌 너를 용서하겠느냐 네 자녀가 나를 버리고 신이 아닌 것들로 맹세하였으며 내가 그들을 배불리 먹인즉 그들이 간음하며 창기의 집에 허다히 모이며

마 5:34, 37 [34]나는 너희에게 이르노니 도무지 맹세하지 말지니 하늘로도 하지 말라 이는 하나님의 보좌임이요 [37]오직 너희 말은 옳다 옳다, 아니라 아니라 하라 이에서 지나는 것은 악으로부터 나느니라

약 5:12 내 형제들아 무엇보다도 맹세하지 말지니 하늘로나 땅으로나 아무 다른 것으로도 맹세하지 말고 오직 너희가 그렇다고 생각하는 것은 그렇다 하고 아니라고 생각하는 것은 아니라 하여 정죄 받음을 면하라

5)
히 6:16 사람들은 자기보다 더 큰 자를 가리켜 맹세하나니 맹세는 그들이 다투는 모든 일의 최후 확정이니라

고후 1:23 내가 내 목숨을 걸고 하나님을 불러 증언하시게 하노니 내가 다시 고린도에 가지 아니한 것은 너희를 아끼려 함이라

사 65:16 이러므로 땅에서 자기를 위하여 복을 구하는 자는 진리의 하나님을 향하여 복을 구할 것이요 땅에서 맹세하는 자는 진리의 하나님으로 맹세하리니 이는 이전 환난이 잊어졌고 내 눈 앞에서 숨겨졌음이라

6)
왕상 8:31 만일 어떤 사람이 그 이웃에게 범죄함으로 맹세시킴을 받고 그가 와서 이 성전에 있는 주의 제단 앞에서 맹세하거든

느 13:25 내가 그들을 책망하고 저주하며 그들 중 몇 사람을 때리고 그들의 머리털을 뽑고 이르되 너희는 너희 딸들을 그들의 아들들에게 주지 말고 너희 아들들이나 너희를 위하여 그들의 딸을 데려오지 아니하겠다고 하나님을 가리켜 맹세하라 하고

스 10:5 이에 에스라가 일어나 제사장들과 레위 사람들과 온 이스라엘에게 이 말대로 행하기를 맹세하게 하매 무리가 맹세하는지라

7)
출 20:7 너는 네 하나님 여호와의 이름을 망령되게 부르지 말라 여호와는 그의 이름을 망령되게 부르는 자를 죄 없다 하지 아니하리라

렘 4:2 진실과 정의와 공의로 여호와의 삶을 두고 맹세하면 나라들이 나로 말미암아 스스로 복을 빌며 나로 말미암아 자랑하리라

8)
창 24:2-3, 5-6, 8-9 [2-3]아브라함이 자기 집 모든 소유를 맡은 늙은 종에게 이르되 청하건대 내 허벅지 밑에 네 손을 넣으라 내가 너에게 하늘의 하나님, 땅의 하나님이신 여호와를 가리켜 맹세하게 하노니 너는 내가 거주하는 이 지방 가나안 족속의 딸 중에서 내 아들을 위하여 아내를 택하지 말고 [5-6]종이 이르되 여자가 나를 따라 이 땅으로 오려고 하지 아니하거든 내가 주인의 아들을 주인이 나오신 땅으로 인도하여 돌아가리이까 아브라함이 그에게 이르되 내 아들을 그리로 데리고 돌아가지 아니하도록 하라 [8-9]만일 여자가 너를 따라 오려고 하지 아니하면 나의 이 맹세가 너와 상관이 없나니 오직 내 아들을 데리고 그리로 가지 말지니라 그 종이 이에 그의 주인 아브라함의 허벅지 아래에 손을 넣고 이 일에 대하여 그에게 맹세하였더라

9)
민 5:19, 21 [19]여인에게 맹세하게 하여 그에게 이르기를 네가 네 남편을 두고 탈선하여 다른 남자와 동침하여 더럽힌 일이 없으면 저주가 되게 하는 이 쓴 물의 해독을 면하리라(제사장이 그 여인에게 저주의 맹세를 하게 하고 그 여인에게 말할지니라) [21]여호와께서 네 넓적다리가

마르고 네 배가 부어서 네가 네 백성 중에 저줏거리, 맹셋거리가 되게 하실지라

느 5:12 그들이 말하기를 우리가 당신의 말씀대로 행하여 돌려보내고 그들에게서 아무것도 요구하지 아니하리이다 하기로 내가 제사장들을 불러 그들에게 그 말대로 행하겠다고 맹세하게 하고

출 22:7-11 사람이 돈이나 물품을 이웃에게 맡겨 지키게 하였다가 그 이웃 집에서 도둑을 맞았는데 그 도둑이 잡히면 갑절을 배상할 것이요 도둑이 잡히지 아니하면 그 집 주인이 재판장 앞에 가서 자기가 그 이웃의 물품에 손 댄 여부의 조사를 받을 것이며 어떤 잃은 물건 즉 소나 나귀나 양이나 의복이나 또는 다른 잃은 물건에 대하여 어떤 사람이 이르기를 이것이 그것이라 하면 양편이 재판장 앞에 나아갈 것이요 재판장이 죄 있다고 하는 자가 그 상대편에게 갑절을 배상할지니라 사람이 나귀나 소나 양이나 다른 짐승을 이웃에게 맡겨 지키게 하였다가 죽거나 상하거나 끌려가도 본 사람이 없으면 두 사람 사이에 맡은 자가 이웃의 것에 손을 대지 아니하였다고 여호와께 맹세할 것이요 그 임자는 그대로 믿을 것이며 그 사람은 배상하지 아니하려니와

10)

렘 4:2 진실과 정의와 공의로 여호와의 삶을 두고 맹세하면 나라들이 나로 말미암아 스스로 복을 빌며 나로 말미암아 자랑하리라

시 24:4 곧 손이 깨끗하며 마음이 청결하며 뜻을 허탄한 데에 두지 아니하며 거짓 맹세하지 아니하는 자로다

11)

삼상 25:22, 32-34 ²²내가 그에게 속한 모든 남자 가운데 한 사람이라도 아침까지 남겨 두면 하나님은 다윗에게 벌을 내리시고 또 내리시기를 원하노라 하였더라 ³²⁻³⁴다윗이 아비가일에게 이르되 오늘 너를 보내어 나를 영접하게 하신 이스라엘의 하나님 여호와를 찬송할지로다 또 네 지혜를 칭찬할지며 또 네게 복이 있을지로다 오늘 내가 피를 흘릴 것과 친히 복수하는 것을 네가 막았느니라 나를 막아 너를 해하지 않게 하신 이스라엘의 하나님 여호와의 살아 계심을 두고 맹세하노니 네가 급히 와서 나를 영접하지 아니하였더면 밝는 아침에는 과연 나발에게 한 남자도 남겨 두지 아니하였으리라 하니라

시 15:4 그의 눈은 망령된 자를 멸시하며 여호와를 두려워하는 자들을 존대하며 그의 마음에 서원한 것은 해로울지라도 변하지 아니하며

12)

겔 17:16, 18-19 ¹⁶주 여호와의 말씀이니라 내가 나의 삶을 두고 맹세하노니 바벨론 왕이 그를 왕으로 세웠거늘 그가 맹세를 저버리고 언약을 배반하였은즉 그 왕이 거주하는 곳 바벨론에서 왕과 함께 있다가 죽을 것이라 ¹⁸⁻¹⁹그가 이미 손을 내밀어 언약하였거늘 맹세를 업신여겨 언약을 배반하고 이 모든 일을 행하였으니 피하지 못하리라 그러므로 주 여호와의 말씀이니라 내가 나의 삶을 두고 맹세하노니 그가 내 맹세를 업신여기고 내 언약을 배반하였은즉 내가 그 죄를 그 머리에 돌리되

수 9:18-19 그러나 회중 족장들이 이스라엘의 하나님 여호와로 그들에게 맹세했기 때문에 이스라엘 자손이 그들을 치지 못한지라 그러므로 회중이 다 족장들을 원망하니 모든 족장이 온 회중에게 이르되 우리가 이스라엘의 하나님 여호와로 그들에게 맹세하였은즉 이제 그들을 건드리지 못하리라

삼하 21:1 다윗의 시대에 해를 거듭하여 삼 년 기근이 있으므로 다윗이 여호와 앞에 간구하매 여호와께서 이르시되 이는 사울과 피를 흘린 그의 집으로 말미암음이니 그가 기브온 사람을 죽였음이니라 하시니라

13)

사 19:21 여호와께서 자기를 애굽에 알게 하시리니 그 날에 애굽이 여호와를 알고 제물과 예물을 그에게 드리고 경배할 것이요 여호와께 서원하고 그대로 행하리라

전 5:4-6 네가 하나님께 서원하였거든 갚기를 더디게 하지 말라 하나님은 우매한 자들을 기뻐하지 아니하시나니 서원한 것을 갚으라 서원하고 갚지 아니하는 것보다 서원하지 아니하는 것이 더 나으니 네 입으로 네 육체가 범죄하게 하지 말라 천사 앞에서 내가 서원한 것이 실수라고 말하지 말라 어찌 하나님께서 네 목소리로 말미암아 진노하사 네 손으로 한 것을 멸하시게 하랴

시 61:8 그리하시면 내가 주의 이름을 영원히 찬양하며 매일 나의 서원을 이행하리이다

시 66:13-14 내가 번제물을 가지고 주의 집에 들어가서 나의 서원을 주께 갚으리니 이는 내 입술이 낸 것이요 내 환난 때에 내 입이 말한 것이니이다

14)

시 76:11 너희는 여호와 너희 하나님께 서원하고 갚으라 사방에 있는 모든 사람도 마땅히 경외할 이에게 예물을 드릴지로다

렘 44:25-26 만군의 여호와 이스라엘의 하나님께서 이와 같이 말씀하시되 너희와 너희 아내들이 입으로 말하고 손으로 이루려 하여 이르기를 우리가 서원한 대로 반드시 이행하여 하늘의 여왕에게 분향하고 전제를 드리라 하였은즉 너희 서원을 성취하며 너희 서원을 이행하라 하시느니라 그러므로 애굽 땅에서 사는 모든 유다 사람이여 여호와의 말씀을 들으라 여호와께서 말씀하시되 보라 내가 나의 큰 이름으로 맹세하였은즉 애굽 온 땅에 사는 유다 사람들의 입에서 다시는 내 이름을 부르며 주 여호와의 살아 계심을 두고 맹세하노라 하는 자가 없으리라

15)

신 23:21-23 네 하나님 여호와께 서원하거든 갚기를 더디하지 말라 네 하나님 여호와께서 반드시 그것을 네게 요구하시리니 더디면 그것이 네게 죄가 될 것이라 네가 서원하지 아니하였으면 무죄하리라 그러나 네 입으로 말한 것은 그대로 실행하도록 유의하라 무릇 자원한 예물은 네 하나님 여호와께 네가 서원하여 입으로 언약한 대로 행할지니라

시 50:14 감사로 하나님께 제사를 드리며 지존하신 이에게 네 서원을 갚으며

창 28:20-22 야곱이 서원하여 이르되 하나님이 나와 함께 계셔서 내가 가는 이 길에서 나를 지키시고 먹을 떡과 입을 옷을 주시어 내가 평안히 아버지 집으로 돌아가게 하시오면 여호와께서 나의 하나님이 되실 것이요 내가 기둥으로 세운 이 돌이 하나님의 집이 될 것이요 하나님께서 내게 주신 모든 것에서 십분의 일을 내가 반드시 하나님께 드리겠나이다 하였더라

삼상 1:11 서원하여 이르되 만군의 여호와여 만일 주의 여종의 고통을 돌보시고 나를 기억하사 주의 여종을 잊지 아니하시고 주의 여종에게 아들을 주시면 내가 그의 평생에 그를 여호와께 드리고 삭도를 그의 머리에 대지 아니하겠나이다

시 66:13-14 내가 번제물을 가지고 주의 집에 들어가서 나의 서원을 주께 갚으리니 이는 내 입술이 낸 것이요 내 환난 때에 내 입이 말한 것이니이다

시 132:2-5 그가 여호와께 맹세하며 야곱의 전능자에게 서원하기를 내가 내 장막 집에 들어가지 아니하며 내 침상에 오르지 아니하고 내 눈으로 잠들게 하지 아니하며 내 눈꺼풀로 졸게 하지 아니하기를 여호와의 처소 곧 야곱의 전능자의 성막을 발견하기까지 하리라 하였나이다

16)

행 23:12, 14 [12]날이 새매 유대인들이 당을 지어 맹세하되 바울을 죽이기 전에는 먹지도 아니하고 마시지도 아니하겠다 하고 [14]대제사장들과 장로들에게 가서 말하되 우리가 바울을 죽이기 전에는 아무 것도 먹지 않기로 굳게 맹세하였으니

막 6:26 왕이 심히 근심하나 자기가 맹세한 것과 그 앉은 자들로 인하여 그를 거절할 수 없는지라

민 30:5, 8, 12-13 [5]그러나 그의 아버지가 그것을 듣는 날에 허락하지 아니하면 그의 서원과 결심한 서약을 이루지 못할 것이니 그의 아버지가 허락하지 아니하였은즉 여호와께서 사하시리라 [8]그러나 그의 남편이 그것을 듣는 날에 허락하지 아니하면 그 서원과 결심하려고 경솔하게 입술로 말한 서약은 무효가 될 것이니 여호와께서 그 여자를 사하시리라 [12-13]그러나 그의 남편이 그것을 듣는 날에 무효하게 하면 그 서원과 결심한 일에 대하여 입술로 말한 것을 아무것도 이루지 못하나니 그의 남편이 그것을 무효하게 하였은즉 여호와께서 그 부녀를 사하시느니라 모든 서원과 마음을 자제하기로 한 모든 서약은 그의 남편이 그것을 지키게도 할 수 있고 무효하게도 할 수 있으니

17)

마 19:11-12 예수께서 이르시되 사람마다 이 말을 받지 못하고 오직 타고난 자라야 할지니라 어머니의 태로부터 된 고자도 있고 사람이 만든 고자도 있고 천국을 위하여 스스로 된 고자도 있도다 이 말을 받을 만한 자는 받을지어다

고전 7:2, 9 [2]음행을 피하기 위하여 남자마다 자기 아내를 두고 여자마다 자기 남편을 두라 [9]만일 절제할 수 없거든 결혼하라 정욕이 불 같이 타는 것보다 결혼하는 것이 나으니라

엡 4:28 도둑질하는 자는 다시 도둑질하지 말고 돌이켜 가난한 자에게 구제할 수 있도록 자기 손으로 수고하여 선한 일을 하라

벧전 4:2 그 후로는 다시 사람의 정욕을 따르지 않고 하나님의 뜻을 따라 육체의 남은 때를 살게 하려 함이라

고전 7:23 너희는 값으로 사신 것이니 사람들의 종이 되지 말라

더 깊은 공부와 나눔을 위한 질문

1. 맹세가 어떻게 예배의 한 부분이 될 수 있습니까? (22장 1-2항; 대교리문답 108문답, 112-113문답)

2. 맹세 또한 우리가 하나님께 하는 다른 모든 행위와 마찬가지로 매우 엄숙한 무게를 지니고 있습니다. 우리는 맹세할 때 어떻게 해야 합니까? (22장 2-4항; 대교리문답 112-113문답)

3. 서원은 무엇입니까? 서원이 받아지려면 어떻게 해야 합니까? (22장 5-6항)

4. 서원할 때 주의해야 할 점은 무엇입니까? 성경에 근거하지 않는 로마 가톨릭의 많은 서원을 비판해 봅시다. (22장 7항)

하나님께서 깨닫게 해 주신 것과 베풀어 주신 은혜를 생각하며 감사합시다. 또 깨달아 배우고 확신한 일에 거할 수 있게 해 달라고 기도합시다.

23장

국가 위정자
Of the Civil Magistrate

1항

더할 수 없이 높으신, 온 세상의 주인이시자 왕이신 하나님께서는 그분의 영광과 공공의 선을 위해 국가 위정자를 하나님 아래 그리고 사람들 위에 세우셨다. 그분의 영광과 공공의 선을 위해 하나님께서는 국가 위정자들에게 칼의 권세를 주셔서 선한 사람들은 보호하고 격려하며, 악한 사람들은 징벌하게 하셨다.[1]

1) 롬 13:1-4; 벧전 2:13-14.

2항

그리스도인들이 위정자로 부름을 받았을 때 그 직분을 받아들이고 집행하는 것은 정당한 일이다.[2] 그들은 그 직분을 행할 때 각 나라의 건전한 법을 따라서, 특히 경건함과 정의와 평화를 유지해야 한다.[3] 그러한 목적을 위해서는 신약 시대인 지금도 합당하고 필요한 경우에 전쟁도 합법적으로 수행할 수 있다.[4]

2) 잠 8:15-16; 롬 13:1-2, 4 3) 시 2:10-12; 딤전 2:2; 시 82:3-4; 삼하 23:3; 벧전 2:13 4) 눅 3:14; 롬 13:4; 마 8:9-10; 행 10:1-2; 계 17:14, 16.

God, the supreme Lord and King of all the world, hath ordained civil magistrates, to be, under Him, over the people, for His own glory, and the public good: and, to this end, hath armed them with the power of the sword, for the defence and encouragement of them that are good, and for the punishment of evil doers.[1]

It is lawful for Christians to accept and execute the office of a magistrate, when called thereunto;[2] in the managing whereof, as they ought especially to maintain piety, justice, and peace, according to the wholesome laws of each commonwealth;[3] so for that end, they may lawfully now, under the New Testament, wage war, upon just and necessary occasion.[4]

3항

국가 위정자는 말씀을 전하고 성례를 집행하는 권한과 천국 열쇠의 권세를 취해서는 안 된다.⁵⁾ 그러나 국가 위정자는 권위가 있으므로 교회 안에 일치와 평화가 유지되고, 하나님의 진리가 순결하고 온전하게 보존되며, 모든 신성모독과 이단이 억제되고, 예배하고 권징하는 일에서 부패와 남용이 예방되거나 개혁되며, 하나님께서 정하신 모든 규례가 정당하게 시행되고 준수되도록 적절한 수단을 취해야 할 의무를 지닌다.⁶⁾ 이런 일들을 더 효과적으로 하기 위해 국가 위정자는 그의 권위로 총회를 소집하여 거기에 참석하고, 총회에서 처리되는 모든 것이 하나님의 뜻에 따라 이루어지도록 해야 한다.⁷⁾

5) 대하 26:18; 마 18:17; 마 16:19; 고전 12:28-29; 엡 4:11-12; 고전 4:1-2; 롬 10:15; 히 5:4 6) 사 49:23; 시 122:9; 스 7:23, 25-28; 레 24:16; 신 13:5-6, 12; 왕하 18:4; 대상 13:1-9; 왕하 23:1-26; 대하 34:33; 대하 15:12-13 7) 대하 19:8-11; 대하 29-30; 마 2:4-5.

4항

위정자들을 위해 기도하고,⁸⁾ 그들의 인격을 존경하고,⁹⁾ 그들에게 세금과 다른 부과금을 납부하고,¹⁰⁾ 양심을 위해 그들의 합법적인 명령에 순종하고, 그들의 권위에 복종하는 것이 국민의 의무다.¹¹⁾ 믿음

The civil magistrate may not assume to himself the administration of the Word and sacraments, or the power of the keys of the kingdom of heaven:[5] yet he hath authority, and it is his duty, to take order, that unity and peace be preserved in the Church, that the truth of God be kept pure and entire; that all blasphemies and heresies be suppressed; all corruptions and abuses in worship and discipline prevented or reformed; and all the ordinances of God duly settled, administered, and observed.[6] For the better effecting whereof, he hath power to call synods, to be present at them, and to provide that whatsoever is transacted in them be according to the mind of God.[7]

It is the duty of people to pray for magistrates,[8] to honour their persons,[9] to pay them tribute and other dues,[10] to obey their lawful commands, and to be subject to their authority, for conscience' sake.[11] Infidelity, or difference in religion, doth not make

이 없다거나 신앙이 다르다고 하여 위정자의 정당하고 합법적인 권위를 무시해서는 안 되며, 그들에게 마땅히 해야 할 순종을 하지 않아도 되는 것은 아니다.[12] 이러한 의무에서 교회 직분자들도 예외는 아니다.[13] 더욱이 교황은 위정자들의 통치권과 위정자들이 다스리는 국민 누구에게도 어떠한 권세나 사법권을 행사할 수 없다. 더더군다나 교황은 위정자들을 이단으로 판결하거나, 그 밖의 다른 핑계를 내세워 그들의 통치권과 생명을 빼앗을 수 없다.[14]

8) 딤전 2:1-2 9) 벧전 2:17 10) 롬 13:6-7 11) 롬 13:5; 딛 3:1 12) 벧전 2:13-14, 16 13) 롬 13:1; 왕상 2:35; 행 25:9-11; 벧후 2:1, 10-11; 유 1:8-11 14) 살후 2:4; 계 13:15-17.

void the magistrates' just and legal authority, nor free the people from their due obedience to them:[12] from which ecclesiastical persons are not exempted;[13] much less hath the Pope any power and jurisdiction over them in their dominions, or over any of their people; and, least of all, to deprive them of their dominions, or lives, if he shall judge them to be heretics, or upon any other pretence whatsoever.[14]

증거구절

1)

롬 13:1-4 각 사람은 위에 있는 권세들에게 복종하라 권세는 하나님으로부터 나지 않음이 없나니 모든 권세는 다 하나님께서 정하신 바라 그러므로 권세를 거스르는 자는 하나님의 명을 거스름이니 거스르는 자들은 심판을 자취하리라 다스리는 자들은 선한 일에 대하여 두려움이 되지 않고 악한 일에 대하여 되나니 네가 권세를 두려워하지 아니하려느냐 선을 행하라 그리하면 그에게 칭찬을 받으리라 그는 하나님의 사역자가 되어 네게 선을 베푸는 자니라 그러나 네가 악을 행하거든 두려워하라 그가 공연히 칼을 가지지 아니하였으니 곧 하나님의 사역자가 되어 악을 행하는 자에게 진노하심을 따라 보응하는 자니라

벧전 2:13-14 인간의 모든 제도를 주를 위하여 순종하되 혹은 위에 있는 왕이나 혹은 그가 악행하는 자를 징벌하고 선행하는 자를 포상하기 위하여 보낸 총독에게 하라

2)

잠 8:15-16 나로 말미암아 왕들이 치리하며 방백들이 공의를 세우며 나로 말미암아 재상과 존귀한 자 곧 모든 의로운 재판관들이 다스리느니라

롬 13:1-2, 4 ¹⁻²각 사람은 위에 있는 권세들에게 복종하라 권세는 하나님으로부터 나지 않음이 없나니 모든 권세는 다 하나님께서 정하신 바라 그러므로 권세를 거스르는 자는 하나님의 명을 거스름이니 거스르는 자들은 심판을 자취하리라 ⁴그는 하나님의 사역자가 되어 네게 선을 베푸는 자니라 그러나 네가 악을 행하거든 두려워하라 그가 공연히 칼을 가지지 아니하였으니 곧 하나님의 사역자가 되어 악을 행하는 자에게 진노하심을 따라 보응하는 자니라

3)

시 2:10-12 그런즉 군왕들아 너희는 지혜를 얻으며 세상의 재판관들아 너희는 교훈을 받을지어다 여호와를 경외함으로 섬기고 떨며 즐거워할지어다 그의 아들에게 입맞추라 그렇지 아니하면 진노하심으로 너희가 길에서 망하리니 그의 진노가 급하심이라 여호와께 피하는 모든 사람은 다 복이 있도다

딤전 2:2 임금들과 높은 지위에 있는 모든 사람을 위하여 하라 이는 우리가 모든 경건과 단정함으로 고요하고 평안한 생활을 하려 함이라

시 82:3-4 가난한 자와 고아를 위하여 판단하며 곤란한 자와 빈궁한 자에게 공의를 베풀지며 가난한 자와 궁핍한 자를 구원하여 악인들의 손에서 건질지니라 하시는도다

삼하 23:3 이스라엘의 하나님이 말씀하시며 이스라엘의 반석이 내게 이르시기를 사람을 공의로 다스리는 자, 하나님을 경외함으로 다스리는 자여

벧전 2:13 인간의 모든 제도를 주를 위하여 순종하되 혹은 위에 있는 왕이나

4)

눅 3:14 군인들도 물어 이르되 우리는 무엇을 하리이까 하매 이르되 사람에게서 강탈하지 말며 거짓으로 고발하지 말고 받는 급료를 족한 줄로 알라 하니라

롬 13:4 그는 하나님의 사역자가 되어 네게 선을 베푸는 자니라 그러나 네가 악을 행하거든 두려워하라 그가 공연히 칼을 가지지 아니하였으니 곧 하나님의 사역자가 되어 악을 행하는 자에게 진노하심을 따라 보응하는 자니라

마 8:9-10 나도 남의 수하에 있는 사람이요 내 아래에도 군사가 있으니 이더러 가라 하면 가고 저더러 오라 하면 오고 내 종더러 이것을 하라 하면 하나이다 예수께서 들으시고 놀랍게 여겨 따르는 자들에게 이르시되 내가 진실로 너희에게 이르노니 이스라엘 중 아무에게서도 이만한 믿음을 보지 못하였노라

행 10:1-2 가이사랴에 고넬료라 하는 사람이 있으니 이달리야 부대라 하는 군대의 백부장이라 그가 경건하여 온 집안과 더불어 하나님을 경외하며 백성을 많이 구제하고 하나님께 항상 기도하더니

계 17:14, 16 ¹⁴그들이 어린 양과 더불어 싸우려니와 어린 양은 만주의 주시요 만왕의 왕이시므로 그들을 이기실 터이요 또 그와 함께 있는 자들 곧 부르심을 받고 택하심을 받은 진실한 자들도 이기리로다 ¹⁶네가 본 바 이 열 뿔과 짐승은 음녀를 미워하여 망하게 하고 벌거벗게 하고 그의 살을 먹고 불로 아주 사르리라

5)

대하 26:18 웃시야 왕 곁에 서서 그에게 이르되 웃시야여 여호와께 분향하는 일은 왕이 할 바가 아니요 오직 분향하기 위하여 구별함을 받은 아론의 자손 제사장들이 할 바니 성소에서 나가소서 왕이 범죄하였으니 하나님 여호와에게서 영광을 얻지 못하리이다

마 18:17 만일 그들의 말도 듣지 않거든 교회에 말하고 교회의 말도 듣지 않거든 이방인과 세리와 같이 여기라

마 16:19 내가 천국 열쇠를 네게 주리니 네가 땅에서 무엇이든지 매면 하늘에서도 매일 것이요 네가 땅에서 무엇이든지 풀면 하늘에서도 풀리라 하시고

고전 12:28-29 하나님이 교회 중에 몇을 세우셨으니 첫째는 사도요 둘째는 선지자요 셋째는 교사요 그 다음은 능력을 행하는 자요 그 다음은 병 고치는 은사와 서로 돕는 것과 다스리는 것과 각종 방언을 말하는 것이라 다 사도이겠느냐 다 선지자이겠느냐 다 교사이겠느냐 다 능력을 행하는 자이겠느냐

엡 4:11-12 그가 어떤 사람은 사도로, 어떤 사람은 선지자로, 어떤 사람은 복음 전하는 자로, 어떤 사람은 목사와 교사로 삼으셨으니 이는 성도를 온전하게 하여 봉사의 일을 하게 하며 그리스도의 몸을 세우려 하심이라

고전 4:1-2 사람이 마땅히 우리를 그리스도의 일꾼이요 하나님의 비밀을 맡은 자로 여길지어다 그리고 맡은 자들에게 구할 것은 충성이니라

롬 10:15 보내심을 받지 아니하였으면 어찌 전파하리요 기록된 바 아름답도다 좋은 소식을 전하는 자들의 발이여 함과 같으니라

히 5:4 이 존귀는 아무도 스스로 취하지 못하고 오직 아론과 같이 하나님의 부르심을 받은 자라야 할 것이니라

6)

사 49:23 왕들은 네 양부가 되며 왕비들은 네 유모가 될 것이며 그들이 얼굴을 땅에 대고 네게 절하고 네 발의 티끌을 핥을 것이니 네가 나를 여호와인 줄 알리라 나를 바라는 자는 수치를 당하지 아니하리라

시 122:9 여호와 우리 하나님의 집을 위하여 내가 너를 위하여 복을 구하리로다

스 7:23, 25-28 ²³무릇 하늘의 하나님의 전을 위하여 하늘의 하나님이 명령하신 것은 삼가 행하라 어찌하여 진노가 왕과 왕자의 나라에 임하게 하랴 ²⁵⁻²⁸에스라여 너는 네 손에 있는 네 하나님의 지혜를 따라 네 하나님의 율법을 아는 자를 법관과 재판관을 삼아 강 건너편 모든 백성을 재판하게 하고 그 중 알지 못하는 자는 너희가 가르치라 무릇 네 하나님의 명령과 왕의 명령을 준행하지 아니하는 자는 속히 그 죄를 정하여 혹 죽이거나 귀양 보내거나 가산을 몰수하거나 옥에 가둘지니라 하였더라 우리 조상들의 하나님 여호와를 송축할지로다 그가 왕의 마음에 예루살렘 여호와의 성전을 아름답게 할 뜻을 두시고 또 나로 왕과 그의 보좌관들 앞과 왕의 권세 있는 모든 방백의 앞에서 은혜를 얻게 하셨도다 내 하나님 여호와의 손이 내 위에 있으므로 내가 힘을 얻어 이스라엘 중에 우두머리들을 모아 나와 함께 올라오게 하였노라

레 24:16 여호와의 이름을 모독하면 그를 반드시 죽일지니 온 회중이 돌로 그를 칠 것이니라 거류민이든지 본토인이든지 여호와의 이름을 모독하면 그를 죽일지니라

신 13:5-6, 12 ⁵⁻⁶그런 선지자나 꿈 꾸는 자는 죽이라 이는 그가 너희에게 너희를 애굽 땅에서 인도하여 내시며 종 되었던 집에서 속량하신 너희의 하나님 여호와를 배반하게 하려 하며 너희의 하나님 여호와께서 네게 행하라 명령하신 도에서 너를 꾀어내려고 말하였음이라 너는 이같이 하여 너희 중에서 악을 제할지니라 네 어머니의 아들 곧 네 형제나 네 자녀나 네 품의 아내나 너와 생명을 함께 하는 친구가 가만히 너를 꾀어 이르기를 너와 네 조상들이 알지 못하던 다른 신들 ¹²네 하나님 여호와께서 네게 주어 거주하게 하시는 한 성읍에 대하여 네게 소문이 들리기를

왕하 18:4 그가 여러 산당들을 제거하며 주상을 깨뜨리며 아세라 목상을 찍으며 모세가 만들었던 놋뱀을 이스라엘 자손이 이때까지 향하여 분향하므로 그것을 부수고 느후스단이라 일컬었더라

대상 13:1-9 다윗이 천부장과 백부장 곧 모든 지휘관과 더불어 의논하고 다윗이 이스라엘의 온 회중에게 이르되 만일 너희가 좋게 여기고 또 우리의 하나님 여호와로 말미암았으면 우리가 이스라엘 온 땅에 남아 있는 우리 형제와 또 초원이 딸린 성읍에 사는 제사장과 레위 사람에게 전령을 보내 그들을 우리에게로 모이게 하고 우리가 우리 하나님의 궤를 우리에게로 옮겨오자 사울 때에는 우리가 궤 앞에서 묻지 아니하였느니라 하매 뭇 백성의 눈이 이 일을 좋게 여기므로 온 회중이 그대로 행하겠다 한지라 이에 다윗이 애굽의 시홀 시내에서부터 하맛 어귀까지 온 이스라엘을 불러모으고 기럇여아림에서부터 하나님의 궤를 메어오고자 할새 다윗이 온 이스라엘을 거느리고 바알라 곧 유다에 속한 기럇여아림에 올라가서 여호와의 궤를 메어오려 하니 이는 여호와께서 두 그룹 사이에 계시므로 그러한 이름으로 일컬음을 받았더라 하나님의 궤를 새 수레에 싣고 아비나답의 집에서 나오는데 웃사와 아히오는 수레를 몰며 다윗과 이스라엘 온 무리는 하나님 앞에서 힘을 다하여 뛰놀며 노래하며 수금과 비파와 소고와 제금과 나팔로 연주하니라 기돈의 타작 마당에 이르러서는 소들이 뛰므로 웃사가 손을 펴서 궤를 붙들었더니

왕하 23:1-26 왕이 보내 유다와 예루살렘의 모든 장로를 자기에게로 모으고 이에 왕이 여호와의 성전에 올라가매 유다 모든 사람과 예루살렘 주민과 제사장들과 선지자들과 모든 백성이 노소를 막론하고 다 왕과 함께 한지라 왕이 여호와의 성전 안에서 발견한 언약책의 모든 말씀을 읽어 무리의 귀에 들리고 왕이 단 위에 서서 여호와 앞에서 언약을 세우되 마음을 다하고 뜻을 다하여 여호와께 순종하고 그의 계명과 법도와 율례를 지켜 이 책에 기록된 이 언약의 말씀을 이루게 하리라 하매 백성이 다 그 언약을 따르기로 하니라 왕이 대제사장 힐기야와 모든 부제사장들과 문을 지킨 자들에게 명령하여 바알과 아세라와 하늘의 일월 성신을 위하여 만든 그릇들을 다 여호와의 성전에서 내다가 예루살렘 바깥 기드론 밭에서 불사르고 그것들의 재를 벧엘로 가져가게 하고 옛적에 유다 왕들이 세워서 유다 모든 성읍과 예루살렘 주위의 산당들에서 분향하며 우상을 섬기게 한 제사장들을 폐하며 또 바알과 해와 달과 별 떼와 하늘의 모든 별에게 분향하는 자들을 폐하고 또 여호와의 성전에서 아세라 상을 내다가 예루살렘 바깥 기드론 시내로 가져다 거기에서 불사르고 빻아서 가루를 만들어 그 가루를 평민의 묘지에 뿌리고 또 여호와의 성전 가운데 남창의 집을 헐었으니 그 곳은 여인이 아세라를 위하여 휘장을 짜는 처소였더라 또 유다 각 성읍에서 모든 제사장을 불러오고 또 제사장이 분향하던 산당을 게바에서부터 브엘세바까지

더럽게 하고 또 성문의 산당들을 헐어 버렸으니 이 산당들은 그 성읍의 지도자 여호수아의 대문 어귀 곧 성문 왼쪽에 있더라 산당들의 제사장들은 예루살렘 여호와의 제단에 올라가지 못하고 다만 그의 형제 중에서 무교병을 먹을 뿐이었더라 왕이 또 힌놈의 아들 골짜기의 도벳을 더럽게 하여 어떤 사람도 몰록에게 드리기 위하여 자기의 자녀를 불로 지나가지 못하게 하고 또 유다 여러 왕이 태양을 위하여 드린 말들을 제하여 버렸으니 이 말들은 여호와의 성전으로 들어가는 곳의 근처 내시 나단멜렉의 집 곁에 있던 것이며 또 태양 수레를 불사르고 유다 여러 왕이 아하스의 다락 지붕에 세운 제단들과 므낫세가 여호와의 성전 두 마당에 세운 제단들을 왕이 다 헐고 거기서 빻아내려 그것들의 가루를 기드론 시내에 쏟아 버리고 또 예루살렘 앞 멸망의 산 오른쪽에 세운 산당들을 왕이 더럽게 하였으니 이는 옛적에 이스라엘 왕 솔로몬이 시돈 사람의 가증한 아스다롯과 모압 사람의 가증한 그모스와 암몬 자손의 가증한 밀곰을 위하여 세웠던 것이며 왕이 또 석상들을 깨뜨리며 아세라 목상들을 찍고 사람의 해골로 그 곳에 채웠더라 또한 이스라엘에게 범죄하게 한 느밧의 아들 여로보암이 벧엘에 세운 제단과 산당을 왕이 헐고 또 그 산당을 불사르고 빻아내어 가루를 만들며 또 아세라 목상을 불살랐더라 요시야가 몸을 돌이켜 산에 있는 무덤들을 보고 보내어 그 무덤에서 해골을 가져다가 제단 위에서 불살라 그 제단을 더럽게 하니라 이 일을 하나님의 사람이 전하였더니 그 전한 여호와의 말씀대로 되었더라 요시야가 이르되 내게 보이는 저것은 무슨 비석이냐 하니 성읍 사람들이 그에게 말하되 왕께서 벧엘의 제단에 대하여 행하신 이 일을 전하러 유다에서 왔던 하나님의 사람의 묘실이니이다 하니라 이르되 그대로 두고 그의 뼈를 옮기지 말라 하매 무리가 그의 뼈와 사마리아에서 온 선지자의 뼈는 그대로 두었더라 전에 이스라엘 여러 왕이 사마리아 각 성읍에 지어서 여호와를 격노하게 한 산당을 요시야가 다 제거하되 벧엘에서 행한 모든 일대로 행하고 또 거기 있는 산당의 제사장들을 다 제단 위에서 죽이고 사람의 해골을 제단 위에서 불사르고 예루살렘으로 돌아왔더라 왕이 뭇 백성에게 명령하여 이르되 이 언약책에 기록된 대로 너희의 하나님 여호와를 위하여 유월절을 지키라 하매 사사가 이스라엘을 다스리던 시대부터 이스라엘 여러 왕의 시대와 유다 여러 왕의 시대에 이렇게 유월절을 지킨 일이 없었더니 요시야 왕 열여덟째 해에 예루살렘에서 여호와 앞에 이 유월절을 지켰더라 요시야가 또 유다 땅과 예루살렘에 보이는 신접한 자와 점쟁이와 드라빔과 우상과 모든 가증한 것을 다 제거하였으니 이는 대제사장 힐기야가 여호와의 성전에서 발견한 책에 기록된 율법의 말씀을 이루려 함이라 요시야와 같이 마음을 다하며 뜻을 다하며 힘을 다하여 모세의 모든 율법을 따라 여호와께로 돌이킨 왕은 요시야 전에도 없었고 후에도 그와 같은 자가 없었더라 그러나 여호와께서 유다를 향하여 내리신 그 크게 타오르는 진노를 돌이키지 아니하셨으니 이는 므낫세가 여호와를 격노하게 한 그 모든 격노 때문이라

대하 34:33 이와 같이 요시야가 이스라엘 자손에게 속한 모든 땅에서 가증한 것들을 다 제거하여 버리고 이스라엘의 모든 사람으로 그들의 하나님 여호와를 섬기게 하였으므로 요시야가 사는 날에 백성이 그들의 조상들의 하나님 여호와께 복종하고 떠나지 아니하였더라

대하 15:12-13 또 마음을 다하고 목숨을 다하여 조상들의 하나님 여호와를 찾기로 언약하고 이스라엘 하나님 여호와를 찾지 아니하는 자는 대소 남녀를 막론하고 죽이는 것이 마땅하다 하고

7)

대하 19:8-11 여호사밧이 또 예루살렘에서 레위 사람들과 제사장들과 이스라엘 족장들 중에서 사람을 세워 여호와께 속한 일과 예루살렘 주민의 모든 송사를 재판하게 하고 그들에게 명령하여 이르되 너희는 진실과 성심을 다하여 여호와를 경외하라 어떤 성읍에 사는 너희 형제가 혹 피를 흘림이나 혹 율법이나 계명이나 율례나 규례로 말미암아 너희에게 와서 송사하거든 어떤 송사든지 그들에게 경고하여 여호와께 죄를 범하지 않게 하여 너희와 너희 형제에게 진노하심이 임하지 말게 하라 너희가 이렇게 행하면 죄가 없으리라 여호와께 속한 모든 일에는 대제사장 아마랴가 너희를 다스리고 왕에게 속한 모든 일은 유다 지파의 어른 이스마엘의 아들 스바댜가 다스리고 레위 사람들은 너희 앞에 관리가 되리라 너희는 힘써 행하라 여호와께서 선한 자와 함께 하실지로다 하니라

대하 29-30 히스기야가 왕위에 오를 때에 나이가 이십오 세라 예루살렘에서 이십구 년 동안 다스리니라 그의 어머니의 이름은 아비야요 스가랴의 딸이더라 히스기야가 그의 조상 다윗의 모든 행실과 같이 여호와 보시기에 정직하게 행하여 첫째 해 첫째 달에 여호와의 전 문들을 열고 수리하고 제사장들과 레위 사람들을 동쪽 광장에 모으고 그들에게 이르되 레위 사람들아 내 말을 들으라 이제 너희는 성결하게 하고 또 너희 조상들의 하나님 여호와의 전을 성결하게 하여 그 더러운 것을 성소에서 없애라 우리 조상들이 범죄하여 우리 하나님 여호와 보시기에 악을 행하여 하나님을 버리고 얼굴을 돌려 여호와의 성소를 등지고 또 낭실 문을 닫으며 등불을 끄고 성소에서 분향하지 아니하며 이스라엘의 하나님께 번제를 드리지 아니하므로 여호와께서 유다와 예루살렘에 진노하시고 내버리사 두려움과 놀람과 비웃음거리가 되게 하신 것을 너희가 똑똑히 보는 바라 이로 말미암아 우리의 조상들이 칼에 엎드러지며 우리의 자녀와 아내들이 사로잡혔느니라 이제 이스라엘의 하나님 여호와와 더불어 언약을 세워 그 맹렬한 노를 우리에게서 떠나게 할 마음이 내게 있노니 내 아들들아 이제는 게으르지 말라 여호와께서 이미 너희를 택하사 그 앞에 서서 수종들어 그를 섬기며 분향하게 하셨느니라 이에 레위 사람들이 일어나니 곧 그핫의 자손 중 아마새의 아들 마핫과 아사랴의 아들 요엘과 므라리의 자손 중 압디의 아들 기스와 여할렐렐의 아들 아사랴와 게르손 사람 중 심마의 아들 요아와 요

아의 아들 에덴과 엘리사반의 자손 중 시므리와 여우엘과 아삽의 자손 중 스가랴와 맛다냐와 헤만의 자손 중 여후엘과 시므이와 여두둔의 자손 중 스마야와 웃시엘이라 그들이 그들의 형제들을 모아 성결하게 하고 들어가서 왕이 여호와의 말씀대로 명령한 것을 따라 여호와의 전을 깨끗하게 할새 제사장들도 여호와의 전 안에 들어가서 깨끗하게 하여 여호와의 전에 있는 모든 더러운 것을 끌어내어 여호와의 전 뜰에 이르매 레위 사람들이 받아 바깥 기드론 시내로 가져갔더라 첫째 달 초하루에 성결하게 하기를 시작하여 그 달 초팔일에 여호와의 낭실에 이르고 또 팔 일 동안 여호와의 전을 성결하게 하여 첫째 달 십육 일에 이르러 마치고 안으로 들어가서 히스기야 왕을 보고 이르되 우리가 여호와의 온 전과 번제단과 그 모든 그릇들과 떡을 진설하는 상과 그 모든 그릇들을 깨끗하게 하였고 또 아하스 왕이 왕위에 있어 범죄할 때에 버린 모든 그릇들도 우리가 정돈하고 성결하게 하여 여호와의 제단 앞에 두었나이다 하니라 히스기야 왕이 일찍이 일어나 성읍의 귀인들을 모아 여호와의 전에 올라가서 수송아지 일곱 마리와 숫양 일곱 마리와 어린 양 일곱 마리와 숫염소 일곱 마리를 끌어다가 나라와 성소와 유다를 위하여 속죄제물로 삼고 아론의 자손 제사장들을 명령하여 여호와의 제단에 드리게 하니 이에 수소를 잡으매 제사장들이 그 피를 받아 제단에 뿌리고 또 숫양들을 잡으매 그 피를 제단에 뿌리고 또 어린 양들을 잡으매 그 피를 제단에 뿌리고 이에 속죄제물로 드릴 숫염소들을 왕과 회중 앞으로 끌어오매 그들이 그 위에 안수하고 제사장들이 잡아 그 피를 속죄제로 삼아 제단에 드려 온 이스라엘을 위하여 속죄하니 이는 왕이 명령하여 온 이스라엘을 위하여 번제와 속죄제를 드리게 하였음이더라 왕이 레위 사람들을 여호와의 전에 두어서 다윗과 왕의 선견자 갓과 선지자 나단이 명령한 대로 제금과 비파와 수금을 잡게 하니 이는 여호와께서 그의 선지자들로 이렇게 명령하셨음이라 레위 사람은 다윗의 악기를 잡고 제사장은 나팔을 잡고 서매 히스기야 명령하여 번제를 제단에 드릴새 번제 드리기를 시작하는 동시에 여호와의 시로 노래하고 나팔을 불며 이스라엘 왕 다윗의 악기를 울리고 온 회중이 경배하며 노래하는 자들은 노래하고 나팔 부는 자들은 나팔을 불어 번제를 마치기까지 이르니라 제사 드리기를 마치매 왕과 그와 함께 있는 자들이 다 엎드려 경배하니라 히스기야 왕과 귀인들과 더불어 레위 사람을 명령하여 다윗과 선견자 아삽의 시로 여호와를 찬송하게 하매 그들이 즐거움으로 찬송하고 몸을 굽혀 예배하니라 이에 히스기야가 말하여 이르되 너희가 이제 스스로 몸을 깨끗하게 하여 여호와께 드렸으니 마땅히 나아와 제물과 감사제물을 여호와의 전으로 가져오라 하니 회중이 제물과 감사제물을 가져오되 무릇 마음에 원하는 자는 또한 번제물도 가져오니 회중이 가져온 번제물의 수효는 수소가 칠십 마리요 숫양이 백 마리요 어린 양이 이백 마리이니 이는 다 여호와께 번제물로 드리는 것이며 또 구별하여 드린 소가 육백 마리요 양이 삼천 마리라 그런데 제사장이 부족하여 그 모든 번제 짐승들의 가죽을 능히 벗기지 못하는 고로 그의 형제 레위 사람들이 그 일을 마치기까지 돕고 다른 제사장들이 성결하게 하기까지 기다렸으니 이는 레위 사람들의 성결하게 함이 제사장들보다 성심이 있었음이라 번제와 화목제의 기름과 각 번제에 속한 전제들이 많더라 이와 같이 여호와의 전에서 섬기는 일이 순서대로 갖추어지니라 이 일이 갑자기 되었으나 하나님께서 백성을 위하여 예비하셨으므로 히스기야가 백성과 더불어 기뻐하였더라

히스기야가 온 이스라엘과 유다에 사람을 보내고 또 에브라임과 므낫세에 편지를 보내어 예루살렘 여호와의 전에 와서 이스라엘 하나님 여호와를 위하여 유월절을 지키라 하니라 왕이 방백들과 예루살렘 온 회중과 더불어 의논하고 둘째 달에 유월절을 지키려 하였으니 이는 성결하게 한 제사장들이 부족하고 백성도 예루살렘에 모이지 못하였으므로 그 정한 때에 지킬수 없었음이라 왕과 온 회중이 이 일을 좋게 여기고 드디어 왕이 명령을 내려 브엘세바에서부터 단까지 온 이스라엘에 공포하여 일제히 예루살렘으로 와서 이스라엘 하나님 여호와의 유월절을 지키라 하니 이는 기록한 규례대로 오랫동안 지키지 못하였음이더라 보발꾼이 왕과 방백들의 편지를 받아 가지고 왕의 명령을 따라 온 이스라엘과 유다에 두루 다니며 전하니 일렀으되 이스라엘 자손들아 너희는 아브라함과 이삭과 이스라엘의 하나님 여호와께로 돌아오라 그리하면 그가 너희 남은 자 곧 앗수르 왕의 손에서 벗어난 자에게로 돌아오시리라 너희 조상들과 너희 형제 같이 하지 말라 그들은 그의 조상들의 하나님 여호와께 범죄하였으므로 여호와께서 멸망하도록 버려 두신 것을 너희가 똑똑히 보는 바니라 그런즉 너희 조상들 같이 목을 곧게 하지 말고 여호와께 돌아와 영원히 거룩하게 하신 전에 들어가서 너희 하나님 여호와를 섬겨 그의 진노가 너희에게서 떠나게 하라 너희가 만일 여호와께 돌아오면 너희 형제들과 너희 자녀가 사로잡은 자들에게서 자비를 입어 다시 이 땅으로 돌아오리라 너희 하나님 여호와는 은혜로우시고 자비하신지라 너희가 그에게로 돌아오면 그의 얼굴을 너희에게서 돌이키지 아니하시리라 하였더라 보발꾼이 에브라임과 므낫세 지방 각 성읍으로 두루 다녀서 스불론까지 이르렀으나 사람들이 그들을 조롱하며 비웃었더라 그러나 아셀과 므낫세와 스불론 중에서 몇 사람이 스스로 겸손한 마음으로 예루살렘에 이르렀고 하나님의 손이 또한 유다 사람들을 감동시키사 그들에게 왕과 방백들이 여호와의 말씀대로 전한 명령을 한 마음으로 준행하게 하셨더라 둘째 달에 백성이 무교절을 지키려 하여 예루살렘에 많이 모이니 매우 큰 모임이라 무리가 일어나 예루살렘에 있는 제단과 향단들을 모두 제거하여 기드론 시내에 던지고 둘째 달 열넷째 날에 유월절 양을 잡으니 제사장과 레위 사람이 부끄러워하여 성결하게 하고 번제물을 가지고 여호와의 전에 이르러 규례대로 각각 자기들의 처소에 서고 하나님의 사람 모세의 율법을 따라 제사장들이 레위 사람의 손에서 피를 받아 뿌리니라 회중 가운데 많은 사람이 자신들을 성결하게 하지 못하였으므로 레위 사람들이 모든 부정한 사람을 위하여 유월절 양을 잡아 그들로 여호와 앞에서 성결하게 하였으나 에브라임과 므낫세와 잇사갈과 스불론의

많은 무리는 자기들을 깨끗하게 하지 아니하고 유월절 양을 먹어 기록한 규례를 어긴지라 히스기야가 그들을 위하여 기도하여 이르되 선하신 여호와여 사하옵소서 결심하고 하나님 곧 그의 조상들의 하나님 여호와를 구하는 사람은 누구든지 비록 성소의 결례대로 스스로 깨끗하게 못하였을지라도 사하옵소서 하였더니 여호와께서 히스기야의 기도를 들으시고 백성을 고치셨더라 예루살렘에 모인 이스라엘 자손이 크게 즐거워하며 칠 일 동안 무교절을 지켰고 레위 사람들과 제사장들은 날마다 여호와를 칭송하며 큰 소리 나는 악기를 울려 여호와를 찬양하였으며 히스기야는 여호와를 섬기는 일에 능숙한 모든 레위 사람들을 위로하였더라 이와 같이 절기 칠 일 동안에 무리가 먹으며 화목제를 드리고 그의 조상들의 하나님 여호와께 감사하였더라 온 회중이 다시 칠 일을 지키기로 결의하고 이에 또 칠 일을 즐겁게 지켰더라 유다 왕 히스기야가 수송아지 천 마리와 양 칠천 마리를 회중에게 주었고 방백들은 수송아지 천 마리와 양 만 마리를 회중에게 주었으며 자신을 결성하게 한 제사장들도 많더라 유다 온 회중과 제사장들과 레위 사람들과 이스라엘에서 온 모든 회중과 이스라엘 땅에서 나온 나그네들과 유다에 사는 나그네들이 다 즐거워하였으므로 예루살렘에 큰 기쁨이 있었으니 이스라엘 왕 다윗의 아들 솔로몬 때로부터 이러한 기쁨이 예루살렘에 없었더라 그 때에 제사장들과 레위 사람들이 일어나서 백성을 위하여 축복하였으니 그 소리가 하늘에 들리고 그 기도가 여호와의 거룩한 처소 하늘에 이르렀더라

마 2:4-5 왕이 모든 대제사장과 백성의 서기관들을 모아 그리스도가 어디서 나겠느냐 물으니 이르되 유대 베들레헴이오니 이는 선지자로 이렇게 기록된 바

8)

딤전 2:1-2 그러므로 내가 첫째로 권하노니 모든 사람을 위하여 간구와 기도와 도고와 감사를 하되 임금들과 높은 지위에 있는 모든 사람을 위하여 하라 이는 우리가 모든 경건과 단정함으로 고요하고 평안한 생활을 하려 함이라

9)

벧전 2:17 뭇 사람을 공경하며 형제를 사랑하며 하나님을 두려워하며 왕을 존대하라

10)

롬 13:6-7 너희가 조세를 바치는 것도 이로 말미암음이라 그들이 하나님의 일꾼이 되어 바로 이 일에 항상 힘쓰느니라 모든 자에게 줄 것을 주되 조세를 받을 자에게 조세를 바치고 관세를 받을 자에게 관세를 바치고 두려워할 자를 두려워하며 존경할 자를 존경하라

11)

롬 13:5 그러므로 복종하지 아니할 수 없으니 진노 때문에 할 것이 아니라 양심을 따라 할 것이라

딛 3:1 너는 그들로 하여금 통치자들과 권세 잡은 자들에게 복종하며 순종하며 모든 선한 일 행하기를 준비하게 하며

12)

벧전 2:13-14, 16 ¹³⁻¹⁴인간의 모든 제도를 주를 위하여 순종하되 혹은 위에 있는 왕이나 혹은 그가 악행하는 자를 징벌하고 선행하는 자를 포상하기 위하여 보낸 총독에게 하라 ¹⁶너희는 자유가 있으나 그 자유로 악을 가리는 데 쓰지 말고 오직 하나님의 종과 같이 하라

13)

롬 13:1 각 사람은 위에 있는 권세들에게 복종하라 권세는 하나님으로부터 나지 않음이 없나니 모든 권세는 다 하나님께서 정하신 바라

왕상 2:35 왕이 이에 여호야다의 아들 브나야를 요압을 대신하여 군사령관으로 삼고 또 제사장 사독으로 아비아달을 대신하게 하니라

행 25:9-11 베스도가 유대인의 마음을 얻고자 하여 바울더러 묻되 네가 예루살렘에 올라가서 이 사건에 대하여 내 앞에서 심문을 받으려느냐 바울이 이르되 내가 가이사의 재판 자리 앞에 섰으니 마땅히 거기서 심문을 받을 것이라 당신도 잘 아시는 바와 같이 내가 유대인들에게 불의를 행한 일이 없나이다 만일 내가 불의를 행하여 무슨 죽을 죄를 지었으면 죽기를 사양하지 아니할 것이나 만일 이 사람들이 나를 고발하는 것이 다 사실이 아니면 아무도 나를 그들에게 내줄 수 없나이다 내가 가이사께 상소하노라 한대

벧후 2:1, 10-11 ¹그러나 백성 가운데 또한 거짓 선지자들이 일어났나니 이와 같이 너희 중에도 거짓 선생들이 있으리라 그들은 멸망하게 할 이단을 가만히 끌어들여 자기들을 사신 주를 부인하고 임박한 멸망을 스스로 취하는 자들이라 ¹⁰⁻¹¹특별히 육체를 따라 더러운 정욕 가운데서 행하며 주관하는 이를 멸시하는 자들에게는 형벌할 줄 아시느니라 이들은 당돌하고 자긍하며 떨지 않고 영광 있는 자들을 비방하거니와 더 큰 힘과 능력을 가진 천사들도 주 앞에서 그들을 거슬러 비방하는 고발을 하지 아니하느니라

유 1:8-11 그러한데 꿈꾸는 이 사람들도 그와 같이 육체를 더럽히며 권위를 업신여기며 영광을 비방하는도다 천사장 미가엘이 모세의 시체에 관하여 마귀와 다투어 변론할 때에 감히 비방하는 판결을 내리지 못하고 다만 말하되 주께서 너를 꾸짖으시기를 원하노라 하였거늘 이 사람들은 무엇이든지 그 알지 못하는 것을 비방하는도다 또 그들은 이성 없는 짐승 같이 본능으로 아는 그것으로 멸망하느니라 화 있을진저 이 사람들이여, 가인의 길에 행하였으며 삯을 위하여 발람의 어그러진 길로 몰려 갔으며 고라의 패역을 따라 멸망을 받았도다

14)

살후 2:4 그는 대적하는 자라 신이라고 불리는 모든 것과 숭배함을 받는 것에 대항하여 그 위에 자기를 높이고 하나님의 성전에 앉아 자기를 하나님이라고 내세우느니라

계 13:15-17 그가 권세를 받아 그 짐승의 우상에게 생기를 주어 그 짐승의 우상으로 말하게 하고 또 짐승의 우상에게 경배하지 아니하는 자는 몇이든지 다 죽이게 하더라 그가 모든 자 곧 작은 자나 큰 자나 부자나 가난한 자나 자유인이나 종들에게 그 오른손에나 이마에 표를 받게 하고 누구든지 이 표를 가진 자 외에는 매매를 못하게 하니 이 표는 곧 짐승의 이름이나 그 이름의 수라

더 깊은 공부와 나눔을 위한 질문

1. 하나님께서 국가 위정자를 세우신 목적은 무엇입니까? (23장 1항; 대교리문답 124문답)

2. 그리스도인이 국가 위정자로 부름을 받는 것은 정당한 일입니까? 또 그리스도인이 국가 위정자로서 선전포고하는 일은 가능합니까? (23장 2항)

3. 국가 위정자가 할 수 없고 해서는 안 되는 일은 무엇입니까? 왜 그렇습니까? 그렇다면 국가 위정자는 교회를 위해 어떤 일을 해야 합니까? (23장 3항)

4. 교회와 신자는 국가 위정자를 어떻게 섬겨야 합니까? (23장 4항)

하나님께서 깨닫게 해 주신 것과 베풀어 주신 은혜를 생각하며 감사합시다. 또 깨달아 배우고 확신한 일에 거할 수 있게 해 달라고 기도합시다.

24장

결혼과 이혼
Of Marriage and Divorce

1항

결혼은 한 남자와 한 여자 사이에 이루어져야 한다. 남자가 두 사람 이상의 아내를 동시에 두거나, 여자가 두 사람 이상의 남편을 동시에 두는 것은 합당하지 않다.[1]

1) 창 2:24; 마 19:5-6; 잠 2:17.

2항

결혼은 아내와 남편이 서로 돕고,[2] 합법적인 자손을 통해 인류를 번성하게 하며, 거룩한 자손을 통해 교회를 흥왕하게 하고,[3] 음행을 피하기 위해 제정되었다.[4]

2) 창 2:18 3) 말 2:15 4) 고전 7:2, 9.

3항

판단력을 가지고 결혼에 동의할 수 있는 사람은 누구나 결혼할 수 있다.[5] 그러나 그리스도인은 오직 주 안에서만 결혼해야 한다.[6] 그러므로 참된 개혁 신앙을 고백하는 사람들은 불신자나 가톨릭 신자나 다른 우상 숭배자와 결혼해서는 안 된다. 또한 경건한 사람들은 삶이 악하기로 이름난 사람이나 저주받을 이단을 주장하는 사람들과 결혼하여 불공평한

Marriage is to be between one man and one woman: neither is it lawful for any man to have more than one wife, nor for any woman to have more than one husband; at the same time.[1]

Marriage was ordained for the mutual help of husband and wife,[2] for the increase of mankind with a legitimate issue, and of the Church with an holy seed;[3] and for preventing of uncleanness.[4]

It is lawful for all sorts of people to marry, who are able with judgment to give their consent.[5] Yet it is the duty of Christians to marry only in the Lord:[6] and therefore such as profess the true reformed religion should not marry with infidels, papists, or other idolaters: neither should such as are godly be unequally yoked, by marrying with such as are notoriously wicked in their life, or maintain damnable heresies.[7]

멍에를 함께 메서는 안 된다.[7]

5) 히 13:4; 딤전 4:3; 고전 7:36-38; 창 24:57-58 6) 고전 7:39
7) 창 34:14; 출 34:16; 신 7:3-4; 왕상 11:4; 느 13:25-27; 말 2:11-12; 고후 6:14.

4항

결혼은 말씀이 금지하는 혈족, 또는 친족 사이에서 해서는 안 된다.[8] 사람이 만든 어떠한 법에 근거하더라도, 당사자 간의 동의가 있더라도 그와 같은 근친혼을 합법화하여 두 사람이 남편과 아내로서 함께 살 수 없다.[9] 남자는 자신의 친인척뿐만 아니라 아내의 친인척과 결혼해서는 안 되며, 여자도 자신의 친인척뿐만 아니라 남편의 친인척과 결혼해서도 안 된다.[10]

8) 레 18; 고전 5:1; 암 2:7 9) 막 6:18; 레 18:24-28
10) 레 20:19-21.

5항

약혼 후에 범한 간음이나 사통이 결혼 전에 발각되면 아무 잘못이 없는 약혼자는 약혼을 파기할 수 있는 정당한 이유를 갖게 된다.[11] 결혼 후에 간음하여 발각된 경우, 아무 잘못이 없는 배우자는 이혼을 청구할 수 있으며,[12] 이혼한 뒤에는 잘못한 배우자가

Marriage ought not to be within the degrees of consanguinity or affinity forbidden in the Word;[8] nor can such incestuous marriages ever be made lawful by any law of man or consent of parties, so as those persons may live together as man and wife.[9] The man may not marry any of his wife's kindred nearer in blood than he may of his own; nor the woman of her husband's kindred nearer in blood than of her own.[10]

Adultery or fornication committed after a contract, being detected before marriage, giveth just occasion to the innocent party to dissolve that contract.[11] In the case of adultery after marriage, it is lawful for the innocent party to sue out a divorce:[12] and, after the divorce, to marry another, as if the offending party were dead.[13]

죽은 것처럼 여기고 다른 사람과 결혼할 수 있다.[13]

11) 마 1:18-20 12) 마 5:31-32 13) 마 19:9; 롬 7:2-3.

6항

부패한 인간은 하나님께서 결혼을 통해 함께 짝지어 주신 사람들을 부당하게 갈라놓기 위한 논거들을 툭하면 탐구하곤 한다. 그러나 간음과, 교회와 국가 위정자들도 도저히 해결할 수 없는 고의적인 처자 유기 외에는 그 어떤 것도 결혼 계약을 파기할 충분한 사유가 될 수 없다.[14] 이혼을 할 때는 공적이고 질서 있는 절차를 따라 해야 하며, 이혼 당사자들이 자신들의 뜻과 재량에 따라 이혼하도록 내버려 둬서는 안 된다.[15]

14) 마 19:8-9; 고전 7:15; 마 19:6 15) 신 24:1-4.

Although the corruption of man be such as is apt to study arguments unduly to put asunder those whom God hath joined together in marriage: yet nothing but adultery, or such wilful desertion as can no way be remedied by the Church or civil magistrate, is cause sufficient of dissolving the bond of marriage:[14] wherein, a public and orderly course of proceeding is to be observed; and the persons concerned in it not left to their own wills and discretion, in their own case.[15]

증거구절

1)

창 2:24 이러므로 남자가 부모를 떠나 그의 아내와 합하여 둘이 한 몸을 이룰지로다

마 19:5-6 말씀하시기를 그러므로 사람이 그 부모를 떠나서 아내에게 합하여 그 둘이 한 몸이 될지니라 하신 것을 읽지 못하였느냐 그런즉 이제 둘이 아니요 한 몸이니 그러므로 하나님이 짝지어 주신 것을 사람이 나누지 못할지니라 하시니

잠 2:17 그는 젊은 시절의 짝을 버리며 그의 하나님의 언약을 잊어버린 자라

2)

창 2:18 여호와 하나님이 이르시되 사람이 혼자 사는 것이 좋지 아니하니 내가 그를 위하여 돕는 배필을 지으리라 하시니라

3)

말 2:15 그에게는 영이 충만하였으나 오직 하나를 만들지 아니하셨느냐 어찌하여 하나만 만드셨느냐 이는 경건한 자손을 얻고자 하심이라 그러므로 네 심령을 삼가 지켜 어려서 맞이한 아내에게 거짓을 행하지 말지니라

4)

고전 7:2, 9 ²음행을 피하기 위하여 남자마다 자기 아내를 두고 여자마다 자기 남편을 두라 ⁹만일 절제할 수 없거든 결혼하라 정욕이 불 같이 타는 것보다 결혼하는 것이 나으니라

5)

히 13:4 모든 사람은 결혼을 귀히 여기고 침소를 더럽히지 않게 하라 음행하는 자들과 간음하는 자들을 하나님이 심판하시리라

딤전 4:3 혼인을 금하고 어떤 음식물은 먹지 말라고 할 터이나 음식물은 하나님이 지으신 바니 믿는 자들과 진리를 아는 자들이 감사함으로 받을 것이니라

고전 7:36-38 그러므로 만일 누가 자기의 약혼녀에 대한 행동이 합당하지 못한 줄로 생각할 때에 그 약혼녀의 혼기도 지나고 그같이 할 필요가 있거든 원하는 대로 하라 그것은 죄 짓는 것이 아니니 그들로 결혼하게 하라 그러나 그가 마음을 정하고 또 부득이한 일도 없고 자기 뜻대로 할 권리가 있어서 그 약혼녀를 그대로 두기로 하여도 잘하는 것이니라 그러므로 결혼하는 자도 잘하거니와 결혼하지 아니하는 자는 더 잘하는 것이니라

창 24:57-58 그들이 이르되 우리가 소녀를 불러 그에게 물으리라 하고 리브가를 불러 그에게 이르되 네가 이 사람과 함께 가려느냐 그가 대답하되 가겠나이다

6)

고전 7:39 아내는 그 남편이 살아 있는 동안에 매여 있다가 남편이 죽으면 자유로워 자기 뜻대로 시집 갈 것이나 주 안에서만 할 것이니라

7)

창 34:14 야곱의 아들들이 그들에게 말하되 우리는 그리하지 못하겠노라 할례 받지 아니한 사람에게 우리 누이를 줄 수 없노니 이는 우리의 수치가 됨이니라

출 34:16 우리 딸을 너희에게 주며 너희 딸을 우리가 데려오며 너희와 함께 거주하여 한 민족이 되려니와

신 7:3-4 또 그들과 혼인하지도 말지니 네 딸을 그들의 아들에게 주지 말 것이요 그들의 딸도 네 며느리로 삼지 말 것은 그가 네 아들을 유혹하여 그가 여호와를 떠나고 다른 신들을 섬기게 하므로 여호와께서 너희에게 진노하사 갑자기 너희를 멸할 것임이니라

왕상 11:4 솔로몬의 나이가 많을 때에 그의 여인들이 그의 마음을 돌려 다른 신들을 따르게 하였으므로 왕의 마음이 그의 아버지 다윗의 마음과 같지 아니하여 그의 하나님 여호와 앞에 온전하지 못하였으니

느 13:25-27 내가 그들을 책망하고 저주하며 그들 중 몇 사람을 때리고 그들의 머리털을 뽑고 이르되 너희는 너희 딸들을 그들의 아들에게 주지 말고 너희 아들들이나 너희를 위하여 그들의 딸을 데려오지 아니하겠다고 하나님을 가리켜 맹세하라 하고 또 이르기를 옛적에 이스라엘 왕 솔로몬이 이 일로 범죄하지 아니하였느냐 그는 많은 나라 중에 비길 왕이 없고 하나님의 사랑을 입은 자라 하나님이 그를 왕으로 삼아 온 이스라엘을 다스리게 하셨으나 이방 여인이 그를 범죄하게 하였나니 너희가 이방 여인을 아내로 맞이 이 모든 큰 악을 행하여 우리 하나님께 범죄하는 것을 우리가 어찌 용납하겠느냐

말 2:11-12 유다는 거짓을 행하였고 이스라엘과 예루살렘 중에서는 가증한 일을 행하였으며 유다는 여호와께서 사랑하시는 그 성결을 욕되게 하여 이방 신의 딸과 결혼하였으니 이 일을 행하는 사람에게 속한 자는 깨는 자나 응답하는 자는 물론이요 만군의 여호와께 제사를 드리는 자도 여호와께서 야곱의 장막 가운데에서 끊어 버리시리라

고후 6:14 너희는 믿지 않는 자와 멍에를 함께 메지 말라 의와 불법이 어찌 함께 하며 빛과 어둠이 어찌 사귀며

8)

레 18 여호와께서 모세에게 말씀하여 이르시되 너는 이스라엘 자손에게 말하여 이르라 나는 여호와 너희의 하나님이니라 너희는 너희가 거주하던 애굽 땅의 풍속을 따르지 말며 내가 너희를 인도할 가나안 땅의 풍속과 규례도 행하지 말고 너희는 내 법도를 따르며 내 규례를 지켜 그대로 행하라 나는 너희의 하나님 여호와이니라 너

희는 내 규례와 법도를 지키라 사람이 이를 행하면 그로 말미암아 살리라 나는 여호와이니라 각 사람은 자기의 살붙이를 가까이 하여 그의 하체를 범하지 말라 나는 여호와이니라 네 어머니의 하체는 곧 네 아버지의 하체이니 너는 범하지 말라 그는 네 어머니인즉 너는 그의 하체를 범하지 말지니라 너는 네 아버지의 아내의 하체를 범하지 말라 이는 네 아버지의 하체니라 너는 네 자매 곧 네 아버지의 딸이나 네 어머니의 딸이나 집에서나 다른 곳에서 출생하였음을 막론하고 그들의 하체를 범하지 말지니라 네 손녀나 네 외손녀의 하체를 범하지 말라 이는 네 하체니라 네 아버지의 아내가 네 아버지에게 낳은 딸은 네 누이니 너는 그의 하체를 범하지 말지니라 너는 네 고모의 하체를 범하지 말라 그는 네 아버지의 살붙이니라 너는 네 이모의 하체를 범하지 말라 그는 네 어머니의 살붙이니라 너는 네 아버지 형제의 아내를 가까이 하여 그의 하체를 범하지 말라 그는 네 숙모니라 너는 네 며느리의 하체를 범하지 말라 그는 네 아들의 아내이니 그의 하체를 범하지 말지니라 너는 네 형제의 아내의 하체를 범하지 말라 이는 네 형제의 하체니라 너는 여인과 그 여인의 딸의 하체를 아울러 범하지 말며 또 그 여인의 손녀나 외손녀를 아울러 데려다가 그의 하체를 범하지 말라 그들은 그의 살붙이니 이는 악행이니라 너는 아내가 생존할 동안에 그의 자매를 데려다가 그의 하체를 범하여 그로 질투하게 하지 말지니라 너는 여인이 월경으로 불결한 동안에 그에게 가까이 하여 그의 하체를 범하지 말지니라 너는 네 이웃의 아내와 동침하여 설정하므로 그 여자와 함께 자기를 더럽히지 말지니라 너는 결단코 자녀를 몰렉에게 주어 불로 통과하게 함으로 네 하나님의 이름을 욕되게 하지 말라 나는 여호와이니라 너는 여자와 동침함 같이 남자와 동침하지 말라 이는 가증한 일이니라 너는 짐승과 교합하여 자기를 더럽히지 말며 여자는 짐승 앞에 서서 그것과 교접하지 말라 이는 문란한 일이니라 너희는 이 모든 일로 스스로 더럽히지 말라 내가 너희 앞에서 쫓아내는 족속들이 이 모든 일로 말미암아 더러워졌고 그 땅도 더러워졌으므로 내가 그 악으로 말미암아 벌하고 그 땅도 스스로 그 주민을 토하여 내느니라 그러므로 너희 곧 너희의 동족이나 혹은 너희 중에 거류하는 거류민이나 내 규례와 내 법도를 지키고 이런 가증한 일의 하나라도 행하지 말라 너희가 전에 있던 그 땅 주민이 이 모든 가증한 일을 행하였고 그 땅도 더러워졌느니라 너희도 더럽히면 그 땅이 너희가 있기 전 주민을 토함 같이 너희를 토할까 하노라 이 가증한 모든 일을 행하는 자는 그 백성 중에서 끊어지리라 그러므로 너희는 내 명령을 지키고 너희가 들어가기 전에 행하던 가증한 풍속을 하나라도 따름으로 스스로 더럽히지 말라 나는 너희의 하나님 여호와이니라

고전 5:1 너희 중에 심지어 음행이 있다 함을 들으니 그런 음행은 이방인 중에서도 없는 것이라 누가 그 아버지의 아내를 취하였다 하는도다

암 2:7 힘 없는 자의 머리를 티끌 먼지 속에 발로 밟고 연약한 자의 길을 굽게 하며 아버지와 아들이 한 젊은 여인에게 다녀서 내 거룩한 이름을 더럽히며

9)

막 6:18 이는 요한이 헤롯에게 말하되 동생의 아내를 취한 것이 옳지 않다 하였음이라

레 18:24-28 너희는 이 모든 일로 스스로 더럽히지 말라 내가 너희 앞에서 쫓아내는 족속들이 이 모든 일로 말미암아 더러워졌고 그 땅도 더러워졌으므로 내가 그 악으로 말미암아 벌하고 그 땅도 스스로 그 주민을 토하여 내느니라 그러므로 너희 곧 너희의 동족이나 혹은 너희 중에 거류하는 거류민이나 내 규례와 내 법도를 지키고 이런 가증한 일의 하나라도 행하지 말라 너희가 전에 있던 그 땅 주민이 이 모든 가증한 일을 행하였고 그 땅도 더러워졌느니라 너희도 더럽히면 그 땅이 너희가 있기 전 주민을 토함 같이 너희를 토할까 하노라

10)

레 20:19-21 네 이모나 고모의 하체를 범하지 말지니 이는 살붙이의 하체인즉 그들이 그들의 죄를 담당하리라 누구든지 그의 숙모와 동침하면 그의 숙부의 하체를 범함이니 그들은 그들의 죄를 담당하여 자식이 없이 죽으리라 누구든지 그의 형제의 아내를 데리고 살면 더러운 일이라 그가 그의 형제의 하체를 범함이니 그들에게 자식이 없으리라

11)

마 1:18-20 예수 그리스도의 나심은 이러하니라 그의 어머니 마리아가 요셉과 약혼하고 동거하기 전에 성령으로 잉태된 것이 나타났더니 그의 남편 요셉은 의로운 사람이라 그를 드러내지 아니하고 가만히 끊고자 하여 이 일을 생각할 때에 주의 사자가 현몽하여 이르되 다윗의 자손 요셉아 네 아내 마리아 데려오기를 무서워하지 말라 그에게 잉태된 자는 성령으로 된 것이라

12)

마 5:31-32 또 일렀으되 누구든지 아내를 버리려거든 이혼 증서를 줄 것이라 하였으나 나는 너희에게 이르노니 누구든지 음행한 이유 없이 아내를 버리면 이는 그로 간음하게 함이요 또 누구든지 버림받은 여자에게 장가드는 자도 간음함이니라

13)

마 19:9 내가 너희에게 말하노니 누구든지 음행한 이유 외에 아내를 버리고 다른 데 장가 드는 자는 간음함이니라

롬 7:2-3 남편 있는 여인이 그 남편 생전에는 법으로 그에게 매인 바 되나 만일 그 남편이 죽으면 남편의 법에서 벗어나느니라 그러므로 만일 그 남편 생전에 다른 남자에게 가면 음녀라 그러나 만일 남편이 죽으면 그 법에서 자유롭게 되나니 다른 남자에게 갈지라도 음녀가 되지 아니하느니라

14)

마 19:8-9 예수께서 이르시되 모세가 너희 마음의 완악함 때문에 아내 버림을 허락하였거니와 본래는 그렇지 아니하니라 내가 너희에게 말하노니 누구든지 음행한 이유 외에 아내를 버리고 다른 데 장가 드는 자는 간음함이니라

고전 7:15 혹 믿지 아니하는 자가 갈리거든 갈리게 하라 형제나 자매나 이런 일에 구애될 것이 없느니라 그러나 하나님은 화평 중에서 너희를 부르셨느니라

마 19:6 그런즉 이제 둘이 아니요 한 몸이니 그러므로 하나님이 짝지어 주신 것을 사람이 나누지 못할지니라 하시니

15)

신 24:1-4 사람이 아내를 맞이하여 데려온 후에 그에게 수치되는 일이 있음을 발견하고 그를 기뻐하지 아니하면 이혼 증서를 써서 그의 손에 주고 그를 자기 집에서 내보낼 것이요 그 여자는 그의 집에서 나가서 다른 사람의 아내가 되려니와 그의 둘째 남편도 그를 미워하여 이혼 증서를 써서 그의 손에 주고 그를 자기 집에서 내보냈거나 또는 그를 아내로 맞이한 둘째 남편이 죽었다 하자 그 여자는 이미 몸을 더럽혔은즉 그를 내보낸 전남편이 그를 다시 아내로 맞이하지 말지니 이 일은 여호와 앞에 가증한 것이라 너는 네 하나님 여호와께서 네게 기업으로 주시는 땅을 범죄하게 하지 말지니라

더 깊은 공부와 나눔을 위한 질문

1. 결혼은 누가 제정하셨습니까? 창세기 2장 24절과 마태복음 19장 5-6절을 읽어 봅시다. (24장 1항)

2. 하나님께서는 결혼을 왜 제정하셨습니까? (24장 2항; 대교리문답 20문답)

3. 누가 결혼할 수 있습니까? 어떤 사람과 결혼할 수 있습니까? 어떤 사람과 결혼해서는 안 됩니까? (24장 3-4항)

4. 신앙고백은 어떠한 경우에 파혼과 이혼을 허락하고 있습니까? 그 절차에 대해서는 어떻게 말하고 있습니까? (24장 5-6항)

5. "하나님이 짝지어 주신 것을 사람이 나누지 못할지니라"는 마태복음 19장 6절 말씀을 마음에 두고 묵상합시다. 결혼에서도 우리의 주님이신 하나님의 영광을 생각하면서, 결혼식이 아닌 결혼을 어떻게 준비하는 것이 우리 자신과 친구들과 자녀들을 위해 좋을지 나눠 봅시다. 또 한 몸으로 사는 동안 갈등과 어려움이 생길 때 어떻게 하는 것이 짝지어 주신 하나님께 영광을 돌리면서, 그리스도와 교회의 신비가 드러나게 할 수 있을지를 생각해 봅시다.

하나님께서 깨닫게 해 주신 것과 베풀어 주신 은혜를 생각하며 감사합시다. 또 깨달아 배우고 확신한 일에 거할 수 있게 해 달라고 기도합시다.

25장

교회
Of the Church

1항

보편적이고 우주적인 교회는 눈에 보이지 않는 교회로, 교회의 머리이신 그리스도 아래 과거와 현재와 미래에 하나로 모이는 모든 택함 받은 사람들로 이루어져 있다. 이 교회는 그리스도의 신부이자 몸이며, 만물을 충만하게 하시는 이의 충만함이다.[1]

1) 엡 1:10, 22–23; 엡 5:23, 27, 32; 골 1:18.

2항

보이는 교회도 복음 아래서는 보편적이고 우주적인 교회로, 과거 율법 아래서 한 민족에게 국한된 것과 달리, 참 신앙을 고백하는 온 세계의 모든 사람과[2] 그들의 자녀들로 이루어져 있다.[3] 이 교회는 주 예수 그리스도의 왕국이요,[4] 하나님의 집이고 가족이다.[5] 이 교회 밖에서는 구원 받을 수 있는 통상적 가능성이 전혀 없다.[6]

2) 고전 1:2; 고전 12:12–13; 시 2:8; 계 7:9; 롬 15:9–12
3) 고전 7:14; 행 2:39; 겔 16:20–21; 롬 11:16; 창 3:15; 창 17:7
4) 마 13:47; 사 9:7 5) 엡 2:19; 엡 3:15 6) 행 2:47.

3항

그리스도께서는 이 보편적인 보이는 교회에 직분과 말씀과 하나님의 규례들을 주셔서 이 세상에서 세

The catholic or universal Church which is invisible, consists of the whole number of the elect, that have been, are, or shall be gathered into one, under Christ the Head thereof; and is the spouse, the body, the fulness of Him that filleth all in all.[1]

The visible Church, which is also catholic or universal under the gospel (not confined to one nation as before under the law), consists of all those throughout the world that profess the true religion;[2] and of their children:[3] and is the kingdom of the Lord Jesus Christ,[4] the house and family of God,[5] out of which there is no ordinary possibility of salvation.[6]

Unto this catholic visible Church Christ hath given the ministry, oracles, and ordinances of God, for the gathering and perfecting of the saints, in this life, to

상 끝날까지 성도들을 모으시고 완전하게 하신다. 그리고 친히 하신 약속을 따라 당신의 임재와 성령님을 통해 이 모든 일을 효과적으로 이루신다.[7]

7) 고전 12:28; 엡 4:11-13; 마 28:19-20; 사 59:21.

4항

이 보편 교회는 때로는 더 분명하게, 때로는 덜 분명하게 보인다.[8] 보편 교회에 속하는 개개 교회는 복음의 교리를 가르치고 받아들일 때나, 규례를 시행할 때나, 공적으로 예배할 때 이런 일들이 얼마나 더 순수하게 또는 덜 순수하게 이루어지느냐에 따라 더 순수하기도 하고, 덜 순수하기도 하다.[9]

8) 롬 11:3-4; 계 12:6, 14 9) 계 2-3; 고전 5:6-7.

5항

하늘 아래 가장 순수한 교회라 할지라도 혼합과 오류에서 벗어날 수 없다.[10] 일부 교회는 너무 타락하여 그리스도의 교회가 아니라 사탄의 회당이 되기도 한다.[11] 그럼에도 불구하고 지상에는 하나님의 뜻을 따라서 하나님을 예배하는 교회가 항상 있을 것이다.[12]

10) 고전 13:12; 계 2-3; 마 13:24-30, 47 11) 계 18:2; 롬 11:18-22
12) 마 16:18; 시 72:17; 시 102:28; 마 28:19-20.

the end of the world: and doth by His own presence and Spirit, according to His promise, make them effectual thereunto.[7]

This catholic Church hath been sometimes more, sometimes less visible.[8] And particular Churches, which are members thereof, are more or less pure, according as the doctrine of the gospel is taught and embraced, ordinances administered, and public worship performed more or less purely in them.[9]

The purest Churches under heaven are subject both to mixture and error:[10] and some have so degenerated, as to become no Churches of Christ, but synagogues of Satan.[11] Nevertheless, there shall be always a Church on earth, to worship God according to His will.[12]

6항

오직 주 예수 그리스도만이 교회의 머리이시다.[13] 로마 교황은 어떤 의미에서도 교회의 머리가 될 수 없다. 오히려 그는 교회 안에서 그리스도를 대적하고, 범사에 일컫는 하나님께 대항하여 자기 자신을 높이는 불법의 사람이요 멸망의 아들인 적그리스도다.[14]

13) 골 1:18; 엡 1:22 14) 마 23:8-10; 살후 2:3-4, 8-9; 계 13:6.

There is no other head of the Church, but the Lord Jesus Christ;[13] nor can the Pope of Rome, in any sense, be head thereof; but is that Antichrist, that man of sin, and son of perdition, that exalteth himself, in the Church, against Christ and all that is called God.[14]

증거구절

1)

엡 1:10, 22–23 ¹⁰하늘에 있는 것이나 땅에 있는 것이 다 그리스도 안에서 통일되게 하려 하심이라 ²²⁻²³또 만물을 그의 발 아래에 복종하게 하시고 그를 만물 위에 교회의 머리로 삼으셨느니라 교회는 그의 몸이니 만물 안에서 만물을 충만하게 하시는 이의 충만함이니라

엡 5:23, 27, 32 ²³이는 남편이 아내의 머리 됨이 그리스도께서 교회의 머리 됨과 같음이니 그가 바로 몸의 구주시니라 ²⁷자기 앞에 영광스러운 교회로 세우사 티나 주름 잡힌 것이나 이런 것들이 없이 거룩하고 흠이 없게 하려 하심이라 ³²이 비밀이 크도다 나는 그리스도와 교회에 대하여 말하노라

골 1:18 그는 몸인 교회의 머리시라 그가 근본이시요 죽은 자들 가운데서 먼저 나신 이시니 이는 친히 만물의 으뜸이 되려 하심이요

2)

고전 1:2 고린도에 있는 하나님의 교회 곧 그리스도 예수 안에서 거룩하여지고 성도라 부르심을 받은 자들과 또 각처에서 우리의 주 곧 그들과 우리의 주 되신 예수 그리스도의 이름을 부르는 모든 자들에게

고전 12:12–13 몸은 하나인데 많은 지체가 있고 몸의 지체가 많으나 한 몸임과 같이 그리스도도 그러하니라 우리가 유대인이나 헬라인이나 종이나 자유인이나 다 한 성령으로 세례를 받아 한 몸이 되었고 또 다 한 성령을 마시게 하셨느니라

시 2:8 내게 구하라 내가 이방 나라를 네 유업으로 주리니 네 소유가 땅 끝까지 이르리로다

계 7:9 이 일 후에 내가 보니 각 나라와 족속과 백성과 방언에서 아무도 능히 셀 수 없는 큰 무리가 나와 흰 옷을 입고 손에 종려 가지를 들고 보좌 앞과 어린 양 앞에 서서

롬 15:9–12 이방인들도 그 긍휼하심으로 말미암아 하나님께 영광을 돌리게 하려 하심이라 기록된 바 그러므로 내가 열방 중에서 주께 감사하고 주의 이름을 찬송하리로다 함과 같으니라 또 이르되 열방들아 주의 백성과 함께 즐거워하라 하였으며 또 모든 열방들아 주를 찬양하며 모든 백성들아 그를 찬송하라 하였으며 또 이사야가 이르되 이새의 뿌리 곧 열방을 다스리기 위하여 일어나시는 이가 있으리니 열방이 그에게 소망을 두리라 하였느니라

3)

고전 7:14 믿지 아니하는 남편이 아내로 말미암아 거룩하게 되고 믿지 아니하는 아내가 남편으로 말미암아 거룩하게 되나니 그렇지 아니하면 너희 자녀도 깨끗하지 못하니라 그러나 이제 거룩하니라

행 2:39 이 약속은 너희와 너희 자녀와 모든 먼 데 사람 곧 주 우리 하나님이 얼마든지 부르시는 자들에게 하신 것이라 하고

겔 16:20–21 또 네가 나를 위하여 낳은 네 자녀를 그들에게 데리고 가서 드려 제물로 삼아 불살랐느니라 네가 네 음행을 작은 일로 여겨서 나의 자녀들을 죽여 우상에게 넘겨 불 가운데로 지나가게 하였느냐

롬 11:16 제사하는 처음 익은 곡식 가루가 거룩한즉 떡덩이도 그러하고 뿌리가 거룩한즉 가지도 그러하니라

창 3:15 내가 너로 여자와 원수가 되게 하고 네 후손도 여자의 후손과 원수가 되게 하리니 여자의 후손은 네 머리를 상하게 할 것이요 너는 그의 발꿈치를 상하게 할 것이니라 하시고

창 17:7 내가 내 언약을 나와 너 및 네 대대 후손 사이에 세워서 영원한 언약을 삼고 너와 네 후손의 하나님이 되리라

4)

마 13:47 또 천국은 마치 바다에 치고 각종 물고기를 모는 그물과 같으니

사 9:7 그 정사와 평강의 더함이 무궁하며 또 다윗의 왕좌와 그의 나라에 군림하여 그 나라를 굳게 세우고 지금 이후로 영원히 정의와 공의로 그것을 보존하실 것이라 만군의 여호와의 열심이 이를 이루시리라

5)

엡 2:19 그러므로 이제부터 너희는 외인도 아니요 나그네도 아니요 오직 성도들과 동일한 시민이요 하나님의 권속이라

엡 3:15 이름을 주신 아버지 앞에 무릎을 꿇고 비노니

6)

행 2:47 하나님을 찬미하며 또 온 백성에게 칭송을 받으니 주께서 구원 받는 사람을 날마다 더하게 하시니라

7)

고전 12:28 하나님이 교회 중에 몇을 세우셨으니 첫째는 사도요 둘째는 선지자요 셋째는 교사요 그 다음은 능력을 행하는 자요 그 다음은 병 고치는 은사와 서로 돕는 것과 다스리는 것과 각종 방언을 말하는 것이라

엡 4:11–13 그가 어떤 사람은 사도로, 어떤 사람은 선지자로, 어떤 사람은 복음 전하는 자로, 어떤 사람은 목사와 교사로 삼으셨으니 이는 성도를 온전하게 하여 봉사의 일을 하게 하며 그리스도의 몸을 세우려 하심이라 우리가 다 하나님의 아들을 믿는 것과 아는 일에 하나가 되어 온전한 사람을 이루어 그리스도의 장성한 분량이 충만한 데까지 이르리니

마 28:19-20 그러므로 너희는 가서 모든 민족을 제자로 삼아 아버지와 아들과 성령의 이름으로 세례를 베풀고 내가 너희에게 분부한 모든 것을 가르쳐 지키게 하라 볼지어다 내가 세상 끝날까지 너희와 항상 함께 있으리라 하시니라

사 59:21 여호와께서 이르시되 내가 그들과 세운 나의 언약이 이러하니 곧 네 위에 있는 나의 영과 네 입에 둔 나의 말이 이제부터 영원하도록 네 입에서와 네 후손의 입에서와 네 후손의 후손의 입에서 떠나지 아니하리라 하시니라 여호와의 말씀이니라

8)

롬 11:3-4 주여 그들이 주의 선지자들을 죽였으며 주의 제단들을 헐어 버렸고 나만 남았는데 내 목숨도 찾나이다 하니 그에게 하신 대답이 무엇이냐 내가 나를 위하여 바알에게 무릎을 꿇지 아니한 사람 칠천 명을 남겨 두었다 하셨으니

계 12:6, 14 ⁶그 여자가 광야로 도망하매 거기서 천이백육십 일 동안 그를 양육하기 위하여 하나님께서 예비하신 곳이 있더라 ¹⁴그 여자가 큰 독수리의 두 날개를 받아 광야 자기 곳으로 날아가 거기서 그 뱀의 낯을 피하여 한 때와 두 때와 반 때를 양육 받으매

9)

계 2-3 에베소 교회의 사자에게 편지하라 오른손에 있는 일곱 별을 붙잡고 일곱 금 촛대 사이를 거니시는 이가 이르시되 내가 네 행위와 수고와 네 인내를 알고 또 악한 자들을 용납하지 아니한 것과 자칭 사도라 하되 아닌 자들을 시험하여 그의 거짓된 것을 네가 드러낸 것과 또 네가 참고 내 이름을 위하여 견디고 게으르지 아니한 것을 아노라 그러나 너를 책망할 것이 있나니 너의 처음 사랑을 버렸느니라 그러므로 어디서 떨어졌는지를 생각하고 회개하여 처음 행위를 가지라 만일 그리하지 아니하고 회개하지 아니하면 내가 네게 가서 네 촛대를 그 자리에서 옮기리라 오직 네게 이것이 있으니 네가 니골라 당의 행위를 미워하는도다 나도 이것을 미워하노라 귀 있는 자는 성령이 교회들에게 하시는 말씀을 들을지어다 이기는 그에게는 내가 하나님의 낙원에 있는 생명나무의 열매를 주어 먹게 하리라 서머나 교회의 사자에게 편지하라 처음이며 마지막이요 죽었다가 살아나신 이가 이르시되 내가 네 환난과 궁핍을 알거니와 실상은 네가 부요한 자니라 자칭 유대인이라 하는 자들의 비방도 알거니와 실상은 유대인이 아니요 사탄의 회당이라 너는 장차 받을 고난을 두려워하지 말라 볼지어다 마귀가 장차 너희 가운데에서 몇 사람을 옥에 던져 시험을 받게 하리니 너희가 십 일 동안 환난을 받으리라 네가 죽도록 충성하라 그리하면 내가 생명의 관을 네게 주리라 귀 있는 자는 성령이 교회들에게 하시는 말씀을 들을지어다 이기는 자는 둘째 사망의 해를 받지 아니하리라 버가모 교회의 사자에게 편지하라 좌우에 날선 검을 가지신 이가 이르시되 네가 어디에 사는지를 내가 아노니 거기는 사탄의 권좌가 있는 데라 네가 내 이름을 굳게 잡아서 내 충성된 증인 안디바가 너희 가운데 곧 사탄이 사는 곳에서 죽임을 당할 때에도 나를 믿는 믿음을 저버리지 아니하였도다 그러나 네게 두어 가지 책망할 것이 있나니 거기 네게 발람의 교훈을 지키는 자들이 있도다 발람이 발락을 가르쳐 이스라엘 자손 앞에 걸림돌을 놓아 우상의 제물을 먹게 하였고 또 행음하게 하였느니라 이와 같이 네게도 니골라 당의 교훈을 지키는 자들이 있도다 그러므로 회개하라 그리하지 아니하면 내가 네게 속히 가서 내 입의 검으로 그들과 싸우리라 귀 있는 자는 성령이 교회들에게 하시는 말씀을 들을지어다 이기는 그에게는 내가 감추었던 만나를 주고 또 흰 돌을 줄 터인데 그 돌 위에 새 이름을 기록한 것이 있나니 받는 자 밖에는 그 이름을 알 사람이 없느니라 두아디라 교회의 사자에게 편지하라 그 눈이 불꽃 같고 그 발이 빛난 주석과 같은 하나님의 아들이 이르시되 내가 네 사업과 사랑과 믿음과 섬김과 인내를 아노니 네 나중 행위가 처음 것보다 많도다 그러나 네게 책망할 일이 있노라 자칭 선지자라 하는 여자 이세벨을 네가 용납함이니 그가 내 종들을 가르쳐 꾀어 행음하게 하고 우상의 제물을 먹게 하는도다 또 내가 그에게 회개할 기회를 주었으되 자기의 음행을 회개하고자 하지 아니하는도다 볼지어다 내가 그를 침상에 던질 터이요 또 그와 더불어 간음하는 자들도 만일 그의 행위를 회개하지 아니하면 큰 환난 가운데에 던지고 또 내가 사망으로 그의 자녀를 죽이리니 모든 교회가 나는 사람의 뜻과 마음을 살피는 자인 줄 알지라 내가 너희 각 사람의 행위대로 갚아 주리라 두아디라에 남아 있어 이 교훈을 받지 아니하고 소위 사탄의 깊은 것을 알지 못하는 너희에게 말하노니 다른 짐으로 너희에게 지울 것은 없노라 다만 너희에게 있는 것을 내가 올 때까지 굳게 잡으라 이기는 자와 끝까지 내 일을 지키는 그에게 만국을 다스리는 권세를 주리니 그가 철장을 가지고 그들을 다스려 질그릇 깨뜨리는 것과 같이 하리라 나도 내 아버지께 받은 것이 그러하니라 내가 또 그에게 새벽 별을 주리라 귀 있는 자는 성령이 교회들에게 하시는 말씀을 들을지어다 사데 교회의 사자에게 편지하라 하나님의 일곱 영과 일곱 별을 가지신 이가 이르시되 내가 네 행위를 아노니 네가 살았다 하는 이름은 가졌으나 죽은 자로다 너는 일깨어 그 남은 바 죽게 된 것을 굳건하게 하라 내 하나님 앞에 네 행위의 온전한 것을 찾지 못하였노니 그러므로 네가 어떻게 받았으며 어떻게 들었는지 생각하고 지켜 회개하라 만일 일깨지 아니하면 내가 도둑 같이 이르리니 어느 때에 네게 이를는지 네가 알지 못하리라 그러나 사데에 그 옷을 더럽히지 아니한 자 몇 명이 네게 있어 흰 옷을 입고 나와 함께 다니리니 그들은 합당한 자인 연고라 이기는 자는 이와 같이 흰 옷을 입을 것이요 내가 그 이름을 생명책에서 결코 지우지 아니하고 그 이름을 내 아버지 앞과 그의 천사들 앞에서 시인하리라 귀 있는 자는 성령이 교회들에게 하시는 말씀을 들을지어다 빌라델비아 교회의 사자에게 편지하라 거룩하고 진실하사 다윗의 열쇠를 가지신 이 곧 열면 닫을 사람이 없고 닫으면 열 사람이 없는 그가 이르시되 볼지어다 내가 네 앞에 열

린 문을 두었으되 능히 닫을 사람이 없으리라 내가 네 행위를 아노니 네가 작은 능력을 가지고서도 내 말을 지키며 내 이름을 배반하지 아니하였도다 보라 사탄의 회당 곧 자칭 유대인이라 하나 그렇지 아니하고 거짓말 하는 자들 중에서 몇을 네게 주어 그들로 와서 네 발 앞에 절하게 하고 내가 너를 사랑하는 줄을 알게 하리라 네가 나의 인내의 말씀을 지켰은즉 내가 또한 너를 지켜 시험의 때를 면하게 하리니 이는 장차 온 세상에 임하여 땅에 거하는 자들을 시험할 때라 내가 속히 오리니 네가 가진 것을 굳게 잡아 아무도 네 면류관을 빼앗지 못하게 하라 이기는 자는 내 하나님 성전에 기둥이 되게 하리니 그가 결코 다시 나가지 아니하리라 내가 하나님의 이름과 하나님의 성 곧 하늘에서 내 하나님께로부터 내려오는 새 예루살렘의 이름과 나의 새 이름을 그이 위에 기록하리라 귀 있는 자는 성령이 교회들에게 하시는 말씀을 들을지어다 라오디게아 교회의 사자에게 편지하라 아멘이시요 충성되고 참된 증인이시요 하나님의 창조의 근본이신 이가 이르시되 내가 네 행위를 아노니 네가 차지도 아니하고 뜨겁지도 아니하도다 네가 차든지 뜨겁든지 하기를 원하노라 네가 이같이 미지근하여 뜨겁지도 아니하고 차지도 아니하니 내 입에서 너를 토하여 버리리라 네가 말하기를 나는 부자라 부요하여 부족한 것이 없다 하나 네 곤고한 것과 가련한 것과 가난한 것과 눈 먼 것과 벌거벗은 것을 알지 못하는도다 내가 너를 권하노니 내게서 불로 연단한 금을 사서 부요하게 하고 흰 옷을 사서 입어 벌거벗은 수치를 보이지 않게 하고 안약을 사서 눈에 발라 보게 하라 무릇 내가 사랑하는 자를 책망하여 징계하노니 그러므로 네가 열심을 내라 회개하라 볼지어다 내가 문 밖에 서서 두드리노니 누구든지 내 음성을 듣고 문을 열면 내가 그에게로 들어가 그와 더불어 먹고 그는 나와 더불어 먹으리라 이기는 그에게는 내가 내 보좌에 함께 앉게 하여 주기를 내가 이기고 아버지 보좌에 함께 앉은 것과 같이 하리라 귀 있는 자는 성령이 교회들에게 하시는 말씀을 들을지어다

고전 5:6-7 너희가 자랑하는 것이 옳지 아니하도다 적은 누룩이 온 덩어리에 퍼지는 것을 알지 못하느냐 너희는 누룩 없는 자인데 새 덩어리가 되기 위하여 묵은 누룩을 내버리라 우리의 유월절 양 곧 그리스도께서 희생되셨느니라

10)

고전 13:12 우리가 지금은 거울로 보는 것 같이 희미하나 그 때에는 얼굴과 얼굴을 대하여 볼 것이요 지금은 내가 부분적으로 아나 그 때에는 주께서 나를 아신 것 같이 내가 온전히 알리라

계 2-3 에베소 교회의 사자에게 편지하라 오른손에 있는 일곱 별을 붙잡고 일곱 금 촛대 사이를 거니시는 이가 이르시되 내가 네 행위와 수고와 네 인내를 알고 또 악한 자들을 용납하지 아니한 것과 자칭 사도라 하되 아닌 자들을 시험하여 그의 거짓된 것을 네가 드러낸 것과 또 네가 참고 내 이름을 위하여 견디고 게으르지 아니한 것을 아노라 그러나 너를 책망할 것이 있나니 너의 처음 사랑을 버렸느니라 그러므로 어디서 떨어졌는지를 생각하고 회개하여 처음 행위를 가지라 만일 그리하지 아니하고 회개하지 아니하면 내가 네게 가서 네 촛대를 그 자리에서 옮기리라 오직 네게 이것이 있으니 네가 니골라 당의 행위를 미워하는도다 나도 이것을 미워하노라 귀 있는 자는 성령이 교회들에게 하시는 말씀을 들을지어다 이기는 그에게는 내가 하나님의 낙원에 있는 생명나무의 열매를 주어 먹게 하리라 서머나 교회의 사자에게 편지하라 처음이며 마지막이요 죽었다가 살아나신 이가 이르시되 내가 네 환난과 궁핍을 알거니와 실상은 네가 부요한 자니라 자칭 유대인이라 하는 자들의 비방도 알거니와 실상은 유대인이 아니요 사탄의 회당이라 너는 장차 받을 고난을 두려워하지 말라 볼지어다 마귀가 장차 너희 가운데에서 몇 사람을 옥에 던져 시험을 받게 하리니 너희가 십 일 동안 환난을 받으리라 네가 죽도록 충성하라 그리하면 내가 생명의 관을 네게 주리라 귀 있는 자는 성령이 교회들에게 하시는 말씀을 들을지어다 이기는 자는 둘째 사망의 해를 받지 아니하리라 버가모 교회의 사자에게 편지하라 좌우에 날선 검을 가지신 이가 이르시되 내가 어디에 사는지를 내가 아노니 거기는 사탄의 권좌가 있는 데라 네가 내 이름을 굳게 잡아서 내 충성된 증인 안디바가 너희 가운데 곧 사탄이 사는 곳에서 죽임을 당할 때에도 나를 믿는 믿음을 저버리지 아니하였도다 그러나 네게 두어 가지 책망할 것이 있나니 거기 네게 발람의 교훈을 지키는 자들이 있도다 발람이 발락을 가르쳐 이스라엘 자손 앞에 걸림돌을 놓아 우상의 제물을 먹게 하였고 또 행음하게 하였느니라 이와 같이 네게도 니골라 당의 교훈을 지키는 자들이 있도다 그러므로 회개하라 그리하지 아니하면 내가 네게 속히 가서 내 입의 검으로 그들과 싸우리라 귀 있는 자는 성령이 교회들에게 하시는 말씀을 들을지어다 이기는 그에게는 내가 감추었던 만나를 주고 또 흰 돌을 줄 터인데 그 돌 위에 새 이름을 기록한 것이 있나니 받는 자 밖에는 그 이름을 알 사람이 없느니라 두아디라 교회의 사자에게 편지하라 그 눈이 불꽃 같고 그 발이 빛난 주석과 같은 하나님의 아들이 이르시되 내가 네 사업과 사랑과 믿음과 섬김과 인내를 아노니 네 나중 행위가 처음 것보다 많도다 그러나 내게 책망할 일이 있노라 자칭 선지자라 하는 여자 이세벨을 네가 용납함이니 그가 내 종들을 가르쳐 꾀어 행음하게 하고 우상의 제물을 먹게 하는도다 또 내가 그에게 회개할 기회를 주었으되 자기의 음행을 회개하고자 하지 아니하는도다 볼지어다 내가 그를 침상에 던질 터이요 또 그와 더불어 간음하는 자들도 만일 그의 행위를 회개하지 아니하면 큰 환난 가운데에 던지고 또 내가 사망으로 그의 자녀를 죽이리니 모든 교회가 나는 사람의 뜻과 마음을 살피는 자인 줄 알지라 내가 너희 각 사람의 행위대로 갚아 주리라 두아디라에 남아 있어 이 교훈을 받지 아니하고 소위 사탄의 깊은 것을 알지 못하는 너희에게 말하노니 다른 짐으로 너희에게 지울 것은 없노라 다만 너희에게 있는 것을 내가 올 때까지 굳게 잡으라 이기는 자와 끝까지 내 일을 지키는 그에게 만국을 다스리는 권

세를 주리니 그가 철장을 가지고 그들을 다스려 질그릇 깨뜨리는 것과 같이 하리라 나도 내 아버지께 받은 것이 그러하니라 내가 또 그에게 새벽 별을 주리라 귀 있는 자는 성령이 교회들에게 하시는 말씀을 들을지어다
사데 교회의 사자에게 편지하라 하나님의 일곱 영과 일곱 별을 가지신 이가 이르시되 내가 네 행위를 아노니 네가 살았다 하는 이름은 가졌으나 죽은 자로다 너는 일깨어 그 남은 바 죽게 된 것을 굳건하게 하라 내 하나님 앞에 네 행위의 온전한 것을 찾지 못하였노니 그러므로 네가 어떻게 받았으며 어떻게 들었는지 생각하고 지켜 회개하라 만일 일깨지 아니하면 내가 도둑 같이 이르리니 어느 때에 네게 이를는지 네가 알지 못하리라 그러나 사데에 그 옷을 더럽히지 아니한 자 몇 명이 네게 있어 흰 옷을 입고 나와 함께 다니리니 그들은 합당한 자인 연고라 이기는 자는 이와 같이 흰 옷을 입을 것이요 내가 그 이름을 생명책에서 결코 지우지 아니하고 그 이름을 내 아버지 앞과 그의 천사들 앞에서 시인하리라 귀 있는 자는 성령이 교회들에게 하시는 말씀을 들을지어다 빌라델비아 교회의 사자에게 편지하라 거룩하고 진실하사 다윗의 열쇠를 가지신 이 곧 열면 닫을 사람이 없고 닫으면 열 사람이 없는 그가 이르시되 볼지어다 내가 네 앞에 열린 문을 두었으되 능히 닫을 사람이 없으리라 내가 네 행위를 아노니 네가 작은 능력을 가지고서도 내 말을 지키며 내 이름을 배반하지 아니하였도다 보라 사탄의 회당 곧 자칭 유대인이라 하나 그렇지 아니하고 거짓말 하는 자들 중에서 몇을 네게 주어 그들로 와서 네 발 앞에 절하게 하고 내가 너를 사랑하는 줄을 알게 하리라 네가 나의 인내의 말씀을 지켰은즉 내가 또한 너를 지켜 시험의 때를 면하게 하리니 이는 장차 온 세상에 임하여 땅에 거하는 자들을 시험할 때라 내가 속히 오리니 네가 가진 것을 굳게 잡아 아무도 네 면류관을 빼앗지 못하게 하라 이기는 자는 내 하나님 성전에 기둥이 되게 하리니 그가 결코 다시 나가지 아니하리라 내가 하나님의 이름과 하나님의 성 곧 하늘에서 내 하나님께로부터 내려오는 새 예루살렘의 이름과 나의 새 이름을 그의 위에 기록하리라 귀 있는 자는 성령이 교회들에게 하시는 말씀을 들을지어다 라오디게아 교회의 사자에게 편지하라 아멘이시요 충성되고 참된 증인이시요 하나님의 창조의 근본이신 이가 이르시되 내가 네 행위를 아노니 네가 차지도 아니하고 뜨겁지도 아니하도다 네가 차든지 뜨겁든지 하기를 원하노라 네가 이같이 미지근하여 뜨겁지도 아니하고 차지도 아니하니 내 입에서 너를 토하여 버리리라 네가 말하기를 나는 부자라 부요하여 부족한 것이 없다 하나 네 곤고한 것과 가련한 것과 가난한 것과 눈 먼 것과 벌거벗은 것을 알지 못하는도다 내가 너를 권하노니 내게서 불로 연단한 금을 사서 부요하게 하고 흰 옷을 사서 입어 벌거벗은 수치를 보이지 않게 하고 안약을 사서 눈에 발라 보게 하라 무릇 내가 사랑하는 자를 책망하여 징계하노니 그러므로 네가 열심을 내라 회개하라 볼지어다 내가 문 밖에 서서 두드리노니 누구든지 내 음성을 듣고 문을 열면 내가 그에게로 들어가 그와 더불어 먹고 그는 나와 더불어 먹으리라 이기는 그에게는 내가 내 보좌에 함께 앉게 하여 주기를 내가 이기고 아버지 보좌에 함께 앉은 것과 같이 하리라 귀 있는 자는 성령이 교회들에게 하시는 말씀을 들을지어다

마 13:24-30, 47 [24-30]예수께서 그들 앞에 또 비유를 들어 이르시되 천국은 좋은 씨를 제 밭에 뿌린 사람과 같으니 사람들이 잘 때에 그 원수가 와서 곡식 가운데 가라지를 덧뿌리고 갔더니 싹이 나고 결실할 때에 가라지도 보이거늘 집 주인의 종들이 와서 말하되 주여 밭에 좋은 씨를 뿌리지 아니하였나이까 그런데 가라지가 어디서 생겼나이까 주인이 이르되 원수가 이렇게 하였구나 종들이 말하되 그러면 우리가 가서 이것을 뽑기를 원하시나이까 주인이 이르되 가만 두라 가라지를 뽑다가 곡식까지 뽑을까 염려하노라 둘 다 추수 때까지 함께 자라게 두라 추수 때에 내가 추수꾼들에게 말하기를 가라지는 먼저 거두어 불사르게 단으로 묶고 곡식은 모아 내 곳간에 넣으라 하리라 [47]또 천국은 마치 바다에 치고 각종 물고기를 모는 그물과 같으니

11)

계 18:2 힘찬 음성으로 외쳐 이르되 무너졌도다 무너졌도다 큰 성 바벨론이여 귀신의 처소와 각종 더러운 영이 모이는 곳과 각종 더럽고 가증한 새들이 모이는 곳이 되었도다

롬 11:18-22 그 가지들을 향하여 자랑하지 말라 자랑할지라도 네가 뿌리를 보전하는 것이 아니요 뿌리가 너를 보전하는 것이니라 그러면 네 말이 가지들이 꺾인 것은 나로 접붙임을 받게 하려 함이라 하리니 옳도다 그들은 믿지 아니하므로 꺾이고 너는 믿으므로 섰느니라 높은 마음을 품지 말고 도리어 두려워하라 하나님이 원 가지들도 아끼지 아니하셨은즉 너도 아끼지 아니하시리라 그러므로 하나님의 인자하심과 준엄하심을 보라 넘어지는 자들에게는 준엄하심이 있으니 너희가 만일 하나님의 인자하심에 머물러 있으면 그 인자가 너희에게 있으리라 그렇지 않으면 너도 찍히는 바 되리라

12)

마 16:18 또 내가 네게 이르노니 너는 베드로라 내가 이 반석 위에 내 교회를 세우리니 음부의 권세가 이기지 못하리라

시 72:17 그의 이름이 영구함이여 그의 이름이 해와 같이 장구하리로다 사람들이 그로 말미암아 복을 받으리니 모든 민족이 다 그를 복되다 하리로다

시 102:28 주의 종들의 자손은 항상 안전히 거주하고 그의 후손은 주 앞에 굳게 서리이다 하였도다

마 28:19-20 그러므로 너희는 가서 모든 민족을 제자로 삼아 아버지와 아들과 성령의 이름으로 세례를 베풀고 내가 너희에게 분부한 모든 것을 가르쳐 지키게 하라 볼지어다 내가 세상 끝날까지 너희와 항상 함께 있으리라 하시니라

13)

골 1:18 그는 몸인 교회의 머리시라 그가 근본이시요 죽은 자들 가운데서 먼저 나신 이시니 이는 친히 만물의 으뜸이 되려 하심이요

엡 1:22 또 만물을 그의 발 아래에 복종하게 하시고 그를 만물 위에 교회의 머리로 삼으셨느니라

14)

마 23:8-10 그러나 너희는 랍비라 칭함을 받지 말라 너희 선생은 하나요 너희는 다 형제니라 땅에 있는 자를 아버지라 하지 말라 너희의 아버지는 한 분이시니 곧 하늘에 계신 이시니라 또한 지도자라 칭함을 받지 말라 너희의 지도자는 한 분이시니 곧 그리스도시니라

살후 2:3-4, 8-9 [3-4]누가 어떻게 하여도 너희가 미혹되지 말라 먼저 배교하는 일이 있고 저 불법의 사람 곧 멸망의 아들이 나타나기 전에는 그 날이 이르지 아니하리니 그는 대적하는 자라 신이라고 불리는 모든 것과 숭배함을 받는 것에 대항하여 그 위에 자기를 높이고 하나님의 성전에 앉아 자기를 하나님이라고 내세우느니라 [8-9]그 때에 불법한 자가 나타나리니 주 예수께서 그 입의 기운으로 그를 죽이시고 강림하여 나타나심으로 폐하시리라 악한 자의 나타남은 사탄의 활동을 따라 모든 능력과 표적과 거짓 기적과

계 13:6 짐승이 입을 벌려 하나님을 향하여 비방하되 그의 이름과 그의 장막 곧 하늘에 사는 자들을 비방하더라

더 깊은 공부와 나눔을 위한 질문

1. 보이지 않는 교회는 무엇입니까? (25장 1항; 대교리문답 64문)

2. 보이는 교회는 무엇입니까? (25장 2항; 대교리문답 62문답)

3. 그리스도께서는 보이는 교회를 어떻게 다스리시고 지키시고 이루어 가십니까? (25장 3항; 대교리문답 63문답)

4. 교회는 어떠할 때에 더 순수하게, 또는 덜 순수하게 보입니까? 이와 관련하여 우리가 힘써 지키고 따라야 할 것은 무엇입니까? (25장 4항)

5. 교회 세습, 성범죄, 하나님의 진리를 가리는 거짓 가르침, 이외에 모든 오류와 가증스러운 더러움을 보더라도 우리가 절망하지 말아야 하는 이유는 무엇입니까? (25장 5항)

6. 교회의 유일한 머리는 누구십니까?

7. 6항은 로마 가톨릭의 교황을 직접 겨냥하고 있습니다. 그러나 담임목사, 힘 있는 장로들, 저명한 인사, 영향력 있는 인기 많은 사람들도 교황처럼 6항에 따라 적그리스도가 될 수 있습니다. 우리 교회를 거룩하고 건강한 교회로 이루어나가기 위해 교회의 권위와 질서에 대해 충분히 나눠 봅시다.

하나님께서 깨닫게 해 주신 것과 베풀어 주신 은혜를 생각하며 감사합시다. 또 깨달아 배우고 확신한 일에 거할 수 있게 해 달라고 기도합시다.

26장

성도의 교통
Of the Communion of Saints

1항

성령님과 믿음으로 말미암아 그들의 머리이신 그리스도께 연합한 모든 성도는 그리스도의 은혜와 고난과 죽음과 부활과 영광을 통해 그리스도와 교제한다.[1] 그리고 성도들은 사랑 안에서 서로 연합하였기 때문에 각자 받은 은사와 은혜로 서로 교통한다.[2] 따라서 성도들은 서로에게 선이 되는 의무들을 공적으로나 사적으로 은밀하게, 또 행함과 진실함으로 행해야 한다.[3]

1) 요일 1:3; 엡 3:16-19; 요 1:16; 엡 2:5-6; 빌 3:10; 롬 6:5-6; 딤후 2:12 2) 엡 4:15-16; 고전 12:7; 고전 3:21-23; 골 2:19
3) 살전 5:11, 14; 롬 1:11-12, 14; 요일 3:16-18; 갈 6:10.

2항

신앙고백을 함으로써 성도가 된 사람들은 하나님을 예배하고, 서로의 덕을 세우는 영적 봉사들을 수행하고, 또 지닌 여러 능력과 요구되는 필요에 따라 다른 사람의 외적인 짐을 덜어주면서 거룩한 교제와 교통을 반드시 유지해야 한다.[4] 이와 같은 성도의 교통은 하나님께서 기회를 주시는 대로 어느 곳에서든 주 예수님의 이름을 부르는 모든 사람에게까지 확장되어야 한다.[5]

4) 히 10:24-25; 행 2:42, 46; 사 2:3; 고전 11:20 5) 행 2:44-45; 요일 3:17; 고후 8-9; 행 11:29-30.

All saints, that are united to Jesus Christ their Head by His Spirit and by faith, have fellowship with Him in His graces, sufferings, death, resurrection, and glory:[1] and, being united to one another in love, they have communion in each other's gifts and graces,[2] and are obliged to the performance of such duties, public and private, as do conduce to their mutual good, both in the inward and outward man.[3]

Saints by profession are bound to maintain a holy fellowship and communion in the worship of God; and in performing such other spiritual services as tend to their mutual edification;[4] as also in relieving each other in outward things, according to their several abilities, and necessities. Which communion, as God offereth opportunity, is to be extended unto all those who, in every place, call upon the name of the Lord Jesus.[5]

3항

성도들이 그리스도와 나누는 이 교통이 그들을 그리스도의 신격의 본질에 참여하게 하거나 모든 점에서 그리스도와 동등하게 만드는 것은 결코 아니다. 이 가운데 어느 하나라도 긍정하는 것은 불경한 것이며 신성모독이 된다.[6] 또한 성도들이 서로 나누는 교통은 각자의 물건과 소유물에 대해 가지는 재산권과 소유권을 빼앗거나 침해하지 않는다.[7]

6) 골 1:18-19; 고전 8:6; 사 42:8; 딤전 6:15-16; 시 45:7; 히 1:8-9
7) 출 20:15; 엡 4:28; 행 5:4.

This communion, which the saints have with Christ, doth not make them, in any wise, partakers of the substance of His Godhead; or to be equal with Christ, in any respect: either of which to affirm is impious and blasphemous.[6] Nor doth their communion one with another, as saints, take away, or infringe the title or property which each man hath in his goods and possessions.[7]

증거구절

1)

요일 1:3 우리가 보고 들은 바를 너희에게도 전함은 너희로 우리와 사귐이 있게 하려 함이니 우리의 사귐은 아버지와 그의 아들 예수 그리스도와 더불어 누림이라

엡 3:16-19 그의 영광의 풍성함을 따라 그의 성령으로 말미암아 너희 속사람을 능력으로 강건하게 하시오며 믿음으로 말미암아 그리스도께서 너희 마음에 계시게 하시옵고 너희가 사랑 가운데서 뿌리가 박히고 터가 굳어져서 능히 모든 성도와 함께 지식에 넘치는 그리스도의 사랑을 알고 그 너비와 길이와 높이와 깊이가 어떠함을 깨달아 하나님의 모든 충만하신 것으로 너희에게 충만하게 하시기를 구하노라

요 1:16 우리가 다 그의 충만한 데서 받으니 은혜 위에 은혜러라

엡 2:5-6 허물로 죽은 우리를 그리스도와 함께 살리셨고 (너희는 은혜로 구원을 받은 것이라) 또 함께 일으키사 그리스도 예수 안에서 함께 하늘에 앉히시니

빌 3:10 내가 그리스도와 그 부활의 권능과 그 고난에 참여함을 알고자 하여 그의 죽으심을 본받아

롬 6:5-6 만일 우리가 그의 죽으심과 같은 모양으로 연합한 자가 되었으면 또한 그의 부활과 같은 모양으로 연합한 자도 되리라 우리가 알거니와 우리의 옛 사람이 예수와 함께 십자가에 못 박힌 것은 죄의 몸이 죽어 다시는 우리가 죄에게 종 노릇 하지 아니하려 함이니

딤후 2:12 참으면 또한 함께 왕 노릇 할 것이요 우리가 주를 부인하면 주도 우리를 부인하실 것이라

2)

엡 4:15-16 오직 사랑 안에서 참된 것을 하여 범사에 그에게까지 자랄지라 그는 머리니 곧 그리스도라 그에게서 온 몸이 그를 통하여 도움을 받음으로 연결되고 결합되어 각 지체의 분량대로 역사하여 그 몸을 자라게 하며 사랑 안에서 스스로 세우느니라

고전 12:7 각 사람에게 성령을 나타내심은 유익하게 하려 하심이라

고전 3:21-23 그런즉 누구든지 사람을 자랑하지 말라 만물이 다 너희 것임이라 바울이나 아볼로나 게바나 세계나 생명이나 사망이나 지금 것이나 장래 것이나 다 너희의 것이요 너희는 그리스도의 것이요 그리스도는 하나님의 것이니라

골 2:19 머리를 붙들지 아니하는지라 온 몸이 머리로 말미암아 마디와 힘줄로 공급함을 받고 연합하여 하나님이 자라게 하시므로 자라느니라

3)

살전 5:11, 14 [11]그러므로 피차 권면하고 서로 덕을 세우기를 너희가 하는 것 같이 하라 [14]또 형제들아 너희를 권면하노니 게으른 자들을 권계하며 마음이 약한 자들을 격려하고 힘이 없는 자들을 붙들어 주며 모든 사람에게 오래 참으라

롬 1:11-12, 14 [11-12]내가 너희 보기를 간절히 원하는 것은 어떤 신령한 은사를 너희에게 나누어 주어 너희를 견고하게 하려 함이니 이는 곧 내가 너희 가운데서 너희와 나의 믿음으로 말미암아 피차 안위함을 얻으려 함이라 [14]헬라인이나 야만인이나 지혜 있는 자나 어리석은 자에게 다 내가 빚진 자라

요일 3:16-18 그가 우리를 위하여 목숨을 버리셨으니 우리가 이로써 사랑을 알고 우리도 형제들을 위하여 목숨을 버리는 것이 마땅하니라 누가 이 세상의 재물을 가지고 형제의 궁핍함을 보고도 도와 줄 마음을 닫으면 하나님의 사랑이 어찌 그 속에 거하겠느냐 자녀들아 우리가 말과 혀로만 사랑하지 말고 행함과 진실함으로 하자

갈 6:10 그러므로 우리는 기회 있는 대로 모든 이에게 착한 일을 하되 더욱 믿음의 가정들에게 할지니라

4)

히 10:24-25 서로 돌아보아 사랑과 선행을 격려하며 모이기를 폐하는 어떤 사람들의 습관과 같이 하지 말고 오직 권하여 그 날이 가까움을 볼수록 더욱 그리하자

행 2:42, 46 [42]그들이 사도의 가르침을 받아 서로 교제하고 떡을 떼며 오로지 기도하기를 힘쓰니라 [46]날마다 마음을 같이하여 성전에 모이기를 힘쓰고 집에서 떡을 떼며 기쁨과 순전한 마음으로 음식을 먹고

사 2:3 많은 백성이 가며 이르기를 오라 우리가 여호와의 산에 오르며 야곱의 하나님의 전에 이르자 그가 그의 길을 우리에게 가르치실 것이라 우리가 그 길로 행하리라 하리니 이는 율법이 시온에서부터 나올 것이요 여호와의 말씀이 예루살렘에서부터 나올 것임이니라

고전 11:20 그런즉 너희가 함께 모여서 주의 만찬을 먹을 수 없으니

5)

행 2:44-45 믿는 사람이 다 함께 있어 모든 물건을 서로 통용하고 또 재산과 소유를 팔아 각 사람의 필요를 따라 나눠 주며

요일 3:17 누가 이 세상의 재물을 가지고 형제의 궁핍함을 보고도 도와 줄 마음을 닫으면 하나님의 사랑이 어찌 그 속에 거하겠느냐

고후 8-9 형제들아 하나님께서 마게도냐 교회들에게 주신 은혜를 우리가 너희에게 알리노니 환난의 많은 시련 가운데서 그들의 넘치는 기쁨과 극심한 가난이 그들의

풍성한 연보를 넘치도록 하게 하였느니라 내가 증언하노니 그들이 힘대로 할 뿐 아니라 힘에 지나도록 자원하여 이 은혜와 성도 섬기는 일에 참여함에 대하여 우리에게 간절히 구하니 우리가 바라던 것뿐 아니라 그들이 먼저 자신을 주께 드리고 또 하나님의 뜻을 따라 우리에게 주었도다 그러므로 우리가 디도를 권하여 그가 이미 너희 가운데서 시작하였은즉 이 은혜를 그대로 성취하게 하라 하였노라 오직 너희는 믿음과 말과 지식과 모든 간절함과 우리를 사랑하는 이 모든 일에 풍성한 것 같이 이 은혜에도 풍성하게 할지니라 내가 명령으로 하는 말이 아니요 오직 다른 이들의 간절함을 가지고 너희의 사랑의 진실함을 증명하고자 함이로라 우리 주 예수 그리스도의 은혜를 너희가 알거니와 부요하신 이로서 너희를 위하여 가난하게 되심은 그의 가난함으로 말미암아 너희를 부요하게 하려 하심이라 이 일에 관하여 나의 뜻을 알리노니 이 일은 너희에게 유익함이라 너희가 일 년 전에 행하기를 먼저 시작할 뿐 아니라 원하기도 하였은즉 이제는 하던 일을 성취할지니 마음에 원하던 것과 같이 완성되었는 대로 하라 할 마음만 있으면 받는 자의 있을 터이요 없는 것은 받지 아니하시리라 이는 다른 사람들은 평안하게 하고 너희는 곤고하게 하려는 것이 아니요 균등하게 하려 함이니 이제 너희의 넉넉한 것으로 그들의 부족한 것을 보충함은 후에 그들의 넉넉한 것으로 너희의 부족한 것을 보충하여 균등하게 하려 함이라 기록된 것 같이 많이 거둔 자도 남지 아니하였고 적게 거둔 자도 모자라지 아니하였느니라 너희를 위하여 같은 간절함을 디도의 마음에도 주시는 하나님께 감사하노니 그가 권함을 받고 더욱 간절함으로 자원하여 너희에게 나아갔고 또 그와 함께 그 형제를 보내었으니 이 사람은 복음으로써 모든 교회에서 칭찬을 받는 자요 이뿐 아니라 그는 동일한 주의 영광과 우리의 원을 나타내기 위하여 여러 교회의 택함을 받아 우리가 맡은 은혜의 일로 우리와 동행하는 자라 이것을 조심함은 우리가 맡은 이 거액의 연보에 대하여 아무도 우리를 비방하지 못하게 하려 함이니 이는 우리가 주 앞에서뿐 아니라 사람 앞에서도 선한 일에 조심하려 함이라 또 그들과 함께 우리의 한 형제를 보내었노니 우리는 그가 여러 가지 일에 간절한 것을 여러 번 확인하였거니와 이제 그가 너희를 크게 믿으므로 더욱 간절하니라 디도로 말하면 나의 동료요 너희를 위한 나의 동역자요 우리 형제들로 말하면 여러 교회의 사자들이요 그리스도의 영광이니라 그러므로 너희는 여러 교회 앞에서 너희의 사랑과 너희에 대한 우리 자랑의 증거를 그들에게 보이라
성도를 섬기는 일에 대하여는 내가 너희에게 쓸 필요가 없나니 이는 내가 너희의 원함을 앎이라 내가 너희를 위하여 마게도냐인들에게 아가야는 일 년 전부터 준비하였다는 것을 자랑하였는데 과연 너희의 열심이 퍽 많은 사람들을 분발하게 하였느니라 그런데 이 형제들을 보낸 것은 이 일에 너희를 위한 우리의 자랑이 헛되지 않고 내가 말한 것 같이 준비하게 하려 함이라 혹 마게도냐인들이 나와 함께 가서 너희가 준비하지 아니한 것을 보면 너희는 고사하고 우리가 이 믿던 것에 부끄러움을 당할까 두려워하노라 그러므로 내가 이 형제들로 먼저 너희에게 가서 너희가 전에 약속한 연보를 미리 준비하게 하도록 권면하는 것이 필요한 줄 생각하였노니 이렇게 준비하여야 참 연보답고 억지가 아니니라 이것이 곧 적게 심는 자는 적게 거두고 많이 심는 자는 많이 거둔다 하는 말이로다 각각 그 마음에 정한 대로 할 것이요 인색함으로나 억지로 하지 말지니 하나님은 즐겨 내는 자를 사랑하시느니라 하나님이 능히 모든 은혜를 너희에게 넘치게 하시나니 이는 너희로 모든 일에 항상 모든 것이 넉넉하여 모든 착한 일을 넘치게 하게 하려 하심이라 기록된 바 그가 흩어 가난한 자들에게 주었으니 그의 의가 영원토록 있느니라 함과 같으니라 심는 자에게 씨와 먹을 양식을 주시는 이가 너희 심을 것을 주사 풍성하게 하시고 너희 의의 열매를 더하게 하시리니 너희가 모든 일에 넉넉하여 너그럽게 연보를 함은 그들이 우리로 말미암아 하나님께 감사하게 하는 것이라 이 봉사의 직무가 성도들의 부족한 것을 보충할 뿐 아니라 사람들이 하나님께 드리는 많은 감사로 말미암아 넘쳤느니라 이 직무로 증거를 삼아 너희가 그리스도의 복음을 진실히 믿고 복종하는 것과 그들과 모든 사람을 섬기는 너희의 후한 연보로 말미암아 하나님께 영광을 돌리고 또 그들이 너희를 위하여 간구하며 하나님이 너희에게 주신 지극한 은혜로 말미암아 너희를 사모하느니라 말할 수 없는 그의 은사로 말미암아 하나님께 감사하노라

행 11:29-30 제자들이 각각 그 힘대로 유대에 사는 형제들에게 부조를 보내기로 작정하고 이를 실행하여 바나바와 사울의 손으로 장로들에게 보내니라

6)

골 1:18-19 그는 몸인 교회의 머리시라 그가 근본이시요 죽은 자들 가운데서 먼저 나신 이시니 이는 친히 만물의 으뜸이 되려 하심이요 아버지께서는 모든 충만으로 예수 안에 거하게 하시во

고전 8:6 그러나 우리에게는 한 하나님 곧 아버지가 계시니 만물이 그에게서 났고 우리도 그를 위하여 있고 또 한 주 예수 그리스도께서 계시니 만물이 그로 말미암고 우리도 그로 말미암아 있느니라

사 42:8 나는 여호와이니 이는 내 이름이라 나는 내 영광을 다른 자에게, 내 찬송을 우상에게 주지 아니하리라

딤전 6:15-16 기약이 이르면 하나님이 그의 나타나심을 보이시리니 하나님은 복되시고 유일하신 주권자이시며 만왕의 왕이시며 만주의 주시요 오직 그에게만 죽지 아니함이 있고 가까이 가지 못할 빛에 거하시고 어떤 사람도 보지 못하였고 또 볼 수 없는 이시니 그에게 존귀와 영원한 권능을 돌릴지어다 아멘

시 45:7 왕은 정의를 사랑하고 악을 미워하시니 그러므로 하나님 곧 왕의 하나님이 즐거움의 기름을 왕에게 부어 왕의 동료보다 뛰어나게 하셨나이다

히 1:8-9 아들에 관하여는 하나님이여 주의 보좌는 영영

하며 주의 나라의 규는 공평한 규이니이다 주께서 의를 사랑하시고 불법을 미워하셨으니 그러므로 하나님 곧 주의 하나님이 즐거움의 기름을 주께 부어 주를 동류들보다 뛰어나게 하셨도다 하였고

7)

출 20:15 도둑질하지 말라

엡 4:28 도둑질하는 자는 다시 도둑질하지 말고 돌이켜 가난한 자에게 구제할 수 있도록 자기 손으로 수고하여 선한 일을 하라

행 5:4 땅이 그대로 있을 때에는 네 땅이 아니며 판 후에도 네 마음대로 할 수가 없더냐 어찌하여 이 일을 네 마음에 두었느냐 사람에게 거짓말한 것이 아니요 하나님께로다

더 깊은 공부와 나눔을 위한 질문

1. 성도는 누구와, 또 어떻게 서로 교통합니까? (26장 1-2항)

2. "기회 있는 대로 모든 이에게 착한 일을 하되 더욱 믿음의 가정들에게 할지니라"(갈 6:10)라는 말씀을 따라 우리 교회 성도들을 생각하며 우리가 그들을 어떻게 섬길 수 있을지 고민하고 행합시다. (26장 1-2항)

3. 성도의 교통은 각자의 물건과 소유물을 어떻게 다룹니까? (26장 3항)

하나님께서 깨닫게 해 주신 것과 베풀어 주신 은혜를 생각하며 감사합시다. 또 깨달아 배우고 확신한 일에 거할 수 있게 해 달라고 기도합시다.

27장

성례
Of the Sacraments

1항

성례는 그리스도와 그리스도께서 주시는 은택들을 보여주기 위해, 또 그리스도 안에 있는 우리의 권리를 확증하기 위해[3] 하나님께서 직접 제정하신[2] 은혜 언약의 거룩한 표요 인이다.[1] 성례는 또한 교회에 속한 사람들과 세상에 속한 사람들의 차이를 뚜렷하게 보여주고,[4] 그들이 하나님의 말씀을 따라 그리스도 안에서 하나님을 엄숙히 섬기도록 하게 한다.[5]

1) 롬 4:11; 창 17:7, 10 2) 마 28:19; 고전 11:23 3) 고전 10:16; 고전 11:25-26; 갈 3:17 4) 롬 15:8; 출 12:48; 창 34:14
5) 롬 6:3-4; 고전 10:16, 21.

2항

모든 성례에서, 표와 표가 의미하는 것 사이에는 영적 관계, 곧 성례적 연합이 있다. 따라서 표의 명칭과 효과는 그 표가 의미하는 것에서 나온다.[6]

6) 창 17:10; 마 26:27-28; 딛 3:5.

3항

성례가 올바르게 집행될 때, 성례 안에서, 또 그 성례로 말미암아 나타나는 은혜는, 성례 안에 있는 어떤 능력에 의해서 주어지는 것이 아니며, 성례의 효과도 성례를 집행하는 사람의 경건이나 의도에 의

Sacraments are holy signs and seals of the covenant of grace,[1)] immediately instituted by God,[2)] to represent Christ and His benefits; and to confirm our interest in Him;[3)] as also, to put a visible difference between those that belong unto the Church, and the rest of the world;[4)] and solemnly to engage them to the service of God in Christ, according to His Word.[5)]

There is in every sacrament a spiritual relation, or sacramental union, between the sign and the thing signified: whence it comes to pass, that the names and effects of the one are attributed to the other.[6)]

The grace which is exhibited in or by the sacraments rightly used, is not conferred by any power in them: neither doth the efficacy of a sacrament depend upon the piety or intention of him that doth administer it:[7)] but upon the work of the Spirit,[8)] and the word of

존하지 않는다.[7] 성령님의 일하심과[8] 성례가 집행될 때 선포되는 성찬 제정에 관한 말씀에 달려 있다. 이 말씀에는 성례를 집행하게 하는 권한을 부여하는 명령과, 합당하게 성례를 받는 사람들에게 주어지는 은택에 대한 약속이 담겨 있다.[9]

7) 롬 2:28-29; 벧전 3:21 8) 마 3:11; 고전 12:13 9) 마 26:27-28; 마 28:19-20.

4항

복음서에서 우리 주 그리스도께서 제정하신 성례는 단 두 가지로, 곧 세례와 성찬(주의 만찬)이다. 이 두 성례는 합법적으로 세우심을 받은 말씀의 사역자 외에는 아무도 베풀 수 없다.[10]

10) 마 28:19; 고전 11:20, 23; 고전 4:1; 히 5:4.

5항

구약의 성례들은 그 성례들이 표하고 드러내는 영적인 것들에 관하여 신약의 성례들과 본질적으로 같다.[11]

11) 고전 10:1-4.

institution, which contains, together with a precept authorizing the use thereof, a promise of benefit to worthy receivers.[9]

There be only two sacraments ordained by Christ our Lord in the gospel; that is to say, Baptism and the Supper of the Lord: neither of which may be dispensed by any but by a minister of the Word lawfully ordained.[10]

The sacraments of the Old Testament, in regard of the spiritual things thereby signified and exhibited, were, for substance, the same with those of the New.[11]

증거구절

1)

롬 4:11 그가 할례의 표를 받은 것은 무할례시에 믿음으로 된 의를 인친 것이니 이는 무할례자로서 믿는 모든 자의 조상이 되어 그들도 의로 여기심을 얻게 하려 하심이라

창 17:7, 10 ⁷내가 내 언약을 나와 너 및 네 대대 후손 사이에 세워서 영원한 언약을 삼고 너와 네 후손의 하나님이 되리라 ¹⁰너희 중 남자는 다 할례를 받으라 이것이 나와 너희와 너희 후손 사이에 지킬 내 언약이니라

2)

마 28:19 그러므로 너희는 가서 모든 민족을 제자로 삼아 아버지와 아들과 성령의 이름으로 세례를 베풀고

고전 11:23 내가 너희에게 전한 것은 주께 받은 것이니 곧 주 예수께서 잡히시던 밤에 떡을 가지사

3)

고전 10:16 우리가 축복하는 바 축복의 잔은 그리스도의 피에 참여함이 아니며 우리가 떼는 떡은 그리스도의 몸에 참여함이 아니냐

고전 11:25-26 식후에 또한 그와 같이 잔을 가지시고 이르시되 이 잔은 내 피로 세운 새 언약이니 이것을 행하여 마실 때마다 나를 기념하라 하셨으니 너희가 이 떡을 먹으며 이 잔을 마실 때마다 주의 죽으심을 그가 오실 때까지 전하는 것이니라

갈 3:17 내가 이것을 말하노니 하나님께서 미리 정하신 언약을 사백삼십 년 후에 생긴 율법이 폐기하지 못하고 그 약속을 헛되게 하지 못하리라

4)

롬 15:8 내가 말하노니 그리스도께서 하나님의 진실하심을 위하여 할례의 추종자가 되셨으니 이는 조상들에게 주신 약속들을 견고하게 하시고

출 12:48 너희와 함께 거류하는 타국인이 여호와의 유월절을 지키고자 하거든 그 모든 남자는 할례를 받은 후에야 가까이 하여 지킬지니 곧 그는 본토인과 같이 될 것이나 할례 받지 못한 자는 먹지 못할 것이니라

창 34:14 야곱의 아들들이 그들에게 말하되 우리는 그리하지 못하겠노라 할례 받지 아니한 사람에게 우리 누이를 줄 수 없노니 이는 우리의 수치가 됨이니라

5)

롬 6:3-4 무릇 그리스도 예수와 합하여 세례를 받은 우리는 그의 죽으심과 합하여 세례를 받은 줄을 알지 못하느냐 그러므로 우리가 그의 죽으심과 합하여 세례를 받음으로 그와 함께 장사되었나니 이는 아버지의 영광으로 말미암아 그리스도를 죽은 자 가운데서 살리심과 같이 우리로 또한 새 생명 가운데서 행하게 하려 함이라

고전 10:16, 21 ¹⁶우리가 축복하는 바 축복의 잔은 그리스도의 피에 참여함이 아니며 우리가 떼는 떡은 그리스도의 몸에 참여함이 아니냐 ²¹너희가 주의 잔과 귀신의 잔을 겸하여 마시지 못하고 주의 식탁과 귀신의 식탁에 겸하여 참여하지 못하리라

6)

창 17:10 너희 중 남자는 다 할례를 받으라 이것이 나와 너희와 너희 후손 사이에 지킬 내 언약이니라

마 26:27-28 또 잔을 가지사 감사 기도 하시고 그들에게 주시며 이르시되 너희가 다 이것을 마시라 이것은 죄 사함을 얻게 하려고 많은 사람을 위하여 흘리는 바 나의 피 곧 언약의 피니라

딛 3:5 우리를 구원하시되 우리가 행한 바 의로운 행위로 말미암지 아니하고 오직 그의 긍휼하심을 따라 중생의 씻음과 성령의 새롭게 하심으로 하셨나니

7)

롬 2:28-29 무릇 표면적 유대인이 유대인이 아니요 표면적 육신의 할례가 할례가 아니니라 오직 이면적 유대인이 유대인이며 할례는 마음에 할지니 영에 있고 율법 조문에 있지 아니한 것이라 그 칭찬이 사람에게서가 아니요 다만 하나님에게서니라

벧전 3:21 물은 예수 그리스도께서 부활하심으로 말미암아 이제 너희를 구원하는 표니 곧 세례라 이는 육체의 더러운 것을 제하여 버림이 아니요 하나님을 향한 선한 양심의 간구니라

8)

마 3:11 나는 너희로 회개하게 하기 위하여 물로 세례를 베풀거니와 내 뒤에 오시는 이는 나보다 능력이 많으시니 나는 그의 신을 들기도 감당하지 못하겠노라 그는 성령과 불로 너희에게 세례를 베푸실 것이요

고전 12:13 우리가 유대인이나 헬라인이나 종이나 자유인이나 다 한 성령으로 세례를 받아 한 몸이 되었고 또 다 한 성령을 마시게 하셨느니라

9)

마 26:27-28 또 잔을 가지사 감사 기도 하시고 그들에게 주시며 이르시되 너희가 다 이것을 마시라 이것은 죄 사함을 얻게 하려고 많은 사람을 위하여 흘리는 바 나의 피 곧 언약의 피니라

마 28:19-20 그러므로 너희는 가서 모든 민족을 제자로 삼아 아버지와 아들과 성령의 이름으로 세례를 베풀고 내가 너희에게 분부한 모든 것을 가르쳐 지키게 하라 볼지어다 내가 세상 끝날까지 너희와 항상 함께 있으리라 하시니라

10)

마 28:19 그러므로 너희는 가서 모든 민족을 제자로 삼아 아버지와 아들과 성령의 이름으로 세례를 베풀고

고전 11:20, 23 ²⁰그런즉 너희가 함께 모여서 주의 만찬을 먹을 수 없으니 ²³내가 너희에게 전한 것은 주께 받은 것이니 곧 주 예수께서 잡히시던 밤에 떡을 가지사

고전 4:1 사람이 마땅히 우리를 그리스도의 일꾼이요 하나님의 비밀을 맡은 자로 여길지어다

히 5:4 이 존귀는 아무도 스스로 취하지 못하고 오직 아론과 같이 하나님의 부르심을 받은 자라야 할 것이니라

11)

고전 10:1-4 형제들아 나는 너희가 알지 못하기를 원하지 아니하노니 우리 조상들이 다 구름 아래에 있고 바다 가운데로 지나며 모세에게 속하여 다 구름과 바다에서 세례를 받고 다 같은 신령한 음식을 먹으며 다 같은 신령한 음료를 마셨으니 이는 그들을 따르는 신령한 반석으로부터 마셨으매 그 반석은 곧 그리스도시라

더 깊은 공부와 나눔을 위한 질문

1. 성례는 무엇입니까? (27장 1-2항, 5항; 대교리문답 162-163문답)

2. 성례가 어떻게 구원의 효과적인 수단이 됩니까? (27장 3항; 대교리문답 161문답)

3. 그리스도께서 제정하신 성례에는 무엇이 있습니까? 또 누가 그 성례를 베풀 수 있습니까? (27장 4항; 대교리문답 164문답)

하나님께서 깨닫게 해 주신 것과 베풀어 주신 은혜를 생각하며 감사합시다. 또 깨달아 배우고 확신한 일에 거할 수 있게 해 달라고 기도합시다.

28장

세례
Of Baptism

1항

세례는 그리스도께서 제정하신 신약의 성례다.[1] 세례는 세례 받는 사람을 보이는 교회로 받아들이는 엄숙한 의식이고,[2] 세례 받는 사람이 그리스도께 접붙임 되었음과[4] 거듭남과[5] 죄 사함 받음과[6] 예수 그리스도를 통해 새 생명 가운데서 행하기로 하나님께 자신을 드림을 나타내는[7] 은혜 언약의 표와 인이다.[3] 이 성례는 그리스도께서 친히 명령하신 것으로 세상 끝날까지 그리스도의 교회에서 계속 시행되어야 한다.[8]

1) 마 28:19 2) 고전 12:13 3) 롬 4:11; 골 2:11-12 4) 갈 3:27; 롬 6:5 5) 딛 3:5 6) 막 1:4 7) 롬 6:3-4 8) 마 28:19-20.

2항

이 성례에 사용되는 외적 요소는 물이다. 세례 받는 사람은 이 물로 합법적으로 부르심을 받은 복음의 사역자에 의해 성부와 성자와 성령의 이름으로 세례를 받아야 한다.[9]

9) 마 3:11; 요 1:33; 마 28:19-20.

3항

세례 받는 사람을 물에 잠기게 할 필요는 없다. 세례 받는 사람에게 물을 붓거나 뿌리기만 해도 세례

Baptism is a sacrament of the New Testament, ordained by Jesus Christ,[1] not only for the solemn admission of the party baptized into the visible Church;[2] but also, to be unto him a sign and seal of the covenant of grace,[3] of his ingrafting into Christ,[4] of regeneration,[5] of remission of sins,[6] and of his giving up unto God through Jesus Christ, to walk in newness of life.[7] Which sacrament is, by Christ's own appointment, to be continued in His Church until the end of the world.[8]

The outward element to be used in this sacrament is water, wherewith the party is to be baptized, in the name of the Father, and of the Son, and of the Holy Ghost, by a minister of the gospel, lawfully called thereunto.[9]

Dipping of the person into the water is not necessary: but baptism is rightly administered by pouring or

를 올바로 시행하는 것이다.[10]

10) 히 9:10, 19-22; 행 2:41; 행 16:33; 막 7:4.

4항

그리스도께 대한 믿음과 순종을 실제로 고백하는 사람들뿐만 아니라[11] 부모가 다 믿거나 한편만 믿는 가정의 유아들도 세례를 받아야 한다.[12]

11) 막 16:15-16; 행 8:37-38 12) 창 17:7, 9-10; 갈 3:9, 14; 골 2:11-12; 행 2:38-39; 롬 4:11-12; 고전 7:14; 마 28:19; 막 10:13-16; 눅 18:15.

5항

세례를 비난하거나 등한시하는 것은 큰 죄다.[13] 그러나 은혜와 구원이 세례와 나눌 수 없게 결합되어 있지는 않다. 따라서 세례를 받지 않았다고 하여 그가 거듭날 수 없다거나 구원 받을 수 없는 것은 아니며,[14] 세례를 받은 사람 모두가 확실히 거듭나는 것도 아니다.[15]

13) 눅 7:30; 출 4:24-26 14) 롬 4:11; 행 10:2, 4, 22, 31, 45, 47 15) 행 8:13, 23.

6항

세례의 효과는 세례가 베풀어지는 바로 그 순간에

sprinkling water upon the person.[10]

Not only those that do actually profess faith in and obedience unto Christ,[11] but also the infants of one or both believing parents, are to be baptized.[12]

Although it be a great sin to contemn or neglect this ordinance,[13] yet grace and salvation are not so inseparably annexed unto it, as that no person can be regenerated or saved without it;[14] or, that all that are baptized are undoubtedly regenerated.[15]

The efficacy of baptism is not tied to that moment of time wherein it is administered;[16] yet

나타나는 것은 아니다.[16] 그럼에도 이 성례를 바르게 사용한다면, 하나님께서 정하신 때에, 하나님의 뜻에 따라, 성인이든 유아든 약속된 은혜에 속하는 모든 사람에게 약속된 은혜가 성령님에 의해서 제공될 뿐만 아니라 실제로 나타나고 주어진다.[17]

16) 요 3:5, 8 17) 갈 3:27; 딛 3:5; 엡 5:25-26; 행 2:38, 41.

7항
세례는 누구에게든 단 한 번만 베풀어져야 한다.[18]

18) 딛 3:5.

notwithstanding, by the right use of this ordinance, the grace promised is not only offered, but really exhibited and conferred, by the Holy Ghost, to such (whether of age or infants) as that grace belongeth unto, according to the counsel of God's own will, in His appointed time.[17]

The sacrament of baptism is but once to be administered unto any person.[18]

증거구절

1)

마 28:19 그러므로 너희는 가서 모든 민족을 제자로 삼아 아버지와 아들과 성령의 이름으로 세례를 베풀고

2)

고전 12:13 우리가 유대인이나 헬라인이나 종이나 자유인이나 다 한 성령으로 세례를 받아 한 몸이 되었고 또 다 한 성령을 마시게 하셨느니라

3)

롬 4:11 그가 할례의 표를 받은 것은 무할례시에 믿음으로 된 의를 인친 것이니 이는 무할례자로서 믿는 모든 자의 조상이 되어 그들도 의로 여기심을 얻게 하려 하심이라

골 2:11-12 또 그 안에서 너희가 손으로 하지 아니한 할례를 받았으니 곧 육의 몸을 벗는 것이요 그리스도의 할례니라 너희가 세례로 그리스도와 함께 장사되고 또 죽은 자들 가운데서 그를 일으키신 하나님의 역사를 믿음으로 말미암아 그 안에서 함께 일으키심을 받았느니라

4)

갈 3:27 누구든지 그리스도와 합하기 위하여 세례를 받은 자는 그리스도로 옷 입었느니라

롬 6:5 만일 우리가 그의 죽으심과 같은 모양으로 연합한 자가 되었으면 또한 그의 부활과 같은 모양으로 연합한 자도 되리라

5)

딛 3:5 우리를 구원하시되 우리가 행한 바 의로운 행위로 말미암지 아니하고 오직 그의 긍휼하심을 따라 중생의 씻음과 성령의 새롭게 하심으로 하셨나니

6)

막 1:4 세례 요한이 광야에 이르러 죄 사함을 받게 하는 회개의 세례를 전파하니

7)

롬 6:3-4 무릇 그리스도 예수와 합하여 세례를 받은 우리는 그의 죽으심과 합하여 세례를 받은 줄을 알지 못하느냐 그러므로 우리가 그의 죽으심과 합하여 세례를 받음으로 그와 함께 장사되었나니 이는 아버지의 영광으로 말미암아 그리스도를 죽은 자 가운데서 살리심과 같이 우리로 또한 새 생명 가운데서 행하게 하려 함이라

8)

마 28:19-20 그러므로 너희는 가서 모든 민족을 제자로 삼아 아버지와 아들과 성령의 이름으로 세례를 베풀고 내가 너희에게 분부한 모든 것을 가르쳐 지키게 하라 볼 지어다 내가 세상 끝날까지 너희와 항상 함께 있으리라 하시니라

9)

마 3:11 나는 너희로 회개하게 하기 위하여 물로 세례를 베풀거니와 내 뒤에 오시는 이는 나보다 능력이 많으시니 나는 그의 신을 들기도 감당하지 못하겠노라 그는 성령과 불로 너희에게 세례를 베푸실 것이요

요 1:33 나도 그를 알지 못하였으나 나를 보내어 물로 세례를 베풀라 하신 그이가 나에게 말씀하시되 성령이 내려서 누구 위에든지 머무는 것을 보거든 그가 곧 성령으로 세례를 베푸는 이인 줄 알라 하셨기에

마 28:19-20 그러므로 너희는 가서 모든 민족을 제자로 삼아 아버지와 아들과 성령의 이름으로 세례를 베풀고 내가 너희에게 분부한 모든 것을 가르쳐 지키게 하라 볼 지어다 내가 세상 끝날까지 너희와 항상 함께 있으리라 하시니라

10)

히 9:10, 19-22 [10]이런 것은 먹고 마시는 것과 여러 가지 씻는 것과 함께 육체의 예법일 뿐이며 개혁할 때까지 맡겨 둔 것이니라 [19-22]모세가 율법대로 모든 계명을 온 백성에게 말한 후에 송아지와 염소의 피와 물과 붉은 양털과 우슬초를 취하여 그 두루마리와 온 백성에게 뿌리며 이르되 이는 하나님이 너희에게 명하신 언약의 피라 하고 또한 이와 같이 피를 장막과 섬기는 일에 쓰는 모든 그릇에 뿌렸느니라 율법을 따라 거의 모든 물건이 피로써 정결하게 되나니 피흘림이 없은즉 사함이 없느니라

행 2:41 그 말을 받은 사람들은 세례를 받으매 이 날에 신도의 수가 삼천이나 더하더라

행 16:33 그 밤 그 시각에 간수가 그들을 데려다가 그 맞은 자리를 씻어 주고 자기와 그 온 가족이 다 세례를 받은 후

막 7:4 또 시장에서 돌아와서도 물을 뿌리지 않고서는 먹지 아니하며 그 외에도 여러 가지를 지키어 오는 것이 있으니 잔과 주발과 놋그릇을 씻음이러라)

11)

막 16:15-16 또 이르시되 너희는 온 천하에 다니며 만민에게 복음을 전파하라 믿고 세례를 받는 사람은 구원을 얻을 것이요 믿지 않는 사람은 정죄를 받으리라

행 8:37-38 (우리 개역성경에는 37절이 "없음"으로 되어 있지만 KJV 성경은 다음과 같은 내용이 있습니다: And Philip said, If thou believest with all thine heart, thou mayest. And he answered and said, I believe that Jesus Christ is the Son of God. 이를 "빌립이 그에게 말하되 당신이 진심으로 믿는다면 받을 수 있노라 하자 그가 이르되 예수 그리스도가 하나님의 아들이라는 것을 내가 믿노라 하였으니"로 번역할 수 있습니다.)

이에 명하여 수레를 멈추고 빌립과 내시가 둘 다 물에 내려가 빌립이 세례를 베풀니

12)

창 17:7, 9-10 ⁷내가 내 언약을 나와 너 및 네 대대 후손 사이에 세워서 영원한 언약을 삼고 너와 네 후손의 하나님이 되리라 ⁹⁻¹⁰하나님이 또 아브라함에게 이르시되 그런즉 너는 내 언약을 지키고 네 후손도 대대로 지키라 너희 중 남자는 다 할례를 받으라 이것이 나와 너희와 너희 후손 사이에 지킬 내 언약이니라

갈 3:9, 14 ⁹그러므로 믿음으로 말미암은 자는 믿음이 있는 아브라함과 함께 복을 받느니라 ¹⁴이는 그리스도 예수 안에서 아브라함의 복이 이방인에게 미치게 하고 또 우리로 하여금 믿음으로 말미암아 성령의 약속을 받게 하려 함이라

골 2:11-12 또 그 안에서 너희가 손으로 하지 아니한 할례를 받았으니 곧 육의 몸을 벗는 것이요 그리스도의 할례니라 너희가 세례로 그리스도와 함께 장사되고 또 죽은 자들 가운데서 그를 일으키신 하나님의 역사를 믿음으로 말미암아 그 안에서 함께 일으키심을 받았느니라

행 2:38-39 베드로가 이르되 너희가 회개하여 각각 예수 그리스도의 이름으로 세례를 받고 죄 사함을 받으라 그리하면 성령의 선물을 받으리니 이 약속은 너희와 너희 자녀와 모든 먼 데 사람 곧 주 우리 하나님이 얼마든지 부르시는 자들에게 하신 것이라 하고

롬 4:11-12 그가 할례의 표를 받은 것은 무할례시에 믿음으로 된 의를 인친 것이니 이는 무할례자로서 믿는 모든 자의 조상이 되어 그들도 의로 여기심을 얻게 하려 하심이라 또한 할례자의 조상이 되었나니 곧 할례 받을 자에게뿐 아니라 우리 조상 아브라함이 무할례시에 가졌던 믿음의 자취를 따르는 자들에게도 그러하니라

고전 7:14 믿지 아니하는 남편이 아내로 말미암아 거룩하게 되고 믿지 아니하는 아내가 남편으로 말미암아 거룩하게 되나니 그렇지 아니하면 너희 자녀도 깨끗하지 못하니라 그러나 이제 거룩하니라

마 28:19 그러므로 너희는 가서 모든 민족을 제자로 삼아 아버지와 아들과 성령의 이름으로 세례를 베풀고

막 10:13-16 사람들이 예수께서 만져 주심을 바라고 어린 아이들을 데리고 오매 제자들이 꾸짖거늘 예수께서 보시고 노하시어 이르시되 어린 아이들이 내게 오는 것을 용납하고 금하지 말라 하나님의 나라가 이런 자의 것이니라 내가 진실로 너희에게 이르노니 누구든지 하나님의 나라를 어린 아이와 같이 받들지 않는 자는 결단코 그 곳에 들어가지 못하리라 하시고 그 어린 아이들을 안고 그들 위에 안수하시고 축복하시니라

눅 18:15 사람들이 예수께서 만져 주심을 바라고 자기 어린 아기를 데리고 오매 제자들이 보고 꾸짖거늘

13)

눅 7:30 바리새인과 율법교사들은 그의 세례를 받지 아니함으로 그들 자신을 위한 하나님의 뜻을 저버리니라

출 4:24-26 모세가 길을 가다가 숙소에 있을 때에 여호와께서 그를 만나사 그를 죽이려 하신지라 십보라가 돌칼을 가져다가 그의 아들의 포피를 베어 그의 발에 갖다 대며 이르되 당신은 참으로 내게 피 남편이로다 하니 여호와께서 그를 놓아 주시니라 그 때에 십보라가 피 남편이라 함은 할례 때문이었더라

14)

롬 4:11 그가 할례의 표를 받은 것은 무할례시에 믿음으로 된 의를 인친 것이니 이는 무할례자로서 믿는 모든 자의 조상이 되어 그들도 의로 여기심을 얻게 하려 하심이라

행 10:2, 4, 22, 31, 45, 47 ²그가 경건하여 온 집안과 더불어 하나님을 경외하며 백성을 많이 구제하고 하나님께 항상 기도하더니 ⁴고넬료가 주목하여 보고 두려워 이르되 주여 무슨 일이니이까 천사가 이르되 네 기도와 구제가 하나님 앞에 상달되어 기억하신 바가 되었으니 ²²그들이 대답하되 백부장 고넬료는 의인이요 하나님을 경외하는 사람이라 유대 온 족속이 칭찬하더니 그가 거룩한 천사의 지시를 받아 당신을 그 집으로 청하여 말을 들으려 하느니라 한 대 ³¹말하되 고넬료야 하나님이 네 기도를 들으시고 네 구제를 기억하셨으니 ⁴⁵베드로와 함께 온 할례 받은 신자들이 이방인들에게도 성령 부어 주심으로 말미암아 놀라니 ⁴⁷이에 베드로가 이르되 이 사람들이 우리와 같이 성령을 받았으니 누가 능히 물로 세례 베풂을 금하리요 하고

15)

행 8:13, 23 ¹³시몬도 믿고 세례를 받은 후에 전심으로 빌립을 따라다니며 그 나타나는 표적과 큰 능력을 보고 놀라니라 ²³내가 보니 너는 악독이 가득하며 불의에 매인 바 되었도다

16)

요 3:5, 8 ⁵예수께서 대답하시되 진실로 진실로 네게 이르노니 사람이 물과 성령으로 나지 아니하면 하나님의 나라에 들어갈 수 없느니라 ⁸바람이 임의로 불매 네가 그 소리는 들어도 어디서 와서 어디로 가는지 알지 못하나니 성령으로 난 사람도 다 그러하니라

17)

갈 3:27 누구든지 그리스도와 합하기 위하여 세례를 받은 자는 그리스도로 옷 입었느니라

딛 3:5 우리를 구원하시되 우리가 행한 바 의로운 행위로 말미암지 아니하고 오직 그의 긍휼하심을 따라 중생의 씻음과 성령의 새롭게 하심으로 하셨나니

엡 5:25-26 남편들아 아내 사랑하기를 그리스도께서 교

회를 사랑하시고 그 교회를 위하여 자신을 주심 같이 하라 이는 곧 물로 씻어 말씀으로 깨끗하게 하사 거룩하게 하시고

행 2:38, 41 ³⁸베드로가 이르되 너희가 회개하여 각각 예수 그리스도의 이름으로 세례를 받고 죄 사함을 받으라 그리하면 성령의 선물을 받으리니 ⁴¹그 말을 받은 사람들은 세례를 받으매 이 날에 신도의 수가 삼천이나 더하더라

18)

딛 3:5 우리를 구원하시되 우리가 행한 바 의로운 행위로 말미암지 아니하고 오직 그의 긍휼하심을 따라 중생의 씻음과 성령의 새롭게 하심으로 하셨나니

더 깊은 공부와 나눔을 위한 질문

1. 세례는 무엇입니까? (28장 1항; 대교리문답 165문답)

2. 세례는 어떻게 베풀어야 합니까? (28장 2-3항, 7항)

3. 우리는 세례를 어떻게 더 온전하고 의미 있게 할 수 있습니까? (대교리문답 167문답)

4. 세례는 누구에게 베풀어야 합니까? (28장 4항; 대교리문답 166문답)

5. 세례 받지 않은 사람은 구원 받을 수 없습니까? 세례와 구원은 어떤 관계에 있습니까? (28장 5-6항)

6. 세례의 중요성을 생각할 때, 오늘날 교회에서 이루어지고 있는 세례 교육이 적절한지 생각해 봅시다. 또 초대교회 때와 종교개혁 때 우리 선조들의 예를 찾아 나눠 봅시다.

하나님께서 깨닫게 해 주신 것과 베풀어 주신 은혜를 생각하며 감사합시다. 또 깨달아 배우고 확신한 일에 거할 수 있게 해 달라고 기도합시다.

29장

성찬 (주의 만찬)
Of the Lord's Supper

1항

우리 주 예수님께서는 배반당하시던 날 밤에 자신의 몸과 피로 세우신 성례, 곧 성찬(주의 만찬)을 제정하셔서 그리스도의 교회가 세상 끝날까지 지키게 하셨다. 이는 자신의 죽으심으로 자신을 희생제물로 드리신 일을 영원히 기념하게 하기 위함이며, 또 그 일을 통해 참 신자들에게 주어지는 모든 은택과, 주 안에서 영적 양식을 먹고 자라는 일과, 주께 마땅히 행해야 할 모든 의무를 더욱 충실하게 이행하는 일에 인 치시기 위함이다. 또한 참 신자들이 그리스도의 신비한 몸의 지체로서 그리스도와 교통하고 신자들 서로 간에도 교통하도록 결속되게 하고 이를 보증하기 위함이다.[1]

1) 고전 11:23-26; 고전 10:16-17, 21; 고전 12:13.

2항

성찬을 시행할 때, 그리스도께서는 성부 하나님께 바쳐지지 않으시며, 산 자나 죽은 자의 죄를 사하기 위해 실제로 희생 제물이 되시지도 않는다.[2] 다만 성찬은 그리스도께서 십자가 위에서 스스로 자신을 단번에 바치신 일을 기념하는 것이며, 이 일에 감사하여 하나님께 드릴 수 있는 모든 찬양으로 영적인

Our Lord Jesus, in the night wherein He was betrayed, instituted the sacrament of His body and blood, called the Lord's Supper, to be observed in His Church, unto the end of the world, for the perpetual remembrance of the sacrifice of Himself in His death; the sealing all benefits thereof unto true believers, their spiritual nourishment and growth in Him, their further engagement in and to all duties which they owe unto Him; and to be a bond and pledge of their communion with Him, and with each other, as members of His mystical body.[1]

In this sacrament, Christ is not offered up to His Father; nor any real sacrifice made at all for remission of sins of the quick or dead;[2] but only a commemoration of that one offering up of Himself, by Himself, upon the cross, once for all: and a spiritual oblation of all possible praise unto God for the same:[3] so that the Popish sacrifice of the mass (as they call it) is most abominably injurious to Christ's

봉헌을 하는 것이다.[3] 그러므로 가톨릭교회에서 소위 미사라고 부르는 희생제사는, 택함 받은 사람들의 모든 죄를 위해 유일한 화목제물이 되신 그리스도의 희생을 가장 끔찍하게 모욕한다.[4]

2) 히 9:22, 25-26, 28 3) 고전 11:24-26; 마 26:26-27
4) 히 7:23-24, 27; 히 10:11-12, 14, 18.

3항

주 예수님께서는, 성찬을 위해 사역자들을 세우셔서, 성찬 제정에 관한 그분의 말씀을 사람들에게 선포하고, 기도하며, 떡과 포도주를 축복하고, 그렇게 함으로써 그 떡과 포도주를 일반적인 용도에서 거룩한 용도로 구별하며, 떡을 취하여 떼고 잔을 취하여 떡과 포도주 모두 자신들도 나눌 뿐만 아니라 성찬에 참여하는 사람들에게도 나누게 하셨다.[5] 그러나 회중 가운데 참석하지 않은 사람에게는 주지 못하게 하셨다.[6]

5) 마 26:26-28; 막 14:22-24; 눅 22:19-20; 고전 11:23-26
6) 행 20:7; 고전 11:20.

4항

사적인 미사, 곧 성찬을 사제나 다른 사람에게 혼자 받는 것,[7] 잔을 회중에게 나누는 것을 거절하는

one, only sacrifice, the alone propitiation for all the sins of His elect.[4]

The Lord Jesus hath, in this ordinance, appointed His ministers to declare His word of institution to the people; to pray, and bless the elements of bread and wine, and thereby to set them apart from a common to a holy use; and to take and break the bread, to take the cup, and (they communicating also themselves) to give both to the communicants;[5] but to none who are not then present in the congregation.[6]

Private masses, or receiving this sacrament by a priest or any other alone;[7] as likewise, the denial of the cup

것,[8] 떡과 포도주를 숭배하거나, 숭배할 목적으로 떡과 포도주를 높이 들어 올리거나 가지고 다니는 것, 거짓된 종교적 사용을 위해 떡과 포도주를 보관하는 것은 성찬의 본성과 성찬을 제정하신 그리스도의 뜻에 모두 어긋나는 것이다.[9]

7) 고전 10:16 8) 막 14:23; 고전 11:25-29 9) 마 15:9.

5항

그리스도께서 정하신 용도를 위하여 온당하게 구별된 성찬의 외적 요소들은 십자가에 달리신 그리스도와 관계가 매우 깊다. 그러나 이 떡과 포도주는 진실로 오직 성례전적으로만 그것들이 나타내주는 것들의 명칭, 곧 그리스도의 몸과 피로 일컬어진다.[10] 그러나 그렇게 일컫는다고 해도 그 떡과 포도주의 실체와 본질은 이전과 마찬가지로 여전히 떡과 포도주일 뿐이다.[11]

10) 마 26:26-28 11) 고전 11:26-28; 마 26:29.

6항

떡과 포도주의 실체가 사제의 축성이나 다른 방법을 통해 실제 그리스도의 몸과 피로 변한다고 주장하는 (흔히 화체설이라고 하는) 교리는 성경뿐만 아

to the people,[8] worshipping the elements, the lifting them up or carrying them about for adoration, and the reserving them for any pretended religious use; are all contrary to the nature of this sacrament, and to the institution of Christ.[9]

The outward elements in this sacrament, duly set apart to the uses ordained by Christ, have such relation to Him crucified, as that, truly, yet sacramentally only, they are sometimes called by the name of the things they represent, to wit, the body and blood of Christ;[10] albeit in substance and nature they still remain truly and only bread and wine, as they were before.[11]

That doctrine which maintains a change of the substance of bread and wine into the substance of Christ's body and blood (commonly called transubstantiation) by consecration of a priest, or by

니라 상식과 이성에도 모순된다. 이 교리는 성찬의 본질을 뒤엎는 것으로, 여러 미신과 역겨운 우상숭배의 원인이 되어왔고, 지금도 그러하다.[12]

12) 행 3:21; 고전 11:24-26; 눅 24:6, 39.

7항

성찬의 눈에 보이는 요소들에 외적으로 참여함으로써 성찬을 합당하게 받는 사람들은,[13] 내적으로는 믿음으로, 실제로 그리고 참으로 받으며, 육체적이거나 물질적으로가 아니라 영적으로 십자가에 못 박히신 그리스도와 그분의 죽음을 통해 오는 모든 은택을 받고, 또한 먹고 마신다. 그리스도의 살과 피는 떡과 포도주 안이나, 그 밑이나, 그것들과 함께 물질적으로나 육체적으로 존재하지 않는다. 성찬의 요소들이 성찬에 참여하는 사람들의 외적 감각에 의해 감지되는 것처럼, 그리스도의 몸과 피는 실제로 그러나 영적으로 성찬에 참여하는 사람들의 믿음에 존재한다.[14]

13) 고전 11:28 14) 고전 10:16.

8항

무지하고 사악한 사람들은 성찬에 참여하여 성찬

any other way, is repugnant, not to Scripture alone, but even to common sense and reason; overthroweth the nature of the sacrament, and hath been, and is the cause of manifold superstitions; yea, of gross idolatries.[12]

Worthy receivers outwardly partaking of the visible elements in this sacrament,[13] do then also, inwardly by faith, really and indeed, yet not carnally and corporally, but spiritually, receive and feed upon Christ crucified, and all benefits of His death: the body and blood of Christ being then, not corporally or carnally, in, with, or under the bread and wine; yet, as really, but spiritually, present to the faith of believers in that ordinance, as the elements themselves are to their outward senses.[14]

Although ignorant and wicked men receive the outward elements in this sacrament: yet they receive

의 외적 요소들을 받는다고 해도 그것들이 의미하는 것을 받지는 못한다. 오히려 그들은 합당하지 않게 참여함으로써 주님의 몸과 피에 대하여 죄를 지음으로 자신을 스스로 정죄한다. 그런 까닭에 무지하고 불경한 모든 사람은 그리스도와의 교통을 누리기에 합당하지 않으므로 주님의 식탁에 참여할 자격이 없다. 또한 여전히 그러한 무지하고 불경한 상태에 있으면서 이 거룩한 신비에 참여한다거나,[15] 참여할 수 있도록 허락받는 것은[16] 그리스도께 큰 죄를 짓는 것이다.

15) 고전 11:27-29; 고후 6:14-16 16) 고전 5:6-7, 13; 살후 3:6, 14-15; 마 7:6.

not the thing signified thereby, but by their unworthy coming thereunto are guilty of the body and blood of the Lord to their own damnation. Wherefore, all ignorant and ungodly persons, as they are unfit to enjoy communion with Him, so are they unworthy of the Lord's table; and cannot, without great sin against Christ while they remain such, partake of these holy mysteries,[15] or be admitted thereunto.[16]

증거구절

1)

고전 11:23-26 내가 너희에게 전한 것은 주께 받은 것이니 곧 주 예수께서 잡히시던 밤에 떡을 가지사 축사하시고 떼어 이르시되 이것은 너희를 위하는 내 몸이니 이것을 행하여 나를 기념하라 하시고 식후에 또한 그와 같이 잔을 가지시고 이르시되 이 잔은 내 피로 세운 새 언약이니 이것을 행하여 마실 때마다 나를 기념하라 하셨으니 너희가 이 떡을 먹으며 이 잔을 마실 때마다 주의 죽으심을 그가 오실 때까지 전하는 것이니라

고전 10:16-17, 21 16-17우리가 축복하는 바 축복의 잔은 그리스도의 피에 참여함이 아니며 우리가 떼는 떡은 그리스도의 몸에 참여함이 아니냐 떡이 하나요 많은 우리가 한 몸이니 이는 우리가 다 한 떡에 참여함이라 21너희가 주의 잔과 귀신의 잔을 겸하여 마시지 못하고 주의 식탁과 귀신의 식탁에 겸하여 참여하지 못하리라

고전 12:13 우리가 유대인이나 헬라인이나 종이나 자유인이나 다 한 성령으로 세례를 받아 한 몸이 되었고 또 다 한 성령을 마시게 하셨느니라

2)

히 9:22, 25-26, 28 22율법을 따라 거의 모든 물건이 피로써 정결하게 되나니 피흘림이 없은즉 사함이 없느니라 25-26대제사장이 해마다 다른 것의 피로써 성소에 들어가는 것 같이 자주 자기를 드리려고 아니하실지니 그리하면 그가 세상을 창조한 때부터 자주 고난을 받았어야 할 것이로되 이제 자기를 단번에 제물로 드려 죄를 없이 하시려고 세상 끝에 나타나셨느니라 28이와 같이 그리스도도 많은 사람의 죄를 담당하시려고 단번에 드리신 바 되셨고 구원에 이르게 하기 위하여 죄와 상관 없이 자기를 바라는 자들에게 두 번째 나타나시리라

3)

고전 11:24-26 축사하시고 떼어 이르시되 이것은 너희를 위하는 내 몸이니 이것을 행하여 나를 기념하라 하시고 식후에 또한 그와 같이 잔을 가지시고 이르시되 이 잔은 내 피로 세운 새 언약이니 이것을 행하여 마실 때마다 나를 기념하라 하셨으니 너희가 이 떡을 먹으며 이 잔을 마실 때마다 주의 죽으심을 그가 오실 때까지 전하는 것이니라

마 26:26-27 그들이 먹을 때에 예수께서 떡을 가지사 축복하시고 떼어 제자들에게 주시며 이르시되 받아서 먹으라 이것은 내 몸이니라 하시고 또 잔을 가지사 감사 기도 하시고 그들에게 주시며 이르시되 너희가 다 이것을 마시라

4)

히 7:23-24, 27 23-24제사장 된 그들의 수효가 많은 것은 죽음으로 말미암아 항상 있지 못함이로되 예수는 영원히 계시므로 그 제사장 직분도 갈리지 아니하느니라 27그는 저 대제사장들이 먼저 자기 죄를 위하고 다음에 백성의 죄를 위하여 날마다 제사 드리는 것과 같이 할 필요가 없으니 이는 그가 단번에 자기를 드려 이루셨음이라

히 10:11-12, 14, 18 11-12제사장마다 매일 서서 섬기며 자주 같은 제사를 드리되 이 제사는 언제나 죄를 없게 하지 못하거니와 오직 그리스도는 죄를 위하여 한 영원한 제사를 드리시고 하나님 우편에 앉으사 14그가 거룩하게 된 자들을 한 번의 제사로 영원히 온전하게 하셨느니라 18이것들을 사하셨은즉 다시 죄를 위하여 제사 드릴 것이 없느니라

5)

마 26:26-28 그들이 먹을 때에 예수께서 떡을 가지사 축복하시고 떼어 제자들에게 주시며 이르시되 받아서 먹으라 이것은 내 몸이니라 하시고 또 잔을 가지사 감사 기도 하시고 그들에게 주시며 이르시되 너희가 다 이것을 마시라 이것은 죄 사함을 얻게 하려고 많은 사람을 위하여 흘리는 바 나의 피 곧 언약의 피니라

막 14:22-24 그들이 먹을 때에 예수께서 떡을 가지사 축복하시고 떼어 제자들에게 주시며 이르시되 받으라 이것은 내 몸이니라 하시고 또 잔을 가지사 감사 기도 하시고 그들에게 주시니 다 이를 마시매 이르시되 이것은 많은 사람을 위하여 흘리는 나의 피 곧 언약의 피니라

눅 22:19-20 또 떡을 가져 감사 기도 하시고 떼어 그들에게 주시며 이르시되 이것은 너희를 위하여 주는 내 몸이라 너희가 이를 행하여 나를 기념하라 하시고 저녁 먹은 후에 잔도 그와 같이 하여 이르시되 이 잔은 내 피로 세우는 새 언약이니 곧 너희를 위하여 붓는 것이라

고전 11:23-26 내가 너희에게 전한 것은 주께 받은 것이니 곧 주 예수께서 잡히시던 밤에 떡을 가지사 축사하시고 떼어 이르시되 이것은 너희를 위하는 내 몸이니 이것을 행하여 나를 기념하라 하시고 식후에 또한 그와 같이 잔을 가지시고 이르시되 이 잔은 내 피로 세운 새 언약이니 이것을 행하여 마실 때마다 나를 기념하라 하셨으니 너희가 이 떡을 먹으며 이 잔을 마실 때마다 주의 죽으심을 그가 오실 때까지 전하는 것이니라

6)

행 20:7 그 주간의 첫날에 우리가 떡을 떼려 하여 모였더니 바울이 이튿날 떠나고자 하여 그들에게 강론할새 말을 밤중까지 계속하매

고전 11:20 그런즉 너희가 함께 모여서 주의 만찬을 먹을 수 없으니

7)

고전 10:16 우리가 축복하는 바 축복의 잔은 그리스도의

피에 참여함이 아니며 우리가 떼는 떡은 그리스도의 몸에 참여함이 아니냐

8)

막 14:23 또 잔을 가지사 감사 기도 하시고 그들에게 주시니 다 이를 마시매

고전 11:25-29 식후에 또한 그와 같이 잔을 가지시고 이르시되 이 잔은 내 피로 세운 새 언약이니 이것을 행하여 마실 때마다 나를 기념하라 하셨으니 너희가 이 떡을 먹으며 이 잔을 마실 때마다 주의 죽으심을 그가 오실 때까지 전하는 것이니라 그러므로 누구든지 주의 떡이나 잔을 합당하지 않게 먹고 마시는 자는 주의 몸과 피에 대하여 죄를 짓는 것이니라 사람이 자기를 살피고 그 후에야 이 떡을 먹고 이 잔을 마실지니 주의 몸을 분별하지 못하고 먹고 마시는 자는 자기의 죄를 먹고 마시는 것이니라

9)

마 15:9 사람의 계명으로 교훈을 삼아 가르치니 나를 헛되이 경배하는도다 하였느니라 하시고

10)

마 26:26-28 그들이 먹을 때에 예수께서 떡을 가지사 축복하시고 떼어 제자들에게 주시며 이르시되 받아서 먹으라 이것은 내 몸이니라 하시고 또 잔을 가지사 감사 기도 하시고 그들에게 주시며 이르시되 너희가 다 이것을 마시라 이것은 죄 사함을 얻게 하려고 많은 사람을 위하여 흘리는 바 나의 피 곧 언약의 피니라

11)

고전 11:26-28 너희가 이 떡을 먹으며 이 잔을 마실 때마다 주의 죽으심을 그가 오실 때까지 전하는 것이니라 그러므로 누구든지 주의 떡이나 잔을 합당하지 않게 먹고 마시는 자는 주의 몸과 피에 대하여 죄를 짓는 것이니라 사람이 자기를 살피고 그 후에야 이 떡을 먹고 이 잔을 마실지니

마 26:29 그러나 너희에게 이르노니 내가 포도나무에서 난 것을 이제부터 내 아버지의 나라에서 새것으로 너희와 함께 마시는 날까지 마시지 아니하리라 하시니라

12)

행 3:21 하나님이 영원 전부터 거룩한 선지자들의 입을 통하여 말씀하신 바 만물을 회복하실 때까지는 하늘이 마땅히 그를 받아 두리라

고전 11:24-26 축사하시고 떼어 이르시되 이것은 너희를 위하는 내 몸이니 이것을 행하여 나를 기념하라 하시고 식후에 또한 그와 같이 잔을 가지시고 이르시되 이 잔은 내 피로 세운 새 언약이니 이것을 행하여 마실 때마다 나를 기념하라 하셨으니 너희가 이 떡을 먹으며 이 잔을 마실 때마다 주의 죽으심을 그가 오실 때까지 전하는 것이니라

눅 24:6, 39 ⁶여기 계시지 않고 살아나셨느니라 갈릴리에 계실 때에 너희에게 어떻게 말씀하셨는지를 기억하라 ³⁹내 손과 발을 보고 나인 줄 알라 또 나를 만져 보라 영은 살과 뼈가 없으되 너희 보는 바와 같이 나는 있느니라

13)

고전 11:28 사람이 자기를 살피고 그 후에야 이 떡을 먹고 이 잔을 마실지니

14)

고전 10:16 우리가 축복하는 바 축복의 잔은 그리스도의 피에 참여함이 아니며 우리가 떼는 떡은 그리스도의 몸에 참여함이 아니냐

15)

고전 11:27-29 그러므로 누구든지 주의 떡이나 잔을 합당하지 않게 먹고 마시는 자는 주의 몸과 피에 대하여 죄를 짓는 것이니라 사람이 자기를 살피고 그 후에야 이 떡을 먹고 이 잔을 마실지니 주의 몸을 분별하지 못하고 먹고 마시는 자는 자기의 죄를 먹고 마시는 것이니라

고후 6:14-16 너희는 믿지 않는 자와 멍에를 함께 메지 말라 의와 불법이 어찌 함께 하며 빛과 어둠이 어찌 사귀며 그리스도와 벨리알이 어찌 조화되며 믿는 자와 믿지 않는 자가 어찌 상관하며 하나님의 성전과 우상이 어찌 일치가 되리요 우리는 살아 계신 하나님의 성전이라 이와 같이 하나님께서 이르시되 내가 그들 가운데 거하며 두루 행하여 나는 그들의 하나님이 되고 그들은 나의 백성이 되리라

16)

고전 5:6-7, 13 ⁶⁻⁷너희가 자랑하는 것이 옳지 아니하도다 적은 누룩이 온 덩어리에 퍼지는 것을 알지 못하느냐 너희는 누룩 없는 자인데 새 덩어리가 되기 위하여 묵은 누룩을 내버리라 우리의 유월절 양 곧 그리스도께서 희생되셨느니라 ¹³밖에 있는 사람들은 하나님이 심판하시려니와 이 악한 사람은 너희 중에서 내쫓으라

살후 3:6, 14-15 ⁶형제들아 우리 주 예수 그리스도의 이름으로 너희를 명하노니 게으르게 행하고 우리에게서 받은 전통대로 행하지 아니하는 모든 형제에게서 떠나라 ¹⁴⁻¹⁵누가 이 편지에 한 우리 말을 순종하지 아니하거든 그 사람을 지목하여 사귀지 말고 그로 하여금 부끄럽게 하라 그러나 원수와 같이 생각하지 말고 형제 같이 권면하라

마 7:6 거룩한 것을 개에게 주지 말며 너희 진주를 돼지 앞에 던지지 말라 그들이 그것을 발로 밟고 돌이켜 너희를 찢어 상하게 할까 염려하라

더 깊은 공부와 나눔을 위한 질문

1. 성찬(주의 만찬)은 어떤 성례입니까? (29장 1항; 대교리문답 168문답)

2. 왜 가톨릭교회의 미사가 그리스도의 희생을 끔찍하게 모욕하는 것입니까? 이외에도 성찬을 모욕하고 그리스도의 뜻에 어긋나는 일들을 이야기해 봅시다. (29장 2항, 4항)

3. 성찬은 어떻게 시행해야 합니까? (29장 3항; 교리문답 169문답)

4. 성찬을 시행할 때 실제 일어나는 일에 관해 설명해 보십시오. (29장 2항, 5항, 7항; 대교리문답 170문답)

5. 성찬을 받는 사람들은 성찬을 받기 전에 자신들을 어떻게 준비해야 합니까? (대교리문답 171-172문답, 174문답)

6. 성찬을 받은 후에 그리스도인들이 해야 할 의무는 무엇입니까? (대교리문답 175문답)

7. 믿음을 고백하고 성찬을 받고 싶어 하는 사람에게 성찬을 받지 못하게 할 수 있습니까? (대교리문답 173문답)

8. 화체설(로마 가톨릭), 공체설(또는 공재설, 마르틴 루터), 상징설(울리히 츠빙글리)을 비판해 봅시다. 칼빈의 영적 임재설을 정리해 봅시다. (29장 5-7항)

9. 주의 떡이나 잔을 합당하게 먹고 마시도록 당사자나, 교회가 주의를 기울이지 않는 것은 그리스도께 큰 죄가 됩니다. 어떤 사람들이 성찬에 참여할 수 없습니까? (29장 8항)

10. 세례와 성찬을 비교해 봅시다. (대교리문답 176-177문답)

하나님께서 깨닫게 해 주신 것과 베풀어 주신 은혜를 생각하며 감사합시다. 또 깨달아 배우고 확신한 일에 거할 수 있게 해 달라고 기도합시다.

30장

교회의 권징
Of Church Censures

1항

교회의 왕이요, 머리이신 주 예수님께서는 국가 위정자들과는 구별되는 교회 직분자들에게 교회의 치리를 맡기셨다.[1]

1) 사 9:6-7; 딤전 5:17; 살전 5:12; 행 20:17, 28; 히 13:7, 17, 24; 고전 12:28; 마 28:18-20.

2항

이 직분자들에게 천국 열쇠가 맡겨졌다. 그들은 이 열쇠의 힘으로 죄를 보류하기도 하고 용서하기도 하며, 회개하지 않는 사람에게는 말씀과 권징으로 천국 문을 닫고, 회개하는 죄인에게는 필요에 따라 복음의 사역과 권징의 해벌로 천국 문을 열어 줄 권세를 지닌다.[2]

2) 마 16:19; 마 18:17-18; 요 20:21-23; 고후 2:6-8.

3항

교회의 권징이 필요한 이유는, 죄지은 형제를 되찾아 얻고, 다른 사람들이 비슷한 죄를 짓지 않게끔 막으며, 온 덩어리에 퍼지는 그 죄의 누룩을 제거하고, 그리스도의 명예와 복음에 대한 거룩한 고백을 옹호하며, 하나님의 언약과 언약의 인치심이 악명 높고 완고한 범죄자들에 의해 모독을 받도록 교회

The Lord Jesus, as King and Head of His Church, hath therein appointed a government, in the hand of Church officers, distinct from the civil magistrate.[1]

To these officers, the keys of the kingdom of heaven are committed: by virtue whereof, they have power respectively to retain, and remit sins; to shut that kingdom against the impenitent, both by the Word and censures; and to open it unto penitent sinners, by the ministry of the gospel, and by absolution from censures, as occasion shall require.[2]

Church censures are necessary, for the reclaiming and gaining of offending brethren, for deterring of others from the like offences, for purging out of that leaven which might infect the whole lump, for vindicating the honour of Christ, and the holy profession of the gospel, and for preventing the wrath of God, which might justly fall upon the Church, if they

가 내버려 둘 때 교회 위에 쏟아질 하나님의 진노를 막기 위해서다.[3]

3) 고전 5; 딤전 5:20; 마 7:6; 딤전 1:20; 고전 11:27-34; 유 1:23.

4항

이러한 목적들을 더 잘 달성하기 위해 교회 직분자들은 죄 지은 사람의 잘못과 그 범죄의 종류에 따라 훈계, 일정 기간의 성찬 참여 금지, 출교와 같은 조처를 해야 한다.[4]

4) 살전 5:12; 살후 3:6, 14-15; 고전 5:4-5, 13; 마 18:17; 딛 3:10.

should suffer His covenant and the seals thereof to be profaned by notorious and obstinate offenders.[3]

For the better attaining of these ends, the officers of the Church are to proceed by admonition; suspension from the sacrament of the Lord's Supper for a season; and by excommunication from the Church; according to the nature of the crime, and demerit of the person.[4]

증거구절

1)

사 9:6-7 이는 한 아기가 우리에게 났고 한 아들을 우리에게 주신 바 되었는데 그의 어깨에는 정사를 메었고 그의 이름은 기묘자라, 모사라, 전능하신 하나님이라, 영존하시는 아버지라, 평강의 왕이라 할 것임이라 그 정사와 평강의 더함이 무궁하며 또 다윗의 왕좌와 그의 나라에 군림하여 그 나라를 굳게 세우고 지금 이후로 영원히 정의와 공의로 그것을 보존하실 것이라 만군의 여호와의 열심이 이를 이루시리라

딤전 5:17 잘 다스리는 장로들은 배나 존경할 자로 알되 말씀과 가르침에 수고하는 이들에게는 더욱 그리할 것이니라

살전 5:12 형제들아 우리가 너희에게 구하노니 너희 가운데서 수고하고 주 안에서 너희를 다스리며 권하는 자들을 너희가 알고

행 20:17, 28 ¹⁷바울이 밀레도에서 사람을 에베소로 보내어 교회 장로들을 청하니 ²⁸여러분은 자기를 위하여 또는 온 양 떼를 위하여 삼가라 성령이 그들 가운데 여러분을 감독자로 삼고 하나님이 자기 피로 사신 교회를 보살피게 하셨느니라

히 13:7, 17, 24 ⁷하나님의 말씀을 너희에게 일러 주고 너희를 인도하던 자들을 생각하며 그들의 행실의 결말을 주의하여 보고 그들의 믿음을 본받으라 ¹⁷너희를 인도하는 자들에게 순종하고 복종하라 그들은 너희 영혼을 위하여 경성하기를 자신들이 청산할 자인 것 같이 하느니라 그들로 하여금 즐거움으로 이것을 하게 하고 근심으로 하게 하지 말라 그렇지 않으면 너희에게 유익이 없느니라 ²⁴너희를 인도하는 자들과 및 모든 성도들에게 문안하라 이달리야에서 온 자들도 너희에게 문안하느니라

고전 12:28 하나님이 교회 중에 몇을 세우셨으니 첫째는 사도요 둘째는 선지자요 셋째는 교사요 그 다음은 능력을 행하는 자요 그 다음은 병 고치는 은사와 서로 돕는 것과 다스리는 것과 각종 방언을 말하는 것이라

마 28:18-20 예수께서 나아와 말씀하여 이르시되 하늘과 땅의 모든 권세를 내게 주셨으니 그러므로 너희는 가서 모든 민족을 제자로 삼아 아버지와 아들과 성령의 이름으로 세례를 베풀고 내가 너희에게 분부한 모든 것을 가르쳐 지키게 하라 볼지어다 내가 세상 끝날까지 너희와 항상 함께 있으리라 하시니라

2)

마 16:19 내가 천국 열쇠를 네게 주리니 네가 땅에서 무엇이든지 매면 하늘에서도 매일 것이요 네가 땅에서 무엇이든지 풀면 하늘에서도 풀리리라 하시고

마 18:17-18 만일 그들의 말도 듣지 않거든 교회에 말하고 교회의 말도 듣지 않거든 이방인과 세리와 같이 여기라 진실로 너희에게 이르노니 무엇이든지 너희가 땅에서 매일 것이요 무엇이든지 땅에서 풀면 하늘에서도 풀리리라

요 20:21-23 예수께서 또 이르시되 너희에게 평강이 있을지어다 아버지께서 나를 보내신 것 같이 나도 너희를 보내노라 이 말씀을 하시고 그들을 향하사 숨을 내쉬며 이르시되 성령을 받으라 너희가 누구의 죄든지 사하면 사하여질 것이요 누구의 죄든지 그대로 두면 그대로 있으리라 하시니라

고후 2:6-8 이러한 사람은 많은 사람에게서 벌 받는 것이 마땅하도다 그런즉 너희는 차라리 그를 용서하고 위로할 것이니 그가 너무 많은 근심에 잠길까 두려워하노라 그러므로 너희를 권하노니 사랑을 그들에게 나타내라

3)

고전 5 너희 중에 심지어 음행이 있다 함을 들으니 그런 음행은 이방인 중에서도 없는 것이라 누가 그 아버지의 아내를 취하였다 하는도다 그리하고도 너희가 오히려 교만하여져서 어찌하여 통한히 여기지 아니하고 그 일 행한 자를 너희 중에서 쫓아내지 아니하였느냐 내가 실로 몸으로는 떠나 있으나 영으로는 함께 있어서 거기 있는 것 같이 이런 일 행한 자를 이미 판단하였노라 주 예수의 이름으로 너희가 내 영과 함께 모여서 우리 주 예수의 능력으로 이런 자를 사탄에게 내주었으니 이는 육신은 멸하고 영은 주 예수의 날에 구원을 받게 하려 함이라 너희가 자랑하는 것이 옳지 아니하도다 적은 누룩이 온 덩어리에 퍼지는 것을 알지 못하느냐 너희는 누룩 없는 자인데 새 덩어리가 되기 위하여 묵은 누룩을 내버리라 우리의 유월절 양 곧 그리스도께서 희생되셨느니라 이러므로 우리가 명절을 지키되 묵은 누룩으로도 말고 악하고 악의에 찬 누룩으로도 말고 누룩이 없이 오직 순전함과 진실함의 떡으로 하자 내가 너희에게 쓴 편지에 음행하는 자들을 사귀지 말라 하였거니와 이 말은 이 세상의 음행하는 자들이나 탐하는 자들이나 속여 빼앗는 자들이나 우상 숭배하는 자들을 도무지 사귀지 말라 하는 것이 아니니 만일 그리하려면 너희가 세상 밖으로 나가야 할 것이라 이제 내가 너희에게 쓴 것은 만일 어떤 형제라 일컫는 자가 음행하거나 탐욕을 부리거나 우상 숭배를 하거나 모욕하거나 술 취하거나 속여 빼앗거든 사귀지도 말고 그런 자와는 함께 먹지도 말라 함이라 밖에 있는 사람들을 판단하는 것이야 내게 무슨 상관이 있으리요마는 교회 안에 있는 사람들이야 너희가 판단하지 아니하랴 밖에 있는 사람들은 하나님이 심판하시려니와 이 악한 사람은 너희 중에서 내쫓으라

딤전 5:20 범죄한 자들을 모든 사람 앞에서 꾸짖어 나머지 사람들로 두려워하게 하라

마 7:6 거룩한 것을 개에게 주지 말며 너희 진주를 돼지 앞에 던지지 말라 그들이 그것을 발로 밟고 돌이켜 너희

를 찢어 상하게 할까 염려하라

딤전 1:20 그 가운데 후메내오와 알렉산더가 있으니 내가 사탄에게 내준 것은 그들로 훈계를 받아 신성을 모독하지 못하게 하려 함이라

고전 11:27-34 그러므로 누구든지 주의 떡이나 잔을 합당하지 않게 먹고 마시는 자는 주의 몸과 피에 대하여 죄를 짓는 것이니라 사람이 자기를 살피고 그 후에야 이 떡을 먹고 이 잔을 마실지니 주의 몸을 분별하지 못하고 먹고 마시는 자는 자기의 죄를 먹고 마시는 것이니라 그러므로 너희 중에 약한 자와 병든 자가 많고 잠자는 자도 적지 아니하니 우리가 우리를 살폈으면 판단을 받지 아니하려니와 우리가 판단을 받는 것은 주께 징계를 받는 것이니 이는 우리로 세상과 함께 정죄함을 받지 않게 하려 하심이라 그런즉 내 형제들아 먹으러 모일 때에 서로 기다리라 만일 누구든지 시장하거든 집에서 먹을지니 이는 너희의 모임이 판단 받는 모임이 되지 않게 하려 함이라 그밖의 일들은 내가 언제든지 갈 때에 바로잡으리라

유 1:23 또 어떤 자를 불에서 끌어내어 구원하라 또 어떤 자를 그 육체로 더럽힌 옷까지도 미워하되 두려움으로 긍휼히 여기라

4)

살전 5:12 형제들아 우리가 너희에게 구하노니 너희 가운데서 수고하고 주 안에서 너희를 다스리며 권하는 자들을 너희가 알고

살후 3:6, 14-15 ⁶형제들아 우리 주 예수 그리스도의 이름으로 너희를 명하노니 게으르게 행하고 우리에게서 받은 전통대로 행하지 아니하는 모든 형제에게서 떠나라 ¹⁴⁻¹⁵누가 이 편지에 한 우리 말을 순종하지 아니하거든 그 사람을 지목하여 사귀지 말고 그로 하여금 부끄럽게 하라 그러나 원수와 같이 생각하지 말고 형제 같이 권면하라

고전 5:4-5, 13 ⁴⁻⁵주 예수의 이름으로 너희가 내 영과 함께 모여서 우리 주 예수의 능력으로 이런 자를 사탄에게 내주었으니 이는 육신은 멸하고 영은 주 예수의 날에 구원을 받게 하려 함이라 ¹³밖에 있는 사람들은 하나님이 심판하시려니와 이 악한 사람은 너희 중에서 내쫓으라

마 18:17 만일 그들의 말도 듣지 않거든 교회에 말하고 교회의 말도 듣지 않거든 이방인과 세리와 같이 여기라

딛 3:10 이단에 속한 사람을 한두 번 훈계한 후에 멀리하라

더 깊은 공부와 나눔을 위한 질문

1. 교회의 왕이요, 머리이신 주 예수님께서는 교회의 치리를 누구에게 맡기셨습니까? (30장 1항; 웨스트민스터 정치 모범)

2. 교회 직분자들에게 그리스도께서 맡기신 것은 무엇입니까? (30장 2항)

3. 교회에 권징이 필요한 이유는 무엇입니까? (30장 3-4항)

4. 교회에서 권징이 제대로 시행되지 않을 때 교회는 어떻게 타락하게 됩니까?

5. 오늘날 교회는 권징을 잘 시행하고 있습니까?

6. 교회는 직분자를 어떻게 세워야 합니까?

하나님께서 깨닫게 해 주신 것과 베풀어 주신 은혜를 생각하며 감사합시다. 또 깨달아 배우고 확신한 일에 거할 수 있게 해 달라고 기도합시다.

31장

총회와 공의회
Of Synods and Councils

1항

교회를 더 잘 다스리고 교회의 덕을 더 잘 세우기 위해서 일반적으로 총회 또는 공의회라고 부르는 회의가 있어야 한다.[1]

1) 행 15:2, 4, 6.

2항

국가 위정자는 신앙에 관한 문제들에 대해 협의하고 의논하기 위해 목사들과 다른 적합한 사람들로 구성된 총회를 합법적으로 소집할 수 있다.[2] 마찬가지로, 국가 위정자가 교회를 노골적으로 대적하는 경우에 그리스도의 사역자들은 그들이 지닌 직분의 권위로, 교회의 대표로 파견된 다른 적합한 사람들과 함께 그런 회의를 소집할 수 있다.[3]

2) 사 49:23; 딤전 2:1-2; 대하 19:8-11; 대하 29-30; 마 2:4-5; 잠 11:14 3) 행 15:2, 4, 22-23, 25.

3항

믿음에 관한 논쟁과 양심의 문제를 목회적으로 결정하고, 하나님께 드리는 공적 예배와, 교회의 치리를 보다 질서 있게 하도록 원칙과 방향을 정하는 것, 그릇된 치리로 말미암아 생긴 불평을 받아 그 문제를 권위 있게 해결하는 것은 모두 총회와 공의회에 속한 일이다. 총회와 공의회의 명령과 결정이

For the better government, and further edification of the Church, there ought to be such assemblies as are commonly called synods or councils.[1)]

As magistrates may lawfully call a synod of ministers, and other fit persons, to consult and advise with, about matters of religion;[2)] so, if magistrates be open enemies to the Church, the ministers of Christ of themselves, by virtue of their office, or they, with other fit persons, upon delegation from their Churches, may meet together in such assemblies.[3)]

It belongeth to synods and councils, ministerially to determine controversies of faith and cases of conscience, to set down rules and directions for the better ordering of the public worship of God and government of His Church; to receive complaints in cases of maladministration, and authoritatively

하나님의 말씀에 일치하는 한, 그 명령과 결정이 말씀에 일치한다는 이유와, 그뿐만이 아니라 그러한 명령과 결정이 말씀 안에 정해져 있는 하나님의 규례를 따라 힘 있게 행사되었다는 이유 때문에도 총회와 공의회의 명령과 결정에 경외심을 가지고 복종해야 한다.[4]

4) 행 15:15, 19, 24, 27-31; 행 16:4; 마 18:17-20.

4항

사도 시대부터 개최된 모든 총회와 공의회는 일반적으로든 개별적으로든 오류를 범할 수 있고, 또 많은 오류를 범해왔다. 그러므로 총회와 공의회의 명령과 결정을 믿음과 실천의 법칙으로 삼아서는 안 되며, 다만 믿음과 실천에 도움을 주는 수단으로 사용해야 한다.[5]

5) 엡 2:20; 행 17:11; 고전 2:5; 고후 1:24.

5항

총회와 공의회는 교회와 관련된 문제만을 다루고 결정해야 한다. 이 외에 국가와 관련된 사회 문제에 간섭하면 안 된다. 다만, 특별한 경우 겸손하게 청원할 수 있으며, 국가 위정자의 요구가 있을 때도 양심에 충실하게 조언할 수 있다.[6]

6) 눅 12:13-14; 요 18:36.

to determine the same: which decrees and determinations, if consonant to the Word of God, are to be received with reverence and submission; not only for their agreement with the Word, but also for the power whereby they are made, as being an ordinance of God appointed thereunto in His Word.[4]

All synods or councils, since the Apostles' times, whether general or particular, may err; and many have erred. Therefore they are not to be made the rule of faith or practice; but to be used as a help in both.[5]

Synods and councils are to handle, or conclude, nothing, but that which is ecclesiastical: and are not to intermeddle with civil affairs which concern the commonwealth; unless by way of humble petition, in cases extraordinary; or by way of advice, for satisfaction of conscience, if they be thereunto required by the civil magistrate.[6]

증거구절

1)

행 15:2, 4, 6 ²바울 및 바나바와 그들 사이에 적지 아니한 다툼과 변론이 일어난지라 형제들이 이 문제에 대하여 바울과 바나바와 및 그 중의 몇 사람을 예루살렘에 있는 사도와 장로들에게 보내기로 작정하니라 ⁴예루살렘에 이르러 교회와 사도와 장로들에게 영접을 받고 하나님이 자기들과 함께 계셔 행하신 모든 일을 말하매 ⁶사도와 장로들이 이 일을 의논하러 모여

2)

사 49:23 왕들은 네 양부가 되며 왕비들은 네 유모가 될 것이며 그들이 얼굴을 땅에 대고 네게 절하고 네 발의 티끌을 핥을 것이니 네가 나를 여호와인 줄을 알리라 나를 바라는 자는 수치를 당하지 아니하리라

딤전 2:1-2 그러므로 내가 첫째로 권하노니 모든 사람을 위하여 간구와 기도와 도고와 감사를 하되 임금들과 높은 지위에 있는 모든 사람을 위하여 하라 이는 우리가 모든 경건과 단정함으로 고요하고 평안한 생활을 하려 함이라

대하 19:8-11 여호사밧이 또 예루살렘에서 레위 사람들과 제사장들과 이스라엘 족장들 중에서 사람을 세워 여호와께 속한 일과 예루살렘 주민의 모든 송사를 재판하게 하고 그들에게 명령하여 이르되 너희는 진실과 성심을 다하여 여호와를 경외하라 어떤 성읍에 사는 너희 형제가 혹 피를 흘림이나 혹 율법이나 계명이나 율례나 규례로 말미암아 너희에게 와서 송사하거든 어떤 송사든지 그들에게 경고하여 여호와께 죄를 범하지 않게 하여 너희와 너희 형제에게 진노하심이 임하지 말게 하라 너희가 이렇게 행하면 죄가 없으리라 여호와께 속한 모든 일에는 대제사장 아마랴가 너희를 다스리고 왕에게 속한 모든 일은 유다 지파의 어른 이스마엘의 아들 스바댜가 다스리고 레위 사람들은 너희 앞에 관리가 되리라 너희는 힘써 행하라 여호와께서 선한 자와 함께 하실지로다 하니라

대하 29-30 히스기야가 왕위에 오를 때에 나이가 이십오 세라 예루살렘에서 이십구 년 동안 다스리니라 그의 어머니의 이름은 아비야요 스가랴의 딸이더라 히스기야가 그의 조상 다윗의 모든 행실과 같이 여호와 보시기에 정직하게 행하여 첫째 해 첫째 달에 여호와의 전 문들을 열고 수리하고 제사장들과 레위 사람들을 동쪽 광장에 모으고 그들에게 이르되 레위 사람들아 내 말을 들으라 이제 너희는 성결하게 하고 또 너희 조상들의 하나님 여호와의 전을 성결하게 하여 그 더러운 것을 성소에서 없애라 우리 조상들이 범죄하여 우리 하나님 여호와 보시기에 악을 행하여 하나님을 버리고 얼굴을 돌려 여호와의 성소를 등지고 또 낭실 문을 닫으며 등불을 끄고 성소에서 분향하지 아니하며 이스라엘의 하나님께 번제를 드리지 아니하므로 여호와께서 유다와 예루살렘에 진노하시고 내버리사 두려움과 놀람과 비웃음거리가 되게 하신 것을 너희가 똑똑히 보는 바라 이로 말미암아 우리의 조상들이 칼에 엎드러지며 우리의 자녀와 아내들이 사로잡혔느니라 이제 이스라엘의 하나님 여호와와 더불어 언약을 세워 그 맹렬한 노를 우리에게서 떠나게 할 마음이 내게 있노니 내 아들들아 이제는 게으르지 말라 여호와께서 이미 너희를 택하사 그 앞에 서서 수종들어 그를 섬기며 분향하게 하셨느니라 이에 레위 사람들이 일어나니 곧 그핫의 자손 중 아마새의 아들 마핫과 아사랴의 아들 요엘과 므라리의 자손 중 압디의 아들 기스와 여할렐렐의 아들 아사랴와 게르손 사람 중 심마의 아들 요아와 요아의 아들 에덴과 엘리사반의 자손 중 시므리와 여우엘과 아삽의 자손 중 스가랴와 맛다냐와 헤만의 자손 중 여후엘과 시므이와 여두둔의 자손 중 스마야와 웃시엘이라 그들이 그들의 형제들을 모아 성결하게 하고 들어가서 왕이 여호와의 말씀대로 명령한 것을 따라 여호와의 전을 깨끗하게 할새 제사장들도 여호와의 전 안에 들어가서 깨끗하게 하여 여호와의 전에 있는 모든 더러운 것을 끌어내어 여호와의 전 뜰에 이르매 레위 사람들이 받아 바깥 기드론 시내로 가져갔더라 첫째 달 초하루에 성결하게 하기를 시작하여 그 달 초팔일에 여호와의 낭실에 이르고 또 팔 일 동안 여호와의 전을 성결하게 하여 첫째 달 십육 일에 이르러 마치고 안으로 들어가서 히스기야 왕을 보고 이르되 우리가 여호와의 온 전과 번제단과 그 모든 그릇들과 떡을 진설하는 상과 그 모든 그릇들을 깨끗하게 하였고 또 아하스 왕이 왕위에 있어 범죄할 때에 버린 모든 그릇들도 우리가 정돈하고 성결하게 하여 여호와의 제단 앞에 두었나이다 하니라 히스기야 왕이 일찍이 일어나 성읍의 귀인들을 모아 여호와의 전에 올라가서 수송아지 일곱 마리와 숫양 일곱 마리와 어린 양 일곱 마리와 숫염소 일곱 마리를 끌어다가 나라와 성소와 유다를 위하여 속죄제물로 삼고 아론의 자손 제사장들을 명령하여 여호와의 제단에 드리게 하니 이에 수소를 잡으매 제사장들이 그 피를 받아 제단에 뿌리고 또 숫양들을 잡으매 그 피를 제단에 뿌리고 또 어린 양들을 잡으매 그 피를 제단에 뿌리고 이에 속죄제물로 드릴 숫염소들을 왕과 회중 앞으로 끌어오매 그들이 그 위에 안수하고 제사장들이 잡아 그 피를 속죄제로 삼아 제단에 드려 온 이스라엘을 위하여 속죄하니 이는 왕이 명령하여 온 이스라엘을 위하여 번제와 속죄제를 드리게 하였음이더라 왕이 레위 사람들을 여호와의 전에 두어서 다윗과 왕의 선견자 갓과 선지자 나단이 명령한 대로 제금과 비파와 수금을 잡게 하니 이는 여호와께서 그의 선지자들로 이렇게 명령하셨음이라 레위 사람은 다윗의 악기를 잡고 제사장은 나팔을 잡고 서매 히스기야가 명령하여 번제를 제단에 드릴새 번제 드리기를 시작하는 동시에 여호와의 시로 노래하고 나팔을 불며 이스라엘 왕 다윗의 악기를 울리고 온 회중이 경배하며 노래하는 자들은 노래하고 나팔 부는 자들은 나팔을 불어 번제를 마치기까지 이르니라 제사 드리기를 마치매 왕과 그와 함께 있는 자들

이 다 엎드려 경배하니라 히스기야 왕이 귀인들과 더불어 레위 사람을 명령하여 다윗과 선견자 아삽의 시로 여호와를 찬송하게 하매 그들이 즐거움으로 찬송하고 몸을 굽혀 예배하니라 이에 히스기야가 말하여 이르되 너희가 이제 스스로 몸을 깨끗하게 하여 여호와께 드렸으니 마땅히 나아와 제물과 감사제물을 여호와의 전으로 가져오라 하니 회중이 제물과 감사제물을 가져오되 무릇 마음에 원하는 자는 또한 번제물도 가져오니 회중이 가져온 번제물의 수효는 수소가 칠십 마리요 숫양이 백 마리요 어린 양이 이백 마리이니 이는 다 여호와께 번제물로 드리는 것이며 또 구별하여 드린 소가 육백 마리요 양이 삼천 마리라 그런데 제사장이 부족하여 그 모든 번제 짐승들의 가죽을 능히 벗기지 못하는 고로 그의 형제 레위 사람들이 그 일을 마치기까지 돕고 다른 제사장들이 성결하게 하기까지 기다렸으니 이는 레위 사람들의 성결하게 한 성심이 제사장들보다 성심이 있었음이라 번제와 화목제의 기름과 각 번제에 속한 전제들이 많더라 이와 같이 여호와의 전에서 섬기는 일이 순서대로 갖추어지니라 이 일이 갑자기 되었으나 하나님께서 백성을 위하여 예비하셨으므로 히스기야가 백성과 더불어 기뻐하였더라

히스기야가 온 이스라엘과 유다에 사람을 보내고 또 에브라임과 므낫세에 편지를 보내어 예루살렘 여호와의 전에 와서 이스라엘 하나님 여호와를 위하여 유월절을 지키라 하니 왕이 방백과 예루살렘 온 회중과 더불어 의논하고 둘째 달에 유월절을 지키려 하였으니 이는 성결하게 한 제사장이 부족하고 백성도 예루살렘에 모이지 못하였으므로 그 정한 때에 지킬수 없었음이라 왕과 온 회중이 이 일을 좋게 여기고 드디어 왕이 명령을 내려 브엘세바에서부터 단까지 온 이스라엘에 공포하여 일제히 예루살렘으로 와서 이스라엘 하나님 여호와의 유월절을 지키라 하니 이는 기록한 규례대로 오랫동안 지키지 못하였음이더라 보발꾼들이 왕과 방백들의 편지를 받아 가지고 왕의 명령을 따라 온 이스라엘과 유다에 두루 다니며 전하니 일렀으되 이스라엘 자손들아 너희는 아브라함과 이삭과 이스라엘의 하나님 여호와께로 돌아오라 그리하면 그가 너희 남은 자 곧 앗수르 왕의 손에서 벗어난 자에게로 돌아오시리라 너희 조상들과 너희 형제 같이 하지 말라 그들은 그의 조상들의 하나님 여호와께 범죄하였으므로 여호와께서 멸망하도록 버려 두신 것을 너희가 똑똑히 보는 바니라 그런즉 너희 조상들 같이 목을 곧게 하지 말고 여호와께 돌아와 영원히 거룩하게 하신 전에 들어가서 너희 하나님 여호와를 섬겨 그의 진노가 너희에게서 떠나게 하라 너희가 만일 여호와께 돌아오면 너희 형제들과 너희 자녀가 사로잡은 자들에게서 자비를 입어 다시 이 땅으로 돌아오리라 너희 하나님 여호와는 은혜로우시고 자비하신지라 너희가 그에게로 돌아오면 그의 얼굴을 너희에게서 돌이키지 아니하시리라 하였더라 보발꾼이 에브라임과 므낫세 지방 각 성읍으로 두루 다녀서 스불론까지 이르렀으나 사람들이 그들을 조롱하며 비웃었더라 그러나 아셀과 므낫세와 스불론 중에서 몇 사람이 스스로 겸손한 마음으로 예루살렘에 이르렀고 하나님의 손이 또한 유다 사람들을 감동시키사 그들에게

왕과 방백들이 여호와의 말씀대로 전한 명령을 한 마음으로 준행하게 하였더라 둘째 달에 백성이 무교절을 지키려 하여 예루살렘에 많이 모이니 매우 큰 모임이라 무리가 일어나 예루살렘에 있는 제단과 향단들을 모두 제거하여 기드론 시내에 던지고 둘째 달 열넷째 날에 유월절 양을 잡으니 제사장과 레위 사람이 부끄러워하여 성결하게 하고 번제물을 가지고 여호와의 전에 이르러 규례대로 각각 자기들의 처소에 서고 하나님의 사람 모세의 율법을 따라 제사장들이 레위 사람의 손에서 피를 받아 뿌리니라 회중 가운데 많은 사람이 자신을 성결하게 하지 못하였으므로 레위 사람들이 모든 부정한 사람을 위하여 유월절 양을 잡아 그들로 여호와 앞에서 성결하게 하였으나 에브라임과 므낫세와 잇사갈과 스불론의 많은 무리는 자기들을 깨끗하게 하지 아니하고 유월절 양을 먹어 기록한 규례를 어긴지라 히스기야가 그들을 위하여 기도하여 이르되 선하신 여호와여 사하옵소서 결심하고 하나님 곧 그의 조상들의 하나님 여호와를 구하는 사람은 누구든지 비록 성소의 결례대로 스스로 깨끗하게 못하였을지라도 사하옵소서 하였더니 여호와께서 히스기야의 기도를 들으시고 백성을 고치셨더라 예루살렘에 모인 이스라엘 자손이 크게 즐거워하며 칠 일 동안 무교절을 지켰고 레위 사람들과 제사장들은 날마다 여호와를 칭송하며 큰 소리 나는 악기를 울려 여호와를 찬양하였으며 히스기야는 여호와를 섬기는 일에 능숙한 모든 레위 사람들을 위로하였더라 이와 같이 절기 칠 일 동안에 무리가 먹으며 화목제를 드리고 그의 조상들의 하나님 여호와께 감사하였더라 온 회중이 다시 칠 일을 지키기로 결의하고 이에 또 칠 일을 즐겁게 지켰더라 유다 왕 히스기야가 수송아지 천 마리와 양 칠천 마리를 회중에게 주었고 방백들은 수송아지 천 마리와 양 만 마리를 회중에게 주었으며 자신들을 성결하게 한 제사장들도 많았더라 유다 온 회중과 제사장들과 레위 사람들과 이스라엘에서 온 모든 회중과 이스라엘 땅에서 나온 나그네들과 유다에 사는 나그네들이 다 즐거워하였으므로 예루살렘에 큰 기쁨이 있었으니 이스라엘 왕 다윗의 아들 솔로몬 때로부터 이러한 기쁨이 예루살렘에 없었더라 그 때에 제사장들과 레위 사람들이 일어나서 백성을 위하여 축복하였으니 그 소리가 하늘에 들리고 그 기도가 여호와의 거룩한 처소 하늘에 이르렀더라

마 2:4–5 왕이 모든 대제사장과 백성의 서기관들을 모아 그리스도가 어디서 나겠느냐 물으니 이르되 유대 베들레헴이오니 이는 선지자로 이렇게 기록된 바

잠 11:14 지략이 없으면 백성이 망하여도 지략이 많으면 평안을 누리느니라

3)

행 15:2, 4, 22–23, 25 ²바울 및 바나바와 그들 사이에 적지 아니한 다툼과 변론이 일어난지라 형제들이 이 문제에 대하여 바울과 바나바와 및 그 중의 몇 사람을 예루살렘에 있는 사도와 장로들에게 보내기로 작정하니라 ⁴예루살렘에 이르러 교회와 사도와 장로들에게 영접을 받고

하나님이 자기들과 함께 계셔 행하신 모든 일을 말하매 ²²⁻²³이에 사도와 장로와 온 교회가 그 중에서 사람들을 택하여 바울과 바나바와 함께 안디옥으로 보내기를 결정하니 곧 형제 중에 인도자인 바사바라 하는 유다와 실라더라 그 편에 편지를 부쳐 이르되 사도와 장로 된 형제들은 안디옥과 수리아와 길리기아에 있는 이방인 형제들에게 문안하노라 ²⁵사람을 택하여 우리 주 예수 그리스도의 이름을 위하여 생명을 아끼지 아니하는 자인 우리가 사랑하는 바나바와 바울과 함께 너희에게 보내기를 만장일치로 결정하였노라

눅 12:13-14 무리 중에 한 사람이 이르되 선생님 내 형을 명하여 유산을 나와 나누게 하소서 하니 이르시되 이 사람아 누가 나를 너희의 재판장이나 물건 나누는 자로 세웠느냐 하시고

요 18:36 예수께서 대답하시되 내 나라는 이 세상에 속한 것이 아니니라 만일 내 나라가 이 세상에 속한 것이었더라면 내 종들이 싸워 나로 유대인들에게 넘겨지지 않게 하였으리라 이제 내 나라는 여기에 속한 것이 아니니라

4)

행 15:15, 19, 24, 27-31 ¹⁵선지자들의 말씀이 이와 일치하도다 기록된 바 ¹⁹그러므로 내 의견에는 이방인 중에서 하나님께로 돌아오는 자들을 괴롭게 하지 말고 ²⁴들은 즉 우리 가운데서 어떤 사람들이 우리의 지시도 없이 나가서 말로 너희를 괴롭게 하고 마음을 혼란하게 한다 하기로 ²⁷⁻³¹그리하여 유다와 실라를 보내니 그들이 이 일을 말로 전하리라 성령과 우리는 이 요긴한 것들 외에는 아무 짐도 너희에게 지우지 아니하는 것이 옳은 줄 알았노니 우상의 제물과 피와 목매어 죽인 것과 음행을 멀리할지니라 이에 스스로 삼가면 잘되리라 평안함을 원하노라 하였더라 그들이 작별하고 안디옥에 내려가 무리를 모은 후에 편지를 전하니 읽고 그 위로한 말을 기뻐하더라

행 16:4 여러 성으로 다녀 갈 때에 예루살렘에 있는 사도와 장로들이 작정한 규례를 그들에게 주어 지키게 하니

마 18:17-20 만일 그들의 말도 듣지 않거든 교회에 말하고 교회의 말도 듣지 않거든 이방인과 세리와 같이 여기라 진실로 너희에게 이르노니 너희가 땅에서 매면 하늘에서도 매일 것이요 무엇이든지 땅에서 풀면 하늘에서도 풀리리라 진실로 다시 너희에게 이르노니 너희 중의 두 사람이 땅에서 합심하여 무엇이든지 구하면 하늘에 계신 내 아버지께서 그들을 위하여 이루게 하시리라 두세 사람이 내 이름으로 모인 곳에는 나도 그들 중에 있느니라

5)

엡 2:20 너희는 사도들과 선지자들의 터 위에 세우심을 입은 자라 그리스도 예수께서 친히 모퉁잇돌이 되셨느니라

행 17:11 베뢰아에 있는 사람들은 데살로니가에 있는 사람들보다 더 너그러워서 간절한 마음으로 말씀을 받고 이것이 그러한가 하여 날마다 성경을 상고하므로

고전 2:5 너희 믿음이 사람의 지혜에 있지 아니하고 다만 하나님의 능력에 있게 하려 하였노라

고후 1:24 우리가 너희 믿음을 주관하려는 것이 아니요 오직 너희 기쁨을 돕는 자가 되려 함이니 이는 너희가 믿음에 섰음이라

6)

더 깊은 공부와 나눔을 위한 질문

1. 성경에서 총회 또는 공의회가 열린 사례를 찾아봅시다. 왜 열렸으며, 어떻게 진행되었는지 정리해 봅시다. (31장 1항)

2. 총회 또는 공의회의 역할은 무엇입니까? 이 회의 명령과 결정은 권위가 있습니까? (31장 3항)

3. 총회 또는 공의회의 명령과 결정에 오류가 있을 수 있고, 실제로 오류가 있었다는 사실에서 우리가 주의해야 할 점은 무엇입니까? (31장 4항)

4. 실제 교회 역사 가운데서 열린 구속력 있는 공의회와 오류를 범한 공의회를 찾아봅시다. 그 결정의 근거와 주장을 살펴보고 더 보충하거나 비판해 봅시다.

5. "웨스트민스터 정치 모범"을 읽고 총회와 노회의 의미와 역할을 주제로 공부해 봅시다.

하나님께서 깨닫게 해 주신 것과 베풀어 주신 은혜를 생각하며 감사합시다. 또 깨달아 배우고 확신한 일에 거할 수 있게 해 달라고 기도합시다.

32장

사람의 사후 상태와 죽은 사람의 부활
Of the State of Men after Death, and of the Resurrection of the Dead

1항

사람의 몸은 죽으면 흙으로 돌아가 썩게 되지만,[1] 사람의 영혼은, 죽거나 자지 않고, 불멸하는 본질을 지니고 있어 영혼을 주신 하나님께 즉시 돌아간다.[2] 의인들의 영혼은 완전히 거룩해지며, 지극히 높은 하늘로 영접되어 올라가고, 거기서 빛과 영광 중에 하나님의 얼굴을 뵈오며, 몸의 온전한 구속을 기다린다.[3] 악인들의 영혼은 지옥에 던져지고, 거기서 고통과 깊은 흑암 안에 남겨지게 되며, 심판이 있는 큰 날까지 갇혀 지낸다.[4] 성경은 몸과 분리된 영혼을 위한 장소로 이 두 곳 외에는 어디도 인정하지 않는다.

1) 창 3:19; 행 13:36 2) 눅 23:43; 전 12:7 3) 히 12:23; 고후 5:1, 6, 8; 빌 1:23; 행 3:21; 엡 4:10 4) 눅 16:23–24; 행 1:25; 유 1:6–7; 벧전 3:19.

2항

마지막 날에 살아 있는 사람들은 죽지 않고 변화될 것이다.[5] 죽은 사람들은 모두 이전과 동일한 몸으로 부활할 것이다. 이 몸은 이전과 질적으로는 차이가 있지만 자기 영혼과 다시 영원히 결합될 것이다.[6]

5) 살전 4:17; 고전 15:51–52 6) 욥 19:26–27; 고전 15:42–44.

The bodies of men, after death, return to dust and see corruption:[1] but their souls (which neither die nor sleep) having an immortal subsistence, immediately return to God who gave them:[2] the souls of the righteous, being then made perfect in holiness, are received into the highest heavens, where they behold the face of God, in light and glory, waiting for the full redemption of their bodies.[3] And the souls of the wicked are cast into hell, where they remain in torments and utter darkness, reserved to the judgment of the great day.[4] Beside these two places, for souls separated from their bodies, the Scripture acknowledgeth none.

At the last day, such as are found alive shall not die, but be changed:[5] and all the dead shall be raised up, with the selfsame bodies and none other, although with different qualities, which shall be united again to their souls for ever.[6]

3항

불의한 사람들의 몸은 그리스도의 권능으로 부활하여 치욕을 받고, 의로운 사람들의 몸은 그리스도의 성령으로 말미암아 부활하여 영예를 누릴 것이다. 그리고 의로운 사람들의 몸은 그리스도의 영광스러운 몸과 같아질 것이다.[7]

7) 행 24:15; 요 5:28-29; 고전 15:43; 빌 3:21.

The bodies of the unjust shall, by the power of Christ, be raised to dishonour: the bodies of the just, by His Spirit, unto honour; and be made conformable to His own glorious body.[7)]

증거구절

1)
창 3:19 네가 흙으로 돌아갈 때까지 얼굴에 땀을 흘려야 먹을 것을 먹으리니 네가 그것에서 취함을 입었음이라 너는 흙이니 흙으로 돌아갈 것이니라 하시니라

행 13:36 다윗은 당시에 하나님의 뜻을 따라 섬기다가 잠들어 그 조상들과 함께 묻혀 썩음을 당하였으되

2)
눅 23:43 예수께서 이르시되 내가 진실로 네게 이르노니 오늘 네가 나와 함께 낙원에 있으리라 하시니라

전 12:7 흙은 여전히 땅으로 돌아가고 영은 그것을 주신 하나님께로 돌아가기 전에 기억하라

3)
히 12:23 하늘에 기록된 장자들의 모임과 교회와 만민의 심판자이신 하나님과 및 온전하게 된 의인의 영들과

고후 5:1, 6, 8 ¹만일 땅에 있는 우리의 장막 집이 무너지면 하나님께서 지으신 집 곧 손으로 지은 것이 아니요 하늘에 있는 영원한 집이 우리에게 있는 줄 아느니라 ⁶그러므로 우리가 항상 담대하여 몸으로 있을 때에는 주와 따로 있는 줄을 아노니 ⁸우리가 담대하여 원하는 바는 차라리 몸을 떠나 주와 함께 있는 그것이라

빌 1:23 내가 그 둘 사이에 끼었으니 차라리 세상을 떠나서 그리스도와 함께 있는 것이 훨씬 더 좋은 일이라 그렇게 하고 싶으나

행 3:21 하나님이 영원 전부터 거룩한 선지자들의 입을 통하여 말씀하신 바 만물을 회복하실 때까지는 하늘이 마땅히 그를 받아 두리라

엡 4:10 내리셨던 그가 곧 모든 하늘 위에 오르신 자니 이는 만물을 충만하게 하려 하심이라

4)
눅 16:23-24 그가 음부에서 고통중에 눈을 들어 멀리 아브라함과 그의 품에 있는 나사로를 보고 불러 이르되 아버지 아브라함이여 나를 긍휼히 여기사 나사로를 보내어 그 손가락 끝에 물을 찍어 내 혀를 서늘하게 하소서 내가 이 불꽃 가운데서 괴로워하나이다

행 1:25 봉사와 및 사도의 직무를 대신할 자인지를 보이시옵소서 유다는 이 직무를 버리고 제 곳으로 갔나이다 하고

유 1:6-7 또 자기 지위를 지키지 아니하고 자기 처소를 떠난 천사들을 큰 날의 심판까지 영원한 결박으로 흑암에 가두셨으며 소돔과 고모라와 그 이웃 도시들도 그들과 같은 행동으로 음란하며 다른 육체를 따라 가다가 영원한 불의 형벌을 받음으로 거울이 되었느니라

벧전 3:19 그가 또한 영으로 가서 옥에 있는 영들에게 선포하시니라

5)
살전 4:17 그 후에 우리 살아 남은 자들도 그들과 함께 구름 속으로 끌어 올려 공중에서 주를 영접하게 하시리니 그리하여 우리가 항상 주와 함께 있으리라

고전 15:51-52 보라 내가 너희에게 비밀을 말하노니 우리가 다 잠 잘 것이 아니요 마지막 나팔에 순식간에 홀연히 다 변화되리니 나팔 소리가 나매 죽은 자들이 썩지 아니할 것으로 다시 살아나고 우리도 변화되리라

6)
욥 19:26-27 내 가죽이 벗김을 당한 뒤에도 내가 육체 밖에서 하나님을 보리라 내가 그를 보리니 내 눈으로 그를 보기를 낯선 사람처럼 하지 않을 것이라 내 마음이 초조하구나

고전 15:42-44 죽은 자의 부활도 그와 같으니 썩을 것으로 심고 썩지 아니할 것으로 다시 살아나며 욕된 것으로 심고 영광스러운 것으로 다시 살아나며 약한 것으로 심고 강한 것으로 다시 살아나며 육의 몸으로 심고 신령한 몸으로 다시 살아나나니 육의 몸이 있은즉 또 영의 몸도 있느니라

7)
행 24:15 그들이 기다리는 바 하나님께 향한 소망을 나도 가졌으니 곧 의인과 악인의 부활이 있으리라 함이니이다

요 5:28-29 이를 놀랍게 여기지 말라 무덤 속에 있는 자가 다 그의 음성을 들을 때가 오나니 선한 일을 행한 자는 생명의 부활로, 악한 일을 행한 자는 심판의 부활로 나오리라

고전 15:43 욕된 것으로 심고 영광스러운 것으로 다시 살아나며 약한 것으로 심고 강한 것으로 다시 살아나며

빌 3:21 그는 만물을 자기에게 복종하게 하실 수 있는 자의 역사로 우리의 낮은 몸을 자기 영광의 몸의 형체와 같이 변하게 하시리라

더 깊은 공부와 나눔을 위한 질문

1. 그리스도께서 구속하신 의인들은 죽으면 어떻게 됩니까? (32장 1항; 대교리문답 84-86문답)

2. 택함 받지 못하고 자기들의 죄 때문에 죽는 악인들은 죽으면 어떻게 됩니까? (32장 1항; 대교리문답 84문답, 86문답)

3. 우리가 부활에 관해 믿어야 할 것은 무엇입니까? (32장 2-3항; 대교리문답 87-88문답)

하나님께서 깨닫게 해 주신 것과 베풀어 주신 은혜를 생각하며 감사합시다. 또 깨달아 배우고 확신한 일에 거할 수 있게 해 달라고 기도합시다.

33장

최후의 심판
Of the Last Judgement

1항

하나님께서는 예수 그리스도로 말미암아 세상을 의로 심판하실 날을 정하셨다.[1] 그리고 하나님의 모든 권능과 심판권을 예수 그리스도께 주셨다.[2] 그날에는 배역한 천사들도 심판을 받을 것이고,[3] 이 땅에서 살았던 모든 사람도 그리스도의 심판대 앞에 서서 자신들의 생각과 말과 행위를 직고하고, 선이든 악이든 그들이 몸으로 행한 일들에 대해 보응 받을 것이다.[4]

1) 행 17:31 2) 요 5:22, 27 3) 고전 6:3; 유 1:6; 벧후 2:4 4) 고후 5:10; 전 12:14; 롬 2:16; 롬 14:10, 12; 마 12:36-37.

2항

하나님께서 이날을 정하신 목적은, 택하신 자들을 구원하시는 하나님의 자비에서 나타나는 영광과, 유기된 자들, 곧 악하고 불순종하는 사람들을 정죄하시는 하나님의 공의로우심에서 나타나는 영광을 드러내시기 위해서다. 그때 의인들은 영원한 생명으로 들어가서 주님의 임재에서 비롯되는 충만한 기쁨과 즐거움을 누리게 될 것이고, 하나님을 모르고 예수 그리스도의 복음에 순종하지 않은 악인들은 영원한 고통 속으로 던져져서 주님의 임재와 그분의 영광스러운 권능에서 비롯되는 영원한 파멸에

God hath appointed a day, wherein He will judge the world in righteousness, by Jesus Christ,[1] to whom all power and judgment is given of the Father.[2] In which day, not only the apostate angels shall be judged,[3] but likewise all persons that have lived upon earth shall appear before the tribunal of Christ, to give an account of their thoughts, words, and deeds; and to receive according to what they have done in the body, whether good or evil.[4]

The end of God's appointing this day is for the manifestation of the glory of His mercy, in the eternal salvation of the elect; and of His justice, in the damnation of the reprobate who are wicked and disobedient. For then shall the righteous go into everlasting life, and receive that fulness of joy and refreshing, which shall come from the presence of the Lord: but the wicked, who know not God, and obey not the gospel of Jesus Christ, shall be cast into eternal torments, and be punished with everlasting destruction from the presence of the Lord, and from

처하게 될 것이다.[5]

5) 마 25:31-46; 롬 2:5-6; 롬 9:22-23; 마 25:21; 행 3:19; 살후 1:7-10.

3항

그리스도께서 우리에게 심판의 날이 있을 것이라는 분명한 확신을 심어 주신 이유는, 모든 사람이 죄를 멀리하고, 역경 가운데 있는 경건한 사람들이 큰 위로를 받게 하시기 위해서다.[6] 또한 그날이 언제인지 아무도 알지 못하게 하심으로써 사람들이 인간적인 방심에 빠지지 않게 하시고, 그때가 언제인지 알지 못하므로 항상 깨어서 "아멘, 주 예수여 오시옵소서." 하고 말하며 언제든 준비하며 살게 하시기 위해서다.[7]

6) 벧후 3:11, 14; 고후 5:10-11; 살후 1:5-7; 눅 21:27-28; 롬 8:23-25 7) 마 24:36, 42-44; 막 13:35-37; 눅 12:35-36; 계 22:20.

the glory of His power.[5]

As Christ would have us to be certainly persuaded that there shall be a day of judgment, both to deter all men from sin, and for the greater consolation of the godly in their adversity;[6] so will He have that day unknown to men, that they may shake off all carnal security, and be always watchful, because they know not at what hour the Lord will come; and may be ever prepared to say, Come, Lord Jesus, come quickly, Amen.[7]

증거구절

1)

행 17:31 이는 정하신 사람으로 하여금 천하를 공의로 심판할 날을 작정하시고 이에 그를 죽은 자 가운데서 다시 살리신 것으로 모든 사람에게 믿을 만한 증거를 주셨음이니라 하니라

2)

요 5:22, 27 ²²아버지께서 아무도 심판하지 아니하시고 심판을 다 아들에게 맡기셨으니 ²⁷또 인자됨으로 말미암아 심판하는 권한을 주셨느니라

3)

고전 6:3 우리가 천사를 판단할 것을 너희가 알지 못하느냐 그러하거든 하물며 세상 일이랴

유 1:6 또 자기 지위를 지키지 아니하고 자기 처소를 떠난 천사들을 큰 날의 심판까지 영원한 결박으로 흑암에 가두셨으며

벧후 2:4 하나님이 범죄한 천사들을 용서하지 아니하시고 지옥에 던져 어두운 구덩이에 두어 심판 때까지 지키게 하셨으며

4)

고후 5:10 이는 우리가 다 반드시 그리스도의 심판대 앞에 나타나게 되어 각각 선악간에 그 몸으로 행한 것을 따라 받으려 함이라

전 12:14 하나님은 모든 행위와 모든 은밀한 일을 선악간에 심판하시리라

롬 2:16 곧 나의 복음에 이른 바와 같이 하나님이 예수 그리스도로 말미암아 사람들의 은밀한 것을 심판하시는 그 날이라

롬 14:10, 12 ¹⁰네가 어찌하여 네 형제를 비판하느냐 어찌하여 네 형제를 업신여기느냐 우리가 다 하나님의 심판대 앞에 서리라 ¹²이러므로 우리 각 사람이 자기 일을 하나님께 직고하리라

마 12:36-37 내가 너희에게 이르노니 사람이 무슨 무익한 말을 하든지 심판 날에 이에 대하여 심문을 받으리니 네 말로 의롭다 함을 받고 네 말로 정죄함을 받으리라

5)

마 25:31-46 인자가 자기 영광으로 모든 천사와 함께 올 때에 자기 영광의 보좌에 앉으리니 모든 민족을 그 앞에 모으고 각각 구분하기를 목자가 양과 염소를 구분하는 것 같이 하여 양은 그 오른편에 염소는 왼편에 두리라 그 때에 임금이 그 오른편에 있는 자들에게 이르시되 내 아버지께 복 받을 자들이여 나아와 창세로부터 너희를 위하여 예비된 나라를 상속받으라 내가 주릴 때에 너희가 먹을 것을 주었고 목마를 때에 마시게 하였고 나그네 되었을 때에 영접하였고 헐벗었을 때에 옷을 입혔고 병들었을 때에 돌보았고 옥에 갇혔을 때에 와서 보았느니라 이에 의인들이 대답하여 이르되 주여 우리가 어느 때에 주께서 주리신 것을 보고 음식을 대접하였으며 목마르신 것을 보고 마시게 하였나이까 어느 때에 나그네 되신 것을 보고 영접하였으며 헐벗으신 것을 보고 옷 입혔나이까 어느 때에 병드신 것이나 옥에 갇히신 것을 보고 가서 뵈었나이까 하리니 임금이 대답하여 이르시되 내가 진실로 너희에게 이르노니 너희가 여기 내 형제 중에 지극히 작은 자 하나에게 한 것이 곧 내게 한 것이니라 하시고 또 왼편에 있는 자들에게 이르시되 저주를 받은 자들아 나를 떠나 마귀와 그 사자들을 위하여 예비된 영원한 불에 들어가라 내가 주릴 때에 너희가 먹을 것을 주지 아니하였고 목마를 때에 마시게 하지 아니하였고 나그네 되었을 때에 영접하지 아니하였고 헐벗었을 때에 옷 입히지 아니하였고 병들었을 때와 옥에 갇혔을 때에 돌보지 아니하였느니라 하시니 그들도 대답하여 이르되 주여 우리가 어느 때에 주께서 주리신 것이나 목마르신 것이나 나그네 되신 것이나 헐벗으신 것이나 병드신 것이나 옥에 갇히신 것을 보고 공양하지 아니하더이까 45.이에 임금이 대답하여 이르시되 내가 진실로 너희에게 이르노니 이 지극히 작은 자 하나에게 하지 아니한 것이 곧 내게 하지 아니한 것이니라 하시리니 그들은 영벌에, 의인들은 영생에 들어가리라 하시니라

롬 2:5-6 다만 네 고집과 회개하지 아니한 마음을 따라 진노의 날 곧 하나님의 의로우신 심판이 나타나는 그 날에 임할 진노를 네게 쌓는도다 하나님께서 각 사람에게 그 행한 대로 보응하시되

롬 9:22-23 만일 하나님이 그의 진노를 보이시고 그의 능력을 알게 하고자 하사 멸하기로 준비된 진노의 그릇을 오래 참으심으로 관용하시고 또한 영광 받기로 예비하신 바 긍휼의 그릇에 대하여 그 영광의 풍성함을 알게 하고자 하셨을지라도 무슨 말을 하리요

마 25:21 그 주인이 이르되 잘하였도다 착하고 충성된 종아 네가 적은 일에 충성하였으매 내가 많은 것을 네게 맡기리니 네 주인의 즐거움에 참여할지어다 하고

행 3:19 그러므로 너희가 회개하고 돌이켜 너희 죄 없이함을 받으라 이같이 하면 새롭게 되는 날이 주 앞으로부터 이를 것이요

살후 1:7-10 환난을 받는 너희에게는 우리와 함께 안식으로 갚으시는 것이 하나님의 공의시니 주 예수께서 자기의 능력의 천사들과 함께 하늘로부터 불꽃 가운데에 나타나실 때에 하나님을 모르는 자들과 우리 주 예수의 복음에 복종하지 않는 자들에게 형벌을 내리시리니 이런 자들은 주의 얼굴과 그의 힘의 영광을 떠나 영원한 멸망의 형벌을 받으리로다 그 날에 그가 강림하사 그의 성도들에게서 영광을 받으시고 모든 믿는 자들에게서 놀랍게

여김을 얻으시리니 이는 (우리의 증거가 너희에게 믿어졌음이라)

6)

벧후 3:11, 14 ¹¹이 모든 것이 이렇게 풀어지리니 너희가 어떠한 사람이 되어야 마땅하냐 거룩한 행실과 경건함으로 ¹⁴그러므로 사랑하는 자들아 너희가 이것을 바라보나니 주 앞에서 점도 없고 흠도 없이 평강 가운데서 나타나기를 힘쓰라

고후 5:10-11 이는 우리가 다 반드시 그리스도의 심판대 앞에 나타나게 되어 각각 선악간에 그 몸으로 행한 것을 따라 받으려 함이라 우리는 주의 두려우심을 알므로 사람들을 권면하거니와 우리가 하나님 앞에 알리어졌으니 또 너희의 양심에도 알리어지기를 바라노라

살후 1:5-7 이는 하나님의 공의로운 심판의 표요 너희로 하여금 하나님의 나라에 합당한 자로 여김을 받게 하려 함이니 그 나라를 위하여 너희가 또한 고난을 받느니라 너희로 환난을 받게 하는 자들에게는 환난으로 갚으시고 환난을 받는 너희에게는 우리와 함께 안식으로 갚으시는 것이 하나님의 공의시니 주 예수께서 자기의 능력의 천사들과 함께 하늘로부터 불꽃 가운데에 나타나실 때에

눅 21:27-28 그 때에 사람들이 인자가 구름을 타고 능력과 큰 영광으로 오는 것을 보리라 이런 일이 되기를 시작하거든 일어나 머리를 들라 너희 속량이 가까웠느니라 하시더라

롬 8:23-25 그뿐 아니라 또한 우리 곧 성령의 처음 익은 열매를 받은 우리까지도 속으로 탄식하여 양자 될 것 곧 우리 몸의 속량을 기다리느니라 우리가 소망으로 구원을 얻었으매 보이는 소망이 소망이 아니니 보는 것을 누가 바라리요 만일 우리가 보지 못하는 것을 바라면 참음으로 기다릴지니라

7)

마 24:36, 42-44 ³⁶그러나 그 날과 그 때는 아무도 모르나니 하늘의 천사들도, 아들도 모르고 오직 아버지만 아시느니라 ⁴²⁻⁴⁴그러므로 깨어 있으라 어느 날에 너희 주가 임할는지 너희가 알지 못함이니라 너희도 아는 바니 만일 집 주인이 도둑이 어느 시각에 올 줄을 알았더라면 깨어 있어 그 집을 뚫지 못하게 하였으리라 이러므로 너희도 준비하고 있으라 생각하지 않은 때에 인자가 오리라

막 13:35-37 그러므로 깨어 있으라 집 주인이 언제 올는지 혹 저물 때일는지, 밤중일는지, 닭 울 때일는지, 새벽일는지 너희가 알지 못함이라 그가 홀연히 와서 너희가 자는 것을 보지 않도록 하라 깨어 있으라 내가 너희에게 하는 이 말은 모든 사람에게 하는 말이니라 하시니라

눅 12:35-36 허리에 띠를 띠고 등불을 켜고 서 있으라 너희는 마치 그 주인이 혼인 집에서 돌아와 문을 두드리면 곧 열어 주려고 기다리는 사람과 같이 되라

계 22:20 이것들을 증언하신 이가 이르시되 내가 진실로 속히 오리라 하시거늘 아멘 주 예수여 오시옵소서

더 깊은 공부와 나눔을 위한 질문

1. 이 세상 마지막 날, 곧 심판 날에 무슨 일이 일어납니까? 악인들에게는 무슨 일이 일어납니까? 의인들에게는 무슨 일이 일어납니까? (33장 1항; 대교리 문답 89-90문답)

2. 하나님께서 이날을 정하신 목적은 무엇입니까? (33장 2항)

3. 그리스도께서 우리에게 심판의 날이 있을 것이라는 분명한 확신을 심어 주신 이유는 무엇입니까? 이날을 성도들은 어떤 마음과 태도로 기다립니까? (33장 3항)

4. 하나님께서는 이날을 왜 아무도 모르게 하셨습니까? (33장 3항)

하나님께서 깨닫게 해 주신 것과 베풀어 주신 은혜를 생각하며 감사합시다. 또 깨달아 배우고 확신한 일에 거할 수 있게 해 달라고 기도합시다.

부록

웨스트민스터 대교리문답
The Westminster Larger Catechism

부록

웨스트민스터 대교리문답
The Westminster Larger Catechism

1문답
문. 사람의 첫째가며 가장 높은 목적은 무엇입니까?

답. 사람의 첫째가며 가장 높은 목적은 하나님을 영화롭게 하고,1) 마음을 다해 하나님을 영원토록 즐거워하는 것입니다.2)

1) 롬 11:36; 고전 10:31. 2) 시 73:24-28; 요 17:21-23.

2문답
문. 하나님께서 계시다는 것을 어떻게 알 수 있습니까?

답. 사람 안에 있는 본성의 참된 빛과 하나님께서 지으신 피조물이 하나님께서 계시다는 것을 분명하게 선포합니다.1) 그러나 사람들을 구원에 이르게 하는 데에는 하나님의 말씀과 성령만이 하나님을 사람들에게 충분하고 효과적으로 나타냅니다.2)

1) 롬 1:19-20; 시 19:1-3; 행 17:28. 2) 고전 2:9-10; 딤후 3:15-17; 사 59:21.

3문답
문. 무엇이 하나님의 말씀입니까?

답. 구약과 신약 성경이 하나님의 말씀이며,1) 믿음과 순종을 위한 유일한 법칙입니다.2)

1) 딤후 3:16; 벧후 1:19-21. 2) 엡 2:20; 계 22:18-19; 사 8:20; 눅 16:29, 31; 갈 1:8-9; 딤후 3:15-16.

4문답
문. 성경이 하나님의 말씀이라는 것을 어떻게 알 수 있습니까?

답. 성경은 그 장엄함과1) 순수성,2) 모든 부분의 일치,3) 모든 영광을 하나님께 돌리는 성경 전체의 의도,4) 믿는 자들이 구원에 이르도록 위로하고 세우는 것과, 죄인들을 깨닫게 하고 회심하게 하는 빛과 권능에 의해, 스스로 하나님의 말씀이라는 것을 분명하게 나타냅니다.5) 그러나 사람의 마음 속에서 성경과 함께, 또 성경으로 말미암아 증거하시는 하나님의 성령만이 성경이 참으로 하나님의 말씀임을 온전히 설득하실 수 있습니다.6)

1) 호 8:12; 고전 2:6-7, 13; 시 119:18, 시 129. 2) 시 12:6; 시 119:140. 3) 행 10:43; 행 26:22. 4) 롬 3:19, 27. 5) 행 18:28; 히 4:12; 약 1:18; 시 19:7-9; 롬 15:4; 행 20:32. 6) 요 16:13-14; 요일 2:20, 27; 요 20:31.

5문답
문. 성경이 주로 가르치는 것은 무엇입니까?

답. 성경이 주로 가르치는 것은 사람이 하나님에 대해 무엇을 믿어야 하는가와 하나님께서 사람에게 요구하시는 의무는 무엇인가입니다.1)

1) 딤후 1:13.

6문답
문. 성경은 하나님에 대해 무엇을 알려줍니까?

답. 성경은 하나님께서 어떤 분이신지와1) 한 신격 안에 있는 위person들과2) 하나님의 작정과3) 하나님께서 그 작정을 어떻게 이루시는지를 알려줍니다.4)

1) 히 11:6. 2) 요일 5:7(KJV 본문은 다음과 같습니다: For there are three that bear record in heaven, the Father, the Word, and the Holy Ghost: and these three are one.). 3) 행 15:14-15, 18. 4) 행 4:27-28.

7문답
문. 하나님께서는 어떤 분이십니까?

답. 하나님께서는 영이신데,1) 본래부터 그리고 스스로 그 존재와2) 영광과3) 복되심과4) 완전하심이5) 무한하십니다. 그래서 자족하시고,6) 영원하시며,7) 불변하시고,8) 우리 이해를 초월하시며,9) 모든 곳에 계시고,10) 전능하시며,11) 모든 것을 아시고,12) 지극히 지혜로우시며,13) 지극히 거룩하시고,14) 지극히 공의로우시고,15) 지극히 자비로우시고 은혜로우시며, 오래 참으시며, 인자하심과 진실하심이 풍성하십니다.16)

1) 요 4:24. 2) 출 3:14; 욥 11:7-9. 3) 행 7:2. 4) 딤전 6:15. 5) 마 5:48. 6) 창 17:1. 7) 시 90:2. 8) 말 3:6; 약 1:17. 9) 왕상 8:27. 10) 시 139:1-13. 11) 계 4:8. 12) 히 4:13; 시 147:5. 13) 롬 16:27. 14) 사 6:3; 계 15:4. 15) 신 32:4. 16) 출 34:6.

8문답

문. 하나님께서 여러 분 계십니까?

답. 하나님께서는 오직 한 분이시며, 살아계시고 참되십니다.1)

1) 신 6:4; 고전 8:4, 6; 렘 10:10.

9문답

문. 하나님의 신격에는 몇 위가 계십니까?

답. 하나님의 신격에는 삼위, 곧 성부, 성자, 성령이 계십니다. 각 위person의 고유성은 서로 구별되지만, 이 삼위는 참되시고 영원하신 한 하나님이시며, 본질이 같고 권능과 영광을 동등하게 가지십니다.1)

1) 요일 5:7; 마 3:16-17; 마 28:19; 고후 13:14(KJV의 14절이 우리 개역성경의 13절에 해당합니다); 요 10:30.

10문답

문. 하나님의 신격에 계시는 삼위의 고유성이란 무엇입니까?

답. 성부께는 성자를 낳으신 것,1) 성자께는 성부에게서 나신 것,2) 성령께는 성부와 성자에게서 영원히 나오시는 것을 말합니다.3)

1) 히 1:5-6, 8. 2) 요 1:14, 18. 3) 요 15:26; 갈 4:6.

11문답

문. 성자와 성령이 성부와 동등한 하나님이시라는 사실을 어떻게 알 수 있습니까?

답. 성경은 오직 하나님에게만 합당한 이름과1) 속성과2) 일과3) 예배를4) 성자와 성령께도 돌림으로써 성자와 성령이 성부와 동등한 하나님이시라는 것을 분명하게 나타냅니다.

1) 사 6:3, 5, 8; 요 12:41; 행 28:25; 요일 5:20; 행 5:3-4. 2) 요 1:1; 사 9:6; 요 2:24-25; 고전 2:10-11. 3) 골 1:16; 창 1:2. 4) 마 28:19; 고후 13:14(KJV의 14절이 우리 개역성경의 13절에 해당합니다).

12문답

문. 하나님의 작정은 무엇입니까?

답. 하나님의 작정은 하나님의 뜻대로 계획하신 지혜롭고, 자유롭고, 거룩한 행위입니다.1) 이로 말미암아 하나님께서는 영원 전에, 자신의 영광을 위해, 일어나는 모든 일, 특별히 천사와 사람에 관한 일을 불변하게 미리 정하셨습니다.2)

1) 엡 1:11; 롬 11:33; 롬 9:14-15, 18. 2) 엡 1:4, 11; 롬 9:22-23; 시 33:11.

13문답

문. 하나님께서 천사와 사람에 대하여 특별히 작정하신 것은 무엇입니까?

답. 하나님께서는 적절할 때에 분명히 나타낼 자신의 영광스러운 은혜로 말미암아 자신이 찬송 받으시기 위해, 영원하고 불변하는 작정에 따라, 하나님의 순전한 사랑으로, 어떤 천사들을 영광에 이르도록 선택하셨고,1) 그리스도 안에서 어떤 사람들이 영생에 이르도록 선택하시되 그 방법까지 선택하셨습니다.2) 그리고 하나님께서는 하나님의 주권적인 권능과 헤아릴 수 없는 자신의 뜻에 따라 (바로 이 뜻에 따라 하나님께서는 그 기뻐하시는 대로 은혜를 베풀기도 하시고 거두기도 하시는데), 그 밖의 사람들은 간과하셔서 그들이 자신들의 죄 때문에 벌을 받고 수치와 진노를 당하도록 미리 정하심으로 하나님의 공의에 대한 영광으로 말미암아 자신이 찬양받게 하셨습니다.3)

1) 딤전 5:21. 2) 엡 1:4-6; 살후 2:13-14. 3) 롬 9:17-18, 21-22; 마 11:25-26; 딤후 2:20; 유 1:4; 벧전 2:8.

14문답

문. 하나님께서는 자신의 작정을 어떻게 이루십니까?

답. 하나님께서는 절대 확실한 예지와 자신이 뜻하신 자유롭고 불변하는 계획에 따라서 창조와 섭리의 일로 자신의 작정을 이루십니다.1)

1) 엡 1:11.

15문답

문. 창조의 일은 무엇입니까?

답. 창조의 일은 하나님께서 태초에 자신의 영광을 위해 권능의 말씀으로 엿새 동안 아무것도 없는 가운데서 모든 것을 만드신 것인데, 만드신 모든 것이 매우 좋았습니다.1)

1) 창 1; 히 11:3; 잠 16:4.

16문답

문. 하나님께서는 천사들을 어떻게 창조하셨습니까?

답. 하나님께서는 모든 천사를1) 영으로,2) 죽지 않는 존재로,3) 거룩하게 지으시되,4) 그들에게 탁월한 지식과5)

강한 힘을6) 주셔서 하나님의 명령을 수행하고 하나님의 이름을 찬양하도록 하셨습니다.7) 그러나 변할 수도 있게 하셨고.8)

1) 골 1:16. 2) 시 104:4. 3) 마 22:30. 4) 마 25:31. 5) 삼하 14:17; 마 24:36. 6) 살후 1:7. 7) 시 103:20-21. 8) 벧후 2:4.

17문답

문. 하나님께서는 사람을 어떻게 창조하셨습니까?

답. 하나님께서는 다른 모든 피조물을 만드신 후에 사람을 남자와 여자로 창조하셨는데,1) 남자의 몸은 땅의 흙으로 빚으셨으며,2) 여자는 남자의 갈비뼈로 지으셨습니다.3) 또 그들에게 살아 있고, 이성적이며, 죽지 않는 영혼을 주시되,4) 하나님의 형상대로5) 지식과6) 의와 거룩함이 있게 하시고7) 그들의 마음에 하나님의 율법을 주시고8) 그 율법에 따라 살 수 있는 능력도 주셨으며,9) 다른 피조물을 다스리게 하셨습니다.10) 그러나 타락할 수도 있게 하셨습니다.11)

1) 창 1:27. 2) 창 2:7. 3) 창 2:22. 4) 창 2:7; 욥 35:11; 전 12:7; 마 10:28; 눅 23:43. 5) 창 1:27. 6) 골 3:10. 7) 엡 4:24. 8) 롬 2:14-15. 9) 전 7:29. 10) 창 1:28. 11) 창 3:6; 전 7:29.

18문답

문. 하나님의 섭리의 일은 무엇입니까?

답. 하나님의 섭리의 일은 모든 피조물을 더 없는 거룩하심과2) 지혜와2) 권능으로 보존하시고3) 통치하시는 것입니다.4) 하나님께서는 자신의 영광을 위해6) 모든 피조물과 그들의 모든 행위를 다스리십니다.5)

1) 시 145:17. 2) 시 104:24; 사 28:29. 3) 히 1:3. 4) 시 103:19. 5) 마 10:29-31; 창 45:7. 6) 롬 11:36; 사 63:14.

19문답

문. 천사들에 대한 하나님의 섭리는 무엇입니까?

답. 하나님께서는 어떤 천사들은 스스로, 돌이킬 수 없이 죄와 멸망 가운데 빠지는 것을 자신의 섭리로 허락하셨습니다.1) 그리고 하나님께서는 자신의 영광을 위해 이들의 모든 죄를 제한하시고 주관하십니다.2) 또한 하나님께서는 다른 천사들은 거룩하고 복되게 하셔서3) 하나님의 기쁘신 뜻대로 그들 모두를 사용하여4) 하나님의 권능과 자비와 공의를 집행하게 하셨습니다.5)

1) 유 1:6; 벧후 2:4; 히 2:16; 요 8:44. 2) 욥 1:12; 마 8:31. 3) 딤전 5:21; 막 8:38; 히 12:22. 4) 시 104:4. 5) 왕하 19:35; 히 1:14.

20문답

문. 사람이 창조 받은 상태에 있을 때 하나님께서 사람에게 섭리하신 것은 무엇입니까?

답. 사람이 창조 받은 상태에 있을 때 하나님께서 사람에게 섭리하신 것은, 사람을 낙원에 두신 것과, 낙원을 가꾸도록 하신 것과, 땅의 열매를 임의로 먹게 하신 것과,1) 모든 피조물을 다스리게 하신 것과,2) 그를 돕도록 결혼을 제정하신 것과,3) 하나님과 직접 교제하게 하신 것과,4) 안식일을 만드신 것입니다.5) 또 인격적이며 완전하고 영원히 계속되는 순종을 조건으로6) 생명나무를 보증으로 하여 그와 생명의 언약을 맺으시되,7) 선악을 알게 하는 나무의 열매 먹는 것을 죽음의 형벌로 금지하셨습니다.8)

1) 창 2:8, 15-16. 2) 창 1:28. 3) 창 2:18. 4) 창 1:26-29; 창 3:8. 5) 창 2:3. 6) 갈 3:12; 롬 10:5. 7) 창 2:9. 8) 창 2:17.

21문답

문. 사람은 하나님께 창조 받은 처음 상태에 그대로 있었습니까?

답. 의지의 자유를 받은 우리 시조는 사탄의 유혹에 빠져 먹지 말라 하신 열매를 먹음으로 하나님의 계명을 어겼으며, 그리하여 창조 받은 무죄의 상태에서 타락했습니다.1)

1) 창 3:6-8, 13; 전 7:29; 고후 11:3.

22문답

문. 온 인류가 아담이 처음 죄를 지을 때 타락했습니까?

답. 아담은 인류를 대표하는 자로서, 하나님께서 아담과 맺은 언약은 아담만이 아니라 아담의 후손과도 맺은 것이므로 보통의 출생으로 아담에게서 나오는 온 인류는1) 아담이 처음 죄를 지을 때 아담 안에서 죄를 짓고 아담과 함께 타락했습니다.2)

1) 행 17:26. 2) 창 2:16-17; 롬 5:12-20; 고전 15:21-22.

23문답

문. 아담의 타락은 인류를 어떤 상태로 이르게 했습니까?

답. 아담의 타락은 인류를 죄와 비참의 상태에 이르게 했습니다.1)

1) 롬 5:12; 롬 3:23.

24문답

문. 죄는 무엇입니까?

답. 죄는 이성적인 피조물에게 법칙으로 주어진 하나님의 법을 조금이라도 온전히 못 지키거나 그 법을 어기는 것입니다.1)

1) 요일 3:4; 갈 3:10, 12.

25문답

문. 사람이 타락한 상태에서 죄는 어떤 것이 있습니까?

답. 사람이 타락한 상태에서 죄는 원죄와 본죄(자범죄)가 있는데, 원죄는 아담이 처음 지은 죄에 대한 죄책과1) 창조되었을 때 받은 의의 결핍과 본성 전체의 부패, 그리고 이로 말미암아 사람이 영적으로 선한 모든 것을 매우 싫어하고, 행할 능력도 없으며, 선한 모든 것에 거역하는 것, 그리고 마음이 악을 향해 전적으로, 또 계속적으로 기울어지는 것을 말합니다.2) 본죄는 이 원죄로부터 나와 실행되는 모든 죄입니다.3)

1) 롬 5:12, 19. 2) 롬 3:10-19; 엡 2:1-3; 롬 5:6; 롬 8:7-8; 창 6:5. 3) 약 1:14-15; 마 15:19.

26문답

문. 원죄는 우리 시조에게서 그 후손에게 어떻게 전해졌습니까?

답. 원죄는 우리 시조에게서 그 후손에게 자연적인 해산으로 전해지기 때문에, 우리 시조에게서 이러한 방법으로 태어나는 모든 후손은 죄 가운데 잉태되고 태어납니다.1)

1) 시 51:5; 욥 14:4; 욥 15:14; 요 3:6.

27문답

문. 타락으로 말미암아 인류는 어떻게 비참해졌습니까?

답. 타락으로 말미암아 인류는 하나님과의 교제가 끊어졌고,1) 하나님의 진노와 저주를 받게 되었습니다. 따라서 우리는 본질상 진노의 자녀요,2) 사탄에게 매인 종이며,3) 이 세상에서뿐만 아니라 오는 세상에서도 모든 형벌을 마땅히 받아야 하는 자들입니다.4)

1) 창 3:8, 10, 24. 2) 엡 2:2-3. 3) 딤후 2:26. 4) 창 2:17; 애 3:39; 롬 6:23; 마 25:41, 46; 유 1:7.

28문답

문. 이 세상에서 받는 죄의 형벌은 무엇입니까?

답. 이 세상에서 받는 죄의 형벌은 내적으로는 지성이 어두워지는 것,1) 타락한 마음대로 내버려지는 것,2) 미혹에 빠지는 것,3) 마음이 완악해지는 것,4) 양심이 공포로 가득한 것,5) 더러운 정욕에 사로잡히는 것이며,6) 외적으로는 우리 때문에 피조물들이 하나님의 저주를 받은 것과7) 모든 악이 우리의 몸과 이름과 소유와 관계와 노동에 미치는 것,8) 그리고 죽음 그 자체입니다.9)

1) 엡 4:18. 2) 롬 1:28. 3) 살후 2:11. 4) 롬 2:5. 5) 사 33:14; 창 4:13; 마 27:4. 6) 롬 1:26. 7) 창 3:17. 8) 신 28:15-68. 9) 롬 6:21, 23.

29문답

문. 오는 세상에서 받는 죄의 형벌은 무엇입니까?

답. 오는 세상에서 받는 죄의 형벌은, 위로를 주시는 하나님에게서 영원히 분리되고, 꺼지지 않는 지옥의 불에서 영혼과 몸이 더할 수 없는 고통을 영원히 받는 것입니다.1)

1) 살후 1:9; 막 9:43-44, 46, 48; 눅 16:24.

(마가복음 9장 44절, 46절은 한글 성경에는 (없음)으로 되어 있지만 KJV와 같은 여러 사본은 48절의 "거기에서는 구더기도 죽지 않고 불도 꺼지지 아니하느니라"는 내용이 있습니다.)

30문답

문. 하나님께서는 온 인류를 죄와 비참의 상태에서 멸망하도록 버려두셨습니까?

답. 하나님께서는, 일반적으로 행위 언약이라고 하는 첫 언약을 깨뜨려2) 죄와 비참에 빠진 모든 사람을, 멸망하도록 버려두지 않으십니다.1) 하나님의 순전한 사랑과 자비로 자신이 택하신 자들을 죄와 비참의 상태에서 건져내셔서, 일반적으로 은혜 언약이라고 하는 두 번째 언약으로, 택하신 자들이 구원을 받게 하십니다.3)

1) 살전 5:9. 2) 갈 3:10, 12. 3) 딛 3:4-7; 갈 3:21; 롬 3:20-22.

31문답

문. 은혜 언약은 누구와 맺으신 것입니까?

답. 은혜 언약은 두 번째 아담이신 그리스도와, 그리스도 안에서 그리스도의 씨로 택함 받은 모든 사람과 맺으신 것입니다.1)

1) 갈 3:16; 롬 5:15-21; 사 53:10-11.

32문답

문. 하나님의 은혜가 두 번째 언약에 어떻게 나타났습니까?

답. 하나님의 은혜는 두 번째 언약에서 다음과 같이 나타낳습니다. 하나님께서는 죄인들을 위해 한 중보자를 값 없이 예비하시고 주시는데,1) 중보자로 말미암아 죄인들이 생명과 구원을 받게 하십니다.2) 그리고 죄인들이 중보자와 관계를 맺을 수 있도록 믿음을 요구하시는데,3) 하나님께서 택하신 모든 사람에게 성령을4) 약속하시고 주셔서 그들로 믿게 하시며,5) 그들에게 다른 모든 구원의 은혜도 베풀어 주십니다.6) 또 택함 받은 사람들이 모든 일에 거룩하게 순종할 수 있게 하십니다.7) 이러한 순종은 하나님께 대한 그들의 믿음과8) 감사가9) 진실하다는 증거이며, 하나님께서 택하신 자들을 구원하기 위해 정하신 방법입니다.10)

1) 창 3:15; 사 42:6; 요 6:27. 2) 요일 5:11-12. 3) 요 3:16; 요 1:12. 4) 잠 1:23. 5) 고후 4:13. 6) 갈 5:22-23. 7) 겔 36:27. 8) 약 2:18, 22. 9) 고후 5:14-15. 10) 엡 2:18.

33문답

문. 은혜 언약은 항상 꼭 같은 방법으로 시행됐습니까?

답. 은혜 언약이 항상 꼭 같은 방법으로 시행된 것은 아닙니다. 은혜 언약은 구약시대와 신약시대에 서로 다르게 시행됐습니다.1)

1) 고후 3:6-9.

34문답

문. 구약시대에 은혜 언약은 어떻게 시행됐습니까?

답. 구약시대에 은혜 언약은 약속들,1) 예언들,2) 제사들,3) 할례,4) 유월절5) 그리고 다른 예표들과 의식들로 시행되었는데, 이 모든 것은 오실 그리스도를 미리 보여주는 것으로 구약시대의 택함 받은 사람들이 약속된 메시아를 믿기에 충분했습니다.6) 구약시대의 택함 받은 사람들은 약속된 메시아를 믿음으로 말미암아 완전한 죄 사함과 영원한 구원을 받았습니다.7)

1) 롬 15:8. 2) 행 3:20, 24. 3) 히 10:1. 4) 롬 4:11. 5) 고전 5:7. 6) 히 8-10; 히 11:13. 7) 갈 3:7-9, 14.

35문답

문. 신약시대에 은혜 언약은 어떻게 시행됐습니까?

답. 같은 은혜 언약이 신약시대에는 실체이신 그리스도께서 나타나심으로 말씀을 전파하는 일,1) 그리고 성례인 세례와2) 성찬으로3) 시행됐으며 지금도 시행되어야 합니다. 이러한 시행으로 은혜와 구원은 모든 민족에게 더 충만하고, 분명하고, 효과적으로 베풀어집니다.4)

1) 막 16:15. 2) 마 28:19, 20. 3) 고전 11:23-25. 4) 고후 3:6-18; 히 8:6, 10-11; 마 28:19.

36문답

문. 은혜 언약의 중보자는 누구입니까?

답. 은혜 언약의 유일한 중보자는 주 예수 그리스도이십니다.1) 그리스도는 하나님의 영원하신 아들이시며, 성부 하나님과 본질이 같고 동등하십니다.2) 그리스도는 때가 찼을 때 사람이 되셔서3) 그때부터 계속해서 영원토록, 한 위person에 구별된 두 본성을 가지신 하나님이시면서 사람이십니다.4)

1) 딤전 2:5. 2) 요 1:1, 14; 요 10:30; 빌 2:6. 3) 갈 4:4. 4) 눅 1:35; 롬 9:5; 골 2:9; 히 7:24-25.

37문답

문. 하나님의 아들이신 그리스도는 어떻게 사람이 되셨습니까?

답. 하나님의 아들이신 그리스도는 참 몸과 이성적인 영혼을 취하셔서 사람이 되셨으며,1) 성령의 권능으로 동정녀 마리아의 복중에서 잉태되어, 마리아의 형질을 가지고 그 몸에서 나셨으나2) 죄는 없으십니다.3)

1) 요 1:14; 마 26:38. 2) 눅 1:27, 31, 35, 42; 갈 4:4. 3) 히 4:15; 히 7:26.

38문답

문. 중보자는 왜 하나님이셔야 했습니까?

답. 중보자가 하나님이셔야 했던 이유는, 하나님의 무한한 진노와 사망 권세 아래로 빠지지 않도록 자신의 인성을 지키고 유지하기 위해,1) 자신의 고난과 순종과 간구가 가치 있고 효과 있게 하시기 위해,2) 하나님의 공의를 만족시키시기 위해,3) 하나님의 은혜를 얻으시기 위해,4) 자기 백성을 값 주고 사시기 위해,5) 자기 백성에게 자신의 성령을 주시기 위해,6) 자기 백성의 모든 적을 정복하시기 위해,7) 자기 백성을 영원히 구원하시기 위해서입니다.8)

1) 행 2:24-25; 롬 1:4; 롬 4:25; 히 9:14. 2) 행 20:28; 히 9:14; 히 7:25-28. 3) 롬 3:24-26. 4) 엡 1:6; 마 3:17. 5) 딛 2:13, 14. 6) 갈 4:6. 7) 눅 1:68-69, 71, 74. 8) 히 5:8-9; 히 9:11-15.

39문답

문. 중보자는 왜 사람이셔야 했습니까?

답. 중보자가 사람이셔야 했던 이유는, 우리의 본성을 향상시키시기 위해,1) 율법에 순종하시기 위해,2) 우리의 본성 안에서 우리를 위해 고난을 받고 간구하시며,3) 우리의 연약함을 동정하시기 위해,4) 그리하여 우리가 양자가

되고5) 위로를 받으며 은혜의 보좌 앞에 담대히 나아갈 수 있게 하시기 위해서입니다.6)

1) 히 2:16. 2) 갈 4:4. 3) 히 2:14; 히 7:24-25. 4) 히 4:15. 5) 갈 4:5. 6) 히 4:16.

40문답

문. 중보자는 왜 한 위person 안에서 하나님이시면서 사람이셔야 했습니까?

답. 하나님과 사람을 화목하게 할 중보자가 한 위person 안에서 하나님이시면서 사람이셔야 하는 이유는, 중보자의 신성과 인성의 각 고유의 일이 위person 전체의 일로써, 우리를 위해 하나님께서 받으시는 바가 되어야 하며,1) 우리가 의지하는 바가 되어야 하기 때문입니다.2)

1) 마 1:21, 23; 마 3:17; 히 9:14. 2) 벧전 2:6.

41문답

문. 우리의 중보자를 왜 예수라고 부릅니까?

답. 우리의 중보자를 예수라고 부르는 것은 그가 자기 백성을 그들의 죄에서 구원할 자이시기 때문입니다.1)

1) 마 1:21.

42문답

문. 우리의 중보자를 왜 그리스도라고 부릅니까?

답. 우리의 중보자를 그리스도라고 부르는 것은, 성령으로 한량없이 기름부음을 받으심으로1) 거룩히 구별되시고, 자신의 낮아지심과 높아지심 모두에서 자신의 교회를 위해 선지자와3) 제사장과 왕의5) 직분을 행하시기 위해 모든 권세와 능력을 충만히 받으셨기 때문입니다.2)

1) 요 3:34; 시 45:7. 2) 요 6:27; 마 28:18-20. 3) 행 3:21-22; 눅 4:18, 21. 4) 히 5:5-7; 히 4:14-15. 5) 시 2:6; 마 21:5; 사 9:6-7; 빌 2:8-11.

43문답

문. 그리스도께서는 선지자의 직분을 어떻게 행하십니까?

답. 그리스도께서는 자신의 교회를 교화하고 구원하시는 모든 일에 대한5) 하나님의 모든 뜻을,4) 자신의 성령과 말씀으로2) 모든 시대의 교회들에게 여러 부분과 여러 모양으로3) 나타내심으로써 선지자의 직분을 행하십니다.1)

1) 요 1:18. 2) 벧전 1:10-12. 3) 히 1:1-2. 4) 요 15:15. 5) 행 20:32; 엡 4:11-13; 요 20:31.

44문답

문. 그리스도께서는 제사장의 직분을 어떻게 행하십니까?

답. 그리스도께서는 자기 백성의 죄를 속량하시기 위해2) 자신을 흠 없는 제물로 하나님께 단 번에 드리시고,1) 자기 백성을 위해 끊임없이 간구하심으로 제사장의 직분을 행하십니다.3)

1) 히 9:14, 28. 2) 히 2:17. 3) 히 7:25.

45문답

문. 그리스도께서는 왕의 직분을 어떻게 행하십니까?

답. 그리스도께서는 왕의 직분을 다음과 같이 행하십니다. 그리스도께서는 세상에서 자기 백성을 자신에게로 불러내시고,1) 그들에게 직분자들과2) 율법과3) 권징을 주심으로 누구나 보고 알 수 있게 자기 백성을 통치하십니다.4) 자기가 택하신 자들에게 구원의 은혜를 베푸시고,5) 그들의 순종에는 상을 주시며,6) 그들의 죄에는 징계를 내리셔서 바로잡으십니다.7) 또 그들이 받는 모든 시험과 고난에서 그들을 지키고 도우시며,8) 그들의 모든 원수를 제어하고 정복하시며,9) 자신의 영광과10) 자기 백성의 선을 위해11) 모든 것을 다스리십니다. 그리고 하나님을 모르고 우리 주 예수의 복음에 복종하지 않는 다른 사람들에게는 원수를 갚으십니다.12)

1) 행 15:14-16; 사 55:4-5; 창 49:10; 시 110:3. 2) 엡 4:11-12; 고전 12:28. 3) 사 33:22. 4) 마 18:17-18; 고전 5:4-5. 5) 행 5:31. 6) 계 22:12; 계 2:10. 7) 계 3:19. 8) 사 63:9. 9) 고전 15:25; 시 110:1-2. 10) 롬 14:10-11. 11) 롬 8:28. 12) 살후 1:8-9; 시 2:8-9.

46문답

문. 그리스도의 낮아지심은 무엇입니까?

답. 그리스도의 낮아지심은 그리스도께서 잉태되어 태어나시고, 사시고, 죽으시고, 죽으신 후 부활하시기까지 우리를 위해 자신의 영광을 비우시고 종의 형체를 취하여 비천한 형편에 계셨던 것입니다.1)

1) 빌 2:6-8; 눅 1:31; 고후 8:9; 행 2:24.

47문답

문. 그리스도께서는 잉태되어 태어나실 때 자신을 어떻게 낮추셨습니까?

답. 그리스도께서는 잉태되어 태어나실 때 자신을 다음과 같이 낮추셨습니다. 그리스도께서는 아버지 품 속에 계신 하나님의 영원하신 아들이심에도, 때가 찼을 때 기꺼이 비천한 신분의 여자에게서 잉태되어 태어나심으로 사람이 되셨으며, 보통 사람들보다 더 열악하고 굴욕적

인 여러 형편에 처하셨습니다.1)

1) 요 1:14, 18; 갈 4:4; 눅 2:7.

48문답

문. 그리스도께서는 자신의 생애에서 자신을 어떻게 낮추셨습니까?

답. 그리스도께서는 자신의 생애에서 자신을 다음과 같이 낮추셨습니다. 그리스도께서는 스스로 율법에 복종하셔서1) 율법을 완전히 다 이루셨고,2) 인성에 공통된 것이든 특별히 자신의 비천한 형편에 따르는 것이든 세상의 멸시와3) 사탄의 시험과4) 육신의 연약함과 싸우셨습니다.5)

1) 갈 4:4. 2) 마 5:17; 롬 5:19. 3) 시 22:6; 히 12:2-3. 4) 마 4:1-12; 눅 4:13. 5) 히 2:17-18; 히 4:15; 사 52:13-14.

49문답

문. 그리스도께서는 죽으실 때 자신을 어떻게 낮추셨습니까?

답. 그리스도께서는 죽으실 때 자신을 다음과 같이 낮추셨습니다. 유다에게 배반당하시고,1) 제자들에게 버림받으셨으며,2) 세상으로부터 조롱과 배척을 받으셨고,3) 빌라도에게 정죄 받으시고, 박해하는 사람들에게 고통 받으셨습니다.4) 또 죽음의 공포와 어둠의 권세와 싸우시고, 하나님의 진노의 무게를 느끼시고 감당하셨으며,5) 자기 생명을 속죄 제물로 드리셨고,6) 십자가에서 고통과 수치와 저주받은 죽음을 견디셨습니다.7)

1) 마 27:4. 2) 마 26:56. 3) 사 53:2-3. 4) 마 27:26-50; 요 19:34. 5) 눅 22:44; 마 27:46. 6) 사 53:10. 7) 빌 2:8; 히 12:2; 갈 3:13.

50문답

문. 그리스도께서는 죽으신 후 어떻게 낮아지셨습니까?

답. 그리스도께서는 죽으신 후 무덤에 묻히셔서 사흘째가 되기까지 죽음의 상태로, 죽음의 권세 아래 계속 계셨습니다.1) 이를 다른 말로 "그리스도께서 지옥에 내려가셨다."고 표현합니다.2)

1) 고전 15:3-4. 2) 시 16:10; 행 2:24-27, 31; 롬 6:9; 마 12:40.

51문답

문. 그리스도의 높아지심은 무엇입니까?

답. 그리스도의 높아지심은 그리스도의 부활과1) 승천,2) 하나님 아버지의 오른편에 앉으심,3) 그리고 세상을 심판하기 위해 다시 오시는 것입니다.4)

1) 고전 15:4. 2) 막 16:19. 3) 엡 1:20. 4) 행 1:11; 행 17:31.

52문답

문. 그리스도께서는 부활을 통해 어떻게 높아지셨습니까?

답. 그리스도께서는 부활을 통해 다음과 같이 높아지셨습니다. 그리스도께서는 죽으셨으나 썩지 않으셨고(이는 그리스도께서 사망에 매여 있을 수 없기 때문입니다1)), 고난 받으실 때의 몸과 본질적으로 같은 속성의 몸이(그러나 이 몸은 죽음이 없고, 이 세상에서 누구나 겪는 연약함이 없습니다),2) 그리스도의 영혼과 실제로 연합하여,3) 셋째 날에 죽은 자 가운데서 자신의 능력으로 다시 살아나셨습니다.4) 이로 말미암아 그리스도께서는 자신을 하나님의 아들로 선포하셨고,5) 하나님의 공의를 만족시키셨으며,6) 죽음과 죽음의 권세 가진 자를 정복하셨고,7) 산 자와 죽은 자의 주가 되셨습니다.8) 이 모든 일은 그리스도께서 교회의 머리로서,10) 교회의 대표로서 행하신 것인데,9) 곧 믿는 자들이 의롭다 하심을 받게 하고,11) 그들을 은혜로 살리며,12) 그들이 원수들과 대항하여 싸우도록 도우시고,13) 마지막 날에 그들을 죽은 자들 가운데서 다시 살리실 것을 그들에게 확신시키기 위해서 하셨습니다.14)

1) 행 2:24, 27. 2) 눅 24:39. 3) 롬 6:9; 계 1:18. 4) 요 10:18. 5) 롬 1:4. 6) 롬 8:34. 7) 히 2:14. 8) 롬 14:9. 9) 고전 15:21-22. 10) 엡 1:20, 22-23; 골 1:18. 11) 롬 4:25. 12) 엡 2:1, 5-6; 골 2:12. 13) 고전 15:25-27. 14) 고전 15:20.

53문답

문. 그리스도께서는 승천을 통해 어떻게 높아지셨습니까?

답. 그리스도께서는 승천을 통해 다음과 같이 높아지셨습니다. 그리스도께서는 부활하신 후 사도들에게 자주 나타나셔서 대화하시며 하나님 나라의 일을 말씀하셨고,1) 그들에게 모든 민족에게 복음을 전할 사명을 주셨습니다.2) 부활하신지 40일째, 우리의 본성을 지니시고, 우리의 머리로서, 원수들을 이기신 그리스도께서는4) 사람들이 보는 가운데 지극히 높은 하늘로 올라가셨습니다. 거기서 그리스도께서는 사람들을 위해 선물을 받으시고,5) 우리가 그곳을 사모하게 하시며,6) 우리가 있을 곳을 예비하십니다.7) 그리스도께서는 지금도 그곳에 계시며 세상 끝날에 다시 오실 때까지 거기 계실 것입니다.8)

1) 행 1:2-3. 2) 마 28:19-20. 3) 히 6:20. 4) 엡 4:8. 5) 행 1:9-11; 엡 4:10; 시 68:18. 6) 골 3:1-2. 7) 요 14:3. 8) 행 3:21.

54문답

문. 그리스도께서는 하나님의 오른편에 앉아 계심을 통해 어떻게 높아지십니까?

답. 그리스도께서는 하나님의 오른편에 앉아 계심을 통해 다음과 같이 높아지십니다. 하나님이시자 사람이신 그리스도께서는 성부 하나님의 지극한 사랑 안에 거하셔서,1) 모든 충만한 기쁨과2) 영광을 누리시며,3) 하늘과 땅의 만물을 다스리십니다.4) 그리고 자신의 교회를 모으시고 지키시며, 교회의 원수들을 굴복시키시고, 자신의 일꾼들과 백성에게 은사와 은혜를 주시며,5) 그들을 위해 간구하십니다.6)

1) 빌 2:9. 2) 행 2:28; 시 16:11. 3) 요 17:5. 4) 엡 1:22; 벧전 3:22. 5) 엡 4:10-12; 시 110:1. 6) 롬 8:34.

55문답

문. 그리스도께서는 어떻게 간구하십니까?

답. 그리스도께서는 지상에서 이루신 자신의 순종과 희생의 공로로,2) 하늘에 계신 하나님 아버지 앞에 우리의 본성을 지니신 모습으로 계속 나아가셔서1) 그 순종과 희생의 공로가 모든 믿는 자의 것이 되게 하시는 자신의 뜻을 선포하십니다.3) 또 그들에 대한 모든 고발에 답변하시고,4) 날마다 넘어지는 그들이지만 양심의 평안을 주시며,5) 은혜의 보좌 앞에 담대히 나아가게 하시고,6) 그들 자신 그대로,7) 또 그들의 섬김이 받아들여지게 하십니다.8)

1) 히 9:12, 24. 2) 히 1:3. 3) 요 3:16; 요 17:9, 20, 24. 4) 롬 8:33-34. 5) 롬 5:1-2; 요일 2:1-2. 6) 히 4:16. 7) 엡 1:6. 8) 벧전 2:5.

56문답

문. 그리스도께서는 세상을 심판하러 다시 오실 때 어떻게 높아지시게 됩니까?

답. 그리스도께서는 세상을 심판하러 다시 오실 때 다음과 같이 높아지시게 됩니다. 악한 자들에게 부당하게 재판받고 정죄 받으신 그리스도께서는1) 마지막 날에 큰 권능을 가지고,2) 그리스도 자신과 아버지의 영광을 충만하게 나타내시면서, 거룩한 천사들을 거느리시고,3) 호령과 천사장의 소리와 하나님의 나팔 소리와 함께 오셔서4) 세상을 의로 심판하실 것입니다.5)

1) 행 3:14-15. 2) 마 24:30. 3) 눅 9:26; 마 25:31. 4) 살전 4:16. 5) 행 17:31.

57문답

문. 그리스도께서는 자신의 중보로 무슨 은택들을 획득하셨습니까?

답. 그리스도께서는 자신의 중보로, 구속과,1) 은혜 언약의 다른 모든 은택을 획득하셨습니다.2)

1) 히 9:12. 2) 고후 1:20.

58문답

문. 우리는 그리스도께서 획득하신 은택들에 어떻게 참여할 수 있습니까?

답. 우리는 그리스도께서 획득하신 은택들을 우리에게 적용하시는 성령 하나님의 특별하신 일을 통해2) 그 은택들에 참여하게 됩니다.1)

1) 요 1:11-12. 2) 딛 3:5-6.

59문답

문. 누가 그리스도를 통해 얻는 구속에 참여합니까?

답. 구속은 그리스도께서 값 주고 사서 주고자 하신 모든 사람에게 확실히 적용되고 효과적으로 전해집니다.1) 그들은 때가 되면 성령에 의해 복음을 따라 그리스도를 믿게 됩니다.2)

1) 엡 1:13-14; 요 6:37, 39; 요 10:15-16. 2) 엡 2:8; 고후 4:13.

60문답

문. 복음을 들어본 적이 없고, 그래서 예수 그리스도를 알지도 못하고 믿지도 않는 사람들이 본성의 빛을 따라 사는 것으로 구원 받을 수 있습니까?

답. 복음을 들어본 적이 없고,1) 예수 그리스도를 알지 못하며,2) 그리스도를 믿지 않는 사람은,3) 본성의 빛이나4) 그들이 믿는 종교의 율법을 따라 아무리 부지런하게 노력하며 산다 해도 구원 받을 수 없습니다.5) 그리스도 한 분 외에는 다른 누구에게도 구원이 없습니다.6) 그리스도만이 그의 몸된 교회의 유일한 구주이십니다.7)

1) 롬 10:14. 2) 살후 1:8-9; 엡 2:12; 요 1:10-12. 3) 요 8:24; 막 16:16. 4) 고전 1:20-24. 5) 요 4:22; 롬 9:31-32; 빌 3:4-9. 6) 행 4:12. 7) 엡 5:23.

61문답

문. 복음을 듣고 교회 안에서 신앙생활하는 사람들은 다 구원 받습니까?

답. 복음을 듣고 보이는 교회 안에서 신앙생활하는 사람들이라고 모두 구원 받는 것은 아닙니다. 보이지 않는 교회의 참된 지체들만 구원 받습니다.1)

1) 요 12:38-40; 롬 9:6; 마 22:14; 마 7:21; 롬 11:7.

★ '보이는 교회'는 '유형교회', '가시적 교회', '가견교회'로, '보이지 않는 교회'는 '무형교회,' '불[비]가시적 교회', '불[비]가견교회' 등으로 부르기도 합니다.

62문답

문. 보이는 교회는 무엇입니까?

답. 보이는 교회는 모든 시대와 온 세상에서 참된 신앙을 고백하는 모든 사람과1) 그들의 자녀들로 이루어진 공동체입니다.2)

1) 고전 1:2; 고전 12:13; 롬 15:9-12; 계 7:9; 시 2:8; 시 22:27-31; 시 45:17; 마 28:19-20; 사 59:21. 2) 고전 7:14; 행 2:39; 롬 11:16; 창 17:7.

63문답

문. 보이는 교회의 특권은 무엇입니까?

답. 보이는 교회가 누리는 특권은 하나님의 특별한 돌보심과 다스리심을 받는 것,1) 모든 원수의 반대에도 모든 시대에 보호받고 보존되는 것,2) 성도가 서로 교제하는 것, 구원의 일반적인 수단들을 누리는 것,3) 그리고 그리스도께로 나아가는 사람은 누구라도 내쫓김 당하지 않고,5) 그리스도를 믿는 사람은 누구든지 구원을 받는다고 증거하는 복음의 역사 안에서 그리스도로 말미암아 교회의 모든 지체에게 베풀어지는 은혜를 누리는 것입니다.4)

1) 사 4:5-6; 딤전 4:10. 2) 시 115:1-2, 9-18; 사 31:4-5; 슥 12:2-4, 8-9. 3) 행 2:39, 42. 4) 시 147:19-20; 롬 9:4; 엡 4:11-12; 막 16:15-16. 5) 요 6:37.

64문답

문. 보이지 않는 교회는 무엇입니까?

답. 보이지 않는 교회는 교회의 머리이신 그리스도 아래 과거와 현재와 미래에 하나로 모이는 모든 택함 받은 사람입니다.1)

1) 엡 1:10, 22-23; 요 10:16; 요 11:52.

65문답

문. 보이지 않는 교회의 지체들이 그리스도로 말미암아 누리는 특별한 은택은 무엇입니까?

답. 보이지 않는 교회의 지체들은 그리스도로 말미암아 은혜와 영광 중에서 그리스도와의 연합과 교제를 누립니다.1)

1) 요 17:21; 엡 2:5-6; 요 17:24.

66문답

문. 택함 받은 사람들은 그리스도와 어떻게 연합을 이루게 됩니까?

답. 택함 받은 사람들이 그리스도와 연합하게 되는 것은 하나님의 은혜로 이루어지는 일인데,1) 이 은혜로 말미암아 그들은 그들의 머리이시자 남편이신 그리스도와 영적으로, 신비하게, 그러면서도 실제로, 나뉠 수 없게 연합됩니다.2) 그리고 이는 그들이 효과적인 부르심을 받을 때 이루어집니다.3)

1) 엡 1:22; 엡 2:6-8. 2) 고전 6:17; 요 10:28; 엡 5:23, 30. 3) 벧전 5:10; 고전 1:9.

67문답

문. 효과적인 부르심이란 무엇입니까?

답. 효과적인 부르심이란 하나님께서 하나님의 전능하신 능력과 은혜로 이루시는 일입니다.1) (이것은 택함 받은 사람들에게 하나님께서 그들을 택하시도록 하나님의 마음을 움직이게 할 무엇이 있어서가 아니라, 전적으로 하나님의 자유롭고 특별한 사랑 때문에 일어납니다.2)) 이 효과적인 부르심으로 하나님께서는 택함 받은 사람들을 그가 기뻐하시는 때에 말씀과 성령으로3) 예수 그리스도께 초청하여 이끄시고, 그들의 지성을 구원에 이르도록 밝히시며,4) 그들의 의지를 새롭게 하시고 굳게 결심하게 하셔서,5) 그들이 (비록 죄 가운데 죽어 있지만,) 하나님의 부르심에 기꺼이 그리고 자유롭게 응답하게 하시고, 그 부르심을 통해 제공되고 전달되는 은혜를 받아들이고 마음에 두게 하십니다.6)

1) 요 5:25; 엡 1:18-20; 딤후 1:8-9. 2) 딛 3:4-5; 엡 2:4-5, 7-9; 롬 9:11. 3) 고후 5:20; 고후 6:1-2; 요 6:44; 살후 2:13-14. 4) 행 26:18; 고전 2:10, 12. 5) 겔 11:19; 겔 36:26-27; 요 6:45. 6) 엡 2:5; 빌 2:13; 신 30:6.

★ '효과적인 부르심'은 다른 말로 '유효한 부르심' '효력 있는 부르심' 등으로 표현합니다.

68문답

문. 택함 받은 사람들만 효과적인 부르심을 받습니까?

답. 모든 택함 받은 사람, 오직 그들만이 효과적인 부르심을 받습니다.1) 비록 택함 받지 않은 사람들도 말씀 선포와2) 성령께서 행하시는 일반적인 일들을 통해 외적으로 부름받을 수도 있고, 종종 외적 부름을 받지만,3) 그들은 그들에게 제공되는 은혜를 고의로 무시하고 경멸하기 때문에, 당연히 불신앙에 내버려지고, 결코 예수 그리스도께 참되게 나아가지 못합니다.4)

1) 행 13:48. 2) 마 22:14. 3) 마 7:22; 마 13:20-21; 히 6:4-6. 4) 요 12:38-40; 행 28:25-27; 요 6:64-65; 시 81:11-12.

69문답

문. 보이지 않는 교회의 지체들이 은혜 안에서 그리스도와 나누는 교제는 무엇입니까?

답. 보이지 않는 교회의 지체들이 은혜 안에서 그리스도와 나누는 교제는, 그들이 의롭다 하심을 받는 것(칭의),1) 양자가 되는 것(양자 됨),2) 점점 거룩하게 되는 것(성화), 그밖에 이 세상에서 그리스도와의 연합을 나타내는 모든 일에서 그리스도의 중보의 효력에 참여하는 것입니다.3)

1) 롬 8:30. 2) 엡 1:5. 3) 고전 1:30.

70문답

문. 칭의(의롭다 하심)는 무엇입니까?

답. 칭의는 하나님께서 죄인들에게 값없이 주시는 은혜의 행위입니다.1) 즉 하나님께서는 죄인들의 모든 죄를 용서하시고, 그들 자신 그대로 하나님 보시기에 의롭다고 받아들이시고 간주하십니다.2) 이는 죄인들 안에 일어난 어떤 것이나 그들이 행한 어떤 일 때문이 아니라,3) 다만 그리스도께서 이루신 완전한 순종과 충분한 만족을, 하나님께서 죄인들에게 전가하시고4) 그들은 이를 오직 믿음으로 받음으로써 그러합니다.5)

1) 롬 3:22, 24-25; 롬 4:5. 2) 고후 5:19, 21; 롬 3:22, 24-25, 27-28. 3) 딛 3:5, 7; 엡 1:7. 4) 롬 5:17-19; 롬 4:6-8. 5) 행 10:43; 갈 2:16; 빌 3:9.

★ 70문답의 '칭의'와 74문답의 '양자됨'은 '은혜의 행위act'로, 75문답의 '성화'는 '은혜의 일work'로 진술되었습니다. act는 단 한 번 일어나며, 그 즉시 효력이 발생한다는 의미를 담고 있고, work는 계속해서(죽을 때까지) 거룩해져 가는 일이 이루어져간다는 의미를 담고 있습니다.

71문답

문. 칭의가 어떻게 하나님께서 값없이 주시는 은혜의 행위입니까?

답. 비록 그리스도께서는 의롭다 함을 받을 사람들을 대신하여 자신의 순종과 죽으심으로 하나님의 공의에 대해 적절하고 실제적이며 충분한 만족을 드리셨지만1) 하나님께서는 사람들에게 요구될 보증으로부터 만족을 받으셔야 했습니다. 하나님께서 이 보증으로 자신의 아들이신 그리스도를 주시고,2) 그리스도의 의를 그들에게 전가하셨습니다.3) 그리고 그들을 의롭다 하실 때에 믿음 외에는 아무것도 요구하지 않으시는데,4) 이 믿음 또한 하나님의 선물이므로5) 그들이 의롭다 함을 받는 것은 하나님께서 그들에게 값없이 주시는 은혜입니다.6)

1) 롬 5:8-10, 19. 2) 딤전 2:5-6; 히 10:10; 마 20:28; 단 9:24, 26; 사 53:4-6, 10-12; 히 7:22; 롬 8:32; 벧전 1:18-19. 3) 고후 5:21. 4) 롬 3:24-25. 5) 엡 2:8. 6) 엡 1:7.

72문답

문. 의롭게 하는 믿음은 무엇입니까?

답. 의롭게 하는 믿음은 성령과2) 하나님의 말씀으로 말미암아3) 죄인의 마음속에서 일어나는 구원의 은혜입니다.1) 이 구원의 은혜로 말미암아 죄인은 자기 죄와 비참함, 그리고 자신과 다른 피조물들에게는 잃어버린 바 된 상태에서 스스로 회복할 수 있는 능력이 없음을 깨닫고,4) 복음이 약속하는 진리에 동의할 뿐만 아니라,5) 죄 사함을 받기 위해서,6) 그리고 구원 받기 위해 하나님 보시기에 의롭다고 받아들여지며 간주되기 위해 복음에서 제안된 그리스도와 그리스도의 의를 받아들이고 의지합니다.7)

1) 히 10:39. 2) 고후 4:13; 엡 1:17-19. 3) 롬 10:14, 17. 4) 행 2:37; 행 16:30; 요 16:8, 9; 롬 5:6; 엡 2:1; 행 4:12. 5) 엡 1:13. 6) 요 1:12; 행 16:31; 행 10:43. 7) 빌 3:9; 행 15:11.

73문답

문. 믿음이 죄인을 하나님 보시기에 어떻게 의롭게 합니까?

답. 믿음이 죄인을 하나님 보시기에 의롭게 하는 것은 믿음에 항상 따르는 다른 은혜들이나 믿음의 열매인 선행 때문이 아닙니다.1) 또 믿음 자체나 믿음에서 나오는 어떤 행위가 의롭다 함을 위해 죄인에게 돌려지기 때문도 아닙니다.2) 믿음이 죄인으로 하여금 그리스도와 그리스도의 의를 받아들이고 적용하게 하는 유일한 도구이기 때문입니다.3)

1) 갈 3:11; 롬 3:28. 2) 롬 4:5; 롬 10:10. 3) 요 1:12; 빌 3:9; 갈 2:16.

74문답

문. 양자됨은 무엇입니까?

답. 양자됨은 하나님께서 독생자 예수 그리스도 안에서, 예수 그리스도 때문에2) 죄인들에게 값없이 주시는 은혜의 행위입니다.1) 하나님께서는 이 은혜의 행위로 말미암아 의롭다함을 받은 모든 사람을 하나님의 자녀로 받아 주시고,3) 하나님의 이름을 그들에게 두시며,4) 하나님의 아들의 영을 그들에게 주십니다.5) 또 하나님께서는 그들을 아버지 같이 돌보시고 다스리시며,6) 하나님의 아들들이 누리는 모든 자유와 특권을 그들에게 허락하시고, 그들을 모든 약속을 받을 상속자요 그리스도와 함께 영광을 받을 상속자가 되게 하십니다.7)

1) 요일 3:1. 2) 엡 1:5; 갈 4:4-5. 3) 요 1:12. 4) 고후 6:18; 계

3:12. 5) 갈 4:6. 6) 시 103:13; 잠 14:26; 마 6:32. 7) 히 6:12; 롬8:17.

75문답

문. 성화(점점 거룩하게 됨)는 무엇입니까?

답. 성화는 하나님의 은혜의 일입니다. 이 은혜로 말미암아 하나님께서는 세상을 창조하시기 전에 거룩하게 하시고자 택하신 사람들을, 정하신 때에, 성령님의 매우 힘있는 역사를 통해,1) 그리스도의 죽으심과 부활을 택함 받은 사람들에게 적용하시고,2) 그들의 전 인격을 하나님의 형상대로 새롭게 하십니다.3) 또한 하나님께서는 생명에 이르는 회개의 씨와 그밖에 다른 모든 구원의 은혜를 그들의 마음속에 두시고,4) 그 모든 은혜를 일어나게 하시고, 증가시키시고, 강화시키셔서,5) 그들이 죄에 대하여는 점점 더 죽고, 새 생명에 대해서는 살게 하십니다.6)

1) 엡 1:4; 고전 6:11; 살후 2:13. 2) 롬 6:4-6. 3) 엡 4:23-24. 4) 행 11:18; 요일 3:9. 5) 유 1:20; 히 6:11-12; 엡 3:16-19; 골 1:10-11. 6) 롬 6:4, 6, 14; 갈 5:24.

76문답

문. 생명에 이르는 회개는 무엇입니까?

답. 생명에 이르는 회개는 성령과2) 하나님의 말씀으로3) 죄인의 마음에서 일어나는 구원의 은혜입니다.1) 이 구원의 은혜로 말미암아 죄인은 자신의 죄가 지닌 위험만이 아니라4) 더러움과 가증스러움을 봅니다.5) 그리고 그리스도 안에 있는 하나님의 자비를 깨닫고 깊이 뉘우칩니다.6) 이제 그는 자기 죄를 크게 슬퍼하고7) 미워하여,8) 그 모든 죄로부터 하나님께로 돌이키며,9) 새롭게 순종하는 가운데 모든 일에서 하나님과 동행하는 삶을 자신의 목적으로 삼고 이를 위해 끊임없이 노력합니다.10)

1) 딤후 2:25. 2) 슥 12:10. 3) 행 11:18, 20-21. 4) 겔 18:28, 30, 32; 눅 15:17-18; 호 2:6-7. 5) 겔 36:31; 사 30:22. 6) 욜 2:12-13. 7) 렘 31:18-19. 8) 고후 7:11. 9) 행 26:18; 겔 14:6; 왕상 8:47-48. 10) 시 119:6, 59, 128; 눅 1:6; 왕하 23:25.

77문답

문. 칭의와 성화는 서로 어떻게 다릅니까?

답. 칭의와 성화는 나눌 수 없게 결합되어 있지만1) 서로 다릅니다. 칭의에서는 하나님께서 그리스도의 의를 전가하시지만,2) 성화에서는 하나님의 영께서 은혜를 주입하시고 그 은혜가 역사하게 하십니다.3) 칭의에서는 죄가 용서되는 데 반해,4) 성화에서는 죄가 억제됩니다. 칭의에서는 모든 신자가 똑같이 하나님의 복수하시는 진노에서 자유롭게 되되, 이 세상에서 완전히 자유롭게 되어 결코 정죄 받지 않지만,5) 성화에서는 성화가 모든 신자에게 똑같이 일어나지 않을 뿐만 아니라7) 이 세상에서는 아무도 완전히 성화될 수 없으며8) 다만 완전을 향해 자라갈 뿐입니다.9)

1) 고전 6:11; 고전 1:30. 2) 롬 4:6, 8. 3) 겔 36:27. 4) 롬 3:24-25. 5) 롬 6:6, 14. 6) 롬 8:33-34. 7) 요일 2:12-14; 히 5:12-14. 8) 요일 1:8, 10. 9) 고후 7:1; 빌 3:12-14.

78문답

문. 왜 신자들은 성화를 완전히 이룰 수 없습니까?

답. 신자들이 성화를 완전히 이룰 수 없는 것은 그들의 모든 부분에 남아 있는 죄의 잔재들과 성령을 끊임없이 거스르는 육신의 정욕 때문입니다. 이로 말미암아 그들은 자주 유혹에 빠져 넘어지고, 많은 죄에 빠지며,1) 그들이 하고자 하는 모든 영적인 섬김을 못하게 됩니다.2) 그리고 신자들이 행하는 최선의 일들도 하나님 보시기에는 불완전하고 더럽습니다.3)

1) 롬 7:18, 23; 막 14:66-72; 갈 2:11-12. 2) 히 12:1. 3) 사 64:6; 출 28:38.

79문답

문. 참 신자들이 그들의 불완전함과 그들을 덮치는 많은 유혹과 죄 때문에 은혜의 상태에서 떨어져 나갈 수 있습니까?

답. 참 신자들은 하나님의 변하지 않는 사랑,1) 그들로 견인하게 하시는 하나님의 작정과 언약,2) 그리스도와의 나눌 수 없는 연합,3) 그들을 위한 그리스도의 끊임없는 간구,4) 그리고 그들 안에 거하시는 성령님과 하나님의 씨 때문에,5) 전적으로나 최종적으로 은혜의 상태에서 떨어져 나갈 수 없으며,6) 구원에 이르는 믿음을 통해 하나님의 능력으로 보호받습니다.7)

1) 렘 31:3. 2) 딤후 2:19; 히 13:20-21; 삼하 23:5. 3) 고전 1:8-9. 4) 히 7:25; 눅 22:32. 5) 요일 3:9; 요일 2:27. 6) 렘 32:40; 요 10:28. 7) 벧전 1:5.

80문답

문. 참된 신자들은 자신들이 은혜의 상태에 있고, 은혜의 상태에서 견인하여 구원에 이를 것을 틀림없이 확신할 수 있습니까?

답. 그리스도를 참되게 믿고, 그리스도 앞에서 모든 선한 양심으로 행하고자 애쓰는 사람들은1) 비상한 계시가 없어도, 하나님의 약속의 진실함에 근거한 믿음으로, 생명의 약속을 받은 것을 그들이 분별할 수 있게 하시며,2) 그들이 하나님의 자녀임을 그들의 영혼에 증거하시는 성령으로 말미암아,3) 자신들이 은혜의 상태에 있고, 은혜의 상태에서 견인하여 구원에 이를 것을 틀림없이 확신할 수 있습니다.4)

1) 요일 2:3.　2) 고전 2:12; 요일 3:14, 18-19, 21, 24; 요일 4:13, 16; 히 6:11-12.　3) 롬 8:16.　4) 요일 5:13.

81문답

문. 모든 참된 신자들은 현재 은혜의 상태에 있으며, 장차 구원 받으리라고 항상 확신합니까?

답. 은혜와 구원의 확신은 믿음의 본질에 속한 것이 아니기 때문에,1) 참된 신자들이 확신을 얻기까지는 오랜 시간이 걸릴 수 있으며,2) 그들이 은혜와 구원의 확신을 누리게 된 이후에도 심신의 여러 병약함, 죄, 유혹, 탈선으로 확신이 약해지거나 일시적으로 중단될 수 있습니다.3) 그러나 하나님의 성령께서 그들과 항상 함께 하시고 그들을 도우시기 때문에 참된 신자들은 결코 완전한 절망에 빠지지 않습니다.4)

1) 엡 1:13.　2) 사 50:10; 시 88.　3) 시 77:1-12; 아 5:2-3, 6; 시 51:8, 12; 시 31:22; 시 22:1.　4) 요일 3:9; 욥 13:15; 시 73:15, 23; 사 54:7-10.

82문답

문. 보이지 않는 교회의 지체들이 영광 중에 그리스도와 함께 누리는 교제는 무엇입니까?

답. 보이지 않는 교회의 지체들이 영광 중에 그리스도와 함께 누리는 교제는 이 세상에서도,1) 죽음 직후에도 있으며,2) 부활과 심판의 날에 결국 완전히 누립니다.3)

1) 고후 3:18.　2) 눅 23:43.　3) 살전 4:17.

83문답

문. 보이지 않는 교회의 지체들이 이 세상에 사는 동안 영광 중에 그리스도와 함께 누리는 교제는 무엇입니까?

답. 보이지 않는 교회의 지체들은 이 세상에 사는 동안 그리스도와 함께 영광의 첫 열매를 누립니다. 그들은 그들의 머리되신 그리스도의 지체들이므로 그리스도 안에서 그분이 충만히 갖고 계시는 영광에 함께 참여합니다.1) 그리고 그 증표로 하나님의 사랑,2) 양심의 평안, 성령 안에서의 기쁨, 영광의 소망을 즐겁게 누립니다.3) 이와는 반대로 악인들은 하나님의 복수하시는 진노, 양심의 공포, 장차 받을 심판에 대한 두려움 가운데 사는데 이는 악인들이 죽음 후에 견디어야 하는 고통의 시작일 뿐입니다.4)

1) 엡 2:5-6.　2) 롬 5:5; 고후 1:22.　3) 롬 5:1-2; 롬 14:17.　4) 창 4:13; 마 27:4; 히 10:27; 롬 2:9; 막 9:44.

84문답

문. 모든 사람이 죽습니까?

답. 죽음은 죗값으로 오는 것입니다.1) 모든 사람이 죄를 지었기 때문에3) 한 번 죽는 것은 모든 사람에게 정해진 것입니다.2)

1) 롬 6:23.　2) 히 9:27.　3) 롬 5:12.

85문답

문. 죽음이 죗값이라면 그리스도 안에서 자신들의 모든 죄를 용서받은 의인들은 왜 죽음에서 구함 받지 못합니까?

답. 의인들은 마지막 날에 죽음 자체에서 구해지며, 죽을 때조차도 죽음의 쏘는 것과 저주로부터도 구해집니다.1) 비록 그들이 죽더라도 그 죽음이 하나님의 사랑에서 말미암은 것이기에2) 하나님께서는 의인들이 죽을 때에 그들이 죄와 비참에서 완전히 자유롭게 되며,3) 이때 그들이 영광 안에서 그리스도와 더 깊이 교제하게 하시고 그 영광 안의 교제로 들어가게 하십니다.4)

1) 고전 15:26, 55-57; 히 2:15.　2) 사 57:1-2; 왕하 22:20.　3) 계 14:13; 엡 5:27.　4) 눅 23:43; 빌 1:23.

86문답

문. 보이지 않는 교회의 지체들이 죽음 직후에, 영광 중에 그리스도와 함께 누리는 교제는 무엇입니까?

답. 보이지 않는 교회의 지체들이 죽음 직후에, 영광 중에 그리스도와 함께 누리는 교제는 다음과 같습니다. 그들의 영혼은 완전히 거룩해지며,1) 그들은 가장 높은 하늘로 받아들여집니다.2) 거기서 그들은 빛과 영광 중에 하나님의 얼굴을 뵈오며,3) 자신들의 몸이 온전히 구속되기를 기다립니다.4) 죽음 가운데서도 그들은 그리스도와 계속하여 연합되어 있고,5) 마지막 날에 그들의 몸이 자신들의 영혼과 다시 연합할 때까지7) 무덤 안에서 마치 잠자듯 쉽니다.6) 반면에, 악인들의 영혼은 죽을 때에 지옥에 던져지고, 거기서 고통과 깊은 흑암 안에 남겨지게 되며, 그들의 몸은 부활과 심판이 있는 큰 날까지 감옥에 갇혀 있듯 무덤 안에 있게 됩니다.8)

1) 히 12:23.　2) 고후 5:1, 6, 8; 빌 1:23; 행 3:21; 엡 4:10.　3) 요일 3:2; 고전 13:12.　4) 롬 8:23; 시 16:9.　5) 살전 4:14.　6) 사 57:2.　7) 욥 19:26-27.　8) 눅 16:23-24; 행 1:25; 유 1:6, 7.

87문답

문. 우리가 부활에 대해 믿어야 할 것은 무엇입니까?

답. 우리는, 마지막 날에, 죽은 자는 의인과 악인 가릴 것

없이 모두 다 부활할 것을,1) 그때 살아 있는 사람들은 순식간에 변화될 것을, 그리고 무덤에 묻혀 있는 죽은 사람들의 바로 그 몸이 그들의 영혼과 영원히 다시 연합되어 그리스도의 권능으로 일어나게 될 것을 믿어야 합니다.2) 의인의 몸은 그리스도의 영과, 그들의 머리되시는 그리스도의 부활에 힘입어, 권능 가운데 신령하고 썩지 않는 몸으로 일어나 그리스도의 영광스러운 몸과 같이 될 것입니다.3) 그러나 악인의 몸은 분노하는 심판관이신 그리스도에 의해 수치 가운데 일어날 것입니다.4)

1) 행 24:15. 2) 고전 15:51-53; 살전 4:15-17; 요 5:28-29. 3) 고전 15:21-23, 42-44; 빌 3:21. 4) 요 5:27-29; 마 25:33.

88문답

문. 부활 직후에 무슨 일이 일어납니까?

답. 부활 직후에는 천사들과 사람들 모두에게 최후의 심판이 있을 것입니다.1) 그 날과 그 때는 아무도 모르기에 모두 깨어 기도하면서 주님의 오심을 항상 준비해야 합니다.2)

1) 벧후 2:4; 유 1:6, 7, 14, 15; 마 25:46. 2) 마 24:36, 42, 44; 눅 21:35-36.

89문답

문. 심판 날에 악인들에게는 무슨 일이 일어납니까?

답. 심판 날에 악인들은 그리스도의 왼편에 있게 될 것입니다.1) 분명한 증거와 그들 자신의 양심이 보여주는 충분한 확증에 의해2) 무시무시하면서도 공의로운 정죄의 판결이 그들에게 선고될 것입니다.3) 그리고 곧 그들은 하나님의 은혜로우신 얼굴과, 그리스도와 그의 성도들과 모든 거룩한 천사들과의 영광스러운 교제로부터 내쫓겨 지옥으로 던져질 것입니다. 거기서 그들은 그들의 몸과 마음이 모두, 마귀와 그의 사자들과 함께, 말로 다할 수 없는 고통의 형벌을 영원히 받을 것입니다.4)

1) 마 25:33. 2) 롬 2:15-16. 3) 마 25:41-43. 4) 눅 16:26; 살후 1:8-9.

90문답

문. 심판 날에 의인들에게는 무슨 일이 일어납니까?

답. 심판 날에 의인들은 구름 속의 그리스도에게로 끌어올려져1) 그리스도의 오른편에 있게 될 것입니다. 거기서 그들은 공개적으로 인정받고 무죄 선고를 받아,2) 그리스도와 함께 버림 받은 천사들과 사람들을 심판할 것입니다.3) 그리고 의인들은 천국에 들어가게 되는데4) 거기서 모든 죄와 비참으로부터 완전히 그리고 영원히 자유롭게 될 것입니다.5) 그리고 상상할 수도 없는 기쁨 가운데 있게 되고,6) 몸과 영혼이 완전히 거룩하고 행복하게 되며, 무수한 성도와 거룩한 천사의 무리 가운데서,7) 특히 성부 하나님과 우리 주 예수 그리스도와 성령 하나님을 영원히 직접 뵈면서 누릴 것입니다.8) 이것이 보이지 않는 교회의 지체들이 부활과 심판 날에 영광 중에서 그리스도와 누릴 완전하고 충분한 교제입니다.

1) 살전 4:17. 2) 마 25:33; 마 10:32. 3) 고전 6:2-3. 4) 마 25:34, 46. 5) 엡 5:27; 계 14:13. 6) 시 16:11. 7) 히 12:22-23. 8) 요일 3:2; 고전 13:12; 살전 4:17-18.

지금까지 성경이 하나님에 대해 무엇을 믿어야 하는가에 대해 가르치는 것을 살펴보았으므로, 이제부터는 하나님께서 사람에게 요구하시는 의무가 무엇인가에 대한 성경의 가르침을 살펴보겠습니다.

91문답

문. 하나님께서 사람에게 요구하시는 의무는 무엇입니까?

답. 하나님께서 사람에게 요구하시는 의무는 나타내 보이신 하나님의 뜻에 순종하는 것입니다.1)

1) 롬 12:1-2; 미 6:8; 삼상 15:22.

92문답

문. 하나님께서 사람의 순종을 위해 처음 나타내 보이신 것은 무엇입니까?

답. 하나님께서 죄가 없는 상태에 있는 아담과 아담 안에 있는 모든 인류에게 순종의 법칙으로 나타내 보이신 것은, 선악을 알게 하는 나무의 열매를 먹지 말라고 하신 특별한 명령과, 그와 함께 주신 도덕법이었습니다.1)

1) 창 1:26-27; 롬 2:14-15; 롬 10:5; 창 2:17.

93문답

문. 도덕법은 무엇입니까?

답. 도덕법은 인류에게 선언된 하나님의 뜻입니다. 이 도덕법은 모든 사람이 영혼과 몸을 가진 온전한 사람으로서의 모양과 성질을 지닌 가운데,1) 하나님과 사람에 대하여 거룩하고 의로운 모든 의무의 시행을 인격적이며 완전하고 영원한 복종과 순종으로 행하라고 지시하고 의무 지웁니다.2) 하나님께서는 이 도덕법을 온전히 지키는 자에게는 생명을 주시겠다고 약속하시고, 이를 어기는 자에게는 죽음을 주시겠다고 경고하셨습니다.3)

1) 신 5:1-3, 31-33; ※ 눅 10:26-27; 갈 3:10; 살전 5:23. 2) 눅 1:75; 행 24:16. 3) 롬 10:5; 갈 3:10, 12.

※ 스코틀랜드 자유장로교회 문서에는 31절과 33절로, Critical Text에는 32절과 33절로 표기되어 있습니다. 31절과 32절 모두 교리문답의 증거구절로 어색하지 않아 여기서는 모두 반영했습니다.

94문답

문. 타락 후에도 도덕법이 사람에게 유용합니까?

답. 타락 후에는 아무도 도덕법으로는 의와 생명에 이를 수 없습니다.1) 그러나 중생한 사람이든 중생하지 못한 사람이든 모든 사람에게 도덕법은 매우 유용합니다.2)

1) 롬 8:3; 갈 2:16.   2) 딤전 1:8.

95문답

문. 도덕법은 모든 사람에게 어떻게 유용합니까?

답. 도덕법은 하나님의 거룩한 본성과 뜻,1) 이를 좇아 행해야 할 사람의 의무를 알려주기에 모든 사람에게 유용합니다.2) 또한 도덕법은 사람들이 이를 지킬 능력이 없으며, 그들의 본성과 마음과 삶이 죄로 가득 오염되어 있다는 것을 깨닫게 합니다.3) 그래서 그들이 죄와 비참 가운데 있음을 알게 하여 겸손하게 하고,4) 이 때문에 그리스도와5) 그분의 완전한 순종이 그들에게 필요하다는 것을 더욱 분명히 보도록 도와줍니다.6)

1) 레 11:44-45; 레 20:7-8; 롬 7:12.   2) 미 6:8; 약 2:10-11.   3) 시 19:11-12; 롬 3:20; 롬 7:7.   4) 롬 3:9, 23.   5) 갈 3:21-22.   6) 롬 10:4.

96문답

문. 중생하지 못한 사람들에게 도덕법은 어떤 점에서 특별히 유용합니까?

답. 도덕법은 중생하지 못한 사람들이 다가 올 진노를 피하도록 그들의 양심을 일깨워1) 그들을 그리스도께 이끄는 데 유용합니다.2) 그러나 그들이 죄의 상태와 죄의 길에 계속 머무른다면 도덕법은 그들로 핑계할 수 없게 하며,3) 그들을 죄의 저주 아래 있게 합니다.4)

1) 딤전 1:9-10.   2) 갈 3:24.   3) 롬 1:20; 롬 2:15.   4) 갈 3:10.

97문답

문. 중생한 사람들에게 도덕법은 어떤 점에서 특별히 유용합니까?

답. 중생하여 그리스도를 믿는 사람들은 행위 언약으로서의 도덕법에서 자유롭게 된 것이므로1) 이로 말미암아 의롭다 함을 받거나2) 정죄 받지는 않습니다.3) 그러나 모든 사람에게 공통적으로 유용한 점 외에 중생한 사람들에게 도덕법이 특별히 유용한 점은, 이 법을 친히 완성시키고 중생한 사람들을 대신하여, 또 그들을 위해 그 법의 저주를 받으신 그리스도와 그들이 얼마나 깊이 연결되어 있는지를 보여줌으로써,4) 그들로 하여금 더욱 감사하게 하고,5) 이 감사를 표현하기 위해 그들의 순종을 위해 주신 도덕법을 그들이 더욱 주의하여 따르게 한다는 것입니다.6)

1) 롬 6:14; 롬 7:4, 6; 갈 4:4-5.   2) 롬 3:20.   3) 갈 5:23; 롬 8:1.   4) 롬 7:24-25; 갈 3:13-14; 롬 8:3-4.   5) 눅 1:68-69, 74-75; 골 1:12-14.   6) 롬 7:22; 롬 12:2; 딛 2:11-14.

98문답

문. 도덕법은 어디에 요약되어 있습니까?

답. 도덕법은 십계명에 요약되어 있습니다. 십계명은 시내 산에서 하나님께서 음성으로 말씀하시고 친히 두 돌판 위에 쓰신 것으로, 출애굽기 20장에 기록되어 있습니다.1) 처음 네 개의 계명은 하나님께 대한 우리의 의무를 담고 있으며, 나머지 여섯 개의 계명은 사람에 대한 우리의 의무를 담고 있습니다.2)

1) 신 10:4; 출 34:1-4.   2) 마 22:37-40.

99문답

문. 십계명을 올바르게 이해하기 위해 준수해야 할 법칙들은 무엇입니까?

답. 십계명을 올바르게 이해하기 위해서는 다음 법칙들을 준수해야 합니다.

1. 율법은 완전한 것이기에, 율법은 모든 사람이 율법이 말하는 의에 이르기까지 전인격을 다하여 따르되, 영원토록 전적으로 순종하도록 의무 지웁니다. 따라서 모든 사람은 모든 의무를 더할 수 없는 정도로 완전히 행해야 하고, 어떤 죄는 아주 조금이라도 지어서는 안 됩니다.1)

2. 율법은 영적인 것이기에, 율법은 말과 행위와 몸짓뿐만이 아니라 이해와 의지와 정서, 그리고 영혼의 다른 모든 능력에 영향을 미칩니다.2)

3. 여러 면에서 하나이거나 똑같은 것이 몇몇 계명에서 요구되거나 금지됐습니다.3)

4. 의무가 명령된 곳에서는 그 의무와 반대되는 죄가 금해졌고,4) 죄가 금해진 곳에서는 그 죄와 반대되는 의무가 명령되었습니다.5) 그렇게 약속이 주어진 곳에서는 그 약속과 반대되는 경고가 포함되어 있고,6) 경고가 주어진 곳에서는 그 경고와 반대되는 약속이 포함되어 있습니다.7)

5. 하나님께서 금지하시는 것은 단 한 번이라도 결코 해

서는 안 되며,8) 하나님께서 명령하시는 것은 항상 행해야 합니다.9) 그러나 하나님께서 명령하시는 모든 특별한 의무를 항상 행해야 하는 것은 아닙니다.10)

6. 한 가지 죄나 의무 속에 있는 똑같은 종류의 것들은 모두 금지했거나 명령되었는데, 이에 대한 모든 원인과 수단, 기회, 모양, 그리고 이것들에 대한 자극까지도 그 죄나 의무에 포함되어 있습니다.11)

7. 다른 사람들이 그들의 지위에서 해야 할 의무를 따라 하나님께서 금지하신 것과 명령하신 것을 그들이 피하거나 행하도록 우리는 우리의 지위에서 하나님께서 우리에게 금지하신 것과 명령하신 것을 반드시 행해야 합니다.12)

8. 다른 사람들에게 명령된 것에는 우리의 지위와 사명에 따라 그들을 도와야 하며,13) 그들에게 금해진 것에는 그들과 함께 참여하지 않도록 조심해야 합니다.14)

1) 시 19:7; 약 2:10; 마 5:21-22. 2) 롬 7:14; 신 6:5; 마 22:37-39; 마 5:21-22, 27-28, 33-34, 37-39, 43-44. 3) 골 3:5; 암 8:5; 잠 1:19; 딤전 6:10. 4) 사 58:13; 신 6:13; 마 4:9-10; 마 15:4-6. 5) 마 5:21-25; 엡 4:28. 6) 출 20:12; 잠 30:17. 7) 렘 18:7-8; 출 20:7; 시 15:1, 4-5; 시 24:4-5. 8) 욥 13:7-8; 롬 3:8; 욥 36:21; 히 11:25. 9) 신 4:8-9. 10) 마 12:7. 11) 마 5:21-22, 27-28; 마 15:4-6; 히 10:24-25; 살전 5:22; 유 1:23; 갈 5:26; 골 3:21. 12) 출 20:10; 레 19:17; 창 18:19; 신 24:15; 신 6:6-7. 13) 고후 1:24. 14) 딤전 5:22; 엡 5:11.

100문답

문. 십계명에서 우리가 특별히 고려해야 할 것은 무엇입니까?

답. 우리가 고려해야 할 것은 십계명의 머리말과 계명들 그 자체의 내용, 그리고 그 계명들을 더 잘 지키게 하기 위해 몇 개의 계명에 더해진 이유들입니다.

101문답

문. 십계명의 머리말은 무엇입니까?

답. 십계명의 머리말은 "나는 너를 애굽 땅, 종 되었던 집에서 인도하여 낸 네 하나님 여호와니라."입니다.1) 이 말씀에서 하나님께서는 자신을 영원하시고 불변하시며 전능하신 여호와 하나님이신 자신의 주권을 나타내십니다.2) 하나님께서는 스스로 계신 분이시고,3) 자신의 모든 말씀과4) 일하심을 통해 자신의 존재를 나타내십니다.5) 또한 하나님께서는 옛 이스라엘과 언약을 맺으신 것과 같이 자신의 모든 백성과 언약을 맺으시는 분으로,6) 애굽에서 종살이하던 옛 이스라엘을 구하여내신 것과 같이 우리를 영적인 속박에서 건져내십니다.7) 그러므로 우리는 이분만을 우리의 하나님으로 삼고, 하나님께서 주신 모든 계명을 다 지켜야 합니다.8)

1) 출 20:2. 2) 사 44:6. 3) 출 3:14. 4) 출 6:3. 5) 행 17:24, 28. 6) 창 17:7; 롬 3:29. 7) 눅 1:74-75. 8) 벧전 1:15-18; 레 18:30; 레 19:37.

102문답

문. 하나님께 대한 우리의 의무를 담고 있는 네 계명의 요약은 무엇입니까?

답. 하나님께 대한 우리의 의무를 담고 있는 네 계명의 요약은, 마음을 다하고 목숨을 다하고 힘을 다하고 뜻을 다하여 주 우리 하나님을 사랑하라는 것입니다.1)

1) 눅 10:27.

103문답

문. 제1계명은 무엇입니까?

답. 제1계명은 "너는 나 외에는 다른 신들을 네게 두지 말라."입니다.1)

1) 출 20:3.

104문답

문. 제1계명에서 요구하시는 의무는 무엇입니까?

답. 제1계명에서 요구하시는 의무는, 하나님을 유일하신 참 하나님과 우리 하나님으로 알고 인정하는 것이며,1) 따라서 하나님만을 생각하고,2) 묵상하고,3) 기억하고,4) 지극히 높이고,5) 존경하고,6) 흠모하고,7) 택하고,8) 사랑하고,9) 갈망하고,10) 두려워함으로11) 하나님을 예배하고 영화롭게 하는 것입니다.12) 또한 하나님을 믿고,13) 신뢰하고,14) 바라고,15) 기뻐하고,16) 하나님 안에서 즐거워하고,17) 하나님을 위한 열심을 품고,18) 모든 찬송과 감사로 하나님께 아뢰고,19) 전인격을 다하여 전적으로 순종하고 복종하며,20) 하나님께서 기뻐하시는 것을 하기 위하여 모든 일에 주의하여 행하고,21) 무슨 일에서든 하나님을 노엽게 했을 때는 크게 슬퍼하고,22) 겸손히 하나님과 동행하는 것입니다.23)

1) 대상 28:9; 신 26:17; 사 43:10; 렘 14:22. 2) 시 95:6-7; 마 4:10; 시 29:2. 3) 말 3:16. 4) 시 63:6. 5) 전 12:1. 6) 시 71:19. 7) 말 1:6. 8) 사 45:23. 9) 수 24:15, 22. 10) 신 6:5. 11) 시 73:25. 12) 사 8:13. 13) 출 14:31. 14) 사 26:4. 15) 시 130:7. 16) 시 37:4. 17) 시 32:11. 18) 롬 12:11; 민 25:11. 19) 빌 4:6. 20) 렘 7:23; 약 4:7. 21) 요일 3:22. 22) 렘 31:18; 시 119:136. 23) 미 6:8.

105문답

문. 제1계명에서 금지하시는 죄는 무엇입니까?

답. 제1계명에서 금지하시는 죄는, 하나님을 부인하거나 섬기지 않는 무신론,1) 참되신 하나님 대신에, 또는 참되신 하나님과 다른 신들을 함께 예배하는 우상숭배,2) 하나님을 하나님으로, 또 우리 하나님으로 섬기지 않고 시인하지 않는 것,3) 이 계명에서 요구하는 바 하나님께 마땅히 드려야 할 어떤 의무에 대해서든 빠뜨리거나 게을리 하는 것,4) 하나님에 대한 무지,5) 하나님을 잊음,6) 하나님에 대한 오해,7) 거짓된 견해,8) 하나님에 대한 무감각하고 악한 생각,9) 감히 하나님의 비밀을 주제넘게 알고자 하여 파고드는 것,10) 모든 신성 모독,11) 하나님에 대한 증오,12) 자기 사랑,13) 자기의 유익을 구하는 것,14) 우리의 지성과 의지와 정서를 지나치고 무절제하게 다른 일들에 두고, 전적으로든 부분적으로든 우리의 지성과 의지와 정서가 하나님으로부터 멀어지는 것,15) 헛된 맹신,16) 불신앙,17) 이단,18) 그릇된 신앙,19) 신뢰하지 않음,20) 절망,21) 완강함,22) 심판에 대한 무감각함,23) 마음의 완악함,24) 교만,25) 주제넘음,26) 세속적 안일함,27) 하나님을 시험하는 것,28) 불법적인 수단을 사용하는 것,29) 하나님이 아니라 인간적인 방법을 의지하는 것,30) 세속적인 기쁨과 즐거움,31) 부패하고 맹목적이고 경솔한 열심,32) 미지근함,33) 하나님의 일들에 대한 각함,34) 하나님을 버리고 배역하는 것,35) 성인들이나 천사들이나 다른 아무 피조물이라도 그들에게 기도하고 예배하는 모든 행위,36) 마귀와 의논하고 맹약하고,37) 그의 제안에 귀 기울이는 것,38) 땅에 있는 사람을 우리의 믿음과 양심의 주로 삼는 것,39) 하나님과 그분의 계명을 깔보고 업신여기는 것,40) 성령님을 거스르고 근심하게 하는 것,41) 하나님의 섭리에 불만을 품고 조급해하며, 하나님께서 우리에게 허락하신 재난으로 하나님을 어리석게 비난하는 것42), 지금 우리 안에 있거나, 우리에게 있거나, 우리가 행할 어떤 선한 것들에 대해 하나님께 드릴 찬송을 단지 운으로 여기거나,43) 우상이나,44) 우리 자신이나45), 다른 피조물에게 돌리는 것입니다.46)

1) 시 14:1; 엡 2:12. 2) 렘 2:27-28; 살전 1:9. 3) 시 81:11. 4) 사 43:22-24. 5) 롬 4:22; 호 4:1, 6. 6) 렘 2:32. 7) 행 17:23, 29. 8) 사 40:18. 9) 시 50:21. 10) 신 29:29. 11) 딛 1:16; 히 12:16. 12) 롬 1:30. 13) 딤후 3:2. 14) 빌 2:21. 15) 요일 2:15-16; 삼상 2:29; 골 3:2, 5. 16) 요일 4:1. 17) 신 9:6, 24; 히 3:12. 18) 갈 5:20; 딛 3:10. 19) 행 26:9. 20) 시 78:22. 21) 창 4:13. 22) 렘 5:3. 23) 사 42:25. 24) 렘 13:15. 26) 시 19:13. 27) 습 1:12. 28) 마 4:7. 29) 롬 3:8. 30) 렘 17:5. 31) 딤후 3:4. 32) 갈 4:17; 요 16:2; 롬 10:2; 눅 9:54-55. 33) 계 3:16. 34) 계 3:1. 35) 겔 14:5; 사 1:4-5. 36) 롬 10:13-14; 호 4:12; 행 10:25-26; 계 19:10; 마 4:10; 골 2:18; 롬 1:25. 37) 레 20:6; 삼상 28:7, 11; 대상 10:13-14. 38) 행 5:3. 39) 고후 1:24; 마 23:9. 40) 신 32:15; 삼하 12:9; 잠 13:13. 41) 엡 7:51; 엡 4:30. 42) 시 73:2-3, 13-15, 22; 욥 1:22. 43) 삼상 6:7-9. 44) 단 5:23. 45) 신 8:17; 단 4:30. 46) 합 1:16.

106문답

문. 제1계명에서 '나 외에는'이라는 말씀이 우리에게 특별히 가르치는 것은 무엇입니까?

답. 제1계명에서 '나 외에는' 또는 '내 눈앞에서'라는 말씀이 우리에게 가르치는 것은, 모든 것을 보시는 하나님께서 우리가 하나님 외에 다른 신을 섬기는 죄를 특별히 주목하시고 매우 노여워하신다는 것입니다. 그래서 '나 외에는'은 그러한 죄를 짓지 않도록 우리를 만류하고, 그러한 죄가 가장 무례한 도발이 되도록 우리에게 부담 지을 뿐만 아니라,1) 우리가 하나님을 섬기는 일에서 무슨 일을 하든 하나님 앞에서 하듯이 하게 설득하는, 이 모든 일에 논거가 됩니다.2)

1) 겔 8:5-18; 시 44:20-21. 2) 대상 28:9.

107문답

문. 제2계명은 무엇입니까?

답. 제2계명은 "너를 위하여 새긴 우상을 만들지 말고 또 위로 하늘에 있는 것이나 아래로 땅에 있는 것이나 땅 아래 물 속에 있는 것의 어떤 형상도 만들지 말며 그것들에게 절하지 말며 그것들을 섬기지 말라 나는 너의 하나님 여호와는 질투하는 하나님인즉 나를 미워하는 자의 죄를 갚되 아버지로부터 아들에게로 삼사 대까지 이르게 하거니와 나를 사랑하고 내 계명을 지키는 자에게는 천 대까지 은혜를 베푸느니라."입니다.1)

1) 출 20:4-6.

108문답

문. 제2계명에서 요구하시는 의무는 무엇입니까?

답. 제2계명에서 요구하시는 의무는, 하나님께서 하나님의 말씀으로 정하신 모든 종교적 예배와 규례를 받아들이고 따르며 순수하고 온전하게 지키라는 것입니다.1) 특히 그리스도의 이름으로 기도하고 감사하며,2) 말씀을 읽고, 설교하고, 들으며,3) 성례들을 베풀고 받으며,4) 교회정치와 치리가 있어야 하고,5) 교회를 섬기는 직분을 세우고 유지하며,6) 종교적 금식을 행하고,7) 하나님의 이름으로 맹세하고,8) 하나님께 서약하며,9) 거짓된 모든 예배를 부인하고 혐오하며,10) 우리 각자의 지위와 사명에 따라, 거짓된 예배와 우상 숭배를 위한 모든 기념물을 제거해야 합니다.11)

1) 신 32:46-47; 마 28:20; 행 2:42; 딤전 6:13-14. 2) 빌 4:6; 엡 5:20. 3) 신 17:18-19; 행 15:21; 딤후 4:2; 약 1:21-22; 행 10:33. 4) 마 28:19; 고전 11:23-30. 5) 마 18:15-17; 마 16:19; 고전 5; 고전 12:28. 6) 엡 4:11-12; 딤전 5:17-18; 고전 9:7-15. 7) 욜 2:12-13; 고전 7:5. 8) 신 6:13. 9) 사 19:21; 시 76:11. 10) 행 17:16-17; 시 16:4. 11) 신 7:5; 사 30:22.

109문답

문. 제2계명에서 금지하시는 죄는 무엇입니까?

답. 제2계명에서 금지하시는 죄는, 하나님께서 친히 제정하시지 않은 다른 어떤 예배를 고안하고,1) 의논하고,2) 명령하고,3) 이용하고,4) 어떤 식으로든 인정하는 것,5) 거짓 종교를 허용하는 것,6) 삼위 하나님 전체나, 그 중 어느 위person를 표현하고자 우리 마음 속으로나, 실제로 다른 그 어떤 피조물을 그것의 형상으로나 그와 비슷하게 만드는 것,7) 그리고 그 형상 자체를 예배하거나,8) 그 형상으로, 또는 그 형상 안에서 하나님을 예배하는 모든 일,9) 거짓 신들의 형상들을 만드는 것,10) 그것들을 예배하거나, 그것들에 속하는 것을 섬기는 것,11) 우리가 직접 고안하여 쓰는 것이든,15) 다른 사람들로부터 전통을 통해 받은 것이든,16) 고대 문화,17) 풍속,18) 헌신,19) 선한 의도라는 명목으로나, 혹은 다른 그 어떤 구실로나,20) 하나님께 드리는 예배에 무엇을 더하거나 제하므로,14) 하나님께 드리는 예배를 더럽게 하는,13) 모든 미신적인 고안품,12) 그리고 성직 매매,21) 신성 모독,22) 하나님께서 정하여 주신 예배와 규례를 무시하고,23) 경멸하며,24) 저지하고,25) 반대하는 모든 것입니다.26)

1) 민 15:39. 2) 신 13:6-8. 3) 호 5:11; 미 6:16. 4) 왕상 11:33; 왕상 12:33. 5) 신 12:30-32. 6) 신 13:6-12; 슥 13:2-3; 계 2:2, 14-15, 20; 계 17:12, 16-17. 7) 신 4:15-19; 행 17:29; 롬 1:21-23, 25. 8) 단 3:18; 갈 4:8. 9) 출 32:5. 10) 출 32:8. 11) 왕상 18:26, 28; 사 65:11. 12) 행 17:22; 골 2:21-23. 13) 말 1:7-8, 14. 14) 신 4:2. 15) 시 106:39. 16) 마 15:9. 17) 벧전 1:18. 18) 렘 44:17. 19) 사 65:3-5; 갈 1:13-14. 20) 삼상 13:11-12; 삼상 15:21. 21) 행 8:18. 22) 롬 2:22; 말 3:8. 23) 출 4:24-26. 24) 마 22:5; 말 1:7, 13. 25) 마 23:13. 26) 행 13:44-45; 살전 2:15-16.

110문답

문. 제2계명을 더 잘 지키게 하기 위해 더해진 내용은 무엇입니까?

답. 제2계명을 더 잘 지키게 하기 위해 더해진 내용은, "나 네 하나님 여호와는 질투하는 하나님인즉 나를 미워하는 자의 죄를 갚되 아버지로부터 아들에게로 삼사 대까지 이르게 하거니와 나를 사랑하고 내 계명을 지키는 자에게는 천 대까지 은혜를 베푸느니라."입니다.1) 이 말씀은, 우리를 다스리시는 하나님의 주권과, 그 주권에 대한 우리의 합당한 태도,2) 하나님께서 하나님 자신에 대한 예배에 대해 갖고 계시는 열렬한 열심,3) 영적 간음인 모든 거짓된 예배에 대한 하나님의 복수하시는 분노를 보여줍니다.4) 또 이 말씀 안에서 하나님께서는 이 계명을 어기는 사람들을 자기를 미워하는 것으로 간주하셔서 몇 세대에 걸쳐 그들을 벌하실 것이라고 위협하시며,5) 이 계명을 지키는 사람들을 자기를 사랑하고 그의 계명들을 지키는 사람으로 여기셔서 많은 세대에 걸쳐 그들

에게 자비 베푸실 것을 약속하십니다.6)

1) 출 20:5-6. 2) 시 45:11; 계 15:3-4. 3) 출 34:13-14. 4) 고전 10:20-22; 렘 7:18-20; 겔 16:26-27; 신 32:16-20. 5) 호 2:2-4. 6) 신 5:29.

111문답

문. 제3계명은 무엇입니까?

답. 제3계명은 "너는 네 하나님 여호와의 이름을 망령되게 부르지 말라 여호와는 그의 이름을 망령되게 부르는 자를 죄 없다 하지 아니하리라"입니다.1)

1) 출 20:7.

112문답

문. 제3계명에서 요구하시는 의무는 무엇입니까?

답. 제3계명에서 요구하시는 의무는, 하나님의 이름과 칭호와 속성과1) 규례와2) 말씀과3) 성례와4) 기도와5) 맹세와6) 서약과7) 제비와8) 하시는 일과9) 그 외에 하나님 자신을 알리시고자 하는 것은 무엇이든지 하나님의 영광과16) 우리와17) 다른 사람들의 유익을 위하여18) 거룩한 신앙고백과14) 책임 있는 대화로15) 생각과10) 묵상과11) 말과12) 글에서13) 거룩하고 경건하게 사용하라는 것입니다.

1) 마 6:9; 신 28:58; 신 29:2; 시 68:4; 계 15:3-4. 2) 말 1:14; 전 5:1. 3) 시 138:2. 4) 고전 11:24-25, 28-29. 5) 딤전 2:8. 6) 렘 4:2. 7) 전 5:2, 4-6. 8) 행 1:24, 26. 9) 욥 36:24. 10) 말 3:16. 11) 시 8. 12) 골 3:17; 시 105:2, 5. 13) 시 102:18. 14) 벧전 3:15; 미 4:5. 15) 빌 1:27. 16) 고전 10:31. 17) 렘 32:39. 18) 벧전 2:12.

113문답

문. 제3계명에서 금지하시는 죄는 무엇입니까?

답. 제3계명에서 금지하시는 죄는, 하나님의 이름을 요구하신 대로 사용하지 않는 것,1) 무지함으로,2) 헛되이,3) 불경건하고 모독이 되게,4) 미신적으로,5) 또는 악하게 언급함으로 하나님의 이름을 남용하는 것, 하나님의 칭호와 속성과6) 규례와7) 그가 하시는 일들을8) 모독하며,9) 거짓 맹세로 사용하는 것,10) 죄가 넘치는 모든 저주와11) 맹세과12) 서약과13) 제비,14) 정당한 맹세와 서약을 어기는 것,15) 부당한 맹세와 서약을 행하는 것,16) 하나님의 작정과19) 섭리에 대해20) 투덜대고 시비 걸며,17) 감히 주제넘은 호기심으로 캐내려고,18) 잘못 적용하는 것, 신성모독적인 농담과24) 이상하고 무익한 질문과 헛된 말다툼을 위해, 또는 거짓된 교리를 주장하기 위해25) 하나님의 말씀, 또는 말씀의 일부를 잘못 해석하고21) 잘못 적용하며22) 어떤 식으로든 왜곡하는 것,23) 피조물이나 하나

님의 이름 아래 있는 어떤 것이든 마술과26) 죄악된 정욕과 행위를 위해27) 악용하는 것, 하나님의 진리와 은혜와 방법들을31) 중상하고28) 조롱하며29) 욕하고,30) 어떤 식으로든 반대하는 것, 위선이나 악한 목적으로 신앙고백하는 것,32) 하나님의 이름을 부끄러워하거나,33) 부적합하고34) 어리석고35) 헛되고36) 모독적인 방법으로37) 또는 배반함으로써38) 하나님의 이름을 수치스럽게 하는 것입니다.

1) 말 2:2. 2) 행 17:23. 3) 잠 30:9. 4) 말 1:6-7, 12; 말 3:14. 5) 삼상 4:3-5; 렘 7:4, 9-10, 14, 31; 골 2:20-22. 6) 왕하 18:30, 35; 출 5:2; 시 139:20. 7) 시 50:16-17. 8) 사 5:12. 9) 왕하 19:22; 레 24:11. 10) 슥 5:4; 슥 8:17. 11) 삼상 17:43; 삼하 16:5. 12) 렘 5:7; 렘 23:10. 13) 신 23:18; 행 23:12, 14. 14) 에 3:7; 에 9:24; 시 22:18. 15) 시 24:4; 겔 17:16, 18-19. 16) 막 6:26; 삼상 25:22, 32-34. 17) 롬 9:14, 19-20. 18) 신 29:29. 19) 를 3:5, 7; 롬 6:1-2. 20) 전 8:11; 전 9:3; 시 39. 21) 마 5:21-48. 22) 겔 13:22. 23) 벧후 3:16; 마 22:24-31. 24) 사 22:13; 렘 23:34, 36, 38. 25) 딤전 1:4; 딤전 6:4-5, 20; 딤후 2:14; 딛 3:9. 26) 신 18:10-14; 행 19:13. 27) 딤후 4:3-4; 롬 13:13-14; 왕상 21:9-10; 유 1:4. 28) 행 13:45;※ 요일 3:12. 29) 시 1:1; 벧후 3:3. 30) 벧후 4:4. 31) 행 13:45-46, 50; 행 4:18; 행 19:9; 살전 2:16; 히 10:29. 32) 딤후 3:5; 마 23:14; 마 6:1-2, 5, 16. 33) 막 8:38. 34) 시 73:14-15. 35) 고전 6:5-6; 엡 5:15-17. 36) 사 5:4; 벧후 1:8-9. 37) 롬 2:23-24. 38) 갈 3:1, 3; 히 6:6.

※ Critical Text에서는 사도행전 13장 10절

114문답

문. 제3계명을 더 잘 지키게 하기 위해 더해진 내용은 무엇입니까?

답. 제3계명을 더 잘 지키게 하기 위해 더해진 내용은, "네 하나님 여호와"와 "여호와는 그의 이름을 망령되게 부르는 자를 죄 없다 하지 아니하리라."입니다.1) 하나님은 우리의 주와 우리 하나님이시기 때문에 우리가 그분의 이름을 욕되게 하거나 어떤 식으로든 악용해서는 안 된다는 것입니다.2) 특별히 이 계명을 어기는 사람들이 비록 사람들의 많은 비난과 형벌은 피할 수 있을지 몰라도,4) 하나님께서는 그들을 사면하시거나 그들로 피하게 하시기는커녕 하나님의 의로우신 심판을 받게 하실 것입니다.3)

1) 출 20:7. 2) 레 19:12. 3) 겔 36:21-23; 신 28:58-59; 슥 5:2-4. 4) 삼상 2:12, 17, 22, 24; 삼상 3:13.

115문답

문. 제4계명은 무엇입니까?

답. 제4계명은 "안식일을 기억하여 거룩하게 지키라 엿새 동안은 힘써 네 모든 일을 행할 것이나 일곱째 날은 네 하나님 여호와의 안식일인즉 너나 네 아들이나 네 딸이나 네 남종이나 네 여종이나 네 가축이나 네 문안에 머무는 객이라도 아무 일도 하지 말라 이는 엿새 동안에 나 여호와가 하늘과 땅과 바다와 그 가운데 모든 것을 만들고 일곱째 날에 쉬었음이라 그러므로 나 여호와가 안식일을 복되게 하여 그 날을 거룩하게 하였느니라."입니다.1)

1) 출 20:8-11.

116문답

문. 제4계명에서 요구하시는 의무는 무엇입니까?

답. 제4계명에서 모든 사람에게 요구하시는 의무는, 하나님께서 그의 말씀으로 명하신 특정한 시간, 특히 일주일 중 하루 전체를 신성하게 또는 거룩하게 지키는 것입니다. 이 날은 태초부터 그리스도께서 부활하실 때까지는 일주일 중 일곱째 날로, 그리스도께서 부활하신 이후부터는 일주일 중 첫째 날로 세상 끝날까지 지키게 됩니다. 이날이 기독교의 안식일이며,1) 신약에서는 '주일'이라고 합니다.2)

1) 신 5:12-14; 창 2:2-3; 고전 16:1-2; 행 20:7; 마 5:17-18; 사 56:2, 4, 6-7. 2) 계 1:10.

117문답

문. 안식일 또는 주일을 어떻게 거룩하게 지킬 수 있습니까?

답. 우리는 안식일 또는 주일을, 온 종일을 거룩하게 쉬되,1) 어느 때나 죄가 되는 일들뿐만 아니라 다른 날에는 정당한 세상의 일들과 오락까지 쉬고,2) 불가피한 일과 자비를 베푸는 일을 제외하고는,3) 모든 시간을 하나님을 공적으로 또 개인적으로 예배하는 데 사용하는 것을 기쁨으로 삼음으로써 거룩하게 지킬 수 있습니다.4) 이렇게 하기 위해 우리는 마음을 준비해야 하며, 세상일을 미리 부지런히, 절제함으로 배치하고 시기적절하게 처리하여 주일에 해야 할 의무들을 더 자유롭고 적절하게 행할 수 있어야 합니다.5)

1) 출 20:8, 10. 2) 출 16:25-28; 느 13:15-22; 렘 17:21-22. 3) 마 12:1-13. 4) 사 58:13; 눅 4:16; 행 20:7; 고전 16:1-2; 시 92(제목: 안식일의 찬송시); 사 66:23; 레 23:3. 5) 출 20:8; 눅 23:54, 56; 출 16:22, 25-26, 29; 느 13:19.

118문답

문. 왜 안식일을 지키라는 책임이 가장과 다른 윗사람들에게 특별히 더 주어졌습니까?

답. 가장과 다른 윗사람들에게 안식일을 지키라는 책임이 더 주어진 것은 그들이 자신들만 안식일을 지켜야 할 뿐만 아니라 그들의 영향 아래 있는 모든 사람 또한 안식일을 지키게 해야 하기 때문이며, 그들 자신의 일로 아랫사람이 안식일을 지킬 수 없게 자주 방해할 수 있기 때문입니다.1)

1) 출 20:10; 수 24:15; 느 13:15, 17; 렘 17:20-22; 출 23:12.

119문답

문. 제4계명에서 금지하시는 죄는 무엇입니까?

답. 제4계명에서 금지하시는 죄는, 요구하시는 의무들을 전혀 지키지 않는 것,1) 그 의무들을 몹시 부주의하고 태만하고 무익하게 행하는 것, 그 의무들에 싫증내는 것,2) 또 게으름과 그 자체로 죄가 되는 일과 세상의 일들과 오락에 대해3) 불필요한 일과 말과 생각들로 안식일을 모독하는 모든 것입니다.4)

1) 겔 22:26. 2) 행 20:7, 9; 겔 33:30-32; 암 8:5; 말 1:13. 3) 겔 23:38. 4) 렘 17:24, 27; 사 58:13.

120문답

문. 제4계명을 더 잘 지키게 하기 위해 더해진 내용은 무엇입니까?

답. 제4계명을 더 잘 지키게 하기 위해 더해진 내용은, 먼저, 이 계명의 공평성입니다. 하나님께서는 칠일 중 육일은 우리 자신의 일들을 위해 허락하셨으나 일곱째 날은 하나님을 위해 남겨두시기 위해 "엿새 동안은 힘써 네 모든 일을 행할 것이나" 하고 말씀하셨습니다.1) 또 하나님께서는 안식일의 특별한 타당성을 주장하시며 "일곱째 날은 네 하나님 여호와의 안식일인즉" 하고 말씀하셨습니다.2) 그리고 "이는 엿새 동안에 나 여호와가 하늘과 땅과 바다와 그 가운데 모든 것을 만들고 일곱째 날에 쉬었음이라." 하시며 자신을 본받게 하셨습니다. 다음으로 하나님께서는 "그러므로 나 여호와가 안식일을 복되게 하여 그 날을 거룩하게 하였느니라." 하고 말씀하시며 안식일을 복되게 하셨습니다. 그래서 이 날을 하나님을 섬기는 거룩한 날로 구별하셨을 뿐만 아니라, 우리가 이 날을 거룩하게 지킬 때 이 날이 우리에게 복 받는 수단이 되게 정하셨습니다.3)

1) 출 20:9. 2) 출 20:10. 3) 출 20:11.

121문답

문. 제4계명을 왜 '기억하라'는 말로 시작합니까?

답. 제4계명이 '기억하라'는 말로 시작하는 것은,1) 부분적으로는 안식일을 기억함으로써 우리가 받게 되는 큰 은택 때문입니다. 즉 우리는 기억함으로써 안식일을 지키려고 준비하는 일에 도움을 받고,2) 안식일을 지킴으로써 다른 모든 계명을 더 잘 지키게 되며,3) 우리 신앙의 간략한 요약이 담긴 창조와 구속이라는 두 가지의 큰 은택에 대해 계속하여 감사하며 기억할 수 있습니다.4) 또 부분적으로는 우리가 안식일을 너무 쉽게 잊기 때문입니다.5) 이는 안식일에 대한 우리의 본성의 빛이 약하여 안식일을 기억하기 어렵고,6) 안식일이 아닌 날에 할 수 있고 해도 되는 일들을 안식일에도 하려는 우리의 본성의 자유를 이 계명이 제한하기 때문입니다.7) 또한 안식일은 칠일 중 단 한 번 오는데 그 사이에 일어나는 세상의 많은 일이 우리의 마음을 너무 자주 안식일을 생각하지 못하게 하여 안식일을 준비하거나 거룩하게 지키지 못하게 하기 때문입니다.8) 그리고 사탄이 그의 도구들을 가지고 힘써 일하여 안식일의 영광을 없애고, 심지어는 안식일에 대한 기억조차도 지워 우리를 모든 불신앙과 불경건에 빠뜨리고자 하기 때문입니다.9)

1) 출 20:8. (영어는 'Remember'로 시작합니다) 2) 출 16:23; 눅 23:54, 56; 막 15:42; 느 13:19. 3) 시 92(제목: 안식일의 찬송 시):13-14; 겔 20:12, 19-20. 4) 창 2:2-3; 시 118:22, 24; 행 4:10-11; 계 1:10. 5) 겔 22:26. 6) 느 9:14. 7) 출 34:21. 8) 신 5:14-15; 암 8:5. 9) 애 1:7; 렘 17:21-23; 느 13:15-23.

122문답

문. 사람에 대한 우리의 의무를 담고 있는 여섯 계명의 요약은 무엇입니까?

답. 사람에 대한 우리의 의무를 담고 있는 여섯 계명의 요약은, 우리 이웃을 우리 자신 같이 사랑하며,1) 남에게 대접을 받고자 하는 대로 우리도 남을 대접하라는 것입니다.2)

1) 마 22:39. 2) 마 7:12.

123문답

문. 제5계명은 무엇입니까?

답. 제5계명은 "네 부모를 공경하라 그리하면 네 하나님 여호와가 네게 준 땅에서 네 생명이 길리라."입니다.1)

1) 출 20:12.

124문답

문. 제5계명에서 말하는 '부모'는 누구를 의미합니까?

답. 제5계명에서 말하는 부모는 육신의 부모뿐만이 아니라1) 나이가 많거나2) 뛰어난 은사가 있는3) 모든 사람과, 특히 가정과4) 교회와5) 국가에서6) 하나님의 규례를 따라 우리에게 권위를 행사하는 사람들을 의미합니다.

1) 잠 23:22, 25; 엡 6:1-2. 2) 딤전 5:1-2. 3) 창 4:20-22; 창 45:8. 4) 왕하 5:13. 5) 왕하 2:12; 왕하 13:14; 갈 4:19. 6) 사 49:23.

125문답

문. 왜 윗사람들을 부모라고 부릅니까?

답. 윗사람들을 부모라고 부르는 것은, 윗사람들이 아랫사람들에 대한 그들의 모든 의무를 여러 관계를 따라, 육신의 부모같이, 사랑과 상냥함으로 다하도록 가르치기 위함이며,1) 아랫사람들은 그들의 윗사람들에 대한 의무들을 마치 부모에게 하듯이 큰 의욕과 즐거움으로 다하도록 하기 위해서입니다.2)

1) 엡 6:4; 고후 12:14; 살전 2:7-8, 11; 민 11:11-12. 2) 고전 4:14-16; 왕하 5:13.

126문답

문. 제5계명의 일반적인 의도는 무엇입니까?

답. 제5계명의 일반적인 의도는 우리가 맺고 있는 여러 관계, 즉 아랫사람들, 윗사람들, 동등한 위치에 있는 사람들과의 관계에서 우리가 서로 지고 있는 의무들을 행하는 것입니다.1)

1) 엡 5:21; 벧전 2:17; 롬 12:10.

127문답

문. 아랫사람들은 윗사람들을 어떻게 존경해야 합니까?

답. 아랫사람들은 윗사람들에게 마음과1) 말과2) 행동으로3) 모든 합당한 존중을 나타내야 합니다. 윗사람들을 위해 기도하고 그들에게 감사하며,4) 그들의 미덕과 은혜를 본받고,5) 그들의 정당한 명령과 조언에 즐거이 순종하고,6) 그들의 징계에 마땅히 복종하고,7) 그들의 다양한 계급과 지위의 성질에 따라10) 그들의 인격과 권위에 충성하고8) 그 인격과 권위를 방어하고9) 지지하며, 또한 그들의 연약함을 감당하고, 사랑으로 덮음으로써11) 그들과 그들의 다스림을 존경해야 합니다.12)

1) 말 1:6; 레 19:3. 2) 잠 31:28; 벧전 3:6. 3) 레 19:32; 왕상 2:19. 4) 딤전 2:1-2. 5) 히 13:7; 빌 3:17. 6) 엡 6:1-2, 5-7; 벧전 2:13-14; 롬 13:1-5; 히 13:17; 잠 4:3-4; 잠 23:22; 출 18:19, 24. 7) 히 12:9; 벧전 2:18-20. 8) 딛 2:9-10. 9) 삼상 26:15-16; 삼하 18:3; 에 6:2. 10) 마 22:21; 롬 13:6-7; 딤전 5:17-18; 갈 6:6; 창 45:11; 창 47:12. 11) 벧전 2:18; 잠 23:22; 창 9:23. 12) 시 127:3-5; 잠 31:23.

128문답

문. 아랫사람들이 윗사람들에게 저지르는 죄는 무엇입니까?

답. 아랫사람들이 윗사람들에게 저지르는 죄는, 윗사람들에게 해야 할 의무를 소홀히 하는 것과1) 윗사람들이 정당하게 조언하고7) 명령하고 징계할8) 때 그들의 인격과5) 지위에6) 반대하여 시기하고,2) 경멸하며,3) 반역하는 것,4) 욕하고 조롱하는 것,9) 그리고 그들과 그들의 다스림에 수치와 능욕이 되는 불량하고 불미스런 모든 행동 거지입니다.10)

1) 마 15:4-6. 2) 민 11:28-29. 3) 삼상 8:7; 사 3:5. 4) 삼하 15:1-12. 5) 출 21:15. 6) 삼상 10:27. 7) 삼상 2:25. 8) 신 21:18-21. 9) 잠 30:11, 17. 10) 잠 19:26.

129문답

문. 아랫사람들에 대한 윗사람들의 의무는 무엇입니까?

답. 아랫사람들에 대한 윗사람들의 의무는, 하나님께 받은 권세와 아랫사람들과 맺은 관계를 따라서, 아랫사람들을 사랑하고1) 그들을 위해 기도하며2) 축복하는 것입니다.3) 또 가르치고,4) 조언하고 훈계하며,5) 그들이 잘 할 때는 격려하고6) 칭찬하며7) 상을 주고,8) 그들이 잘못할 때는 반대하고9) 꾸짖으며 징벌하는 것입니다.10) 그들을 보호하고,11) 그들의 영혼과12) 몸에13) 필요한 모든 것을 공급해 주며, 신중하고 지혜롭고 거룩하고 모범적인 행실로 하나님께는 영광을 돌리고,14) 자신들에게는 영예가 되게 하여15) 하나님께서 그들에게 주신 권위를 보존하는 것입니다.16)

1) 골 3:19; 딛 2:4. 2) 삼상 12:23; 욥 1:5. 3) 왕상 8:55-56; 히 7:7; 창 49:28. 4) 신 6:6-7. 5) 엡 6:4. 6) 벧전 3:7. 7) 벧전 2:14; 롬 13:3. 8) 에 6:3. 9) 롬 13:3-4. 10) 잠 29:15; 벧전 2:14. 11) 욥 29:12-17; 사 1:10, 17. 12) 엡 6:4. 13) 딤전 5:8. 14) 딤전 4:12; 딛 2:3-5. 15) 왕상 3:28. 16) 딛 2:15.

130문답

문. 윗사람들의 죄는 무엇입니까?

답. 윗사람들의 죄는, 그들이 해야 할 의무들을 소홀히 하는 것 외에,1) 자기 자신과2) 자신의 영광과3) 안일, 이익 또는 기쁨을4) 지나치게 구하는 것, 부당한 일5) 또는 아랫사람들의 능력을 벗어나는 일을 명령하는 것,6) 아랫사람들이 악한 일을 하도록 권하고7) 부추기고8) 허용하며,9) 아랫사람들이 선한 일을 하지 못하도록 만류하고 낙심시키고 반대하는 것,10) 그들을 부당하게 징계하는 것,11) 잘못된 일과 유혹과 위험에 그들이 부주의하게 빠지게 하거나, 그들을 거기에 내버려 두는 것,12) 그들을 노엽게 하는 것,13) 부당하고 경솔하고 가혹하고 태만한 행위로 어떻게 해서든지 자신들을 수치스럽게 하고 자신

들의 권위를 떨어지게 하는 것입니다.14)

1) 겔 34:2-4. 2) 빌 2:21. 3) 요 5:44; 요 7:18. 4) 사 56:10-11; 신 17:17. 5) 단 3:4-6; 행 4:17-18. 6) 출 5:10-18; 마 23:2, 4. 7) 마 14:8; 막 6:24. 8) 삼하 13:28. 9) 삼상 3:13. 10) 요 7:46-49; 골 3:21; 출 5:17. 11) 벧전 2:18-20; 히 12:10; 신 25:3. 12) 창 38:11, 26; 행 18:17. 13) 엡 6:4. 14) 창 9:21; 왕상 12:13-16; 왕상 1:6; 삼상 2:29-31.

131문답

문. 동등한 사람들 사이에서 지는 의무는 무엇입니까?

답. 동등한 사람들 사이에서 지는 의무는, 서로의 위엄과 가치를 존중하고,1) 서로 먼저 존경하고,2) 서로의 은사와 높아짐을 자기일 같이 크게 기뻐하는 것입니다.3)

1) 벧전 2:17. 2) 롬 12:10. 3) 롬 12:15-16; 빌 2:3-4.

132문답

문. 동등한 사람들 사이에서 저지르는 죄는 무엇입니까?

답. 동등한 사람들 사이에서 저지르는 죄는, 그들이 해야 할 의무들을 소홀히 하는 것 외에,1) 서로의 가치를 과소평가하고,2) 은사를 시기하고,3) 서로의 높아짐과 번영을 배 아파하고,4) 서로의 탁월함을 과시하며 다른 사람 위에 올라서는 것입니다.5)

1) 롬 13:8. 2) 딤후 3:3. 3) 행 7:9; 갈 5:26. 4) 민 12:2; 에 6:12-13. 5) 요삼 1:9; 눅 22:24.

133문답

문. 제5계명을 더 잘 지키게 하기 위해 더해진 내용은 무엇입니까?

답. 제5계명을 더 잘 지키게 하기 위해 더해진 내용은, "그리하면 네 하나님 여호와가 네게 준 땅에서 네 생명이 길리라."1)입니다. 이 말씀은, 하나님께서는 영광이 되고 그들 자신에게는 선이 되는 한, 이 계명을 지키는 모든 사람에게 장수와 번영을 주시겠다는 약속을 분명히 하신 것입니다.2)

1) 출 20:12. 2) 신 5:16; 왕상 8:25; 엡 6:2-3.

134문답

문. 제6계명은 무엇입니까?

답. 제6계명은 "살인하지 말라."입니다.1)

1) 출 20:13.

135문답

문. 제6계명에서 요구하시는 의무는 무엇입니까?

답. 제6계명에서 요구하시는 의무는, 누구의 생명이든 그 생명을 부당하게 빼앗으려는7) 모든 생각과 목적을 물리치고3), 모든 격정을 억누르고,4) 모든 기회와5) 유혹과 6) 실행을 피함으로써 우리 자신1) 다른 사람의2) 생명을 보존하기 위해 항상 세심하게 고려하고 모든 정당한 노력을 기울이는 것입니다. 그리고 폭력에 맞서 정당하게 방어하고,8) 하나님의 섭리에 대해 인내로 견디고,9) 마음을 평온하게 하고,10) 영혼을 즐겁게 하는 것입니다.11) 음식과12) 음료와13) 약과14) 잠과15) 노동과16) 오락을17) 절제하며 사용하고, 또 자비로운 생각과18) 사랑과 19) 동정과20) 온유와 너그러움과 친절,21) 화평과22) 유순하고 공손한 말과 행동,23) 등을 지니고 행하며, 관용하고 기꺼이 화해하려 하며, 받은 상처를 인내하고 용서하고, 악을 선으로 갚으며,24) 곤경 가운데 있는 사람들을 위로하고 구제하며, 죄 없는 사람들을 보호하고 변호하는 것입니다.25)

1) 엡 5:28-29. 2) 왕상 18:4. 3) 렘 26:15-16; 행 23:12, 16-17, 21, 27. 4) 엡 4:26-27. 5) 삼하 2:22; 신 22:8. 6) 마 4:6-7; 잠 1:10-11, 15-16. 7) 삼상 24:12; 삼상 26:9-11; 창 37:21-22. 8) 시 82:4; 잠 24:11-12; 삼상 14:45. 9) 약 5:7-11; 히 12:9. 10) 살전 4:11; 벧전 3:3-4; 시 37:8-11. 11) 잠 17:22. 12) 잠 25:16, 27. 13) 딤전 5:23. 14) 사 38:21. 15) 시 127:2. 16) 전 5:12; 살후 3:10, 12; 잠 16:26. 17) 전 3:4, 11. 18) 삼상 19:4-5; 삼상 22:13-14. 19) 롬 13:10. 20) 눅 10:33-34. 21) 골 3:12-13. 22) 약 3:17. 23) 벧전 3:8-11; 잠 15:1; 삿 8:1-3. 24) 마 5:24; 엡 4:2, 32; 롬 12:17, 20-21. 25) 살전 5:14; 욥 31:19-20; 마 25:35-36; 잠 31:8-9.

136문답

문. 제6계명에서 금지하시는 죄는 무엇입니까?

답. 제6계명에서 금지하시는 죄는, 공적 재판과3) 정당한 전쟁과4) 정당방위를5) 제외하고는 우리 자신과1) 다른 사람의2) 생명을 빼앗는 모든 것입니다. 또 생명을 보존하는 정당하고도 필수적인 수단을 도외시하거나 그 사용을 중단하는 것,6) 죄악된 분노,7) 증오,8) 시기,9) 복수심을 갖는 것,10) 모든 과도한 격정과,11) 마음을 산란하게 하는 걱정에 빠지는 것,12) 음식과 음료,13) 노동,14) 그리고 오락을15) 무절제하게 사용하는 것, 화나게 하는 말과16) 학대와17) 시비와18) 구타와 상해,19) 이밖에 그 무엇이든지 사람의 생명을 파멸시키려는 모든 것입니다.20)

1) 행 16:28. 2) 창 9:6. 3) 민 35:31, 33. 4) 렘 48:10; 신 20. 5) 출 22:2-3. 6) 마 25:42-43; 약 2:15-16; 전 6:1-2. 7) 마 5:22. 8) 요일 3:15; 레 19:17. 9) 잠 14:30. 10) 롬 12:19. 11) 엡 4:31. 12) 마 6:31-34. 13) 눅 21:34; 롬 13:13. 14) 전 12:12; 전 2:22-23. 15) 사 5:12. 16) 잠 15:1; 잠 12:18. 17) 겔 18:18; 출 1:14. 18) 갈 5:15; 잠 23:29. 19) 민 35:16-18, 21. 20) 출

21:18-36.

137문답
문. 제7계명은 무엇입니까?
답. 제7계명은 "간음하지 말라."입니다.1)

1) 출 20:14.

138문답
문. 제7계명에서 요구하시는 의무는 무엇입니까?
답. 제7계명에서 요구하시는 의무는, 몸과 마음과 정서와1) 말과2) 행동의3) 순결입니다. 또 우리 자신과 다른 사람들의 순결을 보존하는 것입니다.4) 보는 것을 비롯해 모든 감각을 경계하고,5) 절제하고,6) 순결한 친구와 교제하고,7) 단정히 옷을 입으며,8) 절제하는 은사가 없는 사람들은 결혼하고,9) 부부 간에 사랑하고10) 동거하며,11) 생업에 부지런히 종사하고,12) 모든 부정한 경우를 피하고 또한 부정하게 하는 유혹들을 물리치는 것입니다.13)

1) 살전 4:4; 욥 31:1; 고전 7:34. 2) 골 4:6. 3) 벧전 2:3. 4) 고전 7:2, 35-36. 5) 욥 31:1. 6) 행 24:24-25. 7) 잠 2:16-20. 8) 딤전 2:9. 9) 고전 7:2, 9. 10) 잠 5:19-20. 11) 벧전 3:7. 12) 잠 31:11, 27-28. 13) 잠 5:8; 창 39:8-10.

139문답
문. 제7계명에서 금지하시는 죄는 무엇입니까?
답. 제7계명에서 금지하시는 죄는, 해야 할 의무들을 소홀히 하는 것 외에,1) 간음, 음행,2) 강간, 근친상간,3) 남색 그리고 모든 비정상적인 성욕,4) 모든 부정한 상상과 생각과 목적과 정서,5) 부패하고 추잡한 대화를 나누거나 그런 대화에 귀 기울이는 것,6) 음탕한 눈으로 보는 것,7) 뻔뻔하거나 경박한 행동, 음란한 옷차림,8) 합법적인 결혼을 금하고9) 불법적인 결혼을 시행하는 것,10) 매음굴을 허가하고 용인하며 유지하고 그곳에 자주 드나드는 것,11) 독신에 얽매이게 하는 서약,12) 부당하게 결혼을 미루는 것,13) 동시에 두 명 이상의 아내나 남편을 두는 것,14) 부당한 이혼,15) 부당하게 배우자를 버리는 것,16) 게으름과 탐식과 술 취함,17) 부정한 교제,18) 음탕한 노래와 책과 그림과 춤과 연극,19) 이밖에 우리 자신이나 다른 사람들 마음에 음란함이 일어나게 하는 것이나 우리 자신이나 다른 사람들이 음란한 행위를 하는 모든 것입니다.20)

1) 잠 5:7. 2) 히 13:4; 갈 5:19. 3) 삼하 13:14; 고전 5:1. 4) 롬 1:24, 26-27; 레 20:15-16. 5) 마 5:28; 15:19; 골 3:5. 6) 엡 5:3-4; 잠 7:5, 21-22. 7) 사 3:16; 벧후 2:14. 8) 잠 7:10, 13. 9) 딤전 4:3. 10) 레 18:1-21; 막 6:18; 말 2:11-12. 11) 왕상 15:12; 왕하 23:7; 신 23:17-18; 레 19:29; 렘 5:7; 잠 7:24-27. 12) 마 19:10-11. 13) 고전 7:7-9; 창 38:26. 14) 말 2:14-15; 마 19:5. 15) 말 2:16; 마 5:32. 16) 고전 7:12-13. 17) 겔 16:49; 잠 23:30-33. 18) 창 39:10; 잠 5:8. 19) 엡 5:4; 겔 23:14-16; 사 23:15-17; 3:16; 막 6:22; 롬 13:13; 벧전 4:3. 20) 왕하 9:30; 렘 4:30; 겔 23:40.

140문답
문. 제8계명은 무엇입니까?
답. 제8계명은 "도둑질하지 말라."입니다.1)

1) 출 20:15.

141문답
문. 제8계명에서 요구하시는 의무는 무엇입니까?
답. 제8계명에서 요구하시는 의무는, 사람 사이의 계약과 상거래를 진실하고 신실하며 공정하게 하는 것과1) 모든 사람에게 각자가 마땅히 받아야 할 것을 받게 하는 것,2) 불법으로 가로챈 타인의 재물을 원 소유자에게 배상하는 것,3) 우리의 능력과 다른 사람들의 필요에 따라 기꺼이 주거나 빌려주는 것,4) 세상의 재물에 대한 우리의 평가와 의지와 정서를 절제하는 것,5) 우리의 본성을 유지하는 데 필요하고 편리하며 우리 형편에 적절한 것들을 얻고, 유지하고 사용하고 처리하기 위해 신중하게 살피고 연구하는 것,6)7) 합법적인 직업을 갖고,8) 그 일에 부지런히 종사하는 것,9) 검소하게 사는 것,10) 불필요한 소송이나11) 보증서는 일 또는 그와 비슷한 다른 채무들을 피하는 것,12) 그리고 우리의 것만이 아니라 다른 사람들의 부와 외적 재산을 얻고 보존하고 증진시키기 위해 모든 정당하고 합법적인 방법으로 노력하는 것입니다.13)

1) 시 15:2, 4; 슥 7:9-10; 슥 8:16-17. 2) 롬 13:7. 3) 레 6:2-5; 눅 19:8. 4) 눅 6:30, 38; 요일 3:17; 엡 4:28; 갈 6:10. 5) 딤전 6:6-9; 갈 6:14. 6) 딤전 5:8. 7) 잠 27:23-27; 전 2:24; 전 3:12-13; 딤전 6:17-18; 사 38:1; 마 11:8. 8) 고전 7:20; 창 2:15; 창 3:19. 9) 엡 4:28; 잠 10:4. 10) 요 6:12; 잠 21:20. 11) 고전 6:1-9. 12) 잠 6:1-6; 잠 11:15. 13) 레 25:35; 신 22:1-4; 출 23:4-5; 창 47:14,20; 빌 2:4; 마 22:39.

142문답
문. 제8계명에서 금지하시는 죄는 무엇입니까?
답. 제8계명에서 금지하시는 죄는, 해야 할 의무들을 소홀히 하는 것 외에,1) 도둑질,2) 강도,3) 납치,4) 장물취득,5) 사기 거래,6) 무게와 치수를 속이는 것,7) 이웃의 경계표를 옮기는 것,8) 사람 사이의 계약이나9) 신탁에서10) 공정하지 않고 신실하지 않은 것, 학대,11) 착취,12) 고리대금,13) 뇌물 수수,14) 상대를 괴롭히기 위한 소송,15) 부당하게 울타리를 치고 사람을 내쫓는 것,16) ※ 가격을 올리기 위해 사재기 하는 것,17) 불법적인 직업,18) 우리 이웃의 소유를 빼앗거나 주지 않게 하는 또 우리를 더 부유하게 하는 부당하고 죄악된 모든 방법,19) 탐욕,20) 세상 재물을 지나치게 소중히 여기고 애착을 갖는 것,21) 세상 재물을 얻고, 유지하고, 사용하는 일에서 많이 의심하고 산란한 마음으로 걱정하며 수고하는 것,22) 다른 사람의 번영을 시기하는 것,23) 게으름,24) 방탕, 도박과 같이 우리의 외적 재산에 극심하게 손해를 끼치는 다른 모든 방법,25) 하나님께서 우리에게 주신 재산을 적절하게 사용하고 그 재산으로 안락하게 사는 삶을 우리가 우리 자신에게서 빼앗는 것입니다.26)

1) 약 2:15-16; 요일 3:17. 2) 엡 4:28. 3) 시 62:10. 4) 딤전 1:10. 5) 잠 29:24; 시 50:18. 6) 살전 4:6. 7) 잠 11:1; 잠 20:10. 8) 신 19:14; 잠 23:10. 9) 암 8:5; 시 37:21. 10) 눅 16:10-12. 11) 겔 22:29; 레 25:17. 12) 마 23:25; 겔 22:12. 13) 시 15:5. 14) 욥 15:34. 15) 고전 6:6-8; 잠 3:29-30. 16) 사 5:8; 미 2:2. 17) 잠 11:26. 18) 행 19:19, 24-25. 19) 욥 20:19; 약 5:4; 잠 21:6. 20) 눅 12:15. 21) 딤전 6:5; 골 3:2; 잠 23:5; 시 62:10. 22) 마 6:25, 31, 34; 전 5:12. 23) 시 73:3; 시 37:1, 7. 24) 살후 3:11; 잠 18:9. 25) 잠 21:17; 잠 23:20-21; 잠 28:19. 26) 전 4:8; 전 6:2; 딤전 5:8.

※ '부당하게 울타리를 치고 사람을 내쫓는 것'은 1차 인클로저enclosure 운동을 참고하십시오.

143문답

문. 제9계명은 무엇입니까?

답. 제9계명은 "네 이웃에 대하여 거짓 증거하지 말라."입니다.1)

1) 출 20:16.

144문답

문. 제9계명에서 요구하시는 의무는 무엇입니까?

답. 제9계명에서 요구하시는 의무는, 사람 사이의 진실함과1) 우리뿐만 아니라 우리 이웃의 명예를 보존하고 증진시키며,2) 진실을 위해 나서서 옹호하고,3) 재판과 공의의 일에서나9) 다른 모든 일에서10) 마음으로부터4) 진심으로5) 자유롭게6) 분명하게7) 충분하게8) 오직 진실만을 말하고, 우리 이웃을 너그럽게 평가하고,11) 그들의 명성을 사랑하고 바라고 크게 기뻐하며,12) 그들의 연약함을 크게 슬퍼하고13) 덮어주며,14) 그들의 은사와 은혜를 기꺼이 인정하고,15) 그들의 무죄를 변호하고,16) 그들에 대한 좋은 세평은 기꺼이 받아들이고,17) 그들에 대한 나쁜 세평은 시인하기를 꺼려하며,18) 참소와19) 아첨과20) 중상을21) 저지하고, 우리의 명성을 사랑하고 보살피되 필요할 때는 보호하고,22) 정당한 약속을 지키고,23) 참되고 정직하며 사랑스러운 것은 무엇이든지, 또 높이 평가받는 좋은 세평은 연구하고 실천하는 것입니다.24)

1) 슥 8:16. 2) 요삼 1:12. 3) 잠 31:8-9. 4) 시 15:2. 5) 대하 19:9. 6) 삼상 19:4-5. 7) 수 7:19. 8) 삼하 14:18-20. 9) 레 19:15; 잠 14:5, 25. 10) 고후 1:17-18; 엡 4:25. 11) 히 6:9; 고전 13:7. 12) 롬 1:8; 요이 1:4; 요삼 1:3, 4. 13) 고후 2:4; 고후 12:21. 14) 잠 17:9; 벧전 4:8. 15) 고전 1:4-5, 7; 딤후 1:4-5. 16) 삼상 22:14. 17) 고전 13:6-7. 18) 시 15:3. 19) 잠 25:23. 20) 잠 26:24-25. 21) 시 101:5. 22) 잠 22:1; 요 8:49. 23) 시 15:4. 24) 빌 4:8.

145문답

문. 제9계명에서 금지하시는 죄는 무엇입니까?

답. 제9계명에서 금지하시는 죄는, 우리 자신뿐만 아니라 이웃의 진실과 명성을 훼손하는 모든 것,1) 특히 공적 재판에서 훼손하는 것과,2) 거짓 증거를 대고,3) 거짓 증인을 매수하고,4) 진실을 알면서도 악한 소송을 변호하고 진실을 대적하고 내리누르며,5) 부당한 판결을 내리고,6) 악을 선이라고 하고 선을 악이라 하며, 악인에게는 의인에게 하듯 보상하고, 의인에게는 악인에게 하듯 벌을 주며,7) 위조하고,8) 진실을 은폐하고, 정당한 소송에서 부당하게 침묵하고,9) 부당한 일에 대해 우리가 견책해야 하고10) 다른 이들을 고소해야 할 때11) 잠자코 우리의 안녕만을 지키려는 것, 때에 맞지 않게 진실을 말하거나12) 또는 나쁜 목적을 위해 악의적으로 말하는 것,13) 진실이나 공의를 왜곡하여 나쁜 의미로 만들거나,14) 의심스럽거나 모호하게 표현하여 진실이나 공의를 손상시키는 것,15) 허위를 말하고,16) 거짓말하고,17) 중상하고,18) 자리에 없는 사람을 헐뜯고,19) 비방하고,20) 참소하고,21) 수군수군하고,22) 비웃고,23) 욕하고,24) 경솔하게 말하고,25) 가혹하게 말하고, 26) 편파적으로 말하는 것,27) 의도와 말과 행동을 완전히 오해하는 것,28) 아첨하는 것,29) 헛된 영광을 자랑하는 것,30) 우리 자신이나 다른 사람들을 지나치게 높게 또는 너무 보잘것없게 생각하고 말하는 것,31) 하나님의 은사와 은혜를 부인하는 것,32) 더 작은 결점들을 악화시키는 것,33) 죄를 솔직하게 자백해야 할 때 죄를 숨기고 변명하고 가볍게 만드는 것,34) 다른 사람의 연약함을 쓸데없이 드러내는 것,35) 거짓 소문을 내는 것,36) 악한 세평을 받아들이고 묵과하는 것,37) 공정한 변호를 듣지 않는 것,38) 악한 의심을 품고,39) 어떤 사람이 마땅히 받을만하여 받은 명망을 시기하고 배 아파하고,40) 그것을 손상시키기 위해 노력하고 바라고,41) 그들의 수치와 오명을 크게 기뻐하는 것입니다.42) 조롱하는 경멸,43) 맹신적인 감탄,44) 정당한 약속을 어기는 것,45) 좋은 세평이 되는 그런 일들을 소홀히 하는 것,46) 나쁜 평판을 얻을 수 있는 그런 일들을 우리가 행하거나 피하지 않는 것, 또는 다른 사람들이 그런 일들을 못하도록 할 수 있는데도 우리가 막지 않는 것입니다.47)

1) 삼상 17:28; 삼하 16:3; 삼하 1:9-10, 15-16. 2) 레 19:15;

합 1:4. 3) 잠 19:5; 잠 6:16, 19. 4) 행 6:13. 5) 렘 9:3, 5; 행 24:2,5; 시 12:3-4; 시 52:1-4. 6) 잠 17:15; 왕상 21:9-14. 7) 사 5:23. 8) 시 119:69; 눅 19:8; 눅 16:5-7. 9) 레 5:1; 신 13:8; 행 5:3, 8-9; 딤후 4:16. 10) 왕상 1:6; 레 19:17. 11) 사 59:4. 12) 잠 29:11. 13) 삼상 22:9-10; 시 52:1-5. 14) 시 56:5; 요 2:19; 마 26:60-61. 15) 창 3:5; 창 26:7, 9. 16) 사 59:13. 17) 레 19:11; 골 3:9. 18) 시 50:20. 19) 시 15:3. 20) 약 4:11; 렘 38:4. 21) 레 19:16. 22) 롬 1:29-30. 23) 창 21:9; 갈 4:29. 24) 고전 6:10. 25) 마 7:1. 26) 행 28:4. 27) 창 38:24; 롬 2:1. 28) 느 6:6-8; 롬 3:8; 시 69:10; 삼상 1:13-15; 삼하 10:3. 29) 시 12:2-3. 30) 딤후 3:2. 31) 눅 18:9, 11; 롬 12:16; 고전 4:6; 행 12:22; 출 4:10-14. 32) 욥 27:5-6; 욥 4:6. 33) 마 7:3-5. 34) 잠 28:13; 잠 30:20; 창 3:12-13; 렘 2:35; 왕하 5:25; 창 4:9. 35) 창 9:22; 잠 25:9-10. 36) 출 23:1. 37) 잠 29:12. 38) 행 7:56-57; 욥 31:13-14. 39) 고전 13:5; 딤전 6:4. 40) 민 11:29; 마 21:15. 41) 스 4:12-13. 42) 렘 48:27. 43) 시 35:15-16, 21; 마 27:28-29. 44) 유 1:16; 행 12:22. 45) 롬 1:31; 딤후 3:3. 46) 삼상 2:24. 47) 삼하 13:12-13; 잠 5:8-9; 잠 6:33.

146문답

문. 제10계명은 무엇입니까?

답. 제10계명은 "네 이웃의 집을 탐내지 말라 네 이웃의 아내나 그의 남종이나 그의 여종이나 그의 소나 그의 나귀나 무릇 네 이웃의 소유를 탐내지 말라"입니다.1)

1) 출 20:17.

147문답

문. 제10계명에서 요구하시는 의무는 무엇입니까?

답. 제10계명에서 요구하시는 의무는, 우리 자신의 처지에 전적으로 만족하고,1) 온 마음에 우리 이웃을 향한 어진 태도를 가짐으로써, 우리의 모든 내면의 뜻과 정서가 우리의 이웃을 감동시킬 만큼 그의 모든 소유를 돌보고 증진시키는 것입니다.2)

1) 히 13:5; 딤전 6:6. 2) 욥 31:29; 롬 12:15; 시 122:7-9; 딤전 1:5; 에 10:3; 고전 13:4-7.

148문답

문. 제10계명에서 금지하시는 죄는 무엇입니까?

답. 제10계명에서 금지하시는 죄는, 우리의 재산에 만족하지 않고,1) 우리 이웃의 소유를 시기하고2) 배 아파하며,3) 그와 함께, 이웃의 소유에 대해 부당한 뜻과 탐심을 갖는 것입니다.4)

1) 왕상 21:4; 에 5:13; 고전 10:10. 2) 갈 5:26; 약 3:14, 16. 3) 시 112:9-10; 느 2:10. 4) 롬 7:7-8; 렘 13:9; 골 3:5; 신 5:21.

149문답

문. 하나님의 계명을 완전히 지킬 수 있는 사람이 있습니까?

답. 자기 스스로의 힘으로든1) 이 세상에서 받은 어떠한 은혜를 힘입어서든 아무도 하나님의 계명을 완전히 지킬 수 없고,2) 오히려 날마다 생각과3) 말과 행동으로 하나님의 계명을 어깁니다.4)

1) 약 3:2; 요 15:5; 롬 8:3. 2) 전 7:20; 요일 1:8, 10; 갈 5:17; 롬 7:18-19. 3) 창 6:5; 창 8:21. 4) 롬 3:9-19; 약 3:2-13.

150문답

문. 하나님의 법을 어기는 모든 죄가 그 자체로, 또 하나님 보시기에 똑같이 극악합니까?

답. 하나님의 법을 어기는 모든 죄가 똑같이 극악한 것은 아닙니다. 어떤 죄들은 그 자체로, 또 죄를 더욱 악화시키는 몇몇 이유 때문에 하나님 보시기에 다른 죄들보다 더 극악합니다.1)

1) 요 19:11; 겔 8:6, 13, 15; 요일 5:16; 시 78:17, 32, 56.

151문답

문. 어떤 죄들을 다른 죄들보다 더 극악하도록 악화시키는 것은 무엇입니까?

답. 어떤 죄들이 다른 죄들보다 더 극악하도록 악화시키는 경우는 다음과 같습니다.

1. 죄를 저지른 사람들이 누구인가에 따라서 그렇습니다:1) 즉, 나이가 더 많고,2) 더 많은 경험과 은혜를 가지고,3) 직업과4) 은사와5) 지위와6) 직분에서7) 탁월하고, 다른 사람들을 지도하고,8) 다른 사람들이 따를 만한 본이 되는 경우에 짓는 죄는 다른 경우보다 더 극악합니다.9)

2. 범죄의 대상이 누구인가에 따라서 그렇습니다:10) 즉, 직접적으로 하나님과11) 그분의 속성과12) 그분께 드리는 예배를 거스르고,13) 그리스도와 그분의 은혜를 거스르고,14 성령님과15) 그분의 증언과16) 일하심을 거스르고,17) 또 윗사람들과 지위나 신분이 높은 사람들,18) 특별히 가족의 웃어른과, 우리와 같이 일하는 상사들을 거스르고,19) 성도들,20 그중에서도 연약한 형제들과21) 성도들의 영혼과 다른 사람들의 영혼,22) 그리고 모든 사람 또는 많은 사람이 공통으로 누리는 선을 거스르는 경우에 짓는 죄는 다른 경우보다 더 극악합니다.23)

3. 죄의 본성과 질에 따라서 그렇습니다:24) 즉, 율법에 분명하게 기록된 것을 거스르고,25) 많은 계명을 어기고, 많은 죄가 포함된 죄를 저지르며,26) 죄를 마음속에 품었을 뿐만 아니라 말과 행동으로 행하고,27) 다른 사람들을 분개하게 하고,28) 배상할 여지가 없고,29) 수단,30) 자

비,31) 심판,32) 본성의 빛,33) 양심의 가책,34) 공적 또는 사적 훈계, 35) 교회의 권징,36) 국가의 징벌을 거스르고,37) 우리의 기도와 목적과 약속,38) 서약,39) 언약,40) 하나님이나 사람과의 계약을 거스르고,41) 의도적으로,42) 자신의 의지로,43) 주제넘게,44) 뻔뻔하게,45) 자만하며,46) 악의적으로,47) 자주,48) 완고히,49) 기뻐하며,50) 계속하여,51) 또는 회개한 후에 다시 죄 가운데 빠지는 경우에 짓는 죄는 다른 경우보다 더 극악합니다.52)

4. 때와53) 장소에서54) 따라서 그렇습니다; 즉, 주일이나55) 그 밖의 다른 때에 드리는 거룩한 예배 때,56) 예배 직전이나57) 예배 직후에,58) 또는 그런 잘못들이 일어나지 않게 막거나, 일어난 잘못을 고치기 위한 다른 도움들이 있을 때,59) 공적인 자리에서 또는 다른 사람들 앞에서 죄를 지음으로써 그 범죄 때문에 충동 받기 쉽거나 더럽혀지기 쉬울 때에 짓는 죄는 다른 때에 짓는 죄보다 더 극악합니다.60)

1) 렘 2:8. 2) 욥 32:7, 9; 전 4:13. 3) 왕상 11:4, 9. 4) 삼하 12:14; 고전 5:1. 5) 약 4:17; 눅 12:47-48. 6) 렘 5:4-5. 7) 삼하 12:7-9; 겔 8:11-12. 8) 롬 2:17-25. 9) 갈 2:11-14. 10) 마 21:38-39. 11) 삼상 2:25; 행 5:4; 시 51:4. 12) 롬 2:4. 13) 말 1:8, 14. 14) 히 2:2-3; 히 12:25. 15) 히 10:29; 마 12:31-32. 16) 엡 4:30. 17) 히 6:4-6. 18) 유 1:8; 민 12:8-9; 사 3:5. 19) 잠 30:17; 고후 12:15; 시 55:12-15. 20) 습 2:8, 10-11; 마 18:6; 고전 6:8; 계 17:6. 21) 고전 8:11-12; 롬 14:13, 15, 21. 22) 겔 13:19; 고전 8:12; 계 18:12-13; 마 23:15. 23) 살전 2:15-16; 수 22:20. 24) 잠 6:30-35. 25) 스 9:10-12; 왕상 11:9-10. 26) 골 3:5; 딤전 6:10; 잠 5:8-12; 잠 6:32-33; 수 7:21. 27) 약 1:14-15; 마 5:22; 미 2:1. 28) 마 18:7; 롬 2:23-24. 29) 신 22:22; 신 22:28-29; 잠 6:32-35. 30) 마 11:21-24; 요 15:22. 31) 사 1:3; 신 32:6. 32) 암 4:8-11; 렘 5:3. 33) 롬 1:26-27. 34) 롬 1:32; 단 5:22; 딛 3:10-11. 35) 잠 29:1. 36) 딛 3:10; 마 18:17. 37) 잠 27:22; 잠 23:35. 38) 시 78:34-37; 렘 2:20; 렘 42:5-6, 20-21. 39) 전 5:4-6; 잠 20:25. 40) 레 26:25. 41) 잠 2:17; 겔 17:18-19. 42) 시 36:4. 43) 렘 6:16; 민 15:30; 출 21:14. 45) 렘 3:3; 잠 7:13. 46) 시 52:1. 47) 요삼 1:10. 48) 민 14:22. 49) 슥 7:11-12. 50) 잠 2:14. 51) 사 57:17. 52) 렘 34:8-11; 벧후 2:20-22. 53) 왕하 5:26. 54) 렘 7:10; 사 26:10. 55) 겔 23:37-39. 56) 사 58:3-5; 민25:6-7. 57) 고전 11:20-21. 58) 렘 7:8-10; 잠 7:14-15; 요 13:27, 30. 59) 스 9:13-14. 60) 삼하 16:22; 삼상 2:22-24.

152문답

문. 모든 죄가 하나님께 마땅히 받는 보응은 무엇입니까?

답. 모든 죄는, 아무리 작은 죄라 할지라도, 하나님의 주권과1) 선하심과2) 거룩하심,3) 그리고 하나님의 의로운 율법을4) 거스르는 것이기에 이 세상에서5) 오는 세상에서5) 하나님의 진노와 저주를 받기에 마땅하며,6) 그리스도의 피가 아니면 속죄될 수 없습니다.8)

1) 약 2:10-11. 2) 출 20:1-2. 3) 합 1:13; 레 10:3; 레 11:44-45. 4) 요일 3:4; 롬 7:12. 5) 엡 5:6; 갈 3:10. 6) 애 3:39; 신 28:15-68. 7) 마 25:41. 8) 히 9:22; 벧전 1:18-19.

153문답

문. 우리가 율법을 어기므로 마땅히 받아야 할 하나님의 진노와 저주를 피하도록 하나님께서 우리에게 요구하시는 것은 무엇입니까?

답. 우리가 율법을 어기므로 마땅히 받아야 할 하나님의 진노와 저주를 피하도록 하나님께서 우리에게 요구하시는 것은, 하나님께 대한 회개와 우리 주 예수 그리스도께 대한 믿음과,1) 그리스도께서 우리에게 자신의 중보의 은택들을 전하는 데 사용하시는 외적 수단들을 부지런히 사용하는 것입니다.2)

1) 행 20:21; 마 3:7-8; 눅 13:3, 5; 행 16:30-31; 요 3:16, 18. 2) 잠 2:1-5; 잠 8:33-36.

154문답

문. 그리스도께서 자신의 중보의 은택들을 전하는 데 사용하시는 외적 수단들은 무엇입니까?

답. 그리스도께서 자신의 중보의 은택들을 전하는 데 사용하시는 외적이고 일반적인 수단들은, 그리스도께서 세우신 모든 규례들인데, 특히 말씀과 성례와 기도가 그러합니다. 이 모두가 택하신 자들을 구원하는 데 효과적인 수단입니다.1)

1) 마 28:19-20; 행 2:42, 46-47.

155문답

문. 말씀이 어떻게 구원을 위해 효과적으로 사용됩니까?

답. 하나님의 성령께서는 말씀을 읽는 것, 특별히 말씀을 설교하는 것을 효과적인 수단으로 사용하셔서 죄인을 이해시키시고1) 깨닫게 하시고 겸손하게 하시며,2) 죄인들을 그들 자신에게서 끌어내어 그리스도께로 이끄십니다.3) 또 죄인들이 그리스도의 형상을 따르게 하시고,4) 그리스도의 뜻에 복종하게 하시고,5) 유혹과 부패에 맞설 수 있도록 그들을 강하게 하시고,6) 은혜 안에서 세우시고,7) 구원에 이르는 믿음으로 죄인들의 마음을 거룩함과 위로로 굳게 세우셔서, 말씀이 구원을 위해 효과적으로 사용되게 하십니다.8)

1) 느 8:8; 행 26:18; 시 19:8. 2) 고전 14:24-25; 대하 34:18-19, 26-28. 3) 행 2:37, 41; 행 8:27-39. 4) 고후 3:18. 5) 고후 10:4-6; 롬 6:17. 6) 마 4:4, 7, 10; 엡 6:16-17; 시 19:11; 고전 10:11. 7) 행 20:32; 딤후 3:15-17. 8) 롬 16:25; 살전 3:2, 10-11, 13; 롬 15:4; 롬 10:13-17; 롬 1:16.

156문답

문. 하나님의 말씀은 모든 사람이 읽어야 합니까?

답. 비록 모든 사람이 회중 앞에서 공적으로 하나님의 말씀을 읽도록 허락되지는 않았지만,1) 그럼에도 모든 부류의 사람에게는 각자 혼자서2) 또 가족과 함께 하나님의 말씀을 읽을 의무가 있습니다.3) 이를 위해서 성경은 원어에서 각 나라의 대중 언어로 번역되어야 합니다.4)

1) 신 31:9, 11-13; 느 8:2-3; 느 9:3-5. 2) 신 17:19; 계 1:3; 요 5:39; 사 34:16. 3) 신 6:6-9; 창 18:17, 19; 시 78:5-7. 4) 고전 14:6, 9, 11-12, 15-16, 24, 27-28.

157문답

문. 하나님의 말씀은 어떻게 읽어야 합니까?

답. 우리는 하나님의 말씀을 크게 높이며, 경건하고 매우 존경하는 마음으로 읽어야 합니다.1) 성경이 바로 하나님의 말씀이며,2) 하나님께서만이 우리가 성경을 이해하게 하실 수 있다는 굳은 확신을 가지고 읽어야 합니다.3) 또 성경에 계시된 하나님의 뜻을 알고 믿고 순종하고자 하는 열망을 가지고 읽어야 합니다.4) 부지런히 읽어야 하고, 성경의 내용과 목적에 주의하며 읽어야 하고,6) 묵상하고,7) 적용하고,8) 자기를 부인하고,9) 기도하며 읽어야 합니다.10)

1) 시 19:10; 느 8:3-10; 출 24:7; 대하 34:27; 사 66:2. 2) 벧후 1:19-21. 3) 눅 24:45; 고후 3:13-16. 4) 신 17:10, 20. 5) 행 17:11. 6) 행 8:30, 34; 눅 10:26-28. 7) 시 1:2; 시 119:97. 8) 대하 34:21. 9) 잠 3:5; 신 33:3. 10) 잠 2:1-6; 시 119:18; 느 7:6,8.

158문답

문. 누가 하나님의 말씀을 설교할 수 있습니까?

답. 은사를 충분히 받았을 뿐만 아니라1) 정식으로 인허받고 이 직분으로 부름 받은 자만이 하나님의 말씀을 설교할 수 있습니다.2)

1) 딤전 3:2, 6; 엡 4:8-11; 호 4:6; 말 2:7; 고후 3:6. 2) 렘 14:15; 롬 10:15; 히 5:4; 고전 12:28-29; 딤전 3:10; 딤전 4:14; 딤전 5:22.

159문답

문. 하나님의 말씀을 설교할 수 있도록 부름 받은 사람들은 하나님의 말씀을 어떻게 설교해야 합니까?

답. 말씀을 설교하는 일에 봉사하도록 부름 받은 사람들은, 바른 교리를,1) 부지런히,2) 때를 얻든지 못 얻든지 설교해야 합니다.3) 알기 쉽게 설교하고,4) 사람의 지혜의 말로 꾀는 것이 아니라 성령의 나타나심과 능력으로 설교해야 합니다.5) 또 충실하게,6) 하나님의 모든 뜻을 알도록 설교하고,7) 지혜롭게,8) 설교를 듣는 사람들의 필요와 이해력에 따라 적용하여,9) 열렬하게,10) 하나님과11) 하나님의 백성에 대한 뜨거운 사랑을 가지고 설교해야 합니다.12) 진심으로,13) 하나님의 영광과14) 설교를 듣는 사람들의 회심과15) 교화와16) 구원을 목표로 설교해야 합니다.17)

1) 딛 2:1, 8. 2) 행 18:25. 3) 딤후 4:2. 4) 고전 14:19. 5) 고전 2:4. 6) 렘 23:28; 고전 4:1-2. 7) 행 20:27. 8) 골 1:28; 딤후 2:15. 9) 고전 3:2; 히 5:12-14; 눅 12:42. 10) 행 18:25. 11) 고후 5:13-14; 빌 1:15-17. 12) 골 4:12; 고후 12:15. 13) 고후 2:17; 고후 4:2. 14) 살전 2:4-6; 요 7:18. 15) 고전 9:19-22. 16) 고후 12:19; 엡 4:12. 17) 딤전 4:16; 행 26:16-18.

160문답

문. 설교를 듣는 사람들에게 요구되는 것은 무엇입니까?

답. 설교를 듣는 사람들에게 요구되는 것은, 부지런한 태도와1) 준비된 마음과2) 기도로3) 설교를 주의해서 듣는 것입니다. 또한 설교를 성경에 근거해 검토하고,4) 성경과 일치하면 믿음과5) 사랑과6) 온유함과7) 간절한 마음으로8) 그 내용을 하나님의 말씀으로 받아들이는 것입니다.9) 또 그 설교를 묵상하고,10) 함께 나누며 공부하고,11) 마음 속에 간직하고,12) 삶에서 그 열매가 맺어지게 하는 것입니다.13)

1) 잠 8:34. 2) 벧전 2:1-2; 눅 8:18. 3) 시 119:18; 엡 6:18-19. 4) 행 17:11. 5) 히 4:2. 6) 살후 2:10. 7) 약 1:21. 8) 행 17:11. 9) 살전 2:13. 10) 눅 9:44; 히 2:1. 11) 눅 24:14; 신 6:6-7. 12) 잠 2:1; 시 119:11. 13) 눅 8:15; 약 1:25.

161문답

문. 성례가 어떻게 구원의 효과적인 수단이 됩니까?

답. 성례가 구원의 효과적인 수단이 되는 것은, 성례 그 자체 안에 어떤 능력이 있어서도, 성례를 집행하는 사람의 경건이나 의도에서 나오는 어떤 덕 때문도 아닙니다. 다만, 성령께서 일하시고 성례를 제정하신 그리스도께서 복 주시기 때문입니다.1)

1) 벧전 3:21; 행 8:13; 행 8:23; 고전 3:6-7; 고전 12:13.

162문답

문. 성례는 무엇입니까?

답. 성례는 그리스도께서 그분의 교회 안에 제정하신 거룩한 규례입니다.1) 이는 은혜 언약 안에 있는 사람들에게3) 그리스도의 중보의 은택을4) 상징하고 인치고 보여

주기 위해,2) 그들의 믿음과 다른 모든 은혜를 강하게 하고 커지게 하기 위해,5) 그들로 순종하게 하기 위해,6) 서로간의 사랑과 교제를 입증하고 소중히 여기게 하기 위해,7) 그들을 언약 밖의 사람들과 구별하기 위해 제정된 것입니다.8)

1) 창 17:7, 10; 출 12; 마 28:19; 마 26:26-28. 2) 롬 4:11; 고전 11:24-25. 3) 롬 15:8; 출 12:48. 4) 행 2:38; 고전 10:16. 5) 롬 4:11; 갈 3:27. 6) 롬 6:3-4; 고전 10:21. 7) 엡 4:2-5; 고전 12:13. 8) 엡 2:11-12; 창 34:14.

163문답

문. 성례는 어떻게 이루어져 있습니까?

답. 성례는 두 부분으로 이루어져 있습니다. 하나는 그리스도께서 친히 명하신 대로 사용되는 외적이고 감각적인 표며, 다른 하나는 이 표가 상징하는 내적이고 영적인 은혜입니다.1)

1) 마 3:11; 벧전 3:21; 롬 2:28-29.

164문답

문. 신약 성경에 따르면 그리스도께서 그분의 교회 안에 제정하신 성례는 몇 가지입니까?

답. 신약 성경에 따르면 그리스도께서 그분의 교회 안에 두 가지 성례만을 제정하셨는데 곧 세례와 성찬(주의 만찬)입니다.1)

1) 마 28:19; 고전 11:20, 23; 마 26:26-28.

165문답

문. 세례는 무엇입니까?

답. 세례는 신약의 성례로, 그리스도께서 성부와 성자와 성령의 이름으로 물로 씻도록 정하여 주신 것인데,1) 이는 우리가 그리스도에게 접붙임 받는 것과,2) 그분의 피로 죄 사함 받는 것과,3) 그분의 성령으로 중생하는 것과,4) 양자가 되는 것과,5) 영원한 생명으로 부활하는6) 것에 대한 표와 인이 되게 하신 것입니다. 이로써 세례 받은 사람들은 보이는 교회에 엄숙하게 받아들여지고,7) 전적으로 그리고 오직 주님의 것이 되기로 약속하는 것을 공개적으로 고백하는 것입니다.8)

1) 마 28:19. 2) 갈 3:27. 3) 막 1:4; 계 1:5. 4) 딛 3:5; 엡 5:26. 5) 갈 3:26-27. 6) 고전 15:29; 롬 6:5. 7) 고전 12:13. 8) 롬 6:4.

166문답

문. 세례는 누구에게 베풀어야 합니까?

답. 세례는 그들이 그리스도에 대한 믿음과 순종을 고백할 때까지는 보이는 교회 밖에 있고 약속의 언약을 알지 못하는 어느 누구에게도 베풀 수 없습니다.1) 다만 부모 두 사람 모두 또는 한 편이 그리스도에 대한 믿음과 순종을 고백하는 가정의 유아들은 언약 안에 있으므로 그들에게는 세례를 베풀어야 합니다.2)

1) 행 8:36-37; 행 2:38. 2) 창 17:7, 9; 갈 3:9, 14; 골 2:11-12; 행 2:38-39; 롬 4:11-12; 고전 7:14; 마 28:19; 눅 18:15-16; 롬 11:16.

167문답

문. 우리는 세례를 어떻게 더 온전하고 의미 있게 할 수 있습니까?

답. 꼭 필요하지만 매우 등한시한, 세례를 더 온전하고 의미 있게 하는 의무는, 우리가 평생 행해야 하는데, 특히 유혹을 받을 때와 다른 사람들이 세례를 받는 자리에 우리가 참석했을 때 행해야 합니다.1) 세례의 본질, 그리스도께서 세례를 제정하신 목적, 세례를 통해 주어지고 보증된 특권과 은택, 그리고 세례 받을 때 행한 엄숙한 서약을 진지하고 감사하게 숙고함으로써 행해야 합니다.2) 또 우리가 죄악으로 더럽혀져 있다는 것과 세례를 통해 받는 은혜에, 세례 받을 때에 했던 약속에 우리가 미치지 못하고 오히려 반대로 행하고 있음을 생각하고 겸손하게 행해야 합니다.3) 또 이 성례 안에서 우리에게 보증된 죄 사함과 다른 모든 복에 대한 확신에 이르기까지 장성함으로써 해야 합니다.4) 또 그리스도와 합하기 위하여 세례를 받은 우리는 죄를 죽이고 은혜를 소생시키기 위해 그리스도의 죽음과 부활에서 힘을 얻음으로써 행해야 합니다.5) 또 믿음으로 사는 것과,6) 그리스도께 자신들의 이름을 드린 자들로서8) 거룩하고 의로운 삶을 사는 것과,7) 한 성령으로 세례를 받아 한 몸을 이룬 자들로서 형제 사랑하는 것을 노력함으로써 행해야 합니다.9)

1) 골 2:11-12; 롬 6:4, 6, 11. 2) 롬 6:3-5. 3) 고전 1:11-13; 롬 6:2-3. 4) 롬 4:11-12; 벧전 3:21. 5) 롬 6:3-5. 6) 갈 3:26-27. 7) 롬 6:22. 8) 행 2:38. 9) 고전 12:13, 25-27.

168문답

문. 성찬(주의 만찬)은 무엇입니까?

답. 성찬은 그리스도께서 명하신 대로 떡과 포도주를 주고받음으로 그의 죽으심을 보여주는 신약의 성례로,1) 성찬을 합당하게 받는 사람들은 그리스도의 몸과 피를 먹고 마심으로 영적 양식을 공급받고 은혜 안에서 자라게 되며,2) 그리스도와의 연합과 교제가 확고해집니다.3) 성찬은 하나님께 대한 감사와4) 약속을,5) 신비롭게 한 몸의

지체된 그들이 서로 사랑하고 교제함을 입증하고 새롭게 하는 것입니다.6)

1) 눅 22:20. 2) 마 26:26-28; 고전 11:23-26. 3) 고전 10:16. 4) 고전 11:24. 5) 고전 10:14-16, 21. 6) 고전 10:17.

169문답

문. 그리스도께서는 성찬을 시행할 때 떡과 포도주를 어떻게 주고받도록 명하셨습니까?

답. 그리스도께서는 성찬을 시행할 때 말씀의 사역자들이, 성찬 제정에 대한 말씀과 감사와 기도로써 떡과 포도주를 일반적인 용도에서 구별하고, 떡을 취하여 뗀 후, 떡과 포도주를 성찬을 받는 사람들에게 나누어 주라고 명하셨습니다. 성찬을 받는 사람들은 동일한 명령에 따라, 그리스도께서 자신들을 위해 몸이 찢기시고 피 흘리신 것을 감사히 기념하면서 떡을 받아 먹고 포도주를 마셔야 합니다.1)

1) 고전 11:23-24; 마 26:26-28; 막 14:22-24; 눅 22:19-20.

170문답

문. 성찬을 합당하게 받는 사람들은 어떻게 성찬에서 그리스도의 몸과 피를 먹고 마십니까?

답. 그리스도의 몸과 피는 성찬의 떡과 포도주 안에, 그와 함께, 또는 그 아래에 육체적으로나 물질적으로 임재하지 않으며,1) 떡과 포도주의 요소들이 성찬을 받는 사람들의 외적 감각에 의해 참되게, 실제로 느껴지는 것처럼 그리스도의 몸과 피는 성찬을 믿음으로 받는 사람들에게 영적으로 임재합니다.2) 따라서 성찬을 합당하게 받는 사람들은 육체적으로나 물질적으로가 아니라 영적인 방식으로 그리스도의 몸과 피를 먹고 마시는 것이며, 그들이 십자가에 못 박히신 그리스도와 그분의 죽음에서 오는 모든 은택을 믿음으로 받고 자신들에게 적용하는 한 참되고도 실제적으로 먹고 마시는 것입니다.3)4)

1) 행 3:21. 2) 마 26:26, 28. 3) 고전 11:24-29. 4) 고전 10:16.

171문답

문. 성찬을 받는 사람들이 성찬을 받기 전에 자신들을 어떻게 준비해야 합니까?

답. 성찬을 받는 사람들은 성찬을 받기 전에, 자신들이 그리스도 안에 있는지와,2) 자신들의 죄와 부족함에 대해,3) 자신들의 지식과5) 믿음과5) 회개와6) 하나님과 형제들에 대한 사랑과7) 모든 사람을 궁휼히 여김과8) 자신들에게 잘못한 사람을 용서하는 것에 대해9) 진실한지, 또 얼마나 그러한지를, 그리고 그리스도를 향한 자신들의 열망과,10) 그리스도께 대한 자신들의 새로운 순종에 대해11) 살펴야 합니다.1) 또한 진지한 묵상과13) 간절한 기도로14) 이 은혜들을 새롭게 실천함으로써 성찬을 준비해야 합니다.12)

1) 고전 11:28. 2) 고후 13:5. 3) 고전 5:7; 출 12:15. 4) 고전 11:29. 5) 고전 13:5; 마 26:28. 6) 슥 12:10; 고전 11:31. 7) 고전 10:16-17; 행 2:46-47. 8) 고전 5:8; 고전 11:18, 20. 9) 마 5:23-24. 10) 사 55:1; 요 7:37. 11) 고전 5:7-8. 12) 고전 11:25-26, 28; 히 10:21-22, 24; 사 26:6. 13) 고전 11:24-25. 14) 대하 30:18-19; 마 26:26.

172문답

문. 자신이 그리스도 안에 있는지, 또는 성찬을 받을 합당한 준비가 되어 있는지를 의심하는 사람도 성찬을 받을 수 있습니까?

답. 자신이 그리스도 안에 있는지, 또는 성찬을 받을 합당한 준비가 되어 있는지를 의심하는 사람은 비록 그에 대한 확신은 없을지라도 그리스도에 대한 참된 관심을 가질 수 있습니다.1) 만약 그가 그리스도에 대한 참된 관심이 자기에게 부족함을 충분히 우려하고,2) 자신이 그리스도 안에서 발견되고3) 죄악에서 벗어나기를 진심으로 바란다면4) 그는 하나님께서 보시기에 성찬을 받을 준비가 되어 있는 것입니다. 이 경우, 믿음이 약하고 의심하는 그리스도인들을 안심시키기 위해서도 약속이 주어지고 이 성례를 제정하셨기 때문에,5) 그는 자기의 믿음 없음을 애통하고,6) 의심을 해결하기 위해 애써야 합니다.7) 그리고 이렇게 하면서 그는 자신의 믿음을 더욱 강화하기 위해 성찬을 받을 수 있으며 반드시 성찬을 받아야 합니다.8)

1) 사 50:10; 요일 5:13; 시 88; 시 77:1-12; 욘 2:4, 7. 2) 사 54:7-10; 마 5:3-4; 시 31:22; 시 73:13, 22-23. 3) 빌 3:8-9; 시 10:17; 시 42:1-2, 5, 11. 4) 딤후 2:19; 사 50:10; 시 66:18-20. 5) 사 40:11, 29, 31; 마 11:28; 마 12:20; 마 26:28. 6) 막 9:24. 7) 행 2:37; 행 16:30. 8) 롬 4:11; 고전 11:28.

173문답

문. 믿음을 고백하고 성찬을 받고 싶어하는 사람에게 성찬을 받지 못하게 할 수 있습니까?

답. 믿음을 고백하고 성찬을 받고 싶어한다고 해도 그가 믿음을 고백하고 성찬을 받는 일에 무지하거나 그에게 수치스러운 일이 드러난 경우에는, 그가 가르침을 받고 회개할 때까지,2) 그리스도께서 그분의 교회에 주신 권세를 따라 그에게 성찬을 받지 못하게 할 수도 있고, 성찬을 받지 못하게 해야 합니다.1)

1) 고전 11:27-34; 마 7:6; 고전 5; 유 1:23; 딤전 5:22. 2) 고후 2:7.

174문답

문. 성찬을 시행할 때 성찬을 받는 사람들에게 요구되는 것은 무엇입니까?

답. 성찬을 시행할 때 성찬을 받는 사람들에게 요구되는 것은, 지극히 거룩한 경외심과 주의함으로 규례를 따라 하나님을 섬기며,1) 성례의 요소들과 행위들을 애써서 자세히 살펴보고,2) 주의 몸을 주의 깊게 분별하고,3) 주의 죽으심과 고난을 애정 어린 마음으로 묵상하고4) 그렇게 자신들을 각성시켜서 그들이 받은 은혜들이 힘차게 활동하게끔 하고,5) 자기 자신을 살피고,6) 죄를 크게 슬퍼하고,7) 간절한 마음으로 그리스도에 주리고 목말라하며,8) 믿음으로 그리스도를 먹고,9) 그분의 충만함을 받으며,10) 그분의 공로를 신뢰하고,11) 그분의 사랑을 크게 기뻐하고,12) 그분의 은혜에 감사하며,13) 하나님과의 언약과14) 모든 성도에 대한 사랑을 새롭게 하는 것입니다.15)

1) 레 10:3; 히 12:28; 시 5:7; 고전 11:17, 26-27. 2) 출 24:8; 마 26:28. 3) 고전 11:29. 4) 눅 22:19. 5) 고전 11:26; 고전 10:3-5, 11, 14. 6) 고전 11:31. 7) 슥12:10. 8) 계 22:17. 9) 요 6:35. 10) 요 1:16. 11) 빌 1:16. 12) 시 63:4-5; 대하 30:21. 13) 시 22:26. 14) 렘 50:5; 시 50:5. 15) 행 2:42.

175문답

문. 성찬을 받은 후에 그리스도인들이 해야 할 의무는 무엇입니까?

답. 성찬을 받은 후에 그리스도인들이 해야 할 의무는, 그들이 성찬을 받을 때에 어떻게 행동했으며, 어떤 은혜를 받았는지를 진지하고 깊이 생각하는 것입니다.1) 만약 그들이 소생과 위로를 받았으면 그로 말미암아 하나님을 찬양해야 하며,2) 그런 은혜를 계속해서 주시도록 간청하고,3) 은혜에서 다시 멀어지지 않도록 주의하고,4) 자신이 서약한 것을 이행하고,5) 성찬에 자주 참여하도록 자신을 격려해야 합니다.6) 그러나 만약 그들이 어떤 은혜도 받지 못했다면, 성찬에 대한 자신의 준비와 성찬을 받는 자신의 태도를 더 엄밀하게 검토해야 합니다.7) 만약 이 준비와 태도가 하나님과 자신들의 양심에 인정을 받을 수 있으면, 때가 되면 나타날 성찬의 열매를 기다려야 합니다.8) 그러나 준비와 태도 어느 하나라도 부족함이 보이면 자신을 겸손하게 낮추고,9) 이후에 더 많은 주의와 부지런함으로 성찬에 참여해야 합니다.10)

1) 시 28:7; 시 85:8; 고전 11:17, 30-31. 2) 대하 30:21-23, 25-26; 행 2:42, 46-47. 3) 시 36:10; 아 3:4; watch 29:18. 4) 고전 10:3-5, 12. 5) 시 50:14. 6) 고전 11:25-26; 행 2:42-46. 7) 아 5:1-6; 전 5:1-6. 8) 시 123:1-2; 시 42:5, 8; 시 43:3-5. 9) 대하 30:18-19; 사 1:16, 18. 10) 고후 7:11; 대상 15:12-14.

176문답

문. 세례와 성찬은 어떤 점에서 서로 일치합니까?

답. 세례와 성찬은 모두 하나님께서 제정하신 것입니다.1) 세례와 성찬의 영적인 면은 그리스도와 그분이 주시는 은택이며,2) 둘 다 같은 언약의 인침입니다.3) 또 세례와 성찬은 복음의 사역자들에 의해서만 시행될 수 있으며 그 밖의 어느 누구에 의해서도 시행될 수 없습니다.4) 그리고 세례와 성찬은 그리스도께서 다시 오실 때까지 그분의 교회에서 계속해서 시행되어야 합니다.5)

1) 마 28:19; 고전 11:23. 2) 롬 6:3-4; 고전 10:16. 3) 롬 4:11; 골 2:12; 마 26:27-28. 4) 요 1:33; 마 28:19; 고전 11:23; 고전 4:1; 히 5:4. 5) 마 28:19-20; 고전 11:26.

177문답

문. 세례와 성찬은 어떤 점에서 서로 다릅니까?

답. 세례는 물로 단 한 번 시행하는데 우리가 중생하고 그리스도께 접붙임 되었음을 상징하고 인치는 것이며1) 유아에게도 시행할 수 있는 반면,2) 성찬은 떡과 포도주로 자주 시행하는데 우리 영혼에 영적 양식이 되시는 그리스도를 표현하고 보여주며,3) 우리가 그리스도 안에서 계속해서 거하고 자라남을 확인하는 것으로,4) 자기 자신을 살필 수 있는 나이에 이르고 그런 능력이 있는 사람에게만 시행합니다.5)

1) 마 3:11; 딛 3:5; 갈 3:27. 2) 창 17:7, 9; 롬 2:38-39; 고전 7:14. 3) 고전 11:23-26. 4) 고전 10:16. 5) 고전 11:28.

178문답

문. 기도는 무엇입니까?

답. 기도는 우리의 소원을 하나님께 아뢰되1) 그리스도의 이름으로2) 성령님의 도우심을 받아 아뢰는 것으로,3) 우리의 죄를 고백하고4) 하나님의 자비하심에 감사하면서 하는 것입니다.5)

1) 시 62:8. 2) 요 16:23. 3) 롬 8:26. 4) 시 32:5-6; 단 9:4. 5) 빌 4:6.

179문답

문. 우리는 하나님께만 기도해야 합니까?

답. 오직 하나님께서만이 우리의 마음을 살피실 수 있고,1) 우리의 간청을 들으시며,2) 우리 죄를 용서하시고,3) 우리 모든 사람의 소원을 이루실 수 있습니다.4) 또한 하나님만이 신앙과5) 종교적 예배의 대상이시므로,6) 예배의 특별한 부분인 기도는7) 오직 하나님께만 해야 하며,8) 다른 누구에게도 해서는 안 됩니다.9)

1) 왕상 8:39; 행 1:24; 롬 8:27. 2) 시 65:2. 3) 미 7:18. 4) 시 145:18-19. 5) 롬 10:14. 6) 마 4:10. 7) 고전 1:2. 8) 시 50:15. 9) 롬 10:14.

180문답

문. 그리스도의 이름으로 기도한다는 것은 무엇입니까?

답. 그리스도의 이름으로 기도한다는 것은, 그리스도의 명령에 순종하고 그분의 약속을 신뢰하는 가운데 그분의 영광을 위해 자비를 구하는 것입니다.1) 이는 단순히 그리스도의 이름을 언급하는 것이 아니라,2) 그리스도와 그분의 중보로부터, 기도하도록 용기를 주는 격려와 담대함과 힘과, 우리의 기도가 응답될 것이라는 소망을 얻어서 하는 것입니다.3)

1) 요 14:13-14; 요 16:24; 단 9:17. 2) 마 7:21. 3) 히 4:14-16; 요일 5:13-15.

181문답

문. 우리는 왜 그리스도의 이름으로 기도해야 합니까?

답. 사람의 죄악과 그로 말미암아 하나님과 사람 사이에 생긴 거리가 매우 멀어서 우리는 중보자 없이는 하나님께 결코 나아갈 수 없습니다.1) 그리고 하늘이나 땅에서 이 영광스러운 일을 위해 임명되거나 이 일에 적합한 분은 오직 그리스도뿐입니다.2) 그래서 우리는 다른 이름이 아닌 오직 그리스도의 이름으로만 기도해야 합니다.3)

1) 요 14:6; 사 59:2; 엡 3:12. 2) 요 6:27; 히 7:25-27; 딤전 2:5. 3) 골 3:17; 히 13:15.

182문답

문. 우리가 기도할 때 성령께서는 우리를 어떻게 도우십니까?

답. 우리가 마땅히 기도할 바를 알지 못할 때 성령께서는 우리가 누구를 위해, 무엇을 위해 또 어떻게 기도해야 하는지를 깨닫게 하심으로, 또 우리가 기도의 의무를 바르게 행하는 데 꼭 필요한 이해와 정서와 은혜를 (비록 모든 사람에게, 항상, 같은 정도는 아니지만) 우리 마음 안에서 되살아나고 일하게 하심으로 우리의 연약함을 도우십니다.1)

1) 롬 8:26-27; 시 10:17; 슥 12:10.

183문답

문. 우리는 누구를 위해 기도해야 합니까?

답. 우리는 지상에 있는 그리스도의 모든 교회와1) 국가와 국민을 공적으로 섬기는 사람들과2) 사역자들과3) 우리 자신과4) 우리의 형제들뿐만 아니라5) 우리의 원수들을 위해서도 기도해야 합니다.6) 또한 살아 있는,7) 그리고 이후에 살아갈 모든 부류의 사람을 위해서도 기도해야 합니다.8) 그러나 죽은 사람들을 위해서나9) 사망에 이르는 죄를 지은 것으로 알려진 사람들을 위해서는 기도하면 안 됩니다.10)

1) 엡 6:18; 시 28:9. 2) 딤전 2:1-2. 3) 골 4:3. 4) 창 32:11. 5) 약 5:16. 6) 마 5:44. 7) 딤전 2:1-2. 8) 요 17:20; 삼하 7:29. 9) 삼하 12:21-23. 10) 요일 5:16.

184문답

문. 우리는 무엇을 위해 기도해야 합니까?

답. 우리는 하나님의 영광을 추구하는 모든 것과1) 교회의 안녕과2) 우리 자신이나3) 다른 사람들의 유익을 위해 기도해야 합니다.4) 그러나 무엇이든지 부당한 것을 위해서는 기도하면 안 됩니다.5)

1) 마 6:9. 2) 시 51:18; 시 122:6. 3) 마 7:11. 4) 시 125:4. 5) 요일 5:14.

185문답

문. 우리는 어떻게 기도해야 합니까?

답. 우리는 하나님의 장엄하심에 대한 경건한 이해와1) 우리 자신의 무가치함과2) 궁핍함과3) 죄를4) 깊이 의식하며 기도해야 합니다. 또 상하고 통회하는 마음으로5), 감사함으로6), 열린 마음으로 기도해야 하고,7) 깨달음,8) 믿음,9) 진실함,10) 열렬함,11) 사랑,12) 인내를 가지고13) 하나님의 뜻에 겸손히 복종하는 마음으로15) 하나님의 응답을 기다려야 합니다.14)

1) 전 5:1. 2) 창 18:27; 창 32:10. 3) 눅 15:17-19. 4) 눅 18:13-14. 5) 시 51:17. 6) 빌 4:6. 7) 삼상 1:15; 삼상 2:1. 8) 고전 14:15. 9) 막 11:24; 약 1:6. 10) 시 145:18; 시 17:1. 11) 약 5:16. 12) 딤전 2:8. 13) 엡 6:18. 14) 미 7:7. 15) 마 26:39.

186문답.

문. 하나님께서 우리의 기도의 의무에 대한 지침으로 주신 법칙은 무엇입니까?

답. 하나님의 모든 말씀이 우리의 기도의 의무에 대한 지침으로 사용됩니다.1) 그러나 우리 구주 그리스도께서 제자들에게 가르쳐주신 기도의 형태, 곧 일반적으로 '주기도문'이라고 부르는 기도를 특별한 법칙으로 주셨습니다.2)

1) 요일 5:14. 2) 마 6:9-13; 눅 11:2-4.

187문답

문. 주기도문은 어떻게 사용해야 합니까?

답. 주기도문은 우리가 어떻게 기도할 것인가에 대한 모범으로서의 지침만 되는 것이 아니라 그 자체를 기도로 사용할 수 있습니다. 따라서 우리는 기도의 의무를 바르게 행하는 데 필요한 깨달음, 믿음, 경외심, 그리고 다른 모든 은혜들을 가지고 주기도문을 사용해야 합니다.[1]

[1] 마 6:9; 눅 11:2.

188문답

문. 주기도는 몇 부분으로 구성되어 있습니까?

답. 주기도는 세 부분, 즉 머리말과 간구들과 맺음말로 구성되어 있습니다.

189문답

문. 주기도문의 머리말이 우리에게 가르치는 것은 무엇입니까?

답. 주기도문의 머리말인 "하늘에 계신 우리 아버지여"는 [1] 우리가 기도할 때, 자애로운 하나님의 선하심과 그에 따라 우리가 받는 유익에 대해 신뢰를 가지고,[2] 경외심, 어린아이 같은 순진한 마음가짐,[3] 거룩한 정서,[4] 그리고 하나님의 주권적 권능과 장엄함과 은혜로운 낮아지심에 대한 마땅한 이해를 가지고[5] 하나님께 가까이 나아갈 것을 가르칩니다. 또 다른 사람들과 함께 기도하고 다른 사람들을 위해 기도해야 한다는 것도 가르칩니다.[6]

[1] 마 6:9. [2] 눅 11:13; 롬 8:15. [3] 사 64:9. [4] 시 123:1; 애 3:41. [5] 사 63:15-16; 느 1:4-6. [6] 행 12:5.

190문답

문. 첫 번째 간구에서 우리는 무엇을 위해 기도합니까?

답. 첫 번째 간구인 "이름이 거룩히 여김을 받으시오며"에서[1] 우리는, 우리 자신과 모든 사람은 하나님을 바르게 경배하기에는 전적으로 무능하고 부적합하다는 것을 인정하면서,[2] 하나님께서 그분의 은혜로 우리와 다른 사람들에게 능력과 마음의 성향을 주셔서 하나님과[3] 그분의 칭호와[4] 속성과[5] 규례와 말씀과[6] 일하심과 하나님께서 자신을 알리시는 일에 기쁘게 사용하시는 모든 것을[7] 우리가 알고 인정하고 지극히 존경하게 해 주시기를 위해 기도합니다. 또 우리가 생각과 말과[8] 행동으로[9] 하나님을 영화롭게 하도록 해 주시기를, 하나님께서 무신론과[10] 무지와[11] 우상숭배와[12] 신성모독과[13] 하나님께 불명예가 되는 모든 것을[14] 막아주시고 제거해주시기를, 그리고 하나님께서 주권적인 섭리로 자신의 영광을 위해 모든 것을 명령하시고 주관하시기를 위해 기도합니다.[15]

[1] 마 6:9. [2] 고후 3:5; 시 51:15. [3] 시 67:2-3. [4] 시 83:18. [5] 시 86:10-13, 15. [6] 살후 3:1; 시 147:19-20; 시 138:1-3; 고후 2:14-15. [7] 시 145; 시 8. [8] 시 103:1; 시 19:14. [9] 빌 1:9, 11. [10] 시 67:1-4. [11] 엡 1:17-18. [12] 시 97:7. [13] 시 74:18, 22-23. [14] 왕하 19:15-16. [15] 대하 20:6, 10-12; 시 83; 시 140:4, 8.

191문답

문. 두 번째 간구에서 우리는 무엇을 위해 기도합니까?

답. 두 번째 간구인 "나라가 임하시오며"에서[1] 우리는, 우리 자신과 온 인류가 본질상 죄와 사탄의 지배 아래 있음을 인정하면서,[2] 죄와 사탄의 나라가 멸망하고,[3] 복음이 온 세상에 전파되며,[4] 유대인들이 부르심을 받고,[5] 이방인의 충만한 수가 들어오는 것을 위해 기도합니다.[6] 또 교회가 모든 복음의 일꾼들과 규례들을 갖추고,[7] 부패를 제거하여 깨끗하게 되고,[8] 국가와 국민을 공적으로 섬기는 모든 사람에게 지지와 옹호 받기를,[9] 그리스도께서 세우신 규례들이 순수하고 효과적으로 시행되어 아직 죄 가운데 있는 사람들을 회심하게 하며, 이미 회심한 사람들을 굳건하게 하고 위로하고 세우기를,[10] 그리스도께서 이 세상에서 우리를 다스려 주시고,[11] 그리스도께서 다시 오시고 우리가 그분과 함께 영원히 통치할 때가 속히 오기를,[12] 그리고 그리스도께서 이러한 목적들을 가장 뛰어나게 이루시기 위해 온 세상에 그의 권능의 나라를 기꺼이 임하게 하시기를 위해 기도합니다.[13]

[1] 마 6:10. [2] 엡 2:2-3. [3] 시 68:1, 18; 계 12:10-11. [4] 살후 3:1. [5] 롬 10:1. [6] 요 17:9, 20; 롬 11:25-26; 시 67. [7] 마 9:38; 살후 3:1. [8] 말 1:11; 습 3:9. [9] 딤전 2:1-2. [10] 행 4:29-30; 엡 6:18-20; 롬 15:29-30, 32; 살후 1:11; 살후 2:16-17. [11] 엡 3:14-20. [12] 계 22:20. [13] 사 64:1-2; 계 4:8-11.

192문답

문. 세 번째 간구에서 우리는 무엇을 위해 기도합니까?

답. 세 번째 간구인 "뜻이 하늘에서 이루어진 것 같이 땅에서도 이루어지이다"에서[1] 우리는, 우리와 모든 사람이 본질상 하나님의 뜻을 알고 행하는 데 전적으로 무능하고 원하지도 않을 뿐만 아니라[2] 하나님의 말씀을 거슬러 반역하려는 경향이 있고,[3] 하나님의 섭리에 대해 불평하고 투덜대며,[4] 한결같이 육신과 마귀의 뜻을 이루고 싶어 한다는 것을 인정하면서,[5] 하나님께서 그분의 성령으로 우리와 다른 사람들의 모든 무지와[6] 약함과[7] 내켜 하지 않음과[8] 마음의 사악함을 제거해주시기를,[9] 또 그분의 은혜로 우리가 하늘의 천사들처럼[10] 겸손과[11] 기쁨과[12] 신실함과[13] 부지런함과[14] 열심과[15] 성실함과[16] 한결같음으로[17] 모든 일에서 하나님의 뜻을 능히 또 기꺼이 알고 행하고 복종하게 해 주시기를 위해 기도합니다.[10]

1) 마 6:10. 2) 롬 7:18; 욥 21:14; 고전 2:14. 3) 롬 8:7. 4) 출 17:7; 민 14:2. 5) 엡 2:2. 6) 엡 1:17-18. 7) 엡 3:16. 8) 마 26:40-41. 9) 렘 31:18-19. 10) 시 119:1, 8, 35-36; 행 21:14. 11) 미 6:8. 12) 시 100:2; 압 1:21; 삼하 15:25-26. 13) 사 38:3. 14) 시 119:4-5. 15) 롬 12:11. 16) 시 119:80. 17) 시 119:112. 18) 사 6:2, 3; 시 103:20, 21; 마 18:10.

193문답

문. 네 번째 간구에서 우리는 무엇을 위해 기도합니까?

답. 네 번째 간구인 "오늘 우리에게 일용할 양식을 주시옵고"에서1) 우리는, 우리가 아담 안에서와 우리 자신의 죄로 말미암아 이 세상의 모든 외적인 복을 누릴 권리를 박탈당했고, 하나님께서 이 모든 복을 빼앗아 가시는 것이 마땅하고, 우리가 그 복들을 사용할 때 우리에게 저주가 되는 것도 마땅하며,2) 그 복들 자체가 우리를 살아가게 할 수 없고,3) 우리가 그 복들을 받을 자격도 없으며,4) 우리의 노력으로는 그 복들을 얻을 수 없고,5) 오히려 그 복들을 부당하게 바라고6) 얻고7) 사용하려는 경향이 우리에게 있음을 인정하면서,8) 우리와 다른 사람들 모두 날마다 정당한 수단을 사용하여 하나님의 섭리 가운데서 그 응답을 기다리되, 주시는 것은 하나님께서 거저 주시는 선물로 받고, 하나님의 자애로운 지혜에 가장 알맞게 보이는 그 충분한 선물들을 누리기를,9) 그리고 그 선물들을 거룩하고 충분하게 사용하여 그것들이 계속해서 우리에게 복이 되고,10) 엡 그 선물들에 만족하게 되기를,11) 또 우리의 생계와 안락에 반대되는 모든 것에서 우리를 지켜주시기를 위해 기도합니다.12)

1) 마 6:11. 2) 창 2:17; 창 3:17; 롬 8:20-22; 렘 5:25; 신 28:15-68. 3) 신 8:3. 4) 창 32:10. 5) 신 8:17-18. 6) 렘 6:13; 막 7:21-22. 7) 호 12:7. 8) 약 4:3. 9) 창 43:12-14; 창 28:20; 엡 4:28; 살후 3:11-12; 빌 4:6. 10) 딤전 4:3-5. 11) 딤전 6:6-8. 12) 잠 30:8-9.

194문답

문. 다섯 번째 간구에서 우리는 무엇을 위해 기도합니까?

답. 다섯 번째 간구인 "우리가 우리에게 죄 지은 자를 사하여 준 것 같이 우리 죄를 사하여 주시옵고"에서,1) 우리는, 우리와 다른 모든 사람이 원죄와 본죄를 지어 하나님의 공의에 빚진 자가 되었으며, 우리나 다른 어떤 피조물도 그 빚을 조금도 갚을 수 없다는 것을 인정하면서,2) 하나님께서 값없이 주시는 은혜로 말미암아 믿음으로 깨닫게 되고 적용되는 그리스도의 순종과 속죄를 통해 우리와 다른 사람들이 죄책과 죄의 형벌에서 사면 받게 해 주시기를,3) 하나님께서 사랑하시는 자 그리스도 안에서 우리를 받아주시기를 위해 기도합니다.4) 그리고 우리에게 계속해서 총애와 은혜를 베풀어 주시며,5) 우리가 매일 짓는 죄를 용서해 주시고,6) 죄 사함에 대한 확신을 날마다 더하여 주셔서 우리를 평강과 기쁨으로 충만하게 해 주시기를 위해 기도합니다.7) 이 죄 사함에 대한 확신은 우리가 다른 사람들의 죄를 마음으로부터 용서한다는 증거가 우리 안에 있을 때 더 담대하게 구할 수 있으며, 용기를 내어 기대하게 됩니다.8)

1) 마 6:12. 2) 롬 3:9-22; 마 18:24-25; 시 130:3-4. 3) 롬 3:24-26; 히 9:22. 4) 엡 1:6-7. 5) 벧후 1:2. 6) 호 14:2; 렘 14:7. 7) 롬 15:13; 시 51:7-10, 12. 8) 눅 11:4; 마 6:14-15; 마 18:35.

195문답

문. 여섯 번째 간구에서 우리는 무엇을 위해 기도합니까?

답. 여섯 번째 간구인 "우리를 시험에 들게 하지 마시옵고 다만 악에서 구하시옵소서"에서,1) 우리는 먼저, 지극히 지혜로우시고 의로우시고 은혜로우신 하나님께서는 거룩하고 공의로운 여러 가지 목적을 위해 모든 것을 명하셔서 우리가 유혹에 공격받고 좌절되고 잠시 동안 사로잡히게 하시고,2) 사탄과3) 세상과4) 육신이 우리를 강력하게 곁길로 끌어내고 덫에 걸리도록 하게 하시며,5) 우리는 죄를 용서 받은 이후에도 여전히 부패하고6) 연약하고 깨어 있지 않아서7) 유혹에 굴복하고 우리 자신을 유혹에 내어줄 뿐만 아니라,8) 우리 스스로는 유혹에 저항하다거나 유혹에서 빠져나와 회복하려 한다거나 유혹을 자기반성과 성장의 기회로 삼으려고 하지도 않고, 그럴 마음도 없어서9) 유혹의 권세 아래 내버려 둠을 당하는 것이 마땅하다는 것을 인정해야 합니다.10) 그래서 우리는, 하나님께서 세상과 그 안에 있는 모든 것을 주관하시고,11) 육신을 굴복시키시고,12) 사탄을 제어하시고,13) 모든 것을 다스리시고,14) 은혜의 모든 수단을 베푸시고 그 수단들에 복을 주시며, 우리를 소생시키셔서 그 은혜의 수단들을 주의 깊게 사용하게 해 주시기를, 그래서 우리와 하나님의 모든 백성이 하나님의 섭리로 말미암아, 유혹에 빠져 죄 짓지 않게 해 주시기를 위해 기도합니다.16) 만약 우리가 유혹을 받게 된다면, 성령께서 우리를 굳게 붙들어 주시고 유혹의 때에 견딜 수 있게 해 주시기를,17) 또는 우리가 유혹에 빠져 넘어진다면, 다시 일어나 유혹에서 벗어나 회복되고,18) 이렇게 유혹에 빠져 넘어진 일이 오히려 우리가 거룩하게 되고 성장하는 데 사용되기를,19) 그래서 우리의 성화와 구원이 완성되고,20) 사탄이 우리의 발 아래 짓밟히고,21) 우리가 죄와 유혹과 모든 악으로부터 영원히 자유롭게 되기를 위해 기도합니다.22)

1) 마 6:13. 2) 대하 32:31. 3) 대상 21:1. 4) 눅 21:34; 막 4:19. 5) 약 1:14. 6) 갈 5:17. 7) 마 26:41. 8) 마 26:69-72; 갈 2:11-14; 대하 18:3; 19:2. 9) 롬 7:23-24; 대상 21:1-4; 대하 16:7-10. 10) 시 81:11-12. 11) 요 17:15. 12) 시 51:10; 시 119:133. 13) 고후 12:7-8. 14) 고전 10:12-13. 15) 히 13:20-21. 16) 마

26:41; 시 19:13. 17) 엡 3:14-17; 살전 3:13; 유 1:24. 18) 시 51:12. 19) 벧전 5:8-10. 20) 고후 13:7, 9. 21) 롬 16:20; 슥 3:2; 눅 22:31-32. 22) 요 17:15; 살전 5:23.

196문답

문. 주기도문의 맺음말이 우리에게 가르치는 것은 무엇입니까?

답. 주기도문의 맺음말인 "나라와 권세와 영광이 아버지께 영원히 있사옵나이다"는1) 합당한 이유들을 가지고 우리의 간구를 더욱 강력히 주장해야 함을 가르칩니다.2) 즉, 우리는 우리 자신이나 다른 어떤 피조물 안에 있는 가치로부터가 아니라 오직 하나님으로부터 비롯된 이유들을 가지고 하나님께 기도해야 합니다.3) 또 영원한 주권과 전능하심과 영광스러운 위대하심을 오직 하나님께만 돌리는5) 찬양을 하며 기도해야 합니다.4) 하나님께서 우리를 도우실 수 있고 또 기꺼이 돕고자 하시기 때문에6) 우리는 하나님께서 도와주실 것을 믿음으로 담대하게 간청할 수 있습니다.7) 그리고 하나님께서 우리의 간구를 이루어 주시기를 잠잠히 의지해야 합니다.8) 이것이 우리의 소원이요 확신임을 증언하기 위해 우리는 '아멘'이라고 말합니다.9)

1) 마 6:13. 2) 롬15:30. 3) 단 9:4, 7-9, 16-19. 4) 빌 4:6. 5) 대상 29:10-13. 6) 엡 3:20-21; 눅 11:13. 7) 대하 20:6, 11. 8) 대하 14:11. 9) 고전 14:16; 계 22:20-21.

웨스트민스터 신앙고백 노트
The Westminster Confession of Faith Note

펴 낸 날 2018년 10월 31일 초판 1쇄

지 은 이 웨스트민스터 총회
옮 긴 이 그 책의 사람들

펴 낸 이 한재술
펴 낸 곳 그 책의 사람들

디 자 인 참디자인

판　　권 ⓒ 그책의사람들 2018, *Printed in Korea*.
저작권법에 의하여 한국 내에서 보호를 받는 저작물이므로 무단 전재와 복제를 금합니다.
("웨스트민스터 신앙고백" 과 "웨스트민스터 대교리문답" 본문은 출판사 카페(cafe.naver.com/thepeopleofthebook)에서 회원가입 없이 다운받을 수 있습니다. 어떠한 목적으로든 마음껏 사용할 수 있으며, 단체나 기관 등이 상업적인 용도를 위해 사용하려는 경우 출판사에 미리 알려주시기만 하면 됩니다.)

주　　소 경기도 수원시 권선구 여기산로 42, 101동 313호
팩　　스 0505-299-1710
카　　페 cafe.naver.com/thepeopleofthebook
메　　일 tpotbook@naver.com
등　　록 2011년 7월 18일 (제251-2011-44호)
인　　쇄 불꽃피앤피

책　　값 23,000원
ISBN 979-11-85248-26-4   03230

이 도서의 국립중앙도서관 출판시도서목록(CIP)은
서지정보유통지원시스템 홈페이지(http://seoji.nl.go.kr)와
국가자료공동목록시스템(http://www.nl.go.kr/kolisnet)에서 이용하실 수 있습니다.
(CIP제어번호: CIP2018033165)

· 이 책은 출판 회원분들의 섬김으로 만들어졌습니다.